编辑委员会

主　编：韩晓丽
副主编：罗　彦　肖潘潘
编　辑：吕毅品　胡安琪　马　龙　陈亚楠

人民日报 传媒书系
SERIES OF THE BEST MEDIA BOOKS

用事实粉碎谣言
——人民日报这样调查真相

人民日报《求证》栏目组　编

人民日报出版社

图书在版编目（CIP）数据

求证：用事实粉碎谣言：人民日报这样调查真相／
人民日报"求证"栏目组编．－－北京：人民日报出版社，
2013.12
ISBN 978-7-5115-2267-2

Ⅰ．①求… Ⅱ．①人… Ⅲ．①时事评论－中国－文集
Ⅳ．① D609.9-53

中国版本图书馆 CIP 数据核字（2013）第 296307 号

书　　名：	求证：用事实粉碎谣言
	——人民日报这样调查真相
编　　者：	人民日报《求证》栏目组

出 版 人：	董　伟
策划编辑：	张炜煜　肖潘潘
责任编辑：	林　薇　张炜煜
内文设计：	北京大有图文信息有限公司

出版发行：	人民日报出版社
社　　址：	北京金台西路 2 号
邮政编码：	100733
发行热线：	（010）65369527　65369509　65369510　65369846
邮购热线：	（010）65369530　65363527
编辑热线：	（010）65369526　65369514
网　　址：	www.peopledailypress.com
经　　销：	新华书店
印　　刷：	北京中新伟业印刷有限公司

开　　本：	700mm×1000mm　1/16
字　　数：	435 千
印　　张：	31.25
印　　次：	2014 年 6 月第 1 版　2014 年 6 月第 1 次印刷

书　　号：	ISBN 978-7-5115-2267-2
定　　价：	49.80 元

序

还原事实真相　传递理性声音

人民日报社社长　杨振武

探寻真相，求证不止。

这本《求证：用事实粉碎谣言——人民日报这样调查真相》，汇集了人民日报《求证》栏目创办以来的优秀报道和编采手记。《郑东新区是不是空城》《我国茶叶是安全的》《哪些国家提供免费医疗》《小龙虾被妖魔化了》《PX项目，我们能不发展吗》《地震能够准确预测吗》……3年来，这一篇篇调查扎实、证据充分的"求证"文章，不仅让谣言现形、让真相澄清，更传递出主流媒体的理性声音。

信息时代，网络让人们享受海量信息的便利，也饱尝"雾里看花"之苦：许多凭空捏造的信息被四处散播，各种似是而非的观点以讹传讹、真假难辨。在网络的助推和放大下，一些不实新闻和谣言的危害越来越严重，影响社会稳定乃至国家安全。比如，2011年"7·23"动车事故后，一份"29人失踪名单"在网上大量转载，引发网友激烈情绪；2012年10月30日，日本富士新闻网称中国公务员考试报名中海监船员报名者为零，在国际上形成恶劣影响；2013年11月，"雾霾使肺6天变黑"的传言广为传播……这些谣传信息借助网络扩散，对国家形象、政府政策、人民生活造成很坏影响。真相究竟如何，迫切需要主流媒体在众声喧哗中发出真实、理性、客观、权威的声音，人民日报《求证》栏目就是在这种背景下大显身手的。

《求证》栏目创办3年来，逐渐形成了以证据为核心的报道模式，树立了求证类报道的独特风格，在重大灾难和新闻事件中，在众说纷纭中，起到了激浊扬清的作用，体现了主流媒体的责任、品格和气度。《求证》栏目的实践充分表明，只要坚持对现场、证据和原创不懈追求，坚持独立、公正、客观的立场，坚持不回避敏感事件，不轻信个别"专家"之言，多信源采访，拿一手证据，就能"阻击谣言、伸张正义，提倡科学、击破谬误，净化环境、健康社会"。

当前，我们不仅在和谣言做斗争，更在和谣言背后的情绪做斗争；不仅在和谣言打一场正面战，更在和谣言打游击战、贴身战、阻击战。这些新特点要求我们，要进一步创新报道方式方法，在继续深入调查、严谨核实的基础上，还要针对社会情绪做好解读工作，针对网络新特点构建新的平台，在报网融合大趋势、大发展中走在前列，增加读者对主流媒体报道的接受度。

探寻真相，击破谬误，求证没有终点。

目录 contents

一、事件调查

01　郑东新区是不是"空城"……………………………………………003
　　　打响《求证》第一炮 / 曲昌荣…………………………………009

02　残害儿童硫酸泼脸不是事实………………………………………013
　　　真相，永远只有一个 / 朱　磊…………………………………019
　　　We watch，We hear，We learn / 姜　峰……………………022

03　"甬温线动车事故29人失踪"说法不准确………………………026
　　　关键时刻，主流媒体不能失语 / 王梦纯………………………029

04　河南嵩县智障人入狱案五大疑点调查……………………………032
　　　从复杂线索中抽丝剥茧 / 曲昌荣………………………………039

05　这个校舍是不是危房………………………………………………046
　　　一篇求证，一次历练 / 黄晓慧…………………………………050

06　"邢台县长座驾闯红灯撞人"调查………………………………054
　　　网络时代，主流媒体如何引导舆论 / 李增辉…………………057

07　自愿服药预防疾病，不是试验新药………………………………062
　　　揭开"人体小白鼠实验"真相 / 季健明…………………………067

i

08	30人以上死亡为特别重大安全事故	071
	笨功夫戳穿老谣言 / 肖潘潘　吕毅品	073
09	海监五职位"零合格"缘于门槛高	076
	以求实精神捍卫真相 / 李浩燃	079
10	中国输非洲抗疟药不是假药	083
11	打击假药，需中非共同努力	088
	中国抗疟药非洲采访记 / 苑基荣	092
	用真相维护国家形象 / 史鹏飞	095
12	芦山地震捐款到位了吗?	099
	一篇报道为灾区落实2700万元捐款 / 吕毅品	102
13	复制手机卡偷听通话是骗局	106
	暗访调查戳穿谎言 / 徐　丹	111
14	北川：救灾物资被封存未发放?	116
	细节提高说服力 / 张　文	120
15	香港援建四川地震灾区项目"六成不合格"报道系误读	125
	打破境内境外"信息不对称" / 尹世昌	129

二、环境安全

16	PX项目风险有多大	135

17	PX产业，我们可以不发展吗	139
18	日本PX工厂如何保障安全	144
19	韩国PX积极扩容增产	148
20	PX如何走出困境	152
	爱惜羽毛更要敢打硬仗 / 沈小根	*158*
21	"9—11层是扬灰层"没根据	163
	怎么证明9—11层不是"扬灰层" / 郝迎灿	*168*
22	节能灯摔碎，汞蒸气伤不了人	171
23	节能灯回收，难在哪？	177
	科学报道更要讲科学 / 肖潘潘	*183*

三、食品安全

24	大闸蟹养殖违规使用激素和抗生素吗	189
25	黄鳝是激素催肥的吗？	196
26	水产品兽药残留限量标准已与国际接轨	202
27	水产品怎样才能更安全？	207
	传闻很廉价，澄清的代价却很大 / 王伟健	*211*
	老谣言的背后有深层次原因 / 李　刚	*215*
	为什么关注水产品？	*218*

28	小龙虾被妖魔化了	222
29	小龙虾，烧熟食用可放心	228
	小龙虾，还你清白不容易 / 王梦纯	234
30	转基因食品，美国人吃得不少	238
31	转基因大豆安全吗？	243
32	我国管理转基因作物，分级分阶段	248
33	普通大豆为何不敌转基因大豆	252
34	我国有哪些转基因作物	257
	倾听反对的声音 / 孟　辉	262
	督促信息公开　赢取民众信任 / 吕毅品	271
35	碘盐其实不会致癌	274
	解惑民生　引领舆论 / 吕毅品	279
36	我国茶叶是安全的	284
	要像做学术论文一样，做好《求证》报道 / 徐　丹	289
37	"酸碱体质"纯属商业噱头	294
	用专业、权威晒出谣言 / 吕毅品	299
38	"食物相克"早被试验否定	302
	为谣言画上休止符，好难 / 王君平	306
39	乙烯利催熟香蕉对人体无害	309
	及时准确回应才能消除疑虑 / 冯　华	312
40	喝牛奶不会致癌	315

好奇，是调查采访的钥匙 / 丁小希 ········· *320*

四、生活知识

41　微波炉加热食品会致癌吗？ ········· *325*
　　谣言往往经不起调查 / 王梦纯 ········· *330*

42　WiFi 正常使用，不必担心辐射 ········· *333*

43　生活中的辐射并不可怕 ········· *337*

44　实地检测辐射 多数远低限值 ········· *341*

45　电离辐射，需要警惕 ········· *346*
　　《求证》可以围绕人心做 / 史鹏飞 ········· *350*

46　婴幼儿需要全体补钙吗？ ········· *353*

47　香港儿童很少补钙 ········· *357*
　　一对比，就露馅儿 / 尹世昌 ········· *359*

48　婴儿游泳脖圈有无隐患 ········· *361*
　　平衡报道也有态度 / 肖潘潘 ········· *367*

49　不实传言缠身 牙膏很是受伤 ········· *372*
　　小由头引出大盘子，一网打尽重复性谣言 / 沈小根 ········· *376*

50　骨头汤，既不补钙也无害 ········· *379*
　　做一个科学的传播者 / 王有佳 ········· *386*

　　　　探究多维真相 / 贺林平 ··· 389

51　空气净化器，管用吗？ ··· 392
　　　　"菜鸟"记者，去求证吧 / 杨文明 ································· 397

52　太阳能热水器水质"不安全"吗 ······································ 401
　　　　太阳能热水器水质稿的后台故事 / 左　娅 ···················· 405

53　淡化海水可以放心饮用 ··· 408
　　　　流言终结者只是普通人 / 朱　虹 ·································· 412

54　地震能够准确预测吗？ ··· 415
　　　　消除误解，减少伤亡 / 刘军国 ····································· 420

55　我国社保缴费率并非全球最高 ·· 423

56　参加养老社保其实很划算 ·· 428

57　延迟退休　多数国家采用渐进式 ····································· 433

58　优化养老社保，我们还能做更多 ····································· 438
　　　　在全球视野中探寻真相 / 李浩燃 ·································· 444
　　　　一次新闻报道"证"的探索 / 唐露薇 ····························· 448
　　　　定焦·受挫·凝练 / 罗　彦 ··· 451

59　我国养老金收支总体盈余 ·· 456

60　哪些国家提供免费医疗 ··· 461

61　免费医疗可以实现吗 ·· 465
　　　　免费医疗那些事 / 罗　彦　徐　丹 ······························ 469
　　　　沉甸甸的事实 / 裴广江 ·· 473

一、事件调查

传言

2011年1月,一则"郑东新区被指中国最大'鬼城'"的网文被国内多家网站转载。网文称,2010年底,美国一家名为"商业内幕"的网站公布了若干幅郑东新区的卫星图片,并从图片上判断,这只是"一片空屋的堆积",可能是中国最大的"鬼城"。

网文称:"郑东新区商住房空置率最高,房屋空置率达55%,几近成为一个空城。这是一群大学生花费两个月时间得出的数据。"

郑东新区是不是"空城"

本报记者 曲昌荣

人民日报（2011年01月27日04版）

2010年底，美国一家网站公布了我国河南省郑州市郑东新区的卫星图片，并从图片上判断，这只是"一片空屋的堆积"，可能是中国最大的"鬼城"。国内一些网站对这则消息进行转载，引起很多人的关注。郑东新区的真实情况是怎样的？记者进行了调查走访。

■ 调查一：郑东新区缺人气吗？

【实地体验】

郑州市居民陈亮居住在郑东新区开发最早的金色年华小区，该小区属于中档水平，他对"鬼城"的说法嗤之以鼻，"小区车都停不下了！"他2004年初买了该小区房子，目前二手房供不应求。1月25日晚8时30分，记者在该小区实地观察了入住情况，16栋楼共590户人家，有450户左右亮灯，住宅外面都装有空调。"装上空调，至少说明已经入住或准备入住。我孩子说，现在放假，快过年了，很多小朋友都随父母回老家了，要不亮灯户数还多。"陈亮说。记者调查了郑东新区福满家、方大等几家房

求证：用事实粉碎谣言
——人民日报这样调查真相

刘云山在迎新春走基层送欢乐下基层座谈会上强调

深入城乡基层 走进百姓生活
把温暖和欢乐送到基层送给群众

坚持和强化楼市调控

郑东新区是不是"空城"

调查一：郑东新区缺人气吗？

调查二：郑东新区缺企业吗？

【政府回应】
目前有空置 将来需求大

【专家看法】
如何对待新事物

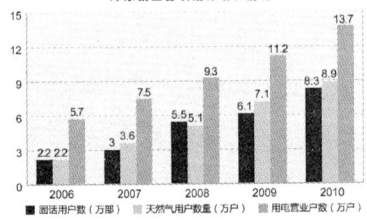

郑东新区各项指标增长情况

	2007	2008	2009	2010
入驻人口（万）	20	23	25	32
税收（亿元）	7.78	9.66	9.91	21.90

数据来源：郑东新区管委会 制图：蔡华伟

习近平亲切看望著名科学家

周永康会见刘玉美亲属及先进事迹报告团成员

产中介，发现求购者明显多于出售者。福满家中介工作人员杨兴春说，一般是1∶3左右的供求关系。

1月25日晚8时，记者在郑东新区CBD商务内环路与众意路交叉口看到，这里灯火通明，咖啡厅、高档就餐场所比肩而立，有100多辆车停在路边。在附近一饭店有股份的王海良说，饭店最头疼的是停车位不足，每天傍晚，一到吃饭时间，整个天泽街路边全是车辆。在新区一个住宅区——宝龙城市广场附近，各大商场、门店还在开门迎客。璀璨耀眼的霓虹灯和浓厚的商业氛围，跟市区繁华地段花园路农业路附近的丹尼斯相比，也毫不逊色。

家住中凯·铂宫的张女士说："我是看着郑东新区发展起来的，这两年越来越繁华了，如果有人说这里是'鬼城'，我可不同意！""当初买房子，看中的就是这里的环境，老城区太嘈杂了，这里更安静。应该说这是高档住宅区更准确！"

位于郑东新区众意西路的丹尼斯七天地，正在购买年货的居民李娟说："原来郑东新区没有这么多人，现在到超市买东西就像进了集贸市场，人挤人。网上说是'鬼城'，根本就是胡扯。"

1月25日下午4时许，记者来到位于农业东路的北大附中河南分校双语幼儿园。当记者问起家长们"鬼城"的传言时，来接孩子的家长张伟说："'鬼城'不是瞎说吗？我孩子就快要上小学了，我还担心能不能顺利入学呢！郑东新区现在人多，大家都清楚！"

从开始建设到目前人气的快速集聚，聚源路小学校长助理丁倩是亲历者之一。聚源路小学是2006年新区成立的第一批学校之一，建校第一年只招了53个学生。4年后，学校在校生已有近1800人，招生难一下变成了入学难。"今年我们一年级招生只能招200人，但附近社区准备入学的孩子就有350人。怎么保证适龄儿童入学，已经成了我们的头号难题。"丁倩说。

据郑东新区教文体局局长田国安介绍，为了纾解聚源路小学附近居民的上学难问题，郑东新区专门购置了3辆校车，每天将此地孩子送到5公里外的康平小学和外国语小学。

求证：用事实粉碎谣言
——人民日报这样调查真相

【数据显示】

据郑东新区警方的数据，目前，郑东新区常住人口达到32万人。

来自郑东新区管委会的数据显示，经过8年的建设，目前郑东新区5个功能区已经逐步建成和完善。CBD已成为名副其实的"24小时不夜城"：内外环规划建设的22栋住宅，目前入住率达到90%以上；人员比较密集的楼栋，等电梯时间平均超过3分钟；夜晚，许多社区的停车位全部停满；郑东新区区域内开通的B19、B16、26路等公交车，每天早晚上下班高峰时段，常常挤不上。

目前，郑东新区已有中小学25所，在校学生接近2.5万人，但还不能满足入学要求。为此，今年将开工建设10所中小学和幼儿园。

选取郑东新区两个高档小区入住情况进行的统计结果显示：

绿地老街社区，1期共796户，已装修640户，入住率80%。目前已经4期，已竣工3114户，全部售完。其中常住2020户，不常住325户，空置769户，总入住率75.3%。

绿城百合社区，已竣工2433户，全部售完。其中常住973户，不常住320

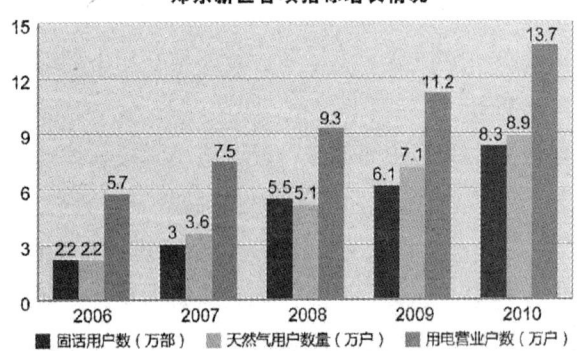

郑东新区各项指标增长情况

	2007	2008	2009	2010
入驻人口(万)	20	23	25	32
税收(亿元)	7.78	9.66	9.91	21.90

数据来源：郑东新区管委会　制图：蔡华伟

户，空置1140户，总入住率53.1%。

■ **调查二：郑东新区缺企业吗？**

官方数据显示：建设8年的郑东新区，2010年固定资产投资首次突破200亿元，累计固定资产投资完成近1000亿元，年度财政总收入首次突破100亿元，固定资产投资、地方财政收入、地方一般预算收入和出口总值四项指标增幅居郑州市第一；固定资产投资和财政收入绝对值、增幅创历史最好成绩。税收从2005年的2.17亿元增加到2010年的21.90亿元，增长10倍。

郑东新区CBD目前已入驻各类企业600余家。70余家世界500强和国内500强企业进驻办公。CBD定位为打造"24小时不夜城"，为保证夜间能够聚集人气，内外环60栋高层建筑中，规划建设了22栋住宅，目前入住率在90%以上。

【政府回应】

目前有空置　将来需求大

"与其他地方不同，郑东新区的发展没有依靠省、市党委政府办公楼搬迁拉动。全是靠打造优美环境吸引人来入住。"郑东新区管委会常务副主任吴福民说，如果省行政中心东移，加上郑州综合交通枢纽快速推进，郑东新区的区位优势将更加明显。

郑州新区总规划师、郑东新区管委会原副主任周定友说，城市的建设投资行为一般是比较快的，但居住的人，涉及工作、生活、社会关系等的移动相对是很复杂的。新城在某个阶段出现入住率较低的情况，不止是郑东新区存在，但这一问题会在城市化过程中逐步得到解决。用发展的眼光来看，眼前的空置率未来是容易消化的，而且还必须考虑如何满足需求的问题。例如，富士康公司入驻郑州，一下就带来了几十万产业工人的安置问题；加上正在建设的海马、日产汽车新项目,每个项目都要容纳 10 多万产业工人,这意味着郑州必须加大建设力度。

【专家看法】

如何对待新事物

河南省社科院副院长喻新安说,郑东新区从规划到建设已近 10 年时间,这也是中国城镇化进程最快的 10 年。作为一个拥有过亿人口的省份,河南的城镇化率却是排名全国倒数,已经成为制约经济社会发展的一大瓶颈。"郑州 2001 年常住人口 200 多万,现在已经突破 500 万,如果没有当年省、市决策者'再建一个新郑州'的高瞻远瞩,现在郑州老城区还不知堵成啥样了。金无足赤,人无完人,尤其是新生事物,不尽如人意之处在所难免。郑东新区也不是完美无缺的,如其城市功能还需进一步完善,管理水平有待提高等。但无疑,郑东新区的生动实践是河南省乃至中国新形势下城市发展模式的新探索。"

事件调查手记

打响《求证》第一炮

——《郑东新区是不是"空城"》采访经历

曲昌荣

《求证》栏目头一炮——《郑东新区是不是"空城"》2011年1月27日发表后,在社会上的反响出乎我们的意料:不仅时任河南省委书记卢展工在新春新闻媒体座谈会上表扬,时任河南省委常委、郑州市委书记连维良在全市新春团拜会上感谢,更受到了来自众多郑州市民的热烈拥护,《郑州晚报》整版转载,网友纷纷在网络上发言,称赞党报确实"求真务实"。以往,凡是为党委、政府说话的报道,能赢得一致喝彩并不容易。我们的报道出来后,"鬼城"说再无踪影,卢展工开玩笑说,人民日报把鬼都给吓跑了。

分析下来,《求证》头一炮能打响,我们觉得有以下三点经验值得总结:

■ 编采互动是求证成功的基础

文章发表后,我收到了河南日报副社长董林的短信,称赞我们的报道有"范儿",我回了一条:"主要是总社指挥得好。"他立马回了句:"昌荣,我不是你们的社长。"我把编辑发给我的几条指令短信全部转发给他后,他才相信,"人民日报就是认真"。

我是2011年1月25日下午收到四版编辑打来电话的。随后一封列有8个问题的约稿函传来,立马让我们有了采访的方向。从编辑白真智到四版副主编孟辉,从四版主编韩晓丽到总编室副主任叶蓁蓁,每个人都给我打过电话，每个电话都让我既紧张又兴奋：真的是要打一场大战啊！

求证真伪的核心是证据。在前后方的不断沟通中，郑东新区不是"鬼城"的证据或者标志到底有哪些，也在不断完善。因为如何调查房屋空置率一直是有关部门都没解决的难题，叶蓁蓁副主任到了 26 日上午，又补充发来短信，要求全面调查水、电、气，以及宽带和有线电视的安装数量，还有超市会员卡的办卡数量。调查中，我又确定，应该再补充重点小区物业办理装修许可证的数量：都装修了，不是自住也得出租吧？

这样的详细程度让郑东新区管委会非常惊讶。他们也相当配合，印好公文，兵分几路，要求各相关部门如实提供。我又亲自跑了三家比较大的房屋中介，他们普遍反映郑东新区二手房是明显"求大于供"，搜狐房产网上的数据也显示了这一点。这些证据一提供，谣言自破。

1月26日晚，我一直将手机放在枕头边，果真 27 日凌晨 3 点，编辑打来三个电话，反复算账，核实一个数据，"求证"了半个小时。

■ 求根溯源是求证成功的条件

开建 8 年来，郑东新区已经成为河南的名片，全国 90% 以上的地级市主要领导都来参观过，外界赞誉有加，但也杂音不断。这些年来，我一直关注着郑东新区的变化。就在这篇求证采写的一个月前，我们分社也正在着手郑东新区有关报道内容的采访准备，搜集了大量素材。事实证明，这些材料的确派上了用场。

在这个节骨眼上，2010 年底，美国一家网站公布了郑东新区的卫星图片，并从图片上判断，这只是"一片空屋的堆积"，可能是中国最大的"鬼城"。

我就生活在当地，直觉告诉我，通过卫星图片来说"鬼城"与否并不客观，最客观最公正的应是实地调查。

面对众声喧哗，人民日报作为党中央机关报，及时站出来，用确凿的事实和扎实的调查，证明这些说法并无根据，站不住脚。

在日常的工作中，我已经养成了一种"求根溯源"的自觉习惯：一旦出现舆论热点，先要冷静下来分析，这样的谣言来自哪里，去往何方，到底想达到什么样的目的。然后还要仔细分析谣言的漏洞在哪里，如果需要，该如何回击。有备无患,才能出手不凡。此战还告诉我,在"水军"横行并影响舆论走向的网络时代,党报遵循新闻传播规律,坚持用事实说话,显得更加必要。

■ 追求效率是求证成功的前提

1月26日下午5点,就在我们紧张采访之时,手机新闻中突然出现一条信息:新华社刊发《河南郑东新区"鬼城"之说不实》。他们出手真快!"战战兢兢"看完全文,悬着的心才放下来。他们仅仅采访了几位市民和几位专家,我们调查的证据除了学生入学难外,新华社基本没涉及。

但此时,我们还有有线电视和自来水数据没了解到,如果第二天采访完整再发,会比新华社晚两天,万一有平面媒体27日就采用他们的稿子,我们的效果就将大打折扣!

尽管编辑规定的期限是第二天传回稿件,和河南分社社长罗盘商量后,我决定不能再等!没有吃饭,忙到晚上9点半,终于将稿件赶了出来。编辑对我们的速度感到非常惊喜,也表示就不等那两个数据了。编辑效率更高,很快将我们5000多字的文章编成2000多字,精心制作了一目了然的表格,取得了不同凡响的传播效果。

第二天,新华社河南分社一位副总编辑偷偷告诉我,因为人民日报调查扎实,求证给力,新华社总编辑何平给他们打电话,问一向以调查为特长的新华社这次为什么没有比得上人民日报。

人民日报副总编辑谢国明总结此战时说:要用真相提升公信力,"作为主流媒体的中坚,人民日报有责任也有义务为广大受众求证众声喧哗背后的事实真相,特别是对那些意图撕裂社会和谐、损毁党和政府公信力的谣言,我们将用铁一般的事实予以坚决的回击"。此战告诉我,人民日报在地方的公信力和影响力也是打出来的。在媒体激烈竞争的时代,"求证"既要准,还要快,效率也是生产力。我们作为分社记者,尽管人员紧张,只要坚持决不服输的劲头,集中优势兵力,遵循新闻规律,也能打几个大的歼灭战!

(作者为人民日报河南分社采编部主任)

传言

2011年2月，某媒体发布一则报道《调查：安徽阜阳拐卖虐待儿童成风 硫酸烧脸毒打致残》，引起网络热议。

文章称，大约从1993年开始，宫小村的村民开始在邻村、邻县甚至邻省物色年龄尚小、智力正常的儿童，对这些儿童进行肢体摧残，令其残废后，将他们带到全国各地乞讨。从宫小村走出去的残疾童丐足迹遍全国，近在太和、阜阳、合肥，远到北京、上海、天津、广州、成都、哈尔滨等城市。

文章介绍，那些被雇佣去乞讨的儿童叫"乡"，雇佣者叫"乡主"，带出乞讨的过程叫"带乡"。这些孩子在离开父母后，一般还要在"乡主"家中住上半个月到一个月的时间，接受乞讨的训练。晚上把孩子像猪狗一样关在笼子里锁上，这叫"训乡"。为了让孩子们看上去更可怜，雇佣者还用刀把孩子手脚、身体、脸部割伤，甚至泼硫酸毁容。

宫小村调查

残害儿童硫酸泼脸不是事实

本报记者 曾华锋 朱磊 姜峰
人民日报（2011年02月16日04版）

2月，宫小村这个仅有871人的皖西北小村，成为网民关注的一个焦点。

一篇《调查：安徽阜阳拐卖虐待儿童成风 硫酸烧脸毒打致残》的文章在网上热炒。一时间，"瘫子村"、"丐乡"、"逼迫儿童乞讨的据点"成为阜阳市太和县宫集镇宫小村的代名词，"关笼子"、"泼硫酸"等行为更使其成为众矢之的。

事情究竟怎样？问题到底有多严重？带着种种疑问，记者于2月11日赶赴当地，对村民、村干部、警察、犯罪嫌疑人、被解救儿童等进行了调查采访。

■ **焦点一：是否"长期大规模拐卖儿童"？**

【网文】"宫小村及其附近地区，在当地是个出名的长期大规模拐卖儿童，逼迫儿童乞讨的据点。"

按照当地说法，那些被雇佣去乞讨的儿童叫

"乡"，雇佣者叫"乡主"，带儿童外出乞讨的过程叫"带乡"。

记者两度进村实地调查。据宫大村党总支书记宫春艳介绍，2008年，宫小村、宫油坊村、宫老楼3个自然村已整合为现在的宫大行政村。记者走访，村民大多表示这里曾经有过"带乡"的传统，现在基本见不到了。村民宫心奎说："过去我们村里的确有人乞讨，但现在就是残疾小孩见得也很少了。"

据太和县公安局负责人称，连日来，公安机关组织百余警力会同民政部门以及宫集镇党委、政府，以宫集镇为重点，在全县范围内展开拉网式排查，依法调查处理了两起利用残疾儿童乞讨案件，刑事拘留1人，治安处罚4人。

这次排查中刑事拘留了村民宫春风。据查，2001年3月，太和县马集乡47岁的村民张庆林在本村附近捡到一名刚出生不久的弃婴，后收养取名为"楠楠"。2006年7月，宫集镇集南村村民宫春风找到张庆林，双方谈妥以每年4000元的报酬，由宫春风伙同妻子随继荣于当年10月开始带楠楠在湖南省岳阳、长沙等地乞讨。

2月12日，记者在太和县看守所与宫春风对话。宫春风说，楠楠由于双腿和右手残疾，每天只能坐在滑板上让宫春风和随继荣拉着乞讨。"每年一月份出去，三月份回来种豆子，然后再出去，天冷的时候回来"。

据查，其间，宫春风分5次付给张庆林酬金2万元。宫春风夫妇共获利约6万元。目前，宫春风因涉嫌犯罪，已被刑事拘留。另2名涉案人员因利用残疾儿童乞讨，分别被治安拘留15天、罚款1000元。

2月7日凌晨1点，警方在排查过程中了解到，宫集镇宫小村44岁的村民宫保华于五六年前在霍邱县捡到一名8岁的残疾女童，后取名"倩倩"并带回家抚养。2010年11月到12月期间，宫保华及其妻子将倩倩带到上海、南京等地卖唱乞讨。目前，宫保华夫妇因利用残疾儿童乞讨，被治安拘留15天、罚款1000元。

14日，记者再次来到太和县公安局，问有没有破获新的案件，得到的答复是没有。太和县公安局表示，这两个案子只是个别案例。

■ **焦点二：是否"泼硫酸、铁笼子训练"残害孩童？**

【网文】"晚上把孩子像猪狗一样关在笼子里锁上……一些'乡主'还用刀把孩子手脚、身体、脸部割伤，甚至泼硫酸烧毁。"

被刑事拘留的宫春风对记者说，这些年跟孩子都有了感情，2010年过年的时候要把孩子送回养父家，孩子哭着不愿意，最后只能作罢。"我们对楠楠都像自己的孩子一样，在湖南长沙乞讨时，我还带他去瞧过腿，医生说治不好了。"

1996年曾经当过"乡主"的宫清河告诉记者："孩子的父亲跟我一起在福建要饭，挣到的钱对半分，怎么可能去打骂孩子？"

记者走进宫小村"第一代乡主"宫效喜的家。宫效喜的妻子李侠说："他出门算命了。"宫效喜卖艺乞讨是为了治眼睛和维持生计，一天最多能要20多块钱。后来，由于乞讨越来越难，宫效喜改行算命，李侠则守着家里的地。李侠说："打骂可能会有，但没有外面说的那样虐待小孩，太夸张了。"

14日，记者在阜阳市社会儿童福利院见到了被解救出来的楠楠、倩倩。10岁的楠楠长得胖乎乎的，活泼开朗，坐在轮椅上和其他孩子开心地打闹玩耍。倩倩年纪稍长，见到生人略显羞怯，她告诉记者，"父母"教会了她100多首歌。

太和福利院院长杨卫峰说，孩子刚送过来的时候身上很脏，工作人员给他们洗了澡，买了新衣服，还替楠楠买了轮椅。通过几天的观察，没有发现孩子身上有被虐待、殴打的痕迹，也没有看出心理、精神问题。

在记者走访的过程中，没有"乡主"承认虐待过孩子。就连被媒体称为"虐童丐头"、2004年被判刑的宫清平也否认虐待过孩子。

不过，据广州市白云区法院审理查明，2003年11月至2004年1月，宫清平在带两个儿童徐倩倩、宫小子到广州行乞期间，伙同宫某经常以殴打的手段逼迫两个儿童外出乞讨，并以威胁、监视、反锁屋中等方法防止二人逃脱或者被他人营救。

据徐倩倩陈述，晚上睡觉的时候宫清平就将他们锁在屋子里；每天早上4点多就要起床，不起的话，就被宫清平他们打；起床后就被宫清平他们带到外面乞讨，如果讨的钱他们不满意，就要被他们打。此外，经广州市公安局白云区分局法医鉴定，宫小子身上有轻微伤。

太和县公安局排查后称："未发现有拐卖儿童的集团和据点以及泼硫酸、铁笼子训练等残害儿童的行为。"

■ **焦点三：是否"形成风气"？**

【网文】"实际上，十几年来，'带乡'在太和县宫集镇当地农村已经形成了风气，并且有着愈演愈烈的趋势。"

记者在采访中了解到，"带乡"的兴衰以2004年宫小村的宫清平被判刑为转折点。

"2004年以前，有一二十户'带乡'的。"村党总支书记宫春艳说。原宫小村村支部书记宫传文说的数字略多，"有三四十户吧"。而据太和县公安局统计，2004年以来，该县共破获拐卖儿童案件21起，解救被拐卖儿童24人。"这里面有很多儿童是卖给别人当子女的，而不是去行乞。"太和警方有关人士说。

"宫清平被判刑对我们震动很大。"宫清河对记者说，大家知道"带乡"有坐牢的风险后，逐渐退出。同时，国家免收农业税等一系列惠农措施的出台，使种田的收入增加。此外，外出务工的也越来越多，有一技之长的人，年收入也不比"带乡"的低。

"现在'带乡'的寥寥无几了。"宫传文说。宫春艳认为："以前经济不好，出路少，现在挣钱门路多了，打工能挣两三千块钱，谁还愿意冒险'带乡'？"李侠说，宫清平被判刑之后，村里有"带乡"经历的人都怕了，"近几年没听说谁还在做这个"。

宫小村拐卖儿童乞讨的网文发表后，引起轩然大波。文中写有"记者进行了实地调查"。我们找到了署名作者，他承认，没有到现场进行调查。

【记者见闻】

"带乡"生活不再诱人

在实地走访中，前"乡主"宫清平的名字被人反复提及。记者找到了宫清平的父母家。宫清平不在家，正月初八和一个儿子去了无锡，在别人承包的菜园里种菜，每月能赚个千把块钱。

1996年，村民宫清河带着一个同村残疾儿童外出乞讨。"当初由于饭都吃不饱才想到了去要饭。"宫清河说，从1996年到1999年，每年年初出门，带着被褥讨到哪里就睡到哪里，日子苦不堪言，每年也就能讨到万把块钱，扣去花费就剩个8000块，再和孩子家里对半分，也就能剩下3000多块。

自从承包土地后，宫清河就不再外出，而且承包的土地越来越多，多达50亩。一半种植小麦和大豆，一半在村里的指导下种植烟草，"烟草卖得好时，每亩地可以挣到2000块钱，你说我们还用出去再干那个吗？"

两位前"乡主"的谋生方式在现今宫小村比较典型。据宫春艳介绍，目前，村民人均年收入约4000元，其中劳务输出和种植烟草是两个主要方面。

记者翻开太和县统计局2010年人口报表，宫小村有871人，其中年轻人大都出去务工了，人数在270人左右，待在村里的大多是老人和小孩。

记者随机走访了几户人家。在村南遇到一名叫宫锋的村民，他准备过了正月十五就去无锡一个消防管道门生产厂做钟点工，"一年下来收入两三万"。宫小村很多外出务工人员在无锡谋生计，"那边熟人多，干什么的都有，种菜卖菜的、卖大饼的、做油漆工的、搞地板砖的、搞墙壁的、做装潢的，就数油漆工挣得最多，一个月3000多呢！"

村民宫永亮告诉记者，他在上海、无锡、郑州都打过工，后来经人说媒，在河南商丘成了家,"在外面干活,你肯干就能挣钱"。比起家里种 4 亩地一年 5000 多块的收入,他笑着说还是出去值。

住在破旧砖瓦房里的村民宫心奎说,他在山东牟平苹果园里当保安,儿子和女儿也在外务工:"每年每个人能拿回来一万多块钱,加上 3 亩地的收入,在俺们村里不算最好,但也不算差。"前几年,宫心奎的兄弟在外打工不幸去世,宫心奎为弟弟操办了后事,欠下了几万元,直到儿女相继外出打工,家里的压力才逐步减轻。即便生活曾经如此艰难,他们也没有想过去乞讨,"不会干这种丢脸的事情"。

"产业结构调整也给村里带来了收益。"宫春艳说,2009 年,村里和阜阳市烟草公司搞订单农业,种植 1000 亩烟草,每亩利润有两三千元。

真相,永远只有一个

朱 磊

《求证》栏目约我写一篇《宫小村调查:残害儿童硫酸泼脸不是事实》的采访体会,我欣然应允,时间虽然已经过去两年半,但是采访的点点滴滴,采访后的各方反馈,到现在我仍然记忆犹新。

2011年2月初,某媒体一篇文章《调查:安徽阜阳拐卖虐待儿童成风 硫酸烧脸毒打致残》在网上被疯狂转发,甚至引起了境外的关注。

我当时是人民日报驻安徽分社记者,最初看到这篇文章时,心里就在犯嘀咕:如果真的存在如此耸人听闻之事,知情者应该首先向公安机关报案,然后再向媒体公布才是正解。

2月9日,总编室要闻四版与我联系,希望能够在1月份刚创办的《求证》栏目中推出有关宫小村的调查。考虑到稿子的采写难度,总编室派了资深调查记者曾华锋和要闻四版编辑姜峰来皖,合作写稿。

2月11日,我们赶到安徽阜阳市太和县。此时的太和,因为宫小村事件闹得焦头烂额,已成为各方媒体的聚集地,仅仅我们住下的酒店,便有数家媒体的记者,还有些媒体已"秘密潜入"暗访。据我们的观察和了解,对于记者,县委县政府是烦、怕、希望澄清等多种情绪交织,五味杂陈。

11日正逢当地公安机关进行第三次摸户排查,我们立刻跟上,从晚上7点一直排查到11点半,冻得直打哆嗦,排查对象主要是曾经有过乞讨经历者。客观地说，过去的宫小村的确存在不少乞讨人员，但是随着国家农业政策的倾斜，城市打工机会的增多，虽然也有一些好吃懒做者希望坐地生财，但从事乞讨这份不光彩职业的已经不多了。排查中，当地百姓对于此次事件已经明显不耐烦，一位曾经的乞讨者更明确表示："当年乞讨为生活所迫，如今种植养殖都能致富，何必再去丢这个人。"

虽然排查并未发现网文所说的情况，但我们认为不能轻信排查结果，仍然需要从不同角度来探求真相。第二天，我们兵分三路，一路去公安局了解情况，一路去宫小村随机采访，一路与最早到达宫小村的媒体记者碰头沟通情况，晚上会合时，大家拿出一天的采访收获，发现虽然存在乞讨现象，但是只有寥寥几人，更谈不上有残害儿童的现象。

2月13日，我们除了蹲守宫小村，更扩大了调查范围，对周边的固定商户、跑三轮的、做小买卖的人进行了随机采访，有的人表示曾经听说过"带乡"现象，但是现在几乎已经消失，有的人则对残害儿童一事嗤之以鼻，认为纯属瞎编。

经过几天的采访，我们得出结论，网上所传的信息明显与事实不符。与《求证》栏目沟通情况，栏目希望我们最好能与每位外出务工的宫小村人取得联系，了解他们的工作生活情况。宫小村村民大部分在外务工，有的家里空空荡荡，想找到这些人难度不小，我当时突然想到全国正在进行人口普查，也许可以从这方面入手拿到宫小村情况。经过努力，我们从相关部门获得了最新的数据，我拿着普查表一一对照，了解到宫小村人数、家庭构成、主要经济来源等等，然而也仅限于此，由于流动性太大，大部分外出务工人员连村上的干部都联系不上。栏目的这个设想未能实现，回头想想，这是此次采访中最大的遗憾。

14日返回阜阳时，听说抓到两个带着残疾儿童乞讨的人，他们带着的小孩当时就在儿童福利院。我们马上赶到福利院。两个小孩身体都有不同程度残疾，但经过了解都是先天残疾，而且精神状况都不错，白白胖胖，对于带他们乞讨的养父母也没有厌恶感。

至此，我们在阜阳的采访告一段落，也初步能够确定此次网络上盛传的消息应该是谣言。我们迅速写稿传给总编室后，夜班值班领导认为还有疑点没有厘清，需要再"求证"。曾华锋通过各种方式辗转联系到了网上原稿的作者，当事人承认，并没有到现场，文章是从网上找到的旧闻。事实上，这件事情给她造成了很大的困扰和麻烦,甚至影响到了她的职业生涯。

知道这个情况,我心中不由感叹:纷繁复杂的舆论环境下,你根本不知道风从哪里起,因此,拿着麦克风的人,更应该有公心、有责任感、有担当。

求证、求证再求证,这是我们三人在采访中与栏目沟通时,栏目不断给予的要求。我们在采访中也保持时刻存疑的态度,对能够搜集到的每个细节进行了两到三遍的求证。"太累了",这是在采访结束写稿时我们三个人一致的感叹。

这几年,网络谣言越来越多,每次看到前方记者努力求证出来的结果,我都会认真拜读,也会想到我的这次求证经历。求证是记者的工作,质疑是网友的权利,但是真相只有一个,网友在转发网帖或表示质疑之前,是不是应该有更多的理性分析或常识判断?作为网络世界的一员,每个人都该为这个世界的干净、秩序、文明尽一份力量。

(作者时为人民日报安徽分社记者,现为人民日报宁夏分社采编部主任)

We watch, We hear, We learn

姜 峰

2011年2月初,网上有文章称"安徽省阜阳市太和县宫集镇宫小村成了逼迫儿童乞讨的据点,当地拐卖虐待儿童成风、硫酸烧脸毒打致残",文章引起了网民广泛的关注和愤慨。

2月11日至14日,连续四天时间里,我们三名记者赶赴宫小村,分别对村民、村干部、**警察**、犯罪嫌疑人、被解救儿童等各方进行了实地调查采访,最终将所见、所闻、所感形成人民日报2月16日《宫小村调查:残害儿童硫酸泼脸不是事实》一文。

当时,《求证》栏目创办不久,此篇报道以严谨而客观求实的态度、认真而近乎"刻板"的方式,或多或少地为栏目进行了三方面的探索:

■ 一线调查:倾听各方声音,一个也不能少

眼见为实,耳听为虚。现场,始终是《求证》栏目触角的终端。

作为当时要闻四版《求证》栏目的编辑,2月11日,我跟随总编室编辑、资深调查记者曾华锋,飞赴合肥,与安徽分社记者朱磊碰头后,一同驱车连夜赶到宫小村,全程观察、记录了当地公安、民政等部门夜晚入户排查的过程。

正值新春,皖北的冬天,入夜奇寒。当地警方已在全县范围展开了拉网排查,并在每晚进村巡查,希望捕捉到从外地赶回家过年的"漏网拐带者"。漆黑的夜色中,我们行走在村里被冻得结结实实的泥土路上,伴随着手电筒的点点灯光,"突然袭击"叩响一户又一户村民的家门,直至午夜方回,而几名值勤民警仍在村头蹲守。

兼听则明,偏信则暗。客观,始终是《求证》栏目坚守的立场。

当时处于舆论风口浪尖上的太和县，对于记者的采访格外敏感。为保证报道的独立与客观，我们又一次入村，直接摸进村民家中随机探访，捕捉每一个线索，倾听来自老百姓真实的声音。此后几天，通过多方协调，我们采访到了警方排查过程中发现并刑事拘留的几个犯罪嫌疑人，以及得到解救的儿童。面对面的质询与问答，以及受访者真实心声的袒露，让我们在明察暗访的同时最终形成了独立的判断。

如今回想，整个采访过程可谓抽丝剥茧。由于不少人外出务工，拿到全村871名村民基本情况的材料时，栏目曾考虑逐个对外出人员进行电话采访，后来因很多村民的联系方式缺漏而作罢。

■ 社地联动：总编室、分社采编力量协同作战

此次采访，考虑到工作量较大，总编室派出编辑与地方分社记者充分联动，一同赶赴现场进行报道，这在《求证》栏目尚属首次。

此举在采访过程中凸显出了效应：

来自总编室的人员，熟悉《求证》栏目的工作流程与重点，在飞赴安徽之前，就已与版面主编充分沟通，针对"是否长期大规模拐卖儿童"、"是否泼硫酸、铁笼子训练残害儿童"、"是否形成风气"这三个焦点问题拟定了详尽细致的采访提纲，并在之后采访过程中严格贯彻报道意图。由于采访提纲逻辑严密、采访素材充分，最终的见报稿件是我们14日下午驱车从太和县赶回合肥时，在颠簸的车上用笔记本电脑敲出来的，基本是在采访提纲基础上的"填字游戏"，写作过程比较顺利。

而来自分社的记者，熟悉地方情况，能够更方便地明察暗访，调动各方资源为采访提供便利条件，并在采访遇阻时巧妙化解难题。

面对敏感、热点事件，如何保证真实客观，如何拿捏好尺度分寸，总编室和分社之间的充分沟通使报道效果达到了最大化。

2月15日，我们结束采访赶回北京，稿件在当晚上版并刊发，显现了社地联动的效率。

求证：用事实粉碎谣言
—— 人民日报这样调查真相

■ 报网互动：全程拍摄，推出《求证》栏目首个视频

全媒体时代，文字之外，影像的力量同样不容忽视。

采访之前，总编室领导就要求我们全程拍摄视频。从第一天晚上连夜进村入户开始，我们就用照相机、摄像机记录着采访过程，并最终剪辑、配音成片，紧随文字报道在人民网上发布。

20分钟的画面里，犯罪嫌疑人在镜头前的认罪忏悔，村民们对于犯罪行为的鄙夷与声讨，还有被解救儿童的舒心笑容，都可视可感。作为《求证》栏目推出的首个视频报道，其对文字采访形成了有效补充，也令更多的读者、网民在事实面前对此篇报道给予了公允的评价，"两个舆论场"在客观求实的基础上达成了共识。

除了以视频方式固化证据，我们对于当地产业发展状况、农民致富增收方式的观察和采访，在版面的精心编辑下，也以"记者见闻"形式一并刊发，不仅求证问题、回应质疑，而且直观地呈现"带乡生活不再诱人"的现实，丰满了报道的架构和层面，让整篇文章站得稳、立得住，更具说服力。

依然记得，2月15日晚，稿件上版签发。从编辑楼出来时，恰好北京下起了雪，结束连续数日的疲惫，我深深吸一口清新的空气。被白雪覆盖的大地在月光照映下格外清亮。

真理，从来都是越辩越明。

（作者时为人民日报总编室要闻四版编辑，
现为人民日报陕西分社记者）

传言

2011年"7·23"甬温线动车事故发生后,有网民在网上发出帖文《以下是部分失踪人员名单,请铁道部回答》。文中列出29名在动车事故中失踪人员名单,请铁路部门查找。这篇帖文引起人们对铁道部公布的"7·23"甬温线特大铁路交通事故遇难人数的质疑。

网帖原文:

麻烦铁道部的官老爷们出来解释一下这些人怎么消失了?

九江的龙绪丽寻找表妹龙文英;抚州的谷升高寻找23岁的弟弟谷升财;浙江的林辉寻找江西同事王霞;崇仁的任先生寻找亲友许佩佩,当时她带有一个8个月的男孩。如果您有他们的相关信息,请尽快拨打我们的热线电话07918511110

曾国军,男,身高172 短头发 温州人 花衬衫 灰色裤子 联系 137×××7287

……

铁道部回应网传　记者调查核实

"甬温线动车事故29人失踪"说法不准确

王慧敏　冯益华
人民日报（2011年08月09日04版）

近日，有网民在网上发帖《以下部分失踪人员名单，请铁道部回答》，文中列出29名在温州动车事故中失踪人员名单。这篇帖文引起人们对铁道部公布的"7·23"甬温线特大铁路交通事故遇难人数的质疑。

8月8日上午，记者就此问题采访了有关部门，并就帖文提供的名单一一予以核查，结果证明："温州动车事故29人失踪"的说法不准确。

上午9时许，记者首先联系了温州市外宣办张主任，他表示，温州方面对此事不知情，铁道部已经调查此事。随后，记者又联系到铁道部政治部宣传部一位姓王的处长。据其介绍，日前铁道部已经组织铁路警方和客运部门，对网传的29名失踪者信息与7月23日乘坐D3115次和D301次旅客实名制信息进行逐一对照，并采取电话联系、通过被查人户籍所在地公安部门上门核实等多种方式，进行认真查找。

王处长表示，经查，网传29人名单中，有20

人不在当日D3115次和D301次列车旅客实名制名单之中;1人于事故发生前已在无锡下车;3人系遇难旅客,在已公布的40名遇难者名单之中;5人为受伤旅客,在192名受伤旅客名单之中,其中1人已出院,4人在医院接受治疗。王处长表示,为保护当事人个人隐私,详细的名单不便公布。

网帖"失踪者"姓名	联系方式	记者核实情况
龙*英	热线电话 0791-8511110	这是江西电视台第五频道热线电话,接线员表示暂时无法给记者答复
谷*财		
王*		
许*佩,带着一个8个月男孩		40名遇难者名单中有一个名为徐配配的遇难者,女,身份证号412825198804****4X,河南上蔡
曾*军	137****7287	对方答:打错了。即刻挂了电话
梁*保	159****0070	打不通
高*平		
陆*	无	
刘*娜	150****9359	对方答:别再打了
唐*洪	138****5809	她母亲接的电话,表示女儿没有上这两辆动车
陈鸿鹏	138****7558	遇难者陈鸿鹏,男,身份证号350182199608****5X,福建长乐
严*霞	182****5836	关机
王*	139****0757	停机
邢*	135****4564	两人长期在温州打工,事故前已无法取得联系,事故后亲属怀疑二人出事,遂发布了寻亲信息。家属不确定两人是否乘坐过动车,目前仍未联系到
彭容		
温*玲	133****1689	她叔叔接的电话,明确表示温*玲没有在动车上,一切安好;他们没有发过寻人的微博或其他消息,网上传言使他们备受骚扰,目前,他们已经向当地警方报案
姜*磊	186****0811	平安
叶*浩	135****7807	平安。联系人和叶*浩是同村人,没有任何亲属关系,该电话联系人明确表示,没有发过任何寻找叶*浩的寻人微博
周*芳	无	
陈云英	138****7851	遇难者陈云英,男,身份证号350111196502****35,福建晋安
李*强	138****5414	平安,当时不在动车上。是他同事发的寻人信息,因为李*强刚好那天出差,又一直联系不上。李是重庆人,在温州东方女子医院工作
李*	158****2437	平安。不在事故的两辆车上,是在前一趟列车上
马*尉		
高*英	136****5567	在治疗中。动车事故伤员,山东人,目前正在温州第二人民医院接受治疗
陈*意	137****6576	电话接通后两次被挂断
林*仕	135****0180	记者用固话打不通,用手机打通了,对方说二人平安,随即挂了电话
魏*钦		
张*华	热线电话 0591-83319906	联系方式是福州987私家车广播热线,接线员称该电话系听友所留,电台并不清楚有关情况
苏*	151****2098	河北保定人,当时在D301列车第五节车厢,当天手机丢了所以没有联系上,现在已平安回家

(为保护当事人个人隐私,未显示全名及电话号码)

记者随后一一拨打了网帖上的寻人号码，核实情况。截至8日晚9时，电话中能确定下落的有13人。其中有两人（陈鸿鹏、陈云英）已遇难，姓名在40人的遇难名单之中。唐＊洪、温＊玲、姜＊磊、叶＊浩、李＊强、李＊、马＊尉、高＊睿、林＊仕、魏＊钦、苏＊等11人的联系人告诉记者，亲友平安。其中，山东籍女子高＊睿尚在温州第二医院养伤。

此外，网帖上名为"许＊佩"的失踪人与遇难者名单上"徐配配"或为同一人，尚未核实。

另有15人，记者未能核实。其中3人的寻人电话是江西电视台第五频道热线电话0791—8511110，接线员表示暂时无法给记者回复；1人的寻人电话是福州987私家车广播热线，接线员表示电话可能是听友所留，电台并不清楚有关情况；3人接通电话后未回答询问就挂断了电话；两个"失踪者"的联系人表示事故之前已有一段时间失去联系，现仍未联系上。还有两个联系人电话关机或停机，两个"失踪者"无亲友联系方式，两人电话未通。

有两位"寻亲人士"表示，从未公布寻人信息，网帖涉及自己的部分纯属虚构。网帖中"失踪者"叶＊浩的联系人表示，自己与其仅是同村，无任何亲属关系，也没有发布过任何寻人的消息，叶＊浩一切安好，但她已接到上百个电话来问询此事。"失踪者"温＊玲的舅舅说，他们没有发过任何寻人启事，网络上不实的消息使他们的生活受到严重骚扰，他已经向当地警方报案。

为进一步做好该事故旅客查询工作，铁路警方和客运部门专门设立了事故旅客信息查询电话：杭州铁路公安处温州南车站公安派出所0577—86161110。

关键时刻,主流媒体不能失语

王梦纯

2011年7月23日甬温线发生特别重大铁路交通事故后,铁道部公布事故遇难者人数为40人。但很多网友对此表示质疑,认为遇难者不止40人,社会上关于失踪人员数字的传言一直未停。

8月上旬,网上出现一个帖子:《以下是部分失踪人员名单,请铁道部回答》,文中列出29名在温州动车事故中失踪人员的名单,请铁路部门查找。该帖被迅速大量转发,网友情绪很激烈。

针对这种情况,铁道部作出回应,表示网传29人名单中,有20人不在事故列车的旅客名单中;有1人于事故发生前已下车;有3人系遇难旅客,已在公布的遇难者名单中;有5人为受伤旅客。但这个回应未能提供更多更详细信息,没有告知这些人的具体去向,只笼统说了几个数字,说服力不够,无法平息网络质疑,网友对此也表示了极大的不信任。

在这种情况下,8月8日早晨,《求证》栏目就"网传甬温线动车事故29人失踪"一事向人民日报浙江分社社长王慧敏约稿,请记者与铁路部门和温州市联系了解情况,并按照网上名单中所附的失踪人员亲友电话,核实29人的确切去向及是否平安,以事实回应网络关注。

8日上午,记者与相关部门多方沟通,均未能获得有效信息。于是,《求证》栏目的编辑和记者决定下"笨功夫",逐一电话核实,了解详细情况,还原事实真相。为确保每一条信息都准确无误,记者、编辑对名单上的很多人都辗转打了多个电话,反复沟通核实，最终确定"温州动车事故29人失踪"的说法不准确。

为使相关信息更清楚明了，便于读者阅读，稿件上版时，分为两部分：文字部分主要以采访过程、采访内容回应网友疑问，图表则按照失踪人员姓名、联系方式、记者核实情况进行排列，逐一公布网传失踪人员信息。考虑到当事人的个人隐私，对名字及联系方式进行了部分特殊处理。文章以独家、具体、确凿的事实，回应了网上传闻，消除了疑虑。

中央领导同志强调，新闻宣传工作要在重大问题上不缺位，在关键时刻不失语。《求证》栏目的实践也说明，面对复杂多变的舆情，主流媒体失语就会给谣言的传播留下空间。回击谣言，解疑释惑，是主流媒体必须坚持的责任担当。

（作者时为人民日报总编室要闻四版编辑，
现为人民日报总编室连线基层版编辑）

传言

河南某报2011年9月刊发文章《嵩县智障人失踪三年后出狱 家属怀疑他当了替罪羊》。文章说，河南洛阳嵩县智障男子吕天喜在失踪3年后，家人却突然被告知他因抢劫入狱快3年了，即将刑满出狱。家人前去监狱探望，发现吕天喜的服刑档案的名字叫"田星"，而且年龄等也被弄错了。

这个疑问重重的案件引发了家人的质疑：吕天喜是不是替名叫"田星"的人"顶包"坐牢？吕天喜作为精神病人，应不应该被判刑？如果是精神病人，却被判在监狱服刑3年，相关司法部门在查案、判案时有无过错？

求证：用事实粉碎谣言
—— 人民日报这样调查真相

河南嵩县智障人入狱案五大疑点调查

洛阳承认公检法失职，11月1日将再审并追责

本报记者　曲昌荣
人民日报（2011年10月24日04版）

被村民称为"二球"（当地方言，"智障"的意思）的河南嵩县人吕天喜在失踪3年后，家人却突然被告知他因抢劫入狱快3年了。家人前去监狱探望，发现吕天喜档案的名字叫"田星"，而且年龄、家庭住址和文化程度也错了。

这个案件疑问重重：为何档案信息与实际情况出入很大？吕天喜是不是替名叫"田星"的人"顶包"坐牢？吕天喜到底是不是精神病人，应不应该入狱？洛阳方面近日向吕天喜发放了30万元救助金，此案会不会不了了之？记者对此进行了调查，并对洛阳相关部门作了独家采访。

■ 疑问一：身份信息为何弄错？后来又怎样查实身份？

【调查】办案人员说审讯时吕口齿不清，误报姓名地址；同狱犯人认出吕，监狱联系到家属吕天喜的姓名为何成了"田星"？

参与办案的洛阳市公安局唐宫路派出所民警郝建盈解释，审讯吕天喜时，他口齿不清，说话含糊，说名字的发音很像"田星"，家庭住址报的也不对，说成是嵩县纸房乡人，民警给纸房乡打电话，查找不到这个人，再问吕天喜就什么也不说了。今年警方才知道他家是在与纸房乡搭界的大坪乡。

大坪乡宋岭村几位村民说，天喜和"田星"在当地方言中的发音明显不一样。方言中，"喜"是一声，"星"是三声。吕天喜的舅舅程建忠说，他的外甥应该能说清名字和住址。

记者近日见到了在洛阳市精神卫生中心接受治疗的吕天喜。他说他叫"吕天喜"，但一会儿又说叫"天喜"、"田星"，家住嵩县纸房乡宋岭村。

当时不知真实姓名，为何后来能查实身份？

三门峡监狱监狱长张天祥介绍，"田星"入狱一年多后，家属一直没有来过。随后，狱警按照刑罚执行书上"田星"的家庭住址"嵩县纸房乡宋岭村"，与当地派出所联系，但查无此人。今年年初，监狱十监区一名刘姓犯人向狱警反映，他和"田星"同村，"田星"叫吕天喜，是嵩县大坪乡宋岭村人。

张天祥说，监狱得知这一情况后就与大坪乡派出所联系，确定"田星"就是吕天喜。随即，监狱通知了吕天喜的家人和驻狱检察科。8月22日，"田星"服刑期满。

在三门峡监狱，刘姓犯人对记者表示，他于2006年5月18日入狱，被判刑10年，确实是他于今年3月份在狱中发现了吕天喜，认定是同村人，有智力障碍，然后报告给了狱警。

■ 疑问二：是否"顶包"坐牢？有无与起诉书上信息相符的"田星"？

【调查】抢劫时多人目击；洛阳籍居民中只有一个80多岁的"田星"

在（2009）西刑初字8号判决书和洛西检刑诉（2008）157号起诉书上，

记者均看到了洛阳市针对此案成立的调查组公布的"田星"抢劫情节。

起诉书写道:被告人田星,男,50 岁左右,小学肄业,自称嵩县纸房乡宋岭村人。因涉嫌抢劫被起诉。法院判决书中写道:被告人田星对公诉机关的指控无异议,且田星对抢走 55 元现金予以供认。

经洛阳市委政法委调查组调查,2008 年 8 月 22 日 17 时许,在洛阳市西工区一人行道上,吕天喜将 91 岁的宋清明(现已病逝)推倒在地,并将其上衣口袋内的 55 元现金抢走,被群众当场抓获。在派出所,吕天喜承认了犯罪事实。今年 9 月 3 日,调查组又找到当时抓获吕的当事人等进行辨认,确认吕当时实施了抢劫。

从洛阳冶金工业学校毕业两年的杨佳乐参与了当时抓获吕天喜的过程。他告诉记者,当天,他和同学们在洛阳的街道上有活动举广告牌,目击了吕天喜推倒老人并抢走其上衣口袋里的钱,他和同学合力将吕天喜追到一个死胡同后抓获。吕天喜当时"像个乞丐"。通过指认照片,杨佳乐确定刚出监狱的吕天喜就是当时的抢劫者,"只是比当时胖了"。

起诉书上的年龄是 50 岁左右,而当年吕天喜的真实年龄应该是 30 岁。对于这样明显的不同,公检法办案人员当时并没有提出疑问。

针对吕天喜是不是替"田星""顶包"的问题,洛阳市政法委执法监督科科长宋柯楠介绍,调查组排查洛阳籍"田星"居民,只发现一名洛阳市洛龙区人叫"田星",已经 80 多岁,与此案中的"田星"年龄等信息不相符。"因此,可以排除'顶包'的可能。"

■ 疑问三:当年办案人员为何没有发现吕天喜有智力障碍?

【调查】公检法办案人员疏于观察,工作责任心不强,有失职行为

吕天喜的邻居石春蝉今年 84 岁,看着吕天喜长大。她说天喜出生时很讨人喜欢,但没想到,他长大后就是个"二球",打爸妈,今天偷邻居一床被子,

明天偷别人家的庄稼，四处流浪。

三门峡监狱在吕天喜入狱时就发现了他的智力问题。记者在监狱看到署名"田星"的犯人入监体检表中清楚写明：有智力障碍。

在洛阳市精神卫生中心，主治医师刘燕朋告诉记者，从住院观察情况看，吕天喜精神不太正常，时常抢夺老弱病友的东西吃。

无论是常人的观察，还是最新鉴定结果，均显示吕天喜有精神问题。为何当年办案人员没发现？在审理期间为何不根据其表现申请精神鉴定？

洛阳市委政法委副书记高茂曾介绍，调查显示，办案人员认定吕天喜是被抓现行，依据口供、旁证及其他证据可以定案，但的确对吕天喜的精神状况问题没有涉及。调查组目前得出结论是公检法办案人员疏于观察，工作责任心不强，有失职行为。

对此，河南亚太人律师事务所律师常伯阳介绍，按照办案程序，如果公安机关办案中发现嫌疑人有精神问题，应当指派、聘请有专门知识的人进行鉴定，其律师或近亲属也有权提出鉴定申请，经公安机关批准，最终由公安机关出具鉴定委托书，委托鉴定机构作鉴定，再根据鉴定结果决定是否对其采取刑拘等措施；如果公安机关侦查阶段没有发现嫌疑人的精神问题，检察机关在批捕、公诉阶段讯问嫌疑人时发现其有精神问题，也应该委托鉴定机构作鉴定，或退回公安机关补充侦查；如果公安、检察机关都没有发现嫌犯精神问题，法院审理时发现嫌犯有精神问题的，可以委托鉴定机构作鉴定，也可以退回检察院重新公诉。从吕天喜的鉴定结果看，公检法都没有尽到该尽的责任，一错再错。

■ 疑问四：吕天喜是不是精神病人？应不应该被判刑？

【调查】按精神鉴定结果分几种情况

吕天喜应不应该被判刑？应判多少年？据法学界人士介绍，这取决于对吕天喜进行的精神鉴定结果。根据我国法律规定，如果犯罪嫌疑人属于精神病人，认定为无刑事责任能力人，则不负刑事责任；如果属于间歇性精神病人，则要根据其在犯罪时具体精神状态判断其是否负刑事责任；如果是限制刑事责任能力，则需要承担刑事责任，但可从轻或减轻处罚。

今年9月，吕天喜的刑事责任能力鉴定结果出来，显示是"限制刑事责任能力人"。据高茂曾介绍，详细的鉴定结论是：精神发育迟滞，属于轻度—中度智力障碍。

洛阳市西工区人民法院副院长车继敏说，吕天喜的精神鉴定由洛阳市西工区人民法院委托，由河南省精神病院鉴定。河南省精神病院有关负责人介绍，他们遵循鉴定程序，曾到吕天喜所在村庄进行调查，提取了多份证据包括村委会及邻居证明，还包括狱警及同狱犯人证言、公检法讯问笔录等证明。同时，成立了由9个主任医师和从北京聘请的专家等组成的鉴定小组，在观察了吕天喜将近1个月后作出了鉴定结果。

中国政法大学刑事司法学院曲新久教授对"限制刑事责任能力"做了如下解释："限制刑事责任能力是指，根据相关专家的司法鉴定结论，较普通人的控制和辨认自己行为的能力有所减弱。限制刑事责任能力人应对其犯罪行为承担刑事责任，法官可以根据其控制和辨认自己行为能力的减弱程度，从轻或者减轻处罚。在我国现行刑法中，第十八条第三款做了原则性的规定。"

对于正常人，抢劫55元判3年是否合法？据介绍，根据《刑法》规定，无论犯罪嫌疑人是否取得财物，也不论被抢财物价值的大小，只要是以非法占有为目的、并当场采取暴力或暴力相威胁手段，就构成抢劫罪，处三年以上十年以下有期徒刑，并处罚金。

■ **疑问五：发放30万元救助金是否意味着案件不了了之？**

【调查】案件将再审，相关责任人员要受到处理

程建忠对记者表示，自吕天喜的刑事责任能力鉴定出来后，他曾提出质

疑，并要求追究"公检法司"在该案中的责任。洛阳市有关部门找到他协调解决此事，达成给其 30 万元的最终协议。

30 万元到底是什么性质呢？高茂曾介绍，调查组发现吕天喜母亲卧床瘫痪多年，其父亲和弟弟寄宿在邻居家。为让吕天喜返家后有一个固定住所和基本生活条件，洛阳市西工区政法委协调多个部门共同出资 30 万元，作为吕天喜的救助基金。

10 月 21 日，洛阳市委政法委纪工委已成立追责小组，准备依据前期调查组取得的证据追究相关办案人员的责任。洛阳方面表示，吕天喜的舅舅即使撤诉也不影响此案再审。11 月 1 日，洛阳市中级人民法院将对该案进行再审。追责小组也将及时公布处理结果。

吕天喜究竟应不应该被判刑？应该判多少年？事发 3 年后，"限制刑事责任能力人"的鉴定是否科学？如何避免此类事情再发生？对此，疑问在继续，求证也将继续。

【记者对话吕天喜】

问：你叫什么名字？
答：吕天喜。
（沉默一会儿后说叫天喜，住嵩县纸房乡宋岭村。）
问：你到底叫天喜还是田星？
答：田星。
（随后又说叫天喜。）
问：今年多大岁数？
答：34 岁。
问：早晨吃啥饭了？
答：吃了。
问：在监狱住了多久？

答： 好长时间。仨月。

问： 因为啥蹲监狱？

答： 摁翻一个老头，抢钱。

问： 抢钱干啥？

答： 买锣，唱戏。

从复杂线索中抽丝剥茧

曲昌荣

一个七里八乡都知道的疯子、智障人,三年前离家出走。三年后的2011年7月11日,家人接到三门峡监狱的电话,称其刑期将满,让人来接。这事让家人不知所措又满腹狐疑:一个智障人犯什么罪了?怎么会在监狱?为什么疯子入狱前走法律程序时家人一无所知?是不是被人当了替罪羊?

2011年9月2日,河南某媒体刊登新闻:《智障者失踪3年后出狱,家属疑其被当替罪羊》,河南洛阳让智障人"顶包"的新闻引发舆论哗然,舆情蔓延月余,且持续升温。经过调查采访,《河南嵩县智障人入狱案五大疑点调查》在人民日报《求证》栏目刊发,一锤定音。各大网站转载,洛阳市委主要负责同志称赞说人民日报调查认真细致、客观公正,要求《洛阳日报》全文转载。最终,洛阳智障人抢劫案再审改判,因抢劫罪被判刑三年的智障人吕天喜被免予刑罚。

写此手记,重在探讨如何通过思考与调查,通过后方编辑与前方记者的频繁互动,在纷繁复杂的线索中抽丝剥茧,让真相重见天日。

前后一个多月时间内,《求证》编辑组三次来信,详详细细列出需要调查的内容,让前方记者明了方向,增了底气。

■ 编采互动发力，编辑两次传来详尽提纲

河南某媒体刊发最初报道后，舆情持续发酵，《河南高院将做精神鉴定》《多份司法文书资料不实。河南智障者失踪入狱3年获赔30万，家属已放弃上诉》、《主审法官被曝停职》……新闻后续不断涌现，但信息都是只言片语，公众如坠云雾，真相到底在哪儿？

人民日报历来主张"敢说话、早说话、会说话；不失语，不乱语"，河南分社的报道也多次赢得肯定，此次也不应缺位。但在此事的报道中，人民日报似乎"起了大早，赶了晚集"。9月7日凌晨01:42，《求证》栏目就发来采访提纲，希望记者立即采访，而且问题条分缕析，指导我们具体从6个方面入手展开调查：

1. 吕天喜是否顶罪坐牢？查看与逮捕令和判决书是否一致，查看当时的笔录、证言。吕天喜是否当时抢劫的人？采访处理此案的民警、法官、当事人（当事人已去世）家属，寻找现场的目击证人，尽量还原当时场景。

2. 查找洛阳户籍中叫"田星"的人的基本信息，根据性别、年龄等排查，看是否有与判决书中的犯人基本情况大体一致的人，这些人是否有作案的可能（时间、工作、身份都可考虑），以此判断吕天喜"顶包"的可能。

3. 智障与精神病人有何区别？为什么当时公、检、法都未能发现吕天喜精神有问题？抢劫55元判3年是否合法？

4. 查案、判案时与地方派出所联系时"查无此人"，为什么出狱时却能和家属联系上，能够找到户籍地？

5. 在当地口音中，"天喜"与"田星"读音是否相似？吕天喜家人怎么说？

6. 吕天喜是个什么样的人？如果他确定是精神病人，那么当年的判决是在什么情况下作出的？司法系统要负什么责任？

河南分社积极与洛阳市委和河南省高院沟通。他们均提出，人民日报影响太大，还是等司法部门调查清楚给个权威意见再报道吧。尊重主管部门意见，我们就没有自行调查。但过了半个月，主管部门给出的还是一个笼统的解释，基本是媒体报道过的素材。稿子传回版面，编辑也不是很满意。与此同时，其他媒体还在不断向外曝出一些所谓的"猛料"。人民日报对这一热点话题迟迟没反应，很是被动。

僵局之中，还是《求证》编辑打开了突破口，他们再次起到"总参谋部"的作用。9月22日凌晨01:28，栏目又一次传来详尽的采访提纲，这次列了10个方面的问题：

第一，希望您尽量采访到吕天喜，尝试从他那里得到关于这件事的更多情况（为什么抢劫？能否清楚说出自己的姓名、住址？对这几年的生活有什么记忆？）。目前法院把当事人保护控制起来的原因是什么，这样做是否妥当（因为目前来看法院也是被调查的对象）？

第二，从现在的情况看，起诉、判决、执行的很多文书表述有很大的不同，与本人情况也有多处不符，希望您能够把这些法律文书的复制件或者照片传给我们，或者把这些法律文书不同的部分详细列出来。这些文书本身信息的不同，以及与吕天喜情况的不符之处（如30多岁的吕天喜为什么被看作50岁），请当地公检法部门回应原因。

第三，与案发时目击者、抓获吕天喜的群众、受害人家属，以及办案人员联系，询问当时的情况。

第四，文中谈到是否"顶包"的问题，朱丹说已经排除了顶包的可能性，我们希望更进一步了解到，通过什么方式排除了"顶包"的可能性，能否有一个比较透明的答复。

第五，坚持查找有无洛阳籍"田星"。

第六，关于当事人被判决入狱的问题，当时做出判决的法官已经被停职，停职原因是什么？

第七，监狱发现吕天喜智障，但据说依照《监狱法》、《河南省刑罚执行规则》、《罪犯保外就医疾病伤残范围》规定，符合收监条件。请列出有关条款。

第八，如果鉴定结果吕天喜为精神病人，那在当时为什么没有发现，是哪个环节出现了问题，相关部门应该做出什么处理和回应。

第九，能否采访到当年跟当事人一个监狱的狱友，这样对当事人在监狱时的精神状况能有一个更清楚的认识。另，与刘姓犯人联系，核实有关认出吕天喜的事。

第十，采访河南省政法委调查组。

不能辜负编辑的期待！我和此前参与调查的人民网河南频道的张毅力决定，按图索骥，主动出击，抓紧调查！

■ 每个环节层层求证、抽丝剥茧，栏目继续要求补充调查

做调查稿件切不可将疑点作为事实。我们的调查除了逐一核实，还力求全方位求证，多视角考察，争取客观、全面、理性。

调查涉及当时参与办案的公检法工作人员，需要调阅相关证词，还需要找监狱、精神病鉴定所、精神病院等单位了解情况，难度相当大。但我们决定把这些单位走访一遍，真相或许会水落石出。

按照事件发生的时间顺序，记者首先找当时的办案人员了解情况，询问身份信息为何会弄错，后来又怎样查实了身份。

针对吕天喜是否"顶包"坐牢、有无与起诉书上信息相符的"田星"等疑问，记者调阅了当时的原始起诉书和判决书。

洛阳发放30万元救助金，是否意味着案件不了了之？在记者追问下，洛阳市也一一给出解释。

一环扣一环，层层抽丝剥茧。记者用客观记录回答了一个个疑问后，真相逐渐浮出水面。

稿子成形后，编辑又将我们提供的素材重新编辑，稿件传回我们核实后，似乎觉得还不大圆满，又在10月18日再次发来4个需要补充调查的问题：

第一部分：是否"顶包"？希望能采访到抓捕吕天喜的警务人员和吕天喜本人，还原当时的事实，并验证吕天喜名字的读音是否会产生误解。这样更有说服力。

第二部分："智障"为何被收监？"希望能找到相关专家了解"智障"和"限制行为能力人"的定义是怎样的？在法律上从批捕、判决、收监包括"保外就医"对待"智障"和"限制行为能力人"有哪些特殊规定？

第三部分：为何后来能查实身份？希望能了解到发现吕天喜身份的刘姓犯人的具体入狱和出狱时间，了解他是在入狱多久之后发现吕天喜的，证明吕天喜在刑期快结束的时候才被发现是不是凑巧。

最新进展部分：希望能了解到赔偿款是由哪个单位、依据什么理由赔付的，赔付标准如何确定。

我们再次逐一核实，连洛阳办案人员都佩服，笑称比他们的工作还细致。

事件调查 手记

■ **呈现记者与当事人对话，最大限度接近事实真相，让读者当裁判**

此文，记者先后走访20多人，包括办案人员、目击证人、当事人家属和邻居、当事人狱友、司法鉴定专家、精神病院医生等，通过他们口述，再加上相关证据印证，一个鲜活、真实的吕天喜闪现在我们眼前。

最终，编辑将我们的素材归纳为五个疑问，把案情全面呈现：

疑问一：是否"顶包"？身份信息为何弄错？后来又怎样查实身份？

疑问二："智障"为何被收监？有无与起诉书上信息相符的"田星"？

疑问三：当年办案人员为何没有发现吕天喜有智力障碍？

疑问四：吕天喜是不是精神病人？应不应该被判刑？"智障"和"限制行为能力人"的定义是怎样的？在法律上从批捕、判决、收监包括"保外就医"对待"智障"和"限制行为能力人"有哪些特殊规定？

疑问五：30万的赔偿款是由哪个单位赔付的？依据什么理由赔付？赔付标准如何确定？发放救助金是否意味着案件不了了之？

行文最后，我们专门写了一段"记者对话吕天喜"，力求真实、客观地还原一个智障人的语言表达水平。但由于版面空间所限，一度被删掉。记者得知后，10月24日凌晨，与编辑反复磋商，最终形成一致意见，把这一段保留。这部分内容，恰恰成为全文的最大"看点"：

问：因为啥蹲监狱？

答：摁翻一个老头，抢钱。

问：抢钱干啥？

答：买锣，唱戏。

有一定思维能力，但神智又有些不正常。这就是那个实施了抢劫的智障人吕天喜。很多读者读后致电记者，对最后一段夸赞不已，对办案人员当时的疏忽表示不解。让读者自己当裁判，比我们"灌输"要好很多。我们感觉，以后的调查还应更多地采取这种"对话体"。

2012年2月16日，洛阳"智障人"吕天喜迎来公正的再审，犯抢劫罪，免予刑事处罚。而原判其有期徒刑三年，并处罚金1000元的判决被同时撤销。司法鉴定结论显示，吕天喜犯罪时患有中度精神发育迟滞，属限制刑事责任能力，犯罪情节轻微，可以免予刑事处罚。原审判决定性准确，审判程序合法，但认定原审被告人吕天喜的身份和刑事责任能力情况有误，量刑不当，应予纠正。

还智障人一个"明白"，作为记者也应有一个"明白"：无限地接近事实真相，是新闻记者的使命。一些采访对象为了自己的利益，故意夸大或捏造事实，却对某些事实避而不谈，而政府相关部门提供的信息也不一定准确。这在新闻报道尤其是调查性报道中尤需注意。要客观公正地报道事实，需要对各方的说法、情况介绍搜寻证据、加以核实，确保其真实、准确。

同时，调查性报道一定要遵循平衡原则。对于介入事件的各方，都应当给予他们表达的机会。从不同人的话语中可以印证很多新内容，也可以发现很多漏洞，然后再去质疑，再去核实。

（作者为人民日报河南分社采编部主任）

传言

2011年底，海南某都市报报道海南省万宁市一私立学校的校舍房屋安全鉴定出现两份报告，一份说安全，一份说是危房。

万宁振华学校是一所私立的中小学校，2006年底迁到目前校址所在地，这里原来是一个工厂。学校共有四栋建筑：学生宿舍1、学生宿舍2、综合办公室和教学楼。2011年8月，有人向安委办举报，振华学校的校舍存在严重的安全隐患。校方聘请鉴定公司对部分校舍进行了检测，鉴定结果为：可靠性等级评定为Ⅰ级，可安全使用。一个月后，安委办再次接到举报，称之前检测范围太小，鉴定结论不可信。随后，安委办委托市房管局推荐检测公司对学校1920平方米的全部校舍进行检测。检测结果为：安全性为Csu级，存在较严重的安全隐患；学生宿舍1为Bsu级，尚不显著影响整体承载。

是安全，还是危房？哪种说法是对的？

海南万宁一学校出现两份结论相反的鉴定报告

这个校舍是不是危房

本报记者 黄晓慧
人民日报（2011 年 12 月 07 日 04 版）

近日，有媒体报道海南省万宁市一私立学校的校舍房屋安全鉴定出现两份报告，一份说安全，一份说是危房。真实情况究竟如何？记者对此进行了调查。

■ 鉴定报告结论相反

一份认定可靠性 I 级，可安全使用；另一份认为属危房，建议拆除

11 月底，记者来到万宁振华学校校区，透过颇气派的学校校门，看到左侧的学生宿舍同当地很多老旧房子一样，房顶上布满青苔。

据振华学校法人代表王刚飞介绍，万宁振华学校是一所私立的中小学校，于 2006 年底迁到目前校址所在地，这里原来是一个工厂。学校共有四栋建筑：学生宿舍 1、学生宿舍 2、综合办公室、教学楼。

记者从万宁市安全生产委员会办公室（下称安委办）了解到，今年 8 月，有人向安委办举报称，

振华学校的校舍存在严重的安全隐患。万宁市分管安全生产的副市长批示,由市住建局牵头调查此事。

9月5日,市住建局会同市教育局、市安监局等部门到学校进行实地调查后,认为存在安全隐患,责令振华学校聘请有资质的鉴定机构,对教学楼和学生宿舍进行房屋结构安全鉴定,鉴定合格后方可使用。

王刚飞告诉记者,学校随即聘请了广州仲恒房屋安全鉴定有限公司海南分公司(下称广州仲恒)对部分校舍进行了检测。检测后鉴定结果为:学生宿舍01号和05号房间面积44.85平方米,教学楼面积610.14平方米,可靠性等级评定为Ⅰ级,可安全使用。

9月中旬,安委办再次接到举报,称广州仲恒检测范围太小,鉴定结论不可信。随后,安委办委托市房管局推荐的海南汇国建筑工程检测有限公司(下称海南汇国),对学校1920平方米的全部校舍进行检测。检测结果:教学楼、综合办公室、学生宿舍2,共1802平方米,安全性为Csu级,存在较严重的安全隐患;学生宿舍1为Bsu级,尚不显著影响整体承载。

安委办又请海口琼山建筑设计院,对这份检测报告提出处理方案,得到的建议是"教学楼、综合办公室、学生宿舍2等三幢校舍存在较严重的安全隐患,适修性差,属于危险房屋,建议拆除"。

负责安委办工作的市安监局局长陈儒平说:"广州仲恒只对655平方米的校舍进行检测,怎么能保证未被检测的1265平方米校舍是安全的?"

■ 两家检测机构资质有无问题

调查表明,两家机构均在许可范围内作业

除了对两份检测报告的鉴定结果产生分歧外,振华学校和安委办还相互质疑对方所委托的机构是否具备房屋鉴定资质。

王刚飞认为,广州仲恒作为《海南省人民法院2011—2012年度司法委托专业机构名册》指定房屋安全鉴定机构，其鉴定结果具有权威性，而海南汇国只是一家"检测公司"，不具备做房屋安全鉴定的资质。

陈儒平则认为，根据国家《建设工程质量检测管理办法》规定，检测机构跨省份承担检测业务的，应当向工程所在地的省份人民政府建设主管部门备案。广州仲恒海南分公司作为分支机构，检测振华学校的校舍属于跨省作业，应当在海南省住建厅等主管部门备案，否则就没有鉴定资格。

对此，记者询问了海南省住建厅，相关工作人员表示，海南汇国有省住建厅的资质认证，允许从事房屋安全检测业务。没有广州仲恒的备案记录，但目前海南没有规定要求外省鉴定机构在海南从事房屋安全鉴定业务要做备案。

海口市一位从事房屋安全鉴定的专家透露，目前海南没有独立的房屋安全鉴定机构注册，省内的房屋安全鉴定程序通常是：先由检测机构对房屋进行安全检测，再由建筑设计院根据检测报告做出鉴定结论。

海南省高级人民法院司法技术处处长何跃飞向记者介绍入册过程：先由省高院发出入册申报通告，专业机构向法院提出申请，自愿承担司法委托业务，经法院审核通过后登记入册。"专业机构不受地域限制，申报意愿是前提，不存在'由法院指定'一说。审核时，我们只对广州仲恒总公司的资质进行审核，不涉及其海南分公司。"何跃飞说。

■ 结论难下，如何保障师生安全

专家建议，请第三家检测机构作可靠性鉴定

争议已持续几个月，却一直没有最终的结论。一个建筑物是否属于危房，应该如何判断？检测、鉴定的项目到底应该是哪些？

海口市一位不愿意透露姓名的建筑结构工程专家表示，从检测的内容看，两份报告都不存在不符合操作规范的地方。之所以得出截然不同的结论，是由于两者的检测出发点和参照标准不同：广州仲恒主要依据《民用建筑可靠性鉴定标准》（GB50292—1999），做的是房屋在正常情况下的可靠性鉴定，不涉及抗震鉴定；而海南汇国主要依据《建筑抗震鉴定标准》（GB50023—2009），做的是房屋的圈梁、构造柱、拉结筋等抗震构件检测，不涉及房屋在正常情况下的可靠性鉴定。

对于两份报告都提出的"委托方未提供该房屋的任何图纸资料"，该专家表示，目前海南很多校舍都使用上世纪70年代沿革下来的设计和建造模式，"无地质、设计以及施工等技术资料"的违建情况较为常见，缺乏基本的抗震设防。近年来开展的"校安工程"专门针对这类校舍进行检测和加固。

他建议，鉴于双方相互质疑鉴定结论，可以请第三家检测机构对该校的全部校舍进行正常情况下的可靠性鉴定。他认为，"通常情况下，对具备维修加固条件的校舍，只有加固费用超出重建费用的特定比例后，才会做拆除处理"，因此，可以考虑将这些校舍纳入"校安工程"，根据万宁地区的抗震设防要求，对其采取放置钢筋网片、用高标号水泥砂浆封闭等全面加固措施。

求证：用事实粉碎谣言
——人民日报这样调查真相

一篇求证，一次历练

黄晓慧

2011年12月7日，人民日报四版刊登了我采写的《这个校舍是不是危房》。这篇以求证方式采写的报道，让刚开始记者生涯的我终生难忘。经此一役，真正懂得了什么是"探寻真相，求证不止"，它要求记者不仅有无私无畏的勇气，更要有锲而不舍的毅力。

■ 600多个孩子的安全谁来保障？

2011年11月，海南省万宁振华学校的校舍出现两份鉴定报告，校方请的鉴定机构说安全，而万宁市安委办请的检测机构说是危房。11月16日，四版编辑让我调查下能否做一期"求证"。

经初步调查，这所民办中小学是在钛厂旧址上改扩建的，设施比较糟糕。在校600多名学生，多是城郊或农村的孩子。很多群众都反映过这所学校的问题。

由于海南两家报纸已对学校做了详细报道，且都偏向校方，我决定先向万宁市安委办了解情况。安委办负责人把事情的来龙去脉和盘托出，并向我提供了全部"涉案"资料——两份检测报告、两家检测机构的资质证明、市政府批文、与房屋安全鉴定相关的法规条例，还有举报信。

据介绍，事情起因是：万宁地税局干部蔡某是学校的股东，去年开始与学校法人王某闹经济纠纷。王某先举报蔡某"公务员搞经营"。王某后来接受我采访时承认蔡某对学校的贡献很大,但他想独自经营学校。蔡某认为王某忘恩负义,就写信举报学校有危房。

接到举报信后,万宁市副市长批示由市住建局牵头调查。住建局下文责令学校自请机构做检测。安委办负责人说,这件事的很大一部分责任在住建局,居然让有问题的学校自查,政府在行政程序上的错误导致了后续的扯皮。

在接手这个选题之前,我没有碰到过牵涉这么多部门和人员的采访,因此只能用最"笨"的办法,把所有牵涉的部门和人员以及采访提纲一一罗列出来,并紧抓两个核心问题:两次检测各做了什么,哪方在撒谎?两家检测机构是否具备资质?

■ 让他们开口真难!

21日,我马不停蹄地联系所有"涉事"机构。万宁市教育局、海南省高院的采访很顺利。省住建厅的采访却十分困难。住建厅帮我查证了两家机构的资质,但对最关键的报告内容,几个处室相互推诿。行政审计办、政策法规处、房产处、工程质量监督处来回踢皮球,科员推给副处长,副处长推给处长,而很巧的是几个处长同时出差,又推回给科员。一天内,我和住建厅不下15人联系过,但没有人告诉我,到底哪个部门负责房屋安全鉴定的监管。

在校方还没有答复是否接受采访时,我决定暗访学校。

如果只看巴洛克风格的气派校门,会误以为这是贵族学校。可当我透过紧锁的人铁门,看到紧挨着校门的一排平房时,心里有底了——根据检测报告中描绘的布局图,这排平房就是学生宿舍,长满青苔的老房子,每间房门口十几双拖鞋一字排开,可以想见,在十几平方米的房子里挤着多少孩子。

学校保安态度强硬地将我挡在校门外。我只偷拍到宿舍的一角,便离开了。

22日,我赶回海口,开启新一轮的"寻人工程"。省建筑设计院、省城市规划设计院、海南大学等单位的专家,我挨个联系。但他们都说这事太敏感,只解释了房屋安全鉴定的术语,拒绝见我和看报告。

求证：用事实粉碎谣言
—— 人民日报这样调查真相

■ 追问的收获

虽经历了懊恼、沮丧，但工作还得推进。24日，报告的解读难题出现转机。一位朋友的朋友是某建筑设计院的工程师，他说校方的检测避重就轻，只做现状检测，没有检测建筑整体结构和安全隐患，而安委办做的正是安全隐患检测。

这个解释乍一听很有道理，但是我后来冷静地琢磨，再仔细翻看报告，把有关建筑质量鉴定的国家标准拿出来对照，觉得稿件的漏洞还很多。

而后在我连珠炮似的追问下，这位设计师朋友承认自己的解读不准确，让我另请高明。这件事给我一个教训：对于专家意见，一定要进行自我消化、反复推敲，尤其是专业领域问题，如果记者的逻辑推理都不通，那肯定无法把准确的情况传达给读者。

找不到愿意接受采访的专家，我有些灰心了。

《求证》栏目主编安慰我："你的采访已经非常扎实了。没关系，我们来找专家。"经过不懈努力，人民日报经社部记者王炜请住建部的专家看了报告，专家认为两份报告参照的标准都没有问题，具体实施要看地方怎么规定了。

事情似乎又回到了原点。我决定再次争取采访曾联系过的一位大学教授，因为他是唯一一位不会直接挂断我电话的专家。不知是否被我表示"如果您不帮我，我只能天天到单位门口等您"的决心所感动，这位教授终于同意见我了。

12月3日，教授仔细看过报告后，说这种校舍在海南很常见，鉴定为危房有点过了，但的确需要进行全面加固。

这篇报道带给我很多启示。记者采写《求证》稿件时，会不断地思索真相是什么、为什么会出现如今的状况。这是一个追问与思辨相辅相成的过程，在一片喧嚣中，保持清醒的头脑，遵循事物的客观逻辑，讲事实、摆证据，还原事件的全貌。在这个浮躁的社会里，能够理性地思考和发声是一件多么不容易的事情！

（作者为人民日报海南分社记者）

传言

2011年4月,一些报纸刊发文章,称河北邢台县警车开道闯红灯,撞残14岁少年,而县长在众人簇拥下离开现场去吃饭。

文章说,当时撞人的中型客车,不仅警车开道而且闯红灯,车上坐着县长。被撞伤的是一位14岁的初三学生,住院170多天后保住了性命,却落下了终身残疾,被鉴定为五级伤残,而两年来这位县长一次没去看过被撞伤的孩子。

"邢台县长座驾闯红灯撞人"调查

这个新闻很牵强

本报记者 李增辉
人民日报（2011年04月29日16版）

"代县长警车开道闯红灯"、"撞人后扬长而去"、"车祸发生后，两年来一次也没有去看过受伤学生"……近日，"河北邢台县长撞人"一事在网络上传得沸沸扬扬，县长受到网民强烈谴责。记者赴河北省邢台市邢台县进行调查，采访了事件中的多方人员，却听到了不同的声音。

■ 面包车撞人后，县长扬长而去？

2009年3月9日中午，一个由一辆警车开道的车队，在通过邢台市桥西区的一个路口时，车队中的第三辆中型客车，与一辆自行车相撞，将骑车人邢台市八中的学生李某某（时年14岁，未成年人）撞成重伤。当时，邢台县长顾鹏图也乘坐此客车。

记者采访了参与事故处理的邢台市交警支队民警刘同振。他说，这车不是县长的，县长当时也没有开车，按照事故处理程序，只涉及事故的双方，不涉及没有受伤的乘客和其他人，"县长作为乘客与这个事故没有关系"。

2009年3月17日，邢台市交警支队出具《道路交通事故认定书》，认定驾驶中型客车的邢台县机关事务管理局司机张运波负全部责任，邢台市八中的学生李某某不负此事故责任。

记者调看监控录像显示，12时13分57秒，一名交警出现，指挥路口交通；12时14分12秒，事故发生，司机下车抢救；12时15分08秒，车门打开，23秒时车上下来两人走向被撞人；12时16分16秒，出租车拉着伤者离开；12时16分29秒，一名披着外套的人下车，和几个人一起离开现场。

这段时间县长在车上，没有下车参加直接救助行动，这是让公众大为诟病的地方，那么当时他在干什么？

"事故发生之后，第一反应就是救人。"顾鹏图回忆：当时我让司机第一时间下车救人，然后问最近的医院在哪里，有几个同志告诉我是邢台市三院。由于司机下车的时候没有打开自动车门，一个同志试了试，没有弄开。邢台县总工会办公室主任王海平来到司机位置，不知道怎么就打开了。

顾鹏图说："车门打开后，我赶紧让两名同志下去拦出租，送伤者去市三院。然后我又和邢台县机关事务管理局领导联系，让他带钱马上赶到市三院办理住院手续。我把这些事情安排好之后，才下的车。"

监控录像显示，县长下车时，伤者已经被出租车拉离现场。顾鹏图说："由于呆在现场已经没有什么作用，我就改用其他交通方式离开，继续参加公务活动。"

■ "警车开道闯红灯"、"县长带病升迁"？

监控录像显示：在发生事故前，有一名交警在指挥路口交通，一辆警车引导三辆中型客车通行。

在接受采访时，邢台市警方表示，该车队是用于河北省领导来邢台调研的公务活动，警车的使用严格遵守《河北省公安厅交通警卫工作管理规定》和《公安部警车管理规定》。

对于《道路交通事故认定书》中司机张运波负全责的认定，邢台市交警支队勘查员李志说,依据的是《中华人民共和国道路交通安全法实施条例》。但司机张运波表示异议:有交警指挥的情况下,应听从交警指挥而非看信号灯。

记者就网络上称"代县长带病升迁"内容与顾鹏图核实,他说:"2008年6月,我从威县调任邢台县委副书记、代县长。事故发生时我已是经过人大代表选举的县长了。"记者通过互联网查询到,2009年1月9日《邢台日报》报道:1月8日,邢台县第十三届人民代表大会第三次会议选举顾鹏图同志为邢台县人民政府县长。

■ 两年来一次也没有去看过伤者?

事发后,邢台县成立了"3·9交通事故处理协调小组",积极处理好伤者救治、陪护和赔偿等相关事宜。受伤学生的父亲李建玺也认为,"他们救治期间还是比较积极"。

县机关事务管理局副局长王梅英说:"县领导多次委托我们向家长转达看望孩子的意愿,但孩子家长没同意。"李建玺不认同这种说法。不过,司机张运波表示确有此事,可以对质。

针对此次交通事故,邢台市交警支队在李某某出院后进行了多次调解,终因李建玺提出"赔偿400万,并将孩子安排为公务员"的要求不符合法律法规,双方未能达成一致。对此,李建玺解释说,当时孩子处于昏迷中,自己很生气才提的。

后来,李建玺通过河北省委信访局协调此事,没谈拢。2011年3月初,李建玺夫妇把邢台县人民政府和张运波告上了法庭,要求被告赔偿125万多元。在诉前调解阶段,李建玺分别提出了219万元、144万元赔偿方案。

李建玺和王梅英均对记者表示,后期治疗费的赔偿数额存在争议,是此事没能解决的根本原因。

据李建玺介绍,2009年9月17日,孩子被评定为4.5.1.a项5级伤残,脑部损伤还引发了外伤性癫痫后遗症,到目前已发作多次。孩子的现任班主任张翠红也说李某某现在反应迟钝,记忆力差。

事件调查 手记

网络时代，主流媒体如何引导舆论
——"邢台县长座驾闯红灯撞人"调查所感

李增辉

"邢台县长座驾闯红灯撞人"调查完成之后，我一直在考虑，要不要写一篇采写体会。在网络时代，为官员说话，需要极大的勇气和承担巨大的舆论压力。

其实，这起交通事故非常简单，只需回答以下问题就可以搞清楚：

县长个人用警车开道了吗？没有，警车是为一个公务车队开的道。

县长亲自驾驶肇事车了吗？没有，是邢台县机关事务管理局司机开的车。

肇事车辆是县长的座驾吗？不是，是邢台县机关事务管理局的车。

警车和车队闯红灯了吗？没有，按照交通法，路口有交警，司机要听从交警的指挥。

据此，可以做出一个基本的判断：县长在法律意义上与交通事故没有任何关系。

那么，从道义上讲，县长是否没有人情味？

从出事之后车门打开下来人，到县长下车离开，中间有1分03秒，按照本报记者了解来看，县长在给机关事务管理局领导打电话，安排人带钱去医院。他下车时，伤者已经被出租车拉离现场13秒。

求证：用事实粉碎谣言
——人民日报这样调查真相

■ 舆论监督，事实必须清楚、全面

2011年4月20日，看到有报纸刊登的《警车开道 直闯红灯 肇事后遮挡车牌——邢台一少年被撞致残》这篇报道时，我也和所有义愤填膺的网民一样感受：这样的县长还有人性吗？当时我对该文唯一的疑问是：在交警的现场指挥下，好像不存在闯红灯一说。

下午，河北分社社长王方杰召集开会，主题就是研讨这篇文章。他说，这个新闻线索十分难得，有县长、警车、红灯、车祸、少年、交警、官司，可以关注后续发展。

同时，他也指出，这篇报道不是很严谨，一是只有被撞一方的声音，没有被批评人邢台县长的声音；二是该事故的处理久拖不决，主要原因是被害人家属要价太高，400万元的赔偿数额和要求其子女当公务员的要求，缺乏法律依据，这是很关键的情节，但在稿子中没有披露；三是文章有硬伤，"警车开道直闯红灯"，在现场警察指挥的情况下，说车队闯红灯，可能与法律规定不符；四是该文有一种导向，就是助长和放大了一种"仇官"情绪。

王方杰还提出，作为中央媒体，特别是人民日报，搞舆论监督报道，一定要客观、公正、准确，证据和陈述要环环相扣，不能有漏洞，不然很容易被质疑，陷入被动之中，给报社带来负面影响。

当日，总编室来电要求分社调查此事，做一期"求证"，看看此事真相到底如何。我从邢台市委宣传部那里要来了正式回应，并传给了总编室。

4月21日，某报接着刊发《没有下车救治受伤少年，邢台县县长顾鹏图说："我向孩子本人道歉"》。同日，另一家媒体也播发了《网曝河北邢台县怪事：酿车祸撞残少年县长扬长去 仕途顺"警车开道县长"竟升迁》。

从21日下午，分社联络采访事宜，我先和邢台市委宣传部联系，根据《求证》栏目的设想，提出了采访要求。但是，市委宣传部和邢台县县长很有顾虑，认为此前媒体的报道不客观，断章取义，背离了事实真相，他们不愿接受采访，怕越描越黑，引起更多的炒作和误解。后来，方杰同志又和邢台市委宣传部、市委书记联系，介绍了报社的报道设想，就是想求证事情的真相，实事求是地报道。几经反复，邢台方面终于同意接受采访。

25日，我到了邢台县。本来，县长答应接受采访了，后来又反复两次。经分

社再三做工作,才接受了采访。25日、26日,我采访了县长、车祸司机、事故车上的干部、邢台县机关事务管理局局长和负责此事的副局长、邢台县法制办干部、邢台市交警大队事故科的两名民警、孩子的父亲、孩子的现任班主任。返回石家庄后,27日就有些问题继续电话补充采访了相关人士。期间,方杰同志和我就相关政策,咨询了河北省委接待办、公安厅、交管局等相关部门。

就记者调查的结果看,这是一起一点也不复杂的交通事故。事故中的孩子是不幸的,十分令人同情,但此事跟邢台县县长没有什么关系。

也就是说,此前媒体的报道是不客观、不公正的。就此,分社一起讨论商定了报道结构,并与总编室多次沟通探讨,最后,方杰同志亲自修改,29日本报刊发了《"邢台县长座驾闯红灯撞人"调查——这个新闻很牵强》的报道和方杰同志撰写的评论《新闻的力量在于客观公正》。当天,河北许多读者表示,人民日报敢于还原真相,说话公道、客观、公正、可信,不愧是党中央机关报。

■ 迎合受众,还是引导舆论?

本报报道出来后,一些网友质问我为什么给当官的说话,拿了什么好处;没有想到的是,有同行也问我,为什么给当官的说话?

我回答说,不是为官说话和为民说话的问题,而是为不为公道说话的问题。如今,"县长"等词,在一些人眼里已经成为仗权欺人、作威作福的同义词了。为官员说话需要勇气,为公道说话需要良心,要尊重事实,不能因为是县长就判定他在这个交通事故中必须承担责任。

网络有新闻线索,传统媒体在跟进时,如果报道不准确、不客观、不公正,那么在网络和报纸互相推进、互相放大后,真相就会越来越远,形成一边倒的舆论审判。其中,大凡和"官"沾边的负面新闻,网络骂得不亦乐乎,一些主流媒体也予以跟风。

在这个"邢台县长"案例中,一些媒体预设立场,没有将目标指向追寻真相,而是推向了相反的方向,把网络舆论的"仇官"情绪推向了极致。

事实上,这一交通事故之所以两年没有解决,原因在于孩子家长提出的"400万元赔偿和解决孩子公务员身份"的诉求太高,也不符合相关法律规定,双方无法达成一致。家长一直都不愿意打官司,因为知道肯定索赔不了那么多钱。最后打官司也是因为诉讼时效问题。

一个事实清楚的交通事故案件,最后演绎成干群对立、官民相向的结果,可以说一些主流媒体起到了不好的作用,为了迎合受众的情绪,丢掉了实事求是、引导舆论的职责。

中国正处于快速发展的战略机遇期,也是各种矛盾和问题的高发期和凸显期。在这种形势下,媒体会面临各种各样的冲突和纠纷,如何看待这些矛盾和报道这些事件?王方杰社长说,答案只有一个:全面、客观地报道事实,准确地反映当事各方的诉求。面对舆论,应该始终保持理性和冷静,不能被任何一方所左右和利用,也不盲从于任何压力。报道事实时要全面客观,在表达倾向时,要以法律为标尺,以社会主流道德为依据,以正常的社会情理为参考,不为盲目的舆论力量所左右。这是党报记者的职责所在。

"舆论导向正确,是党和人民之福;舆论导向错误,是党和人民之祸。"谨记此言。

(作者为人民日报河北分社采编部主任)

传言

2012年1月初,一篇题为《山东省临朐县居民被强行试验药品》的网帖引发热议。网友怀疑卫生部门拿20万人当"小白鼠"试验新药物。

网文称:"山东省临朐县若干机关干部和村民正在服用卫生局免费发放的一些不知名药品,说是能治胃病防胃癌。"

网文描述:"窦家村有80人左右正在服用卫生局免费发放的药品,对年龄在25—55岁之间的村民做了呼气检测,并抽了血;抽血干什么不知道,药名不知道……没有签知情同意书。"

网文披露:"选择了500个自然村20万年龄在25—64岁的人群(实际操作年龄25—55),采用'四联疗法'进行人体试验……这个项目有试验经费,但都被卫生局扣压。"

求证：用事实粉碎谣言
—— 人民日报这样调查真相

"山东临朐县20万人被迫服药"传言调查

自愿服药预防疾病，不是试验新药

项目希望通过根除幽门螺杆菌，降低该地区胃癌发病率

本报记者 王君平 徐 丹 季健明 刘成友
人民日报（2012年01月13日04版）

近日，网传山东临朐县20万人被迫服药做试验。事件真相如何？记者到山东省临朐县和北京大学肿瘤医院进行了调查采访。

■ 疑问一：是否存在强制服药？

【调查】受试人群筛查及服药前全部签订知情同意书，自愿参加，可随时退出

据了解，网上所说的这个项目名称为"胃癌高发区人群根除幽门螺杆菌感染预防胃癌项目"，2010年由北京大学临床肿瘤学院、国际消化道肿瘤联盟与临朐县卫生局共同合作开展。

网文说，村民被集中起来强制服药。对此，项目实施的当地负责人、临朐县胃癌防治所所长刘卫东说，项目受试人群在进行筛查及服药前全部签订知情同意书，所有检查及服药治疗完全在本人同意下进行，未强迫任何一个人参与项目，任何人可根

据自己的意愿随时退出。这些都有本人亲笔签字或按手印的知情同意书佐证。

当地向记者出示了两箱知情同意书，每箱大约能放1万份。记者随机抽出一些，的确是有签名或手印的同意书。

记者拿到一份知情同意书的复印件，名为丛某某，住址是临朐县东城镇安家河村，同意书上有她的签名，日期是2011年9月11日，并在当天接受了在村委办公室的体检及呼气检查。现场工作人员签字是马峻岭。在知情同意书上，对身体检查、呼气检查、血液采集、药物治疗和健康随访进行说明，并告知健康受益内容和项目危险性很低，同时，明确可以自愿参加本项目，也可在任何时候自愿退出。记者同时还拿到了一份服药通知，是北京大学肿瘤医院和临朐县卫生局给服药居民的提醒事项，包括服药时间地点、服药禁忌事项等。参加服药的村民每人每次领药时需要本人在服药情况记录表上签字或按手印。

据介绍，为了让老百姓知情，项目组采取了告知效果最好的村里大喇叭广播，把项目内容录到磁带中发放到各个项目点广播。

"这个项目严格按照国际标准执行，参加者必须签署知情同意书。"项目组成员、北京大学肿瘤医院流行病学研究室研究员潘凯枫说，项目是国际合作项目，国际专家曾数次到现场检查参加者是否签署知情同意书。项目成立了包括国内外著名专家在内的科学委员会和安全委员会，项目计划任务书经过科学委员会和安全委员会多次讨论批准，并经过北京大学肿瘤医院伦理委员会批准。

至于会出现"要求居民当面服药"的情况，北京肿瘤医院负责现场实施的张联教授说，由于幽门螺杆菌的顽固性强，服用四联疗法的药物必须坚持十天，每天三次，如果中间忘记服药，血液中的药物含量达不到要求，就会给幽门螺杆菌以喘息机会，治疗效果会大打折扣，而且还可能出现耐药性。潘凯枫说，为了提高疗效和方便村民服药，对药物按早、中、晚进行了分装，由工作人员每天督促村民按时服药，并及时了解是否存在副作用。

1月12日，记者来到吴家庙社区取药点，正值居民取药时间。这个社区一共有205人服用相关药物，取药时间分别为上午和下午4点半到6点，上午取上午和中午的用药，下午则取晚上的用药。社区分为3个小组取药，小组长都是社区的热心居民,他们按时发药,还通知未领取药物的居民来领药。医护人员和专业技术人员则在各个取药点巡回指导。小组长吴绍伟说:"都是自愿取药服药的,这是给自己看病啊,我们组绝大多数需要服药的人都会来取药。要中途不想吃药了,可以退出。"记者翻阅登记本发现,确实有一位居民因为临时去外地,在服药两次后便不再取药。也有居民因近期在外地,希望春节后回来开始服用药物。

另一位小组长吴维月告诉记者,在用药前都进行了检查,只有感染阳性的才来取药。吴大爷说:"这是个好事儿,帮助大伙治病,但就是一天发两次太麻烦。大家都还要来领。"项目负责人解释说,一天发两次药是为了更好地督促居民按时服药,根据项目组的研究成果,中途停药或者断药会明显降低治疗效果。在记者采访过程中,陆续有居民来领药。居民王芳告诉记者:"检查前都是发过知情同意书的,社区也发过宣传单告诉大家这事儿,所以才来检查、拿药的。"有居民对记者说:"网上的说法不真实,没人逼着我们服药。"

偶尔有居民取药时说有不良反应,譬如腹胀,医务人员会对居民说明情况。据介绍,如果居民不良反应较明显,医务人员会停止向其发药。药品停用后,不良反应会逐渐消失。12日下午记者离开发药点时,205名服药人员中有10多人还未取晚上服的药。

■ 疑问二:服药是为试验新药吗?

【调查】并非试验新药,而是消除胃癌危险因素的预防项目

上世纪80年代初,临朐县的男性胃癌发病率为70/10万,远高于全国平均数据,被确定为胃癌高发区。根据医学研究,人的胃部如果存在幽门螺杆菌,容易发生胃炎,最终可能导致胃癌。潘凯枫告诉记者,北京大学肿瘤医院和临朐县卫生局在临朐县开展的流行病学调查显示,幽门螺杆菌感染阳性者胃癌发病率明显高于阴性者。减少危险因素预防胃癌的一个有效办法是根除幽门

螺杆菌，目前开展的项目正是基于这项调查和研究成果。项目不是为了试验新药，而是消除胃癌危险因素的一级预防项目。

张联说，这个项目的目的是把治病的关口前移，进行早期干预，不要等得了癌症以后再治疗，这样可以通过较小的成本进行防治。项目希望通过根除幽门螺杆菌使该地区的胃癌发病率降低30%—50%。

北京肿瘤医院科研处处长张焕萍说，项目经过国家科技部正式批准（项目编号：2010DFB30310），2010年，国家投入经费500多万元，国际组织提供经费100万美元。据介绍，项目实施前邀请了美国、欧洲以及国内权威专家论证，按照国家GMP标准设计，有完整的科研任务书，并获得世界卫生组织大规模人群试验的批号。

刘卫东表示，项目从检测到治疗都是免费的。

■ 疑问三：多少人服药？

【调查】检测人数计划为20万人，检测是阳性的才服药，目前有1.2万人服药完毕

网义说，项目给健康人服药。对此，潘凯枫说，自愿参与项目的居民，首先要接受C13尿素呼气实验检测，该检测是临床检测幽门螺杆菌是否感染的最常规非侵入性实验，灵敏、准确、没有任何副作用。整个检测费用大约200元，全部由项目组支付。

项目计划对当地25—54岁的20万居民进行筛查。前期筛查工作从去年3月开始展开，目前已有约9.2万人接受筛查，其中有5万多人检测结果呈阳性，需要连续服用四联药物10天。服药工作从去年11月开始，目前已经有1.2万人服药完毕，其他人正在服药或将陆续开始服药。

潘凯枫说，幽门螺杆菌阳性者根据自愿的原则接受根除幽门螺杆菌四联药物治疗，治疗后45天再次接受C13尿素呼气实验，以检测幽门螺杆菌是否根

除。所有参与项目的居民全部进行随访，统计和观察胃癌发病情况。

对于网上有关"拿20万人当小白鼠试验药物"的说法，张联说，稍有科学研究基础的人都知道，"谁会拿20万人去做药物试验？！""所有药品的不良反应都是已知的，发生不良反应时现场医生和工作人员会填写不良反应记录表，并由主管人员严格按照要求进行处理，确保服药对象安全。"据了解，到目前为止，没发生一例严重的不良反应，轻微的不良反应在及时停药后症状随之消失。

■ **疑问四：服的是什么药？**

【调查】采用的是临床常用的四联药物，均有批号，不是新药

张联说："本项目所使用的药品都是国家正规药厂生产的市面上可以买到的药品，为了居民服用方便和便于管理，对药物按早、中、晚进行了分装。"按次分袋包装后，村民看不到药品名称和生产厂家，只能看到不同颜色的药片。刘卫东说，在签知情同意书时都详细告诉村民了。

潘凯枫告诉记者，该项目采用的是根除幽门螺杆菌的四联药物，包括：奥美拉唑、甲硝唑、四环素、铋制剂（枸橼酸铋钾）。这些药物都是获得批准上市的药物，并非是新药。治疗方案也不是北京大学肿瘤医院首创的诊疗方案，而是目前临床根除幽门螺杆菌感染常用的四联用药方案。据了解，四联用药由北京肿瘤医院通过招标采购，4种药品均有国药准字批号，药品安全有效，甲硝唑由石家庄四药生产，四环素为海南制药一厂生产，奥美拉唑由沈阳澳华制药公司生产，铋制剂（枸橼酸铋钾）由江苏济川制药有限公司生产。

吃四环素会不会导致四环素牙？潘凯枫说，整个过程只有10天，服用的剂量也很小，不会出现四环素牙。

服药村民是否服用相同的药物？是否存在使用安慰剂的居民？在知情同意书"药物治疗"一项中表述为"如果幽门螺杆菌感染阳性，我们将为您提供10天高或低剂量的药物治疗"。潘凯枫说，没有提供安慰剂，只是药物剂量有不同。

揭开"人体小白鼠实验"真相

季健明

2012年1月,网络热传"山东临朐县20万人被强制服药,成为新药的试验品",一时间网友群情激愤。

20万人,强制服药,小县城,试验品……让人不免心生寒意。

与网络上的波涛汹涌相比,离北京600公里以外的临朐县城却依然安静,人们都在置办年货,迎接春节的到来。

而此时,运作项目的单位——北京大学临床肿瘤学院、国际消化道肿瘤联盟与临朐县卫生局正处于焦头烂额的舆论漩涡中……

当时,尚未有主流媒体记者深入采访,向公众传递真实情况。人民日报《求证》栏目第一时间开始深入调查此事,力求将真相公诸于众。

■ 运筹帷幄之中:精心策划准备,统筹采访力量

2012年1月10日,20万人被强制服药的文章在网上热传,各种谩骂攻击不绝于网……然而仔细查询发现,相关内容主要来自一个网帖和一篇新闻报道,但该新闻报道有多项事实未涉及,如回避了项目的目的,以及刻意忽视了临朐县是胃癌高发地这个事实。

从掌握的材料中,栏目编辑组对已知事实进行了梳理:2010年,北京大学临床肿瘤学院、国际消化道肿瘤联盟与临朐县卫生

局共同合作开展"胃癌高发区人群根除幽门螺杆菌感染预防胃癌项目",临朐县是胃癌高发地区故被选中进行试点。而试点到底怎么进行的,是不是强制等问题还没有答案。

编辑组经过讨论后,决定两面出击:一方面由专业部记者联系项目方的总部——北京大学临床肿瘤学院,了解技术层面的问题,厘清项目的来源、实施、目标等;另一方面派栏目编辑徐丹和我前往现场——山东临朐县,进行实地调查,尤其对网络盛传的强制、规模、药品等问题进行调查,以求得出客观的结论。

临行前,同行编辑徐丹对整体的采访框架进行了梳理和反复推敲,我对能够收集到的信息材料进行了汇总,包括项目方在网络上披露的信息、专业部记者传回的初始材料,以及当地政府对该项目的公示件等。第二天,在火车上再次对采访提纲和采访问题进行了熟悉。

■ 决胜千里之外:实地细致调查,锻炼记者素质

调查性采访对记者要求比较全面,要从采访对象那里得到事实真相困难重重。在采访当事人过程中,要把握好两个方面:一是不回避新问题,及时抓住机会问下去;二是采用适当的方式,要给采访对象留有余地,否则对方就可能不再回答,导致线索中断。

采访当事人,会得到很多直观的感受,从而形成记者心目中的真相。然而,这种真相可能有失偏颇,必须在形成印象后,果断地自我质疑,寻找其他类型的证据。调查过程虽然类似于法官判案,但是又有所不同。法官审理案件最终要找到的是法律上的真实,而我们的调查则是寻求事实中的真相,以媒体的视角回答公众的疑问。

11日中午,徐丹和我抵达潍坊,巧合的是,项目方正好要去潍坊仓库取当事人签署的知情同意书。我们直接跟他去取了2万份知情同意书。在前往临朐县城的路上,我们已经开始翻阅知情同意书,从知情同意书看基本上排除了强制的可能。

抵达临朐后,我们随即对项目组成员开始采访。从上世纪80年代开始,他们就在临朐展开调查研究,希望能够从实地研究中获得防治胃癌的突破。最近几

年，随着技术的进步，检测幽门螺杆菌越来越便捷，使得他们的试验成为可能。对于强制等问题，项目实施人员显得情绪非常激动，尤其是从上世纪80年代就开始在临朐调查研究的医生，直呼"贡献了半辈子，都被这些报道毁了"，对于强制和试验新药的问题他们全部予以否认。

随后，记者来到社区进行实地调查，对是否强制服药、服用什么药物等问题都进行了调查核实。

调查结束后，当天晚上徐丹和我分头整理，将实际情况与后方编辑组进行沟通。在这种调查报道中，团队合作至关重要，后方编辑组进行遥控指挥，能够克服记者"身在此山中"的局限。在问题调查清楚、证据基本完整后，后方编辑进行精心统稿，稿件第二天见报，获得了很好的反响。

事件调查以快取胜，本报稿件见报当日，央视才姗姗来迟开始采访调查，新华社直到两天后才发出稿件。同行的话最能说明此次调查的分量："既然人民日报都已经扎实细致调查定性了，那我们也就做好后续工作即可。"

真相美丽又令人向往。喧哗中，追求真相的脚步从未停下……

（作者时为人民日报总编室要闻四版编辑，

现为人民日报总编室要闻六版编辑）

传言

"知道为什么死亡人数控制在36人以内吗?因为超过36人,市委书记这个级别的要撤职,所以事故一开始发生,就注定了所报的死亡人数不会超过36。"

在一些特大事故发生后,常有类似"特大事故的死亡人数永远不会超过××个"的说法出现,并列举出多次事故死亡人数名单以证实其观点,认为死亡人数"36"、"37"决定事故等级和处理结果。

30人以上死亡为特别重大安全事故

本报记者 鲍 丹 肖潘潘 吕毅品 史鹏飞

人民日报（2012年08月27日04版）

近来，发生重大安全事故后，网络上常会出现一些声音，认为死亡人数"36"、"37"是关系该事故是否上升为重大安全事故的高压线，决定了事故的等级和处理结果。实际情况是否如此？

■ **网传死亡数字属实吗？**

【调查】许多数字是误传

因网上关于36、37的传言较广，记者随机选择了一张死亡人数都是37的事故名单进行了核实。结果发现，许多事故死亡人数并不是37人。例如：

网传今年岷县特大冰雹山洪泥石流灾害死亡37人，据本报记者当时报道，截至2012年5月14日，全县累计有45人遇难，14人失踪；

网传王家岭煤矿透水事故死亡37人，据查询，该事故2010年3月28日发生，38名矿工遇难；

网传黑龙江鹤岗特大瓦斯爆炸事件死亡37人，据查询，该事件2009年11月21日发生，最终遇难人数108人；

网传铁岭昌图爆炸事件死亡37人，据查询，该事件于2003年12月30日发生，截至31日遇难人数增至38人；

网传湘鄂暴雨死亡37人，据查询，截至2011年6月11日，遇难人数增至41人。

■ **安全事故如何分级?**

【调查】分为4个等级，造成30人以上死亡的安全事故，都属特别重大事故

实际上，死亡人数"36"、"37"并不是一个特定的数字，也不是事故等级的分界线。

2007年颁布的《生产安全事故报告和调查处理条例》规定，根据生产安全事故（以下简称事故）造成的人员伤亡或者直接经济损失，事故一般分为以下等级：

（一）特别重大事故，是指造成30人以上死亡，或者100人以上重伤（包括急性工业中毒，下同），或者1亿元以上直接经济损失的事故；

（二）重大事故，是指造成10人以上30人以下死亡，或者50人以上100人以下重伤，或者5000万元以上1亿元以下直接经济损失的事故；

（三）较大事故，是指造成3人以上10人以下死亡，或者10人以上50人以下重伤，或者1000万元以上5000万元以下直接经济损失的事故；

（四）一般事故，是指造成3人以下死亡，或者10人以下重伤，或者1000万元以下直接经济损失的事故。

第一款所称的"以上"包括本数，所称的"以下"不包括本数。

由此可见，只要造成30人以上死亡的事故，均构成特别重大事故，不存在"36"或"37"这样的特定数字。

笨功夫戳穿老谣言

肖潘潘　吕毅品

这是一篇短小精悍的求证：篇幅仅仅800余字，没有专家建言、没有政府发声，但其传播效果却并不逊色。

每遇重大安全事故，微博、网络社区便开始流传一些说法："36"或"37"是官员的高压线，与事故等级、问责结果相对应。网友发帖说，出事故后死亡数字要严控在"36"或"37"以下，这是不成文的事故处理"潜规则"。其中，网友搜集罗列死亡人数都是"36"或"37"的事故名单在网上流传甚广。

2012年8月26日夜班，总编室要闻四版收到一篇短消息来稿，讲的是陕西延安境内客车追尾致36人遇难。

收到消息的同时，我们已在网上发现，关于死亡人数都是"36"或"37"的事故名单又开始流传，一些网友针对延安境内客车追尾事故遇难36人再次做文章，称这是"有黑幕"、"当地故意瞒报"、"36人是划分责任的界限"。

是这样的吗？当晚夜班，编辑组决定临时采写一篇"求证"，从两个角度来证：一是，网传死亡数字属实吗？二是，安全事故如何分级？前者为求证谣传，后者为匡正是非。

查到网上流传较多的一份死亡人数都是"37"的事故名单，记者将其一一核实后，发现该名单所列数据大多不实。不实的主要原因在于，一些事故的死亡人数是逐渐攀升的，网友将动态报道死亡人数恰好为37时的新闻报道标题截图作为论据，实际最终数字往往大于37。于是，我们在报道中以证据说话，随机摘取名单所列不实的事故死亡人数进行了澄清,并且将法律条款摆出来,指出只要造成30人以上死亡的事故,依法即构成特别重大事故,进一步说明"36"或"37"并非特定数字。

稿件见报后,反响十分好,但我们仍觉有点遗憾,如果主标题能将"'36'或'37'并非特定数字"突出处理出来,那就更好了。而从此次"求证"过程中,我们再一次感受到,对谣言不加辨析、不予怀疑地轻信,甚至传播、转发,恰恰是谣言保持生命力的"源泉",我们每一个人都应当自觉抵制谣言,共同担负起净化网络环境的重任。

(作者肖潘潘为人民日报总编室要闻四版副主编,
吕毅品为人民日报总编室要闻四版编辑)

传言

日本富士新闻网2012年10月30日发表文章称，2013年中国公务员考试报名中，中国海监船员报名者为零。"大部分中国人都选择那些轻松而又挣钱的工作""围绕钓鱼岛问题，中国出现了大规模的反日游行，很多人都打着爱国主义的旗号，但是为什么中国海监船船员职位却这么没有人气？"

日本媒体称，中国人因担心安全而无人报考此职位，"像这种有危险性的工作，在目前中国独生子女居多的现状下，很多家长有很大的抵触感"。

日本其他网文也称，"中国招收东海海监队队员，但因为害怕被派往钓鱼岛，竟然无人应聘"。"中国人的爱国都是嘴巴上的"。

日本富士新闻网信口雌黄：中国海监船员无人报考

海监五职位"零合格"缘于门槛高

稍低等级的9个船员职位有113人报考

本报记者 李浩燃 吕毅品 盛若蔚 刘军国
人民日报（2012年11月02日04版）

日本富士新闻网10月30日发表文章称，2013年中国公务员考试报名中，中国海监船员报名者为零，"大部分中国人都选择那些轻松而又挣钱的工作"，"围绕钓鱼岛问题，中国出现了大规模的反日游行，很多人都打着爱国主义的旗号，但是为什么中国海监船船员职位却这么没有人气？"报道引述富坂聪的分析说，像这种工作有危险性，在目前中国独生子女居多的现状下，很多家长有很大的抵触感。

事实是这样吗？人民日报《求证》栏目记者进行了采访了解。

■ **海监船员职位共14个，9个有报考合格人数，另5个无人合格**

据考试咨询人士吴文斌介绍，今年公务员考试中，共14个用人司局招录海监"执法船船员"职位，根据中公教育在10月24日18时的统计，5个职位无审核通过人数，而剩下的职位全部有考生报名，竞争最激烈的职位报名人数达41人，总报名人数达113个。

吴文斌说，从职位简介来看，这14个职位从事的是执法船三管轮或三副以上的工作，全部属于管理职位。5个无人报考职位分别为船长、大副、轮机长、大管轮等职位，算是整个组织中级别比较高的职位。

温州港引航中心主任张建军介绍，轮船的工作部门分为两大类：甲板部与轮机部。甲板部的领导职位从高到低依次为船长、大副、二副、三副；轮机部的领导职位依次为轮机长、大管轮、二管轮、三管轮。船长为船上最高领导职位。船舶分为甲类、乙类和丙类等，其中，甲类是最高级别。

■ 部分职位专业性较强，招录门槛较高，符合条件者可能超过报考年龄或已有较好岗位

专家表示，公务员招录过程中，出现一些职位冷热不均的情形，主要是由招录职位要求的能力和素质等条件决定的。比如，岗位对专业技术能力要求高，招录的门槛相对较高，可能出现少有人问津甚至无人符合条件的情况。

吴文斌说，船长、轮机长职位对专业技术能力要求严格，招录门槛相对较高：

就专业而言，这些职位只招录两个专业——轮机管理及船舶驾驶，专业性强，只有少部分考生能够达到专业要求；

就基层工作年限看，全部要求2年以上基层工作经验，这也将国考的大族群——应届毕业生排除在外；

要求相应的岗位适任证书。这些职位全部要求持相应证书方可报考，而获得这些证书需要在相应工作岗位工作满一定年限才可参加考试，考试通过才能获得。无人报考的5个职位分别要求获得甲类船舶船长、轮机长、大副、大管轮等适任证书，从工作年限来看，能够获得甲类船舶（3000吨以上）的高级职位是比较难的，这也是无人报考的主要原因。

专家认为，取得船长、轮机长等证书的人，很可能超过报考年龄或已有较好岗位。

张建军说，相关专业本科毕业就可以分别得到二副或二管轮的适任资格，但是有资格不等于取得适任证书。想取得证书，必须参加适任证书的考试，此类考试只有担任三副或三管轮满18个月才可以去考。而考试的难度也比较大，包括航海英语、船舶管理、船舶电气与自动化等都是考试内容。至于大副或大管轮适任证书，是必须取得二副或二管轮的适任证书之后才可以考取；船长或轮机长适任证书，则必须取得大副或大管轮适任证书才可以考取。

■ 不少大学生对海监职位有兴趣，因不符合条件而无法报考

因为报考执法船船员要符合特定专业并具有相关证书，一些原本有意报考的人最终放弃了。温州科技职业学院农业与生物技术系大三学生郑志恩接受记者采访时说，他之前报名2013年国家公务员考试，主要从学历要求、招考人数和个人兴趣等几个方面进行职位选择。他重点关注了海监执法船船员岗位，但遗憾的是，虽然大专学历允许报考，但都要求船舶类相关专业，而自己的专业是绿色食品生产与检测，并不符合条件。最终，郑志恩选报了新疆的地质监测职位。

清华大学新闻与传播学院硕士生贾娜对记者说："海监对我的很多同学来说是很有吸引力的，但真正报考的人确实会比较少，因为我们很难符合相关的要求，专业也不对口。对于我们来说，在适合自己的岗位上发挥作用，就是真正的爱国。"

吴文斌认为，综合整体招录条件看，这5个职位无人报考的原因并非是日本媒体所称的"海监岗位太危险"，而更多是因为职位本身要求的条件比较严格而造成的。

有专家建议，应加大公务员分类考试制度改革力度，对社会上紧缺同时机关也需要的一些专业人才，抓紧建立健全适合他们的招考办法，比如通过设置专门渠道，采取有限竞争，降低开考比例，或到这类人才聚集的行业和领域进行动员等多种方式予以解决，"如果确属工作需要，哪怕只有一个人报名也可以开考"。

（实习生苏艺参与采写）

以求实精神捍卫真相
——《海监五职位"零合格"缘于门槛高》及其后续报道采编手记

李浩燃

伏案或奔忙的身影，此起彼伏的电话铃声，灯火通明的编辑平台……如果说，总编室夜班岗位见证了自己新闻职业生涯的起步，那么在要闻四版的半年，则堪称最为难忘的时光之一。而《求证》，无疑就是其中最鲜亮的底色。

悉心回溯曾参与过策划编采的诸多《求证》选题，《海监五职位"零合格"缘于门槛高》及其后续《海监"零报考"纯属误读 "80后"已成海监新生力量》，可以说是非常值得总结的一次"求证"战役。

2012年11月1日下午，正值钓鱼岛问题敏感期，《求证》栏目注意到有国内媒体编译日本媒体的报道说，"在2013年中国公务员考试报名中，中国海监船员职位无人报考，表明中国人的爱国都是口头上的"。日媒报道在国内外舆论场中掀起波澜。事实到底是怎样的？中国没人敢报考海监岗位吗？栏目拟就此求证，但由于日方报道具体来源于什么媒体尚不明晰，且预判操作起来涉及中日两国相关机构，采访、组稿都存在一定难度，因此对于能否及时成稿并无把握。

在下午办公的短暂时间里，《求证》栏目组编辑努力搜集手头能找到的有价值资料，同时开始选点突围。在列出简短采访提纲后，编辑及时联系本报负责对口报道国家公务员局、国家海洋局、交通部等机构的记者，希望相关权威部门能够及时回应舆论热点。

时间一点点过去，尽管记者们一再争取，陆续反馈回来的信息却非常不容乐观：政府部门有的认为不值一驳，不愿发表看法；有的以中日关系敏感为由，根本不接受采访；有的表示要研究一下采访提纲，当天肯定来不及回复……

既要追求时效、快速反应，又不能疏于细节、埋下隐患——两难之下，编辑们几欲放弃。当天成稿、当晚上版、次日见报的理想节奏，看起来是无法完成了。大家都希望能将选题缓一缓，等第二天再重新策划采访。而就在此时，总编室夜班值班主任叶蓁蓁明确要求版面"海监职位无人报考"的求证必须做，而且成稿就在当晚！

此时已是晚上9点钟，夜班流程即将开始，栏目组却连像样的素材都没有。在这种局面下打一次"短平快"，挑战不难想见。主编韩晓丽也许看出了我和另一位编辑吕毅品的"畏难情绪"，一面极力安抚、加油鼓劲，一面帮助我们整合分析线索、明确采访方向。叶蓁蓁主任也在繁忙的值班工作之余，不时出谋划策、提供采访对象。

就这样，我紧急联系到正在国内开会的人民日报驻日本记者刘军国，让他寻找具体是哪家日本媒体进行的报道。待确定为"日本富士新闻网"后，又请他在电话中将文章关键信息快速翻译成中文，我一一记录下来，再复述给他核实。这样，就很快找准了求证的靶子。之后，毅品与我又密切协作，紧急分头采访了公务员考试咨询人士、港口引航中心专业人士及报考公务员职位的几位在校大学生，即采即编，把采访素材不断汇总给韩主编。在主编、值班主任的严格把关、精心打磨下，稿件终于在当晚12点前上版。

文章以具体数据和事实说明，在2013年国家公务员考试中，海监"执法船船员"职位大多数有合格报考人员，只有5个因专业性强、报考门槛高而无人合格，日本媒体的有关说法毫无根据。为增强报道的可信度与可读性，我们还整理制作图表一并刊登出来①，将海监"执法船船员"职位的具体要求及报考情况一一列出，这样相关谣言就不攻自破。通过记者采访，报道向外界表明，不少大学生对海监职位有兴趣，只是因不符合条件而无法报考。最后引述专家建议，应加大公务员分类考试制度改革力度，抓紧建立健全有关招考办法。

---

① 限于篇幅，收入本书时图表略。

报道刊发后，引发各方关注，舆论反响十分强烈。见报当天的11月2日，中国海监部门对有关海监职位的报考情况作出解读，证明国考"零报考"纯属误读；网友也纷纷留言发表观点，不少人认为因担心安全而无人报考是不可能的，大家不应听信谣言长他人志气。根据报道反响，版面又趁热打铁，迅速推出"求证·后续"《海监"零报考"纯属误读 "80后"已成海监新生力量》，进一步增强了报道的影响力和传播力。

韦伯曾说，"一个成功的新闻记者，他所面对的特殊困难，是他内心向他发出的要求"。任何一位在《求证》栏目经历过的编辑记者都一定清楚，这种"内心发出的要求"，正是不畏艰难的求实勇气、精益求精的完美情怀和细致严谨的科学精神。也恰是在一次次完成如同《海监五职位"零合格"缘于门槛高》这样高质量、高效率"求证"报道的过程中，我们于岁月的无声流逝里，经受历练、快速成长。

而每一个曾为《求证》殚精竭虑的人，都必定能在这一方精神家园中，找寻到属于自己的价值归属。"生活既非享乐也非痛苦；生活是我们要负担的严肃的事情，对于这一严肃的事情，我们当恪尽职守，鞠躬尽瘁。"托克维尔笔下的生活态度，也可作为《求证》栏目组成员"探寻真相、求证不止"这一专业精神的生动注脚。

（作者时为人民日报总编室要闻四版编辑，
现为人民日报评论部编辑）

传言

2012年12月25日,英国广播公司援引《卫报》文章称,救命的抗疟疾药成箱地用卡车运进非洲,然后通过非洲各国的药房、商店和医院卖给疟疾患者,但这些药物并不能救命。文章援引一位医生的话说,这些假药吃下去后一点都不能抑制疟疾发作。

文章称,一些最新统计结果显示,坦桑尼亚和乌干达这两个全球疟疾病人最多的国家,抗疟疾药中有1/3是中国的假药或是低于标准的药。报道写道,在坦桑尼亚和乌干达,几乎每个人或他们的家人都有过服用假药的经历,这里的人们认为,这些假药就像质量低劣的手机和衣服一样,全都来自中国。

中国输非洲抗疟药不是假药

占当地市场份额不高,但在防治疟疾方面发挥很大作用

本报记者 苑基荣 史鹏飞 富子梅 王珂 成慧
人民日报(2013年01月08日04版)

■ 中国抗疟假药输往非洲?

【调查】无论是国家对外援助,还是企业直接出口,进出口国均有多项监管措施把关,经得起检验

针对相关报道,外交部发言人华春莹明确表示,指责以中国为主制造的假药大量涌入非洲地区的说法毫无根据;中国对于出口药品的管理采取了国际上通行的原则和做法。

那么,中国抗疟药一般通过何种途径输往非洲呢?

记者调查了解到,我国抗疟药产品进入非洲市场主要有两个途径:一是中国政府对非洲国家的经济、医疗援助;二是通过外贸出口途径,如通过国际组织的公立采购,或在非洲重点国家建立子公司、代理商等销售网点,将药品从中国直接出口到当地。

在援外方面,"中国抗疟疾药品要经过产地检验、港口复验，然后再出口，绝对保证质量，不会出问题"。中国商务部援外司处长朱正洪介绍说。

在国际公立采购方面，世界卫生组织自2004年起实施针对艾滋病、疟疾和结核病的药品预认证制度。使用国际社会资金采购的抗疟药必须通过世界卫生组织预认证。中国桂林南药有限公司进入了世界卫生组织采购名录。世界卫生组织坦桑尼亚医疗官理查德·班达告诉记者，世界卫生组织采购药品有着一整套严格流程，只有通过认证检验的企业才能进入采购名录。

非国际公立采购方面，我国外贸途径的抗疟药品从公司生产到投放非洲国家使用，同样需要经过多项程序，受到双方药监局等多部门的监督管理。

对于输入非洲的药品，首先，我国药监部门会严格监管。记者从国家食品药品监管局了解到，生产完全供出口的青蒿素类抗疟疾药品也要在国家药监局进行注册，获得药品生产许可证，在通过国家药品生产质量管理规范认证的车间进行生产，药品出口前还需获得目的国注册批准，而注册批准的过程非常严格。目前，华方科泰坦桑尼亚有限公司、复星医药桂林南药股份有限公司、昆明制药厂和广东新南方青蒿科技有限公司4家企业通过了坦桑尼亚食品和药品局资格认证。

其次，除了世界卫生组织认证体系和出口国监管之外，坦桑尼亚等进口国也有自己的认证体系。"经过严格的购前认证、实地查验、海关检验，抗疟药通过坦桑尼亚食品和药品局下属部门分发到全国各个地区，向医院和病人配送。"坦桑尼亚疟疾控制办公室主管穆罕默德·阿里向记者介绍说，该国抗疟药的来源主要有两方面：公立和私立。公立有两个途径：世界卫生组织统一购买和坦桑尼亚政府统一购买。公立药免费分发给患者，或象征性收费。私立渠道为：通过坦桑尼亚药监局认证后，该国进口商自行采购，向药店和医院出售。

阿里说，所有出口药品到该国的企业都要到坦桑尼亚食品和药品局注册；通过认证的药企获得出口商证书，证书期限5年，5年后重新认证；进口的抗疟药，包括世界卫生组织和各国捐赠的药品，都要在机场和海关接受该国食品和药品局的质量查验，并跟踪药品流向，一旦发现假药立即上报，并会同警局等部门进行调查。

记者从昆明制药集团股份有限公司乌干达代理商中非医保有限责任公司总经理孔东升处了解到,乌干达的药监局在非洲国家中管理是比较严格和规范的。目前,昆明制药在非销售的两种抗疟药均在乌干达取得合法注册;每次进口,均按照向乌干达药监局申领进口许可证—安排生产—发运—向乌干达药监局申请报检—得到许可—清关—进入市场销售的流程严格执行。此外,乌干达药监局每4年要对工厂做一次检查,检查通过后,方能继续进口。一旦发现假药,药监局和警察药管部门介入调查,追根溯源,直至对相关人员及单位给予重罚甚至追究刑事责任。目前,我国生产的抗疟药 ARCO 已被指定为乌干达国防部的抗疟用药,效果显著。

■ 疟疾无法根除源于中国假药?

【调查】贫穷、卫生、气候、缺乏总体防治战略等导致疟疾常年流行。中国抗疟药挽救了数百万非洲民众的生命

疟疾在非洲为何无法根除?广州中医药大学科技园主任、青蒿研究中心副主任宋健平认为原因很复杂,比如非洲部分疟疾流行国家经济落后,医疗卫生条件差,防疫体系薄弱,农村地区缺医少药等。而最主要的原因是缺乏适合各自实际情况的总体清除战略和措施。

坦桑尼亚食品和药品局代理局长、实验室主管尤古鲁姆对记者表示,疟疾在非洲不能根本消灭的根源在于无法彻底杀死按蚊,阻断疟疾的传播途径。

非洲抗疟委员会南部非洲主任厄巴斯说,非洲大陆疟疾暴发很普遍,不能消除疟疾的根本原因是贫穷,人们几乎无力承担蚊子叮咬致病造成的负担。

宋健平介绍说:"疟疾主要是通过携带有疟原虫的按蚊叮咬传播。影响按蚊的因素(灭蚊和防蚊措施)和阻止疟原虫在人体内发育、繁殖的措施(药物治疗和预防),都是影响疟疾传播的因素。"

华方科泰坦桑尼亚有限公司市场主管Kissandu告诉记者,非洲地区气候炎热,很难消灭蚊蝇,疟疾常年流行,多年未得到有效控制,根本不是中国药品进入非洲导致的。实际上,中国抗疟药在坦桑尼亚市场最多也就是10%的份额。

专家介绍,中国也曾有疟疾流行。随着经济社会的发展和防治措施的加强,基本摆脱了疟疾的威胁。成功的原因是采取了有效的药物治疗(包括青蒿素的贡献)、专业的疟疾防治队伍、高疟区的药物干预措施等,因此,中国对非出口的抗疟药质量与效果同样经得起实践检验。

中国驻乌干达使馆经济商务参赞欧阳道冰告诉记者,中国抗疟药挽救了数百万非洲民众的生命。上世纪90年代末,中国产具有自主知识产权的青蒿素类抗疟药开始进入乌干达市场。与西方传统的抗疟药奎宁相比,青蒿素类抗疟药具有使用简便、副作用小、价格便宜、见效快等优点。中国政府自2006年开始向乌干达援助青蒿素抗疟药,累计提供1737790盒抗疟药。这些抗疟药的疗效得到乌卫生部和民众高度评价。其中一种抗疟药Artesun于2012年被乌卫生部推荐为治疗重症疟疾的一线用药,在乌全国进行推广。

Kissandu说,自从以中国青蒿素为主的抗疟药进入非洲以来,非洲疟疾防治取得了长足进步,比如,几年前坦桑尼亚每年有10多万人死于疟疾,去年死亡人数已经降到2.5万人,这背后离不开中国药的作用。

■ **为何中伤我国抗疟药?**

【调查】中国药品质高价廉,抢占了部分西方制药企业在非洲的市场

针对有关"这些假药就像质量低劣的手机和衣服一样,全都来自中国"的说法,桂林南药副总裁苏莉说:"药品作为一种特殊商品,有很高的准入门槛,非洲地区的药品市场过去基本被西方企业垄断,价格非常昂贵。这几年,越来越多的中国制药企业把质高价低的药品出口到非洲,帮助解决非洲缺医少药的

困境,让更多民众得到救治。但这不可避免地抢占了部分本属于西方制药企业的市场。"

昆明制药厂有关负责人介绍,公司在非洲国家积极推广高质量的药品,在20多年的经营中从未发生过质量问题。他认为,此次《卫报》的报道,很大程度上是道听途说,信息来源不准确,更大的可能是出自政治经济目的。

华方科泰坦桑尼亚有限公司总经理周勇说:"在和不少当地专业人士,包括当地药监局交流后,大家普遍认为,这篇报道其实是近些年中国经济高速发展,部分发达国家相关人士复杂心态的体现。"

2009年周勇曾亲身经历了一次英国某广播公司造假事件。当时,该媒体的记者拿着人为加工过的抗疟药品——去掉包装小盒、剪掉铝塑板上应该有的"三期"(即批号、生产日期及失效日期),扛着摄像机去找华方科泰公司在当地的合作伙伴采访,询问该产品是否来自中国、是否可以判定为假药。被揭穿后,该记者只得灰溜溜地离开。

欧阳道冰表示,将非洲疟疾无法消灭的原因归结为来自中国的假药,完全是戴着有色眼镜看问题。首先,中国产青蒿素类抗疟药的疗效是在许多非洲国家经过实践检验的。其次,中国近年来援助乌干达上百万份抗疟药得到乌官方和民众的一致赞许,每年都向中国政府申请新的援助。乌政府对药品监管严格,通过正规途径不存在分发和购买假药的问题。第三,有些疟疾患者认为我国抗疟药没有疗效,可能是因为没有严格按照使用说明服药。乌干达媒体没有关于中国生产抗疟假药的报道。

中国抗疟药在非洲被仿冒

打击假药，需中非共同努力

本报记者　苑基荣　史鹏飞　富子梅　王珂　成慧
人民日报（2013年01月09日04版）

人民日报《求证》栏目1月8日刊登文章《中国输非洲抗疟药不是假药》，通过记者在非洲和中国的实地调查表明：通过正规渠道进入非洲的中国抗疟药可以保证质量、效果。那么，非洲是否存在假药？假药从何而来？国际制假售假链条如何形成？针对这些问题，《求证》栏目记者进行了调查采访。

■ 非洲存在假的抗疟药吗？

【调查】多在私立市场，所占份额较小，对主流市场影响不大

记者调查了解到，非洲部分国家假药现象较突出。具体到坦桑尼亚，也存在假药。按当地药监局说法，系因当地严重缺医少药且多数民众支付和鉴别能力有限，而假药售价普遍比正品低廉许多，仿冒的药品很好销售，因而被不法商人利用。

坦桑尼亚食品和药品局代理局长、实验室主管尤古鲁姆说，坦桑尼亚对抗疟药有着严格监管，全部药品都要经过食品和药品局的审批和检查，但即使如此，估计市场上还是有20%的假药，这些假药很多来自非洲地区制假工厂以及其他洲的制假售假输入。

坦桑尼亚姆姆加医院医生、伊拉拉地区医院协调员布什威说，2009年自己经历过一次假药事件，当时乌干达发现一个地下工厂，生产各种假冒高端药，

其中包括抗疟药。

据华方科泰坦桑尼亚有限公司总经理周勇介绍,目前坦桑尼亚公立市场的药品监管较严格。私立市场有包括瑞士、比利时、印度、肯尼亚和中国等国的众多厂家药品。非洲很多地方医疗卫生系统不完善,一些小诊所、小药店从不正规渠道进口便宜的假药,抗疟假药多见于这些私立市场。假药有一部分是由不法商人走私进入,也有部分来自当地地下工厂加工。

在乌干达,政府或国际组织会统一安排免费发放抗疟药,医院及药店也自行进货再销售给病人。乌干达的药监局是非洲国家中管理比较严格和规范的,不过,据昆明制药乌干达代理商中非医保有限责任公司总经理孔东升介绍,在乌干达也存在非法进口药品的情况,大部分是通过走私形式夹带,所占份额很小,对主流市场影响不大。

■ 假药从何而来?

【调查】非法委托加工、走私进口;当地假药窝点仿冒;真药储存或使用不当影响药效被误认为假药

中国医药保健品进出口商会西药部副主任曹钢接受记者采访时说:"正规渠道的医药贸易都是有保障的。假药主要通过非法渠道流入非洲,多是走私夹带。假药有很多种,包括有效成分含量不够的;仿冒别人品牌、侵犯知识产权的;中间商转手时将非医药产品改成医药产品用途的。"一些企业以低价竞销手段争取非洲市场,造成药品质量下降;一些企业以次充好,药品有效成分达不到要求;还有一些假冒药品就是单纯的"糖片"或"盐片"。

记者向业内人士了解到,中国青蒿素类抗疟药近年来在非洲赢得良好声誉。随之而来的是,无孔不入的国际假药制造者开始以中国生产出口的抗疟药为目标进行造假活动,通过各种渠道输入管制不严的非洲某些地区,对中国药品声誉造成不良影响。

据介绍，一些非洲进口国没有对抗疟药品的质量进行严格管理，导致在国外的委托加工业务存在劣质或仿制假冒药品，一些中小药品加工厂专门接受非洲发展中国家的订单。中国抗疟药受到欢迎，一些品牌随即被非洲一些地下工厂、假药窝点仿制和销售。当然，也不排除中国个别企业接受非洲不法企业的委托，非法生产出口药品。

此外，还存在一种情况，真药因储存和使用不当，影响药效而被误认为假药。据中国社科院西亚非洲研究所非洲研究室主任贺文萍介绍，中国生产的抗疟药需要在规定温度和湿度条件下避光保存。而非洲一些国家和地区未能够保证药品的运输和储存条件，影响了药品的质量和药效。

同时，抗疟药使用时，患者需连续服用一个疗程。据中国驻乌干达使馆经济商务参赞欧阳道冰介绍，受限于当地特殊的自然环境和社会环境因素，物流配送不到位，医药经常短缺，患者无法及时足量领取抗疟药。有些患者因服用药量不足，没能根除疟疾；还有些患者服用少量药品后，症状稍有缓解即停止服药，以备下次患病时再用，体内易产生抗药性，导致疟疾反复发作。

■ 中国如何应对药品被仿冒？

【调查】中非加强监管合作；规范出口企业资质；企业应用防伪技术

曹钢说："按照国际贸易惯例，药品质量主要应该由进口国监管，因为不同国家对同一种药品的规格、剂量要求可能不同。但是非洲的技术设备和专业人员跟不上，监管较薄弱。"

广州中医药大学科技园主任、青蒿研究中心副主任宋健平说，药品在国际市场流通过程较为复杂，流通领域出现假冒伪劣药品，也需要各国药监部门加强监管，认真追寻假冒伪劣源头。近年来青蒿素产品广受欢迎，但假冒药品损害了中国药企品牌。世界卫生组织曾发布一个公告，在柬埔寨、越南等国出现了假冒中国青蒿琥酯片的案例，假药并非来自中国，而是中国境外。

针对部分药品被仿冒的情况，中国的制药企业采取了一些对策。

复星医药旗下的桂林南药公司在非洲私立市场的合作伙伴均为当地具备药品经营资质且实力很强的医药公司，有完善且固定的分销渠道，药品的流向可追溯。市场上出现仿冒药品，通过查询药品批号及货物流向很容易就可查出。目前在非洲市场未出现该公司药品被仿冒的情况。

昆明制药厂有关负责人介绍，公司产品都标示 KPC 的注册商标和药品商品名，并在出口药品包装上贴有防伪标签，包装线采用直插式包装，较难被仿制。

目前北京华方科泰公司还没有特别的防伪措施，主要采用国内通用的 GSP 管理方式，即通过批号来管理。2008 年 3 月上市的科泰复因服用方便、疗效显著而受市场欢迎。不料 2009 年 10 月在非洲即遭人仿造，在市场上以超低价销售。华方科泰公司发现后，立即向坦桑尼亚药监局报告，并在当地报纸花两周时间发布真药与假药鉴别公告，及时澄清，避免了更严重后果。

中国医药保健品进出口商会统计，2012 年 1 月至 11 月，我国 71 家企业（商会会员企业）共向非洲出口青蒿素产品金额 5590 万美元。2011 年，我国 71 家企业对非洲 35 个国家出口青蒿素产品金额 5674 万美元。目前，抗疟药占出口非洲的药品比例为 20% 左右，抗生素占比一半以上。对非洲的药品出口对于我国制药产业未来发展具有重大意义。

针对日益突出的假冒中国药品现象，曹钢建议，中非必须加强合作，共同打击在非洲假冒中国药的行为；国外贸易商应规范进口渠道，从合法企业采购药品；我国应鼓励更多正规医药出口企业应用激光防伪技术，增加仿冒难度；我国应进一步完善医药出口企业资质审核。同时，有关部门要为我国重点企业争取国际认证提供更多支持。

中国抗疟药非洲采访记

苑基荣

2012年底英国《卫报》刊登一篇文章说,疟疾在非洲无法消灭,主要是因为来自中国的抗疟疾假药造成的。我很快就接到报社总编室《求证》栏目组要求赴坦桑尼亚和乌干达实地采访求证的任务。

■ 马不停蹄,冒着感染疟疾风险,新年假期赶赴坦桑尼亚

任务就是命令,况且这关系到中国的国际形象问题。我马上开始搜集相关材料,根据《求证》栏目组邮件发过来的采访提纲,结合非洲本地实际情况,草拟详细采访提纲。

根据提纲,初步拟定采访两国的药监部门、医院、医生、患者、医药经销商、中国在两国的药厂、中国驻两国大使馆相关官员、非洲抗疟非政府组织、非洲抗疟医学专家、世界卫生组织驻非洲办事处等。

由于程序上的问题,采访被批准后已经过了圣诞节。感觉赴两国采访时间上不允许,与领导协商后,决定赴坦桑尼亚实地采访,乌干达则通过电话和邮件采访。

赴坦桑尼亚之前,我与中国驻坦桑尼亚大使馆和经商处取得联系,并通过他们联系到华方科泰坦桑尼亚有限公司总经理周勇。与此同时,通过邮件联系采访中国驻乌干达大使馆经商处、乌干达国家疟疾控制中心和乌干达药品储备中心负责人。

乌干达和坦桑尼亚都是全球疟疾泛滥的重灾区,乌干达2000

年疟疾死亡人数是98万,坦桑尼亚21世纪初每年死于疟疾人数超过10万。冒着被感染的风险赴坦桑尼亚之前,我能带的就是防蚊虫叮咬的药,没有抗疟药,当时想,要是自己得了疟疾,是否能够得到治疗。

■ 软磨硬劝,3天采访十余部门、组织,全链条展现中国抗疟药真实情况

2013年元旦晚上,一出坦桑尼亚达累斯萨拉姆机场,周勇夫妇已等候多时。

一见面周勇就说:"你终于来了,早就应该报道了。"听那口气,好像受了多大委屈似的。吃完晚饭后周勇向记者详细介绍了中国抗疟药在坦桑尼亚市场的情况。据周勇介绍,坦桑尼亚全部抗疟药市场1500万盒,公立分配占80%,私立占20%。公立有两个途径:一个是通过世界卫生组织统一购买,一个是各国政府统一购买。私立渠道就是通过坦桑尼亚药监局认证后,坦桑尼亚贸易商从企业采购再向药店和医院出售。

中国抗疟药占当地高端药市场的15%—20%。份额虽小,却挤占了原本属于西方药企的市场,引起了后者的不满。

以上渠道中,中国桂林南药进入世界卫生组织采购名录,其他四家中国药企都进入坦桑尼亚政府采购名录,此外还包括,中国政府每年援助300万人民币的抗疟药,还有医疗队自带抗疟药,以及坦桑尼亚政府从中国采购的抗疟药。无论公立和私立渠道,都有着严格的药品审查制度。

与此同时,昆明制药乌干达代理商中非医保有限责任公司总经理孔东升也通过邮件向本报记者描述了中国抗疟药在乌干达的情况,与坦桑尼亚非常类似。

在华方科泰坦桑尼亚有限公司市场主管、坦桑尼亚当地人Kissandu协助下,2日一大早记者就来到姆姆加医院采访。

姆姆加医院医生布什威也是那拉地区医院协调员。当时布什威正在给病人看病,一直等了1个多小时,才临时进行了采访,布什威对中国抗疟药非常赞赏,说《卫报》报道无中生有。出来后记者随机采访了几个病人。

接下来赶往中国抗疟中心所在的坦桑尼亚首都达累斯萨拉姆阿玛纳医院,但等了两个多小时,抗疟中心负责人姆巴瓦拉说不能接受采访,跟他争取了一个多小时也没有结果。在与姆巴瓦拉沟通过程中,记者拿出《金融时报》2012年5月

的一篇报道,这篇文章称,姆巴瓦拉说,中国援助的抗疟药大批闲置在角落,实验室先进的疟疾检测仪器因为中国培训人员语言差,使得他们不敢用这些仪器。这触到了姆巴瓦拉的痛处,他马上反驳说,这是不符合事实的,他们理解错了,中国援助的抗疟药堆放在角落是因为援助得多,暂时还用不了先放到角落里;至于仪器问题,不是不能用,最重要的原因是从中国培训回来的专业医生因为技术好被坦桑尼亚卫生部配备到其他医院,这里没有专业医生,仪器只能部分发挥功能。姆巴瓦拉表示,中国在援助坦桑尼亚抗疟事业上做出了很大贡献。

下午所剩无几的时间,我接着赶往坦桑尼亚疟疾控制中心,采访其主管穆罕默德·阿里。阿里对我说,他不知道《卫报》这篇文章是怎么写出来的,成卡车的抗疟药运进来很不可思议,抗疟药在坦桑尼亚有着严格的审查和管理体系,运输多是通过空运,都有坦桑尼亚药监部门查验。

3日上午,我赶往坦桑尼亚食品和药品局,因局长正在外度假,我采访了代理局长、实验室主管尤古鲁姆。尤古鲁姆表示,《卫报》报道是不负责任的说法。针对药品输入问题,尤古鲁姆说,坦桑尼亚对抗疟药有着严格的监管,即使如此,假药市场份额还是高达20%,这些假药很多来自非洲地区制假工厂、非洲一些不合规生产商以及其他大洲假药输入。

从食品和药品局出来后,我又马上赶往采访世界卫生组织坦桑尼亚办事处。由于是假期,只有医疗官理查德·班达在值班,他表示,世界卫生组织采购药品有着一整套严格流程,只有通过这个流程的企业才能进入采购名录。

在我四处采访期间,非洲抗疟委员会南部非洲主任厄巴斯也通过邮件给予了回复,对中国抗疟药在非洲市场的作用给予高度评价。

通过采访发现,《卫报》没有认真核实一些数据和抗疟药进入非洲的所有流程。"求证"的报道不仅澄清了《卫报》报道的不实之处,消除了国人和非洲人对中国的误解和偏见,对西方有色眼镜、恶意歪曲也给予了有力的回击,维护和提升了国家形象。

(作者为人民日报非洲中心分社记者)

用真相维护国家形象

史鹏飞

2012年12月25日,英国《卫报》刊文称,非洲疟疾无法根除源于中国的抗疟疾假药,在坦桑尼亚和乌干达,抗疟疾药"1/3是中国或印度的假药,或是低于标准的药"。一时间国内外舆论大哗,对中国输非抗疟药质量、企业信誉和国家形象都造成很大的冲击。

"中国向非洲出口假药?"

"非洲是否存在抗疟假药?假药从何而来?"

面对疑问,《求证》栏目组迅速反应,在中国、坦桑尼亚和乌干达三个国家展开调查。

■ 编辑层层梳理,摸清药品出口复杂网络

经过研究,栏目组决定将思路首先锁定在几条线上:

一是中国输往非洲的抗疟药有几条途径;

二是各条途径输非抗疟药的质量到底如何;

三是在非洲,中国抗疟药实际发挥了什么样的作用。

经过详细的查询和梳理,我们了解到,我国抗疟药产品进入非洲市场主要有两个途径:一是中国政府对非洲国家的经济、医疗援助;二是通过外贸出口途径,如通过国际组织的公立采购,或在非洲重点国家建立子公司、代理商等销售网点,将药品从中国直接出口到当地。随后,我们决定在国内兵分两路,一方面通过记者采访与涉外援助相关的我国商务部与外交部,获得两个部门的官方信息;另一方面,直接接触与输非抗疟药相关的中国企业,力求获得一手信源,对事件

进行深入调查。

采访过程中，我们发现，企业生产和销往非洲的抗疟药，一般也是通过两种途径：一种是获得世界卫生组织的药品预认证通过国际公立采购进入非洲市场；另一个途径则是非国际公立采购。

新的疑问随即而来：世卫组织的这套管理办法是否科学有效？我国相关药企是否获得了该项资质？非国际公立采购的输非抗疟药如何把住质量关？

为此，我们详细查阅了世卫组织的有关规定，并请记者联系采访世界卫生组织。

对非国际公立采购方面的调查，同样涉及多个环节、多个主体。

■ 记者实地调查，用一手信源揭穿谎言

为了增强报道的可靠性，栏目组请人民日报驻南非记者亲赴《卫报》报道中的非洲国家进行实地采访，以前后方联动的方式，解开非洲抗疟药真相。

通过对多位专家、在非工作者、坦桑尼亚等国管理部门的采访，我们了解到：疟疾无法在非根除的原因是当地的贫穷、卫生、气候和缺乏总体防治战略等，根本就不是因为所谓的"中国假药"。

事实的基本面清晰后，我们对另一个问题展开调查：为何会出现"这些假药就像质量低劣的手机和衣服一样，全都来自中国"的说法，在非洲市场占有量并不大的中国输非抗疟药为何会遭到恶意中伤？

经过深入采访可以得知一些原因：非洲地区的药品市场过去基本被西方企业垄断，价格非常昂贵。这几年，越来越多的中国制药企业把质量好且价格低的药品出口到非洲，不可避免地抢占了部分西方制药企业在非洲的市场，《卫报》的失实报道，一方面因为信息来源不准确，另一方面则存在复杂的政治经济目的。

■ 不护短勇担责，呼吁共同防范解决非洲假药问题

在调查求证了正规渠道进入非洲的中国抗疟药可以保证质量、效果后，栏目组深挖一层，继续深入对非洲假药从何而来、国际制假售假链条如何形成等问题

进行追踪。

经过了解，发现假药主要是通过非法渠道流入非洲，多为走私夹带。由于中国青蒿素类抗疟药近年来在非洲赢得良好声誉，国际假药制造者开始以中国生产出口的抗疟药为目标进行造假活动，通过各种渠道输入管制不严的非洲某些地区，对中国药品声誉造成不良影响。此外，一些中国品牌的抗疟药被非洲一些地下工厂、假药窝点仿制和销售。当然，也不排除中国个别企业接受非洲不法企业的委托，非法生产出口药品。

了解到这些情况后，《求证》栏目组本着对真相负责的态度，没有掩饰，以"求证"下篇的形式继续推出相关报道，呼吁中非加强监管合作。同时，建议我相关企业加强防伪技术的应用。

在上下两篇"求证"采写过程中，国内外沟通采访事项邮件达54封，采访资料文字整理6万余字，采访涉及世卫组织，非洲抗疟会，坦桑尼亚疾控办，食药监办，我国商务部、外交部、药监局等国内外十多个机构和政府部门。扎实的调查采访，使报道有理有据，以事实和真相维护了我国的国际形象。

（作者时为人民日报总编室要闻四版编辑，
现为人民日报新闻协调部编辑）

传言

　　2013年4月20日四川芦山地震发生后，许多企业、机构和个人慷慨解囊，支援灾区同胞，一些企业宣布捐款数千万甚至上亿元人民币。有网文列出企业捐款名单，如加多宝集团捐款1亿元，三星中国公司捐款6000万元，苹果公司捐款5000万元，恒大集团捐款2000万元，等等。

　　之后一段时间，网络上出现一些质疑的声音：这些捐款捐物是否到位？捐款的用途及流向如何？网友怀疑这些捐款（物）能否落实、到位；有网友要求相关企业、慈善机构公开捐款用途、流向。

芦山地震捐款到位了吗?

- 承诺捐助1500万元以上企业,多数已全额捐款
- 苹果公司捐赠数额模糊,吉利控股完成近半捐赠
- 泸州老窖、建设银行在本报采访过程中汇款到位

本报记者 吕毅品 张 文 吴亚明 顾仲阳
王 政 人民网记者 常 红 刘 茸

人民日报(2013年07月24日04版)

芦山地震发生后,全国多方支援,钱财物从各地汇聚到巴蜀大地。现在,距离地震发生已有3个多月,捐款捐物是否到位?捐款的用途及流向如何?《求证》栏目记者对承诺捐助1500万元人民币以上的企业和个人进行了调查核实。

根据媒体的报道,承诺捐款1500万元以上的企业和个人包括:加多宝集团、三星中国、富士康科技集团、苹果公司、恒大集团、吉利控股集团、陈江和、梅赛德斯—奔驰、泸州老窖、四川蓝光集团、贵州茅台、中国工商银行、中国建设银行。

记者按照上述名单,对这13个企业和个人的捐款落实情况进行核实发现:

有9个企业和个人在7月初《求证》栏目记者调查核实之前,已如数捐出承诺的款项。

吉利控股集团尚未完成全部捐款,但在记者核实前已经完成900多万元的灾害救助和重建支持额度,并表示接下来将联合当地政府及公益组织,在"教育"和"生态环保"领域展开重建支持。

泸州老窖、建设银行在本报采访过程中汇款到位。

苹果公司不愿透露捐赠进度。记者检索发现,包括新浪网、腾讯网、凤凰网在内的众多媒体均曾报道"苹果公司宣布捐款5000万元"。记者采访多家网站编辑人员确认,他们曾接到苹果公司公关人员关于捐赠5000万元人民币的电话通知,网站随后发布了相关消息。

记者与苹果公司沟通,其公关部门仅通过邮件回应"继续加强我们与国际美慈组织(Mercy Corps)、中国扶贫基金会及其他国内外非政府组织的合作,

芦山地震捐款(物)落实情况

制图:张芳曼
货币单位:人民币

企业	承诺捐款	捐赠情况	捐赠用途
加多宝集团	捐资1亿元	已拨给中国扶贫基金会,基金会已于5月2日公示。	捐款具体如何使用,由基金会决定。
三星中国	捐资6000万元	5月23日,6000万元捐款一次性支付给中国红十字会。	主要用于中小学、医疗机构以及住宅等灾后重建。
富士康科技集团	捐资5000万元	5月3日,集团捐款5000万元到四川省慈善总会账户。	已纳入芦山"4·20"灾后重建资金;另有527.4万元直接捐给受灾家庭。
苹果公司	捐资5000万元	不愿透露捐款进程。只表示与国际美慈组织、中国扶贫基金会等有合作。国际美慈组织表示苹果已向中国扶贫基金会提供2.6万个卫生包。	
恒大集团	捐资2000万元	4月20日,2000万元捐款全额到账。	捐赠款项用于芦山灾区紧急救助过渡安置期购物资采买及灾后重建。
吉利控股集团	提供2000万元的救灾以及灾后援助	4月24日,捐助价值600万元的26台SUV车型用于抢险救灾;5月30日,提供价值260万元的20台车辆支持灾后重建。另外已捐款50万元。	用于抢险救灾、灾后重建。接下来计划在"教育"和"生态环保"领域展开灾区重建支持。
陈江和	捐资2000万元	4月23日全数捐给国务院侨办"侨爱工程"。	
梅赛德斯—奔驰	捐资2000万元	4月20日,通过与中国青少年发展基金会共同设立的"星愿基金"捐款2000万元。	用于破损学校重建、雅安大熊猫保护基地建设、卫生所及医院建设等。
泸州老窖	捐助2000万元	现金1200万元属于定向捐款,已于7月10日捐到泸州市慈善总会账户;援建物资800万元,于4月23日通过泸州市慈善总会发往灾区。	捐款具体定向项目尚在协商。
四川蓝光集团	捐资2000万元	4月22日一次性捐款2000万元,收款单位为四川省光彩事业促进会。	捐款将用作灾区中小学重建,项目已在规划中。
贵州茅台	捐资2000万元	4月21日一次性向四川慈善总会捐款2000万元。	用于灾后学校重建,具体项目正在对接中。
中国工商银行	捐资1500万元	4月27日全额捐出。	用于地震灾区的灾后重建工作。
中国建设银行	捐资1500万元	7月17日四川省民政厅已收到捐款。	用于芦山灾区孤儿院、福利院和养老院修建以及灾区流浪乞讨残疾人员的救助安置。

进一步提供包括教育培训和向灾区学校捐赠苹果设备在内的短期和长期支持"。记者多次联系苹果公司公关部门，对方与美国总部沟通后仍表示不能提供具体捐赠信息。

记者随后与国际美慈组织成都项目办公室取得联系，其工作人员表示，苹果已向中国扶贫基金会提供了2.6万个卫生包，接下来苹果会"评估需求，主要为灾区儿童、青少年、受灾害影响的社区提供服务，帮助社区更好地应对将要发生的灾害。"苹果公司是否还通过其他渠道进行了捐赠，这些卫生包是否就是当初苹果公司承诺的捐赠？因苹果公司不愿透露相关信息，记者对此不得而知。

求证：用事实粉碎谣言
——人民日报这样调查真相

一篇报道为灾区落实2700万元捐款
——《芦山地震捐款到位了吗》采编手记

吕毅品

芦山地震发生后，一些企业宣布捐款数千万元、甚至上亿元人民币。地震捐款（物）到位了吗？6月底，距离地震发生两个月之时，《求证》栏目决定对曾公开表示捐款的企业和个人进行追踪调查，着重了解其捐款是否到位、捐款用途和流向等。

■ 选定对象，确立思路

以往经常出现一些单位或个人高调宣称要捐款、实际并不兑现承诺的情况，这种行为既是对当事人形象的损害，也是对受捐人感情的欺骗，更伤害了社会公信力。对媒体来说，进行事后监督，追踪甚至曝光赖捐行为，是"铁肩担道义"的职责所在。

因为捐款人众多，经过策划会讨论，栏目组决定选取曾通过媒体公开承诺捐赠1500万元以上的企业和个人，对其捐款是否到位及捐款用途、流向进行追踪调查。

这些企业共有13家，它们包括：加多宝集团、三星中国、富士康科技集团、苹果公司、恒大集团、吉利控股集团、陈江和、梅赛德斯—奔驰、泸州老窖、四川蓝光集团、贵州茅台、中国工商银行、中国建设银行。从这串名单可以看出，上榜企业全是知名大企业，这也预示着，捐款落实情况对其来说十分敏感，采访恐怕不会一帆风顺。

在采访前，记者与主编进行了详细沟通，明确了采访思路，整理了一份详细的采访提纲，主要希望相关企业回复下述问题：其一，媒体报道的承诺捐赠额是否属实；其二，目前已捐出多少，以及接下来剩余部分的计划表；其三，捐赠的接收对象与捐赠的具体用途。

■ 严谨核实，反复沟通

不出意料，记者在联系企业过程中遇到了各种情况。

有迅速回应的。9家企业和个人在接受采访时表示4月或5月已经全额捐出承诺的款项。随后，记者就此采访了接收捐款的中国扶贫基金会、中国红十字会、中国青少年发展基金会、四川省政府、四川省慈善总会等，核实企业提供的信息，证实这些企业和个人的捐款信息准确无误。

有不好联系的。梅赛德斯—奔驰在中国的公司包括奔驰中国、北京奔驰销售公司等，几经辗转最终确认捐款部门及具体信息；四川蓝光集团官网的座机始终打不通，但提供有邮箱，其通过邮件向记者提供了捐款信息。

也有尚未完成捐款承诺的，但通过记者的联系推动了捐款进程。

未捐款或未全额捐款的有四家企业：吉利控股集团承诺提供2000万元的救灾及灾后援助，至记者采访时已完成900多万元的灾害救助和重建支持额度并明确了未来的捐赠计划表；泸州老窖、中国建设银行分别承诺捐款2000万元、1500万元，两家企业向记者表示尚未捐出，但正在接洽。与泸州老窖公司沟通时，由于其官网只有一个座机联系方式，而对方起初并不配合，编辑便通过四川分社协助，与泸州老窖领导层取得联系；建设银行在开始的沟通中也并未明确相关信息。值得一提的是，尚未捐出承诺款项的泸州老窖、中国建设银行，在记者多次联系采访过程中，兑现了两个多月前的承诺。泸州老窖于7月10日捐款1200万元；中国建设银行于7月17日捐款1500万元。

也有拒不回应的。美国苹果公司就明确拒绝透露相关信息。

求证：用事实粉碎谣言
——人民日报这样调查真相

■ 傲慢苹果，一追到底

在地震发生后，多家媒体曾报道苹果公司宣布捐款5000万元。但此次"求证"采访过程中，在其他公司都相继配合并公布捐款物落实情况的背景下，苹果公司仍始终不愿透露捐赠进度。

6月底，记者发出第一封邮件咨询相关信息，其公关部门工作人员回复称需要与美国总部沟通。不久，苹果公司公关部表示总部不愿透露具体信息，仅回应"继续加强我们与国际美慈组织（Mercy Corps）、中国扶贫基金会及其他国内外非政府组织的合作"。记者随后又进行了数次沟通努力，陆续发出两封邮件、电话沟通四次，其公关部工作人员明确表态不再回应。

于是，记者与国际美慈组织成都项目办公室取得联系，希望其提供有关信息。其工作人员表示要与国际美慈组织总部及苹果公司沟通后才可回复。7月22日，版面决定不再等待回应，把稿件上版。当晚，国际美慈组织成都项目办公室致电记者，承诺23日一定会答复。于是，版面临时决定将稿件撤下，再等一天。7月23日，国际美慈组织成都项目办公室正式回应："截至目前，苹果公司仅向中国扶贫基金会提供了2.6万个卫生包。"这些卫生包价值多少，对方表示不便透露。

经过多次采访、核实，稿件于7月24日见报。报道通过副题将全篇主要信息摘要提示：承诺捐助1500万元以上企业，多数已全额捐款；苹果公司捐赠数额模糊，吉利控股完成近半捐赠；泸州老窖、建设银行在本报采访过程中汇款到位。

本次追踪的过程充分体现了《求证》栏目的定位：探寻真相，求证不止。以全面坚定的立场，沟通争取每一条必要的信息；用认真负责的态度，查证核实、确保所有信息准确无误；以执着不懈的精神，多线追踪获取企业不愿透露的信息，督促相关企业兑现承诺。

（作者为人民日报总编室要闻四版编辑）

传言

2012年春，有版面编辑的手机多次接到"复制手机卡，可偷听通话"的短信。同时，有读者和网友多次反映，手机上经常收到匿名短信，声称"只要告诉我对方的手机号，我们就能复制出一张手机智能芯片，可偷听对方所有通话，接收对方短信，定位对方位置"。上网查询，以此为噱头打广告、发信息的人并不少，一些网友也通过微博、论坛等询问这种手段究竟靠不靠谱。

复制手机卡偷听通话是骗局

未发现远程复制成功的案例,但智能手机应防范病毒及恶意软件盗取信息

本报记者 徐 丹 谢建伟

人民日报（2012 年 04 月 09 日 04 版）

知道手机号就可复制手机卡偷听通话、接收短信、定位吗？记者进行了调查。

■ 疑问一：知道手机号就可复制手机卡吗？

【调查】 记者调查戳穿骗局；警方表示已办案件中均未成功复制，实为骗钱

记者按照广告短信上的号码，与一位自称是杨经理的男子进行了联系。杨经理说，安装他们的特殊软件可以监听对方通话、接收对方短信、位置定位等，他们提供两种套餐，监听通话和接收短信的套餐价格为 1688 元，外加定位的需要 1888 元。记者表示需要位置定位功能，最终商定价格为 1600 元。杨经理记下了记者需要监听的手机号码，并称第二天会有技术员为记者送货并安装。

第二天，一位男士与记者联系，约好一小时后在某商场西门见面。一个多小时后，对方打来电话

说已经到了，但表示先不见面，说"由于自己干的是偏行，要先验货付款，然后见面拿货"，并嘱咐记者，待会他会用复制好的手机卡给记者打电话，让记者试试通话是否清晰。不久记者手机果然接到电话，来电号码显示为记者需要监听的手机号码，接通后，对方正是那位技术员。他告诉记者用这个复制卡可以同步接听对方来电，并且不会被对方察觉。紧接着，技术员要求记者给他银行账户上打钱。

由于记者之前了解到，有一款"号码随意显"的电脑软件可以更改手机来电显示，为了验证复制手机卡的真伪，记者要求技术员说出被监听号码的机主现在所处的地理位置，技术员反复表示要记者先把钱打到指定银行账户。记者坚持要验证了定位正确后才能付钱。经过反复沟通，技术员不情愿地说去进行手机定位。

过了一会儿，记者接到同事打来的电话。该同事持需被监听的手机卡正在北京东部的某商场内，告诉记者一分钟前有电话打到这个卡上，称有赠送礼品要快递给机主，需提供地址，按照记者和同事事先的约定，同事告诉对方自己位于北京西部某银行。随后，记者接到了技术员的电话，他表示已经帮记者定位成功了，"我们的软件显示，他就在××银行附近，误差不会超过500米"。而该地址正是记者同事告知"快递员"的地址，并不是该同事实际所在的地址。

记者当即指出手机定位有误，质疑监听电话和接收短信的功能是否是真的，该男子支支吾吾，之后挂了电话。

显然，这是个骗局。那么，这类短信都是骗局吗？仅凭手机号码能不能复制出手机卡？

据广西南宁市公安局"打击电信网络诈骗犯罪专业队"负责人曹韩文介绍，"仅2011年上半年，南宁警方就抓获此类犯罪嫌疑人130多名。案件中无一例是复制成功的，都是为了骗钱"。曹韩文说，在这类诈骗案中，骗子的作案手法和特点都很简单，但受害者被骗后往往因为数额不太大，且本身目的并不光明磊落，怕人笑话，所以报案较少。

■ 疑问二：技术上有无可能远程复制？

【调查】 SIM 卡有独立操作系统及密钥，不可能远程复制

工业和信息化部电信研究院通信标准研究所无线与移动部副主任刘东明告诉记者，手机卡上存储的与用户安全最密切相关的参数是密钥，用来识别一个用户是否为他所归属的移动网络的合法用户，如果知道了这个参数，同时再知道其他的一些必要参数如国际移动用户识别码，就可以复制一张新卡。但密钥存储在卡的保密区，按照标准的规定是只能写入不能读出的，因此通过读出卡上的密钥进行复制基本不可能。不过，在理论上存在通过鉴权算法反推出密钥的可能，也确有不法分子利用智能卡中鉴权算法的脆弱性复制智能卡，但前提是要拿到被复制的卡，所以无卡复制手机卡无法实现。

中国移动通信研究院副院长杨志强也印证了刘东明的观点。据他介绍，手机 SIM 卡即客户识别模块，也称为 CPU 智能卡、用户身份识别卡，存储了手机客户的信息、加密的密钥等内容，供移动通信网络对客户身份进行鉴别，并对客户通话时的语音信息进行加密。SIM 卡拥有自己独立的操作系统，与网络的鉴权通过高安全等级国际算法来实现。在卡片里存有一组密钥以保障安全性。在 SIM 卡与网络之间串接专业工具截取数据流，无法得到密钥。而运营商网络是独立在因特网之外的网络，可杜绝来自因特网黑客的攻击。基于以上原因，SIM 卡的远程复制不可能办到。

"手机卡内的安全处理模块均基于国际通用标准，2009 年底以后中国移动的手机卡还增加了'增强安全型'模块，可以主动监测非法复制行为，保证现有的攻击方法无法实现对 SIM 卡的复制。"中国移动通信研究院项目经理罗红表示。

同时，中国电信的专家也表示，从技术上讲，中国电信天翼手机卡（CDMA UIM 卡）和小灵通 SIM 卡不可能无卡远程复制。

■ 疑问三：手机信息会在不被发现的情况下泄露吗？

【调查】手机病毒及恶意软件可盗取用户多种信息

虽然从技术上讲，无卡复制手机卡无法实现，但有读者提出疑虑认为：平时手机卡丢了可以补办，说明运营商是可以做到复制SIM卡的，那么会不会出现"内外勾结"的情况？

对此，罗红表示，运营商给用户补办卡是为用户重新发放一张新的手机卡，在运营商系统内将为用户重新分配新的用户数据，原有卡内的用户数据同时废止，补办的新卡数据与原有手机卡数据并不一样，所以说补办卡不是在复制用户的SIM卡。同时，中国移动对于用户SIM卡中密钥有着严格的管理要求：网络系统内存储的用户关键数据均为加密形式，严格控制对关键数据的读取权限，即使运营商内部的普通工作人员也无法获得用户手机卡的关键数据。

此外，还有一些所谓"侦探公司"、"调查公司"宣称，能拿到被调查者的"通话记录、短信清单、手机定位等信息"，"我们在机主不知情的情况下向系统发送打印通话清单申请，然后直接拦截系统发回的验证信息，被调查者根本不会发现"。实际情况能这样吗？

针对这种说法，杨志强表示，中国移动对查询客户详单（包括语音通话记录、短彩信发送记录、无线上网记录等）、位置信息等涉及用户隐私信息的业务均设置了严格的认证和提醒流程，不可能在"被调查者根本不会发现"的情况下获取用户通话记录的情况。

据介绍，目前，查询上述业务信息的方式有：通过客服密码和动态密码在网上营业厅和营业厅查询，部分单位客户可凭有效证件在营业厅查询，查询后均会下发提醒短信。

杨志强表示，为防止"通话记录、短信详单"等信息泄露，中国移动发布了"五条禁令"、《客户信息安全保护管理规定》等，并在技术层面采取了多种防范手段；同时客户可通过10086热线举报信息安全问题，一经核实将对公司内部责任方予以严肃处理。

　　事实上,据业内专家介绍,监听手机通话、截获短信、定位等与复制卡并没有直接的关系。刘东明说,监听手机通话主要有两种途径:一种是通过专用设备截获用户通话,也就是使用类似收音机的专用设备将被监听手机所发射的无线信号转换成语音信号。其实现条件为:必须在同一基站的覆盖范围之内(在城市,基站的覆盖半径一般为200—500米),且设备与被监听手机之间的距离必须保持在几十米以内;被监听手机不能处在不断移动状态,否则很难实现。另一种途径是通过在手机中安装窃听软件,主要是针对智能机,比如曾经有一款能实现窃听功能的软件X卧底(及变种),能在用户通话时启动三方通话功能实现窃听。

　　此外,随着智能手机的普及,也出现了很多恶意软件可以盗取用户的通话记录、电话本、短信、位置信息等。因此使用智能手机用户一定要注意。

【链接】

如何防范手机信息泄露

1. 避免将手机交给他人保管使用,并最好设置手机密码或PIN码;
2. 不要让不可信任的人或机构随意安装软件,不要上不可靠的网站下载安装软件;
3. 不要轻易查看收到的垃圾短信、彩信、邮件或点击上述信息中的链接;
4. 安装防火墙、杀毒软件等;
5. 在不使用蓝牙之类的无线传输功能时尽量关闭,通过WiFi上网时选择可信任的接入点,以降低黑客通过蓝牙或WiFi入侵的风险。

暗访调查戳穿谎言

徐 丹

2012年春，有多位版面编辑的手机经常收到短信声称，"只要告诉我对方的手机号，我们就能复制出一张手机智能芯片，可偷听对方所有通话，接收对方短信，定位对方位置"。上网查询，有不少网友也接过类似短信。《求证》栏目判断这类短信应该为数不少，有一定的市场，如果真如其所说，危害性很大；如果无法做到，那很可能就是骗局。关键的问题是，仅知道手机号就可复制手机卡偷听通话、接收短信、定位吗？为此，《求证》栏目记者进行了调查。

■ 不打无把握之仗：调查前要充分搜集各类信息

调查前，记者在网络上查找了相关新闻、论坛、贴吧，初步了解到很多网友都收到过类似短信，而且还有人被骗过，数额从几百到上千元不等。大部分网友提醒大家要小心这类诈骗短信，也有一些网友分析了骗子可能使用的欺诈手段。据网友分析，所谓复制手机卡是不能实现的，骗子很可能是使用了一类叫"来电号码显示修改"的软件，让人误以为是复制了手机卡可以实现窃听。此外，网友判断骗子很难仅凭手机号码实现准确的位置定位。但这些判断大都是猜测，没有具体的分析和证据。

在当下的互联网社会，编辑记者要充分利用互联网进行选题采访前的准备，但决不能依赖互联网写稿。网络可以提供线索，但还需要通过实际的调查和采访一探究竟,所谓"纸上得来终觉浅,绝知此事要躬行"。因此,在充分查阅资料的基础上,记者初步形成了调查采访的方案,决定扮成普通顾客,跟声称能够复制手机卡的"经理"联系,以调查手机复制卡的情况。

■ 不入虎穴,焉得虎子:暗访调查,戳穿骗局

为了这次调查,记者提前买了两张新的手机 SIM 卡,一张自己使用,用来联系手机复制卡的"经理",一张作为拟被复制的手机卡,留给同事,配合调查暗访。在调查采访之前,虽然记者了解到,一般声称能够复制手机卡的"经理"或"技术员"都不会跟顾客见面,但由于记者无法确定这一次调查是否会按照记者调研时了解的情况那样,也无法百分之百确定手机 SIM 卡究竟是否可以被远程复制,因此,记者没有完全预设调查结果,也做好了和"经理"接触并买下被复制的 SIM 卡的准备。

在做好各种准备的基础上,记者按照广告短信上的号码,与一位自称是杨经理的男子进行了联系。杨经理说,安装他们的特殊软件可以监听对方通话、接收对方短信、位置定位等,他们提供两种套餐,监听通话和接收短信的套餐价格为 1688 元,外加定位的需要 1888 元。记者表示需要位置定位功能,最终商定价格为 1600 元。杨经理记下了记者需要监听的手机号码,并称第二天会有技术员为记者送货并安装。

第二天,一位男士与记者联系,约好一小时后在某商场西门见面。一个多小时后,对方打来电话说已经到了,但表示先不见面,说"由于自己干的是偏行,要先验货付款,然后见面拿货",并嘱咐记者,待会儿他会用复制好的手机卡给记者打电话,让记者试试通话是否清晰。不久记者手机果然接到电话,来电号码显示为记者需要监听的手机号码,接通后,对方正是那位技术员。他告诉记者用这个复制卡可以同步接听对方来电,并且不会被对方察觉。紧接着,技术员要求记者给他银行账户上打钱。

但为了验证复制手机卡的真伪,记者要求技术员说出被监听号码的机主现在所处的地理位置,技术员反复表示要记者先把钱打到指定银行账户,之后再给记

者安装软件试验手机位置定位。但记者坚持要验证了定位正确后才能付钱。经过反复沟通,技术员不情愿地说去进行手机定位。

过了一会儿,记者接到同事打来的电话。该同事持需被监听的手机卡正在北京东部的某商场内,告诉记者一分钟前有电话打到这个卡上,称有赠送礼品要快递给机主,需提供地址。按照事先与记者的约定,同事告诉对方自己位于北京西部某银行。随后,记者接到了技术员的电话,他表示已经帮记者定位成功了,"我们的软件显示,他就在北京西部××银行附近,误差不会超过500米,有红点在显示"。而该地址正是记者同事告知"快递员"的地址,并不是该同事实际所在的地址。

记者当即指出手机定位有误,质疑监听电话和接收短信功能的真实性,该男子支支吾吾,反复强调记者"没有诚意",之后挂了电话。

■ 点面结合,多方求证:证据链在逻辑上要严密

如果说记者的调查还只是单一案例,无法就此证明"复制手机SIM卡可偷听通话"的短信都是诈骗,《求证》栏目又通过警方的数据,进一步验证了记者调查情况的普遍性。据广西南宁市公安局相关负责人介绍,"仅2011年上半年,南宁警方就抓获此类犯罪嫌疑人130多名。案件中无一例是复制成功的,都是为了骗钱"。据介绍,在这类诈骗案中,骗子的作案手法和特点都很简单,但受害者被骗后往往因为数额不太大,且本身目的并不想公开,怕人笑话,所以报案较少。

求证到此,按理来说,结论已经比较令人信服了。然而在逻辑上仍然存在一种可能:手机SIM卡是可以被远程复制的,只是没有被记者碰到、被警方发现。即骗子是如何骗人的,通过记者实际的调查很容易说清楚,但这只是个案,读者可能会说,你联系的那些是骗子,但可能有些声称能够提供监听和定位的就是真的呢!那么,如何从根本上打消读者的顾虑,还必须请技术专家,从理论上分析有没有手机复制卡的可能性。

因此,记者又采访了工业和信息化部电信研究院通信标准研究所无线与移动部、中国移动通信研究院、中国电信、中国电子信息产业发展研究院等单位的多位专家,通过他们从技术上的具体分析,确定了SIM卡的远程复制不可能办到。

求证：用事实粉碎谣言
——人民日报这样调查真相

■ 既要"求证"也要"三贴近"：普及科学知识、提供服务信息

《求证》栏目提出，"探寻真相，求证不止"。虽然从技术上讲，无卡复制手机卡无法实现，但可能仍会有读者提出疑虑：平时手机卡丢了可以补办，说明运营商是可以做到复制 SIM 卡的，那么会不会出现"内外勾结"的情况？因此，我们又采访了运营商，对此做出了相关解释。

事实上，据业内专家介绍，监听手机通话、截获短信、实施定位与复制卡并没有直接的关系。虽然这些内容已经和"手机 SIM 卡是否可以远程复制"的求证主题无关，但为了更好地服务读者，《求证》在第一期提供防范手机信息泄露 5 点建议的基础上，又采访多位业内专家，推出《手机泄密有多严重》的求证后续报道，满足读者在手机个人信息安全方面的知识需求。

《求证》栏目不仅是为了遏制谣言，更重要的是通过为读者提供真实可靠的信息，实现服务读者的目的。

（作者时为人民日报总编室要闻四版编辑，

现为人民日报微博运营室编辑）

传言

2012年3月，有媒体报道：18日下午，有记者在微博上说，在四川省北川县红枫敬老院内，发现了大批"5·12"汶川特大地震后各界捐助的救灾物资，这些救灾物资到发现时尚未开包。报道称，这意味着，从2008年地震发生至当时的近4年时间里，这些饱含各界爱心、为受灾群众救急的物资被一直存而不用。

报道称，微博在短短一天时间内，引起社会各界的强烈关注。仅在新浪微博上的转发次数就超过5.5万条，有评论2600多条。网友发出的共同声音是："怎么回事？""为什么会这样？""难道捐多了？""别把全国人民的爱心存得发霉了！"许多网友要求北川方面尽快给出合理的解释。

求证：用事实粉碎谣言
——人民日报这样调查真相

北川：救灾物资被封存未发放？

绝大多数物资已发放，
剩余部分统一管理并多次用于救灾应急

本报记者 张 文
人民日报（2012年03月21日04版）

3月18日，四川某地"地震后外界捐助的救灾物资至今尚未开包"的配图微博引起网友关注。很多网友质疑："震后将近4年了，救灾物资却还未开包，难道全国人民的爱心就这样被封存起来了吗？"3月19日，记者来到微博所指的地点——四川省北川县调查采访。

■ 疑问一：为何仍有救灾物资没开包？

【调查】县民政局表示是救灾剩余物资，已纳入统一储备管理

3月19日，在微博图片的拍摄地——北川县擂鼓镇敬老院，记者看到几处仓库内堆积着大量的棉衣、棉被等，很多物资的装箱上都有"救灾"字样。据北川县民政局副局长袁家贵介绍，仓库内的物资主要包括棉衣431箱、棉被498箱、鞋子125箱、床上用品45箱、热水袋53箱。

"抗震救灾时,不同的物资,分发方式不一样。"北川县副县长兰辉告诉记者,汶川特大地震发生后,外界捐赠和上级下拨的物资中,食品、药品、饮用水等物资实行"有多少发多少"的方式,很快全部下发到了受灾群众手中;而棉被、帐篷、衣服等物资,则实行"用多少发多少"的方式,在保障群众生活需要的前提下,剩余物资纳入统筹储备管理。记者了解到,地震发生后,在外界捐赠和上级拨付之外,北川县政府还采购了大量物资用于地震救灾。地震发生后的第一个冬季,北川县在保障受灾群众人均一床棉被、一床褥子、一件冬衣和一件单衣后,将剩余的棉被等物资纳入储备管理。"因为这些物资是按人分发的,以棉被为例,当时很多家庭一下子就有了四五床棉被,剩余的库存棉被我们就没再发下去。"兰辉说。

民政部《救灾捐赠管理办法》规定:"救灾捐赠款物……如确需跨年度使用的,应当报上级人民政府民政部门审批。"绵阳市民政局局长陈敏告诉记者,作为北川县民政局的上级部门,绵阳市民政局同意北川储备救灾物资,还出台了《救灾物资储备库主要职责与管理制度》作为实施细则。

记者在北川县民政局出具的抗震救灾物资接收和发放明细表上看到,从特大地震发生后至今,由外界捐赠、上级拨付和县政府采购构成的救灾物资中,粮油类和食品类物资已经全部发放完毕,没有任何结存,而棉被、帐篷等物资有少量的结存。例如,原有总共22万多床棉被,现在结存有1000余床。

据北川县民政局副局长邓华介绍,储备的物资分散在北川县的整个物资储备系统中,擂鼓镇敬老院的仓库只是其中的一个储备站。在抗震救灾中,北川县逐渐形成了"县里设库、乡镇设站、村设点"的物资储备体系,全县现有物资储备站(点)64个。记者了解到,擂鼓镇敬老院的储备站物资主要供擂鼓、禹里、小坝和坝底等13个乡镇作应急使用。

■ 疑问二:储备物资是否"储而不用"?

【调查】震后近四年时间里,储备物资曾多次发放发挥作用有网友质疑，剩余救灾物资是否"储而不用"、把爱心"封存"起来？对此，兰辉向记者介绍，汶川特大地震发生后，北川县次生灾害如泥石流、雪灾、洪涝灾害等频繁发生，例如2008年9月24日的特大泥石流灾害和2010年8月13日的特大暴雨。而储备物资在抗击灾害过程中发挥了重要作用。"今年5月汛期之前，储备库的部分物资将会发放到13个乡镇共150多个行政村做应急使用。"兰辉说。

擂鼓镇田坝村村委会主任许志虎告诉记者，在2008年9月24日的特大泥石流灾害中，他和数百名受灾村民被安置到擂鼓镇板房学校，"我到物资储备站给村民们领取了被褥、折叠床等必需品，要不是这些物资，大家真不知道该怎么熬过去"。

据擂鼓镇武装部长车兴愚回忆，2011年1月，北川县遭遇严重的冰雪灾害，大雪封住了进出县城的"生命通道"——擂禹路，100多名旅客和司机被困山里。当时他带人进山救人时，为受困人员带去的棉大衣等物资都是从镇上的储备站领取的。

储备站的物资也曾被用于外地的应急救灾。袁家贵告诉记者，2010年4月青海玉树地震，县里迅速从储备站调运了1000床棉被、1000套棉衣裤送往玉树灾区。

除了救灾，储备站的物资还被用来定期发放给困难群众。擂鼓镇桥楼村70多岁的村民李福国告诉记者，2011年冬天，镇上发给他两床棉被。记者在擂鼓镇储备站的物资明细表上看到，2011年冬季，站里共发放了110床棉被和63套棉衣裤。

■ 疑问三：为何将储备物资放在敬老院？

【调查】乡镇储备站没有专门仓库，暂时借用敬老院的仓库

"这些储备物资大多数都是社会各界捐赠的，北川的群众和干部都非常爱

惜。最早是放在活动板房里，后来镇里租借了一家厂房，今年3月租约到期了，3月5日才刚把这批物资搬进敬老院的仓库。"北川县民政局长王洪发告诉记者，现在只有县里的物资储备库修建了专门的仓库，各个乡镇的储备站和村的储备点都是租用、借用其他房屋作为仓库。

记者了解到，擂鼓镇敬老院是加拿大木业协会援助修建的，工程尚未完工，还没有正式投入使用，而已经修好的几处房子非常适合做仓库用，因此被擂鼓镇借用存放物资。

物资储备在敬老院，管理上没有问题吗？王洪发告诉记者，擂鼓镇的储备站设有专门的管理员、发货员和安保人员，物资出入库都必须在台账上做登记，物资出库还必须有县民政局授权的单据作为发货依据，而且需要管理员和发货员同时到场，管理员负责审核单据，发货员负责审核领货人身份和备货数量。每年县里的审计、纪检监察等部门会对库存物资进行联合审核，近4年来，储备站未发现违法乱纪事件。

在仓库里，记者看到有几箱女士卫生用品和口罩已经过了保质期，对此，袁家贵表示："一些使用范围并不普遍的物资夹杂在长期保存的储备物资中，没能得到及时清理，这是民政局工作的失误，一定会尽快整改。"

求证：用事实粉碎谣言
——人民日报这样调查真相

细节提高说服力

张 文

在为《求证》栏目提供过的几篇报道中，《北川：救灾物资被封存未发放？》的采写过程是我印象最为深刻的。在采写该报道的过程中，我对调查报道的采写方式有了进一步的领会。

■ 要说服读者，先说服自己

2012年3月18日，一张照片在网络上受到广大网友密切关注，该照片描绘的内容，是在一家敬老院内，一个装满了棉被、救护用品等的仓库，照片以"地震后外界捐助的救灾物资至今尚未开包"为文字说明，直指图中仓库所在地——四川省绵阳市北川县。而网友的评论中，不乏"难道捐多了？""别把全国人民的爱心存得发霉了！"等责难之声。

接到要闻四版副主编孟辉的电话时，我心头一紧：怎么又是北川？

在2008年5月12日的汶川特大地震中，北川县由于紧邻汶川，全县房屋严重倒塌，是地震受灾情况最惨烈的几个县之一。

震后的北川，从来都不乏人们的关注：在生活和工作的双重压力下，当地干部接连自杀，引发舆论关注；因耗巨资修建"地震遗址博物馆"而引发争议；因地震遗址收费参观再度引发关注……可以说，从抗震救灾到恢复重建，北川始终牵动着全国人民的心，任何跟北川有关的争议事件，都可能在网上掀起轩然大波。

在听到"北川对救灾物资存而不用"这一消息时，我在震惊之余，很快冷静下来：我参与过分社关于地震灾区恢复重建的报道，对全省建立的救灾物资管理制度有一定了解，干部违法乱纪侵吞物资的可能性很小。但是，确实有两个疑点说不过去：物资为何存放在敬老院？这些物资确实是用不出去吗？

我将情况向四川分社社长张忠做了汇报，社长指示我，要多掌握细节，多方面了解情况，尽量避免疏漏线索，同时要尽快查明事件原委，回应舆论热点。

于是，我在坐车去北川的路上，首先通过媒体同行与此次网络舆论的发起者——《第一财经日报》记者取得了联系，网上所传照片正是出自他的微博。不得不说，该记者有着很强的社会责任感，他极其愤怒地在电话里跟我讲述他看到的救灾物资被封存的场景，并告诉我他依然在北川调查采访。而关于物资为何被封存，他却没有确切的说法，也并没有深究。

《求证》的稿件讲究严谨细致，记者就是稿件的第一读者，让别人信服首先要让自己信服。针对事件中的一些疑问，我以读者的心理列出一份问题表：

1. 仓库的物资是赈灾物资还是储备物资？

（1）物资的来源、品种、数目。

（2）什么时候纳入储备的？当初是出于什么考虑将其作为储备物资？当时的赈灾物资使用情况？

（3）仓库的储备物资灾后使用过吗？使用的情况？如果用于救济困难群众，那么需要有具体的真实的事例。

2. 为何存于敬老院的仓库中？

（1）以前存在哪里？

（2）为何现在存在敬老院里？

（3）有无计划修建专用的储备仓库？修建进度如何？

3. 物资的保存制度：

（1）有无严格的使用审批制度确保被用于正规用途？

（2）有无盗用、挪用情况的发生？

（3）是否考虑过物资的物理损耗（例如变质、风干），是否有计划对有物理损耗的物资进行有效利用？

我将这份问题表修改后发回要闻四版，版面很快回复我：问题较详尽，宜尽快采写。

求证：用事实粉碎谣言
——人民日报这样调查真相

■ 重点在于关注细节的角度

我到达北川县时，爆料记者发短信告诉我，他正在存放物资的擂鼓镇敬老院，当地主管领导正在现场做情况说明。我赶到敬老院时，已有大批记者在向当地领导提问，问题主要集中于：这批物资"封存"这么久是否有损毁？北川何人该为此担责？当地有没有惩罚机制？

看得出，在现场负责答记者问的北川县长翟永安面对这些问题有些手足无措，他提出请记者参观存放物资的仓库，让大家来检查物资的保存情况。记者们七嘴八舌责难的场面告一段落，我总算有机会向翟永安提出自己的问题，然后得知这批物资属于储备物资，并曾多次用于赈灾，具体数目和使用情况都有严格统计。这些情况，让我心里初步有了底。

然而，记者们在仓库翻查时，还是找出了问题：一些个人卫生用品和口罩已经过期。这让记者们再次有了机会表达不满，翟永安赶紧表态："我们的工作没做好，让献爱心的人伤心了，真有些对不起！"

他不会想到，这句话成了次日《第一财经日报》《本报入库调查：北川"救灾物资4年未开包"》开篇的第一句话。

由于我希望继续了解细节情况，便和几位记者一起与北川县民政局取得联系，向他们询问了北川自汶川特大地震后遭受过的自然灾害情况、储备物资使用情况和救助情况等，此外还找到北川主管民政的副县长兰辉，他很详细地向我们介绍了绵阳和四川的救灾制度体系，还提议我们去看看其他乡镇的物资储备点。北川的情况很特殊，次生灾害如泥石流、雪灾、洪涝灾害等频繁发生，救灾物资的储备工作显得尤为重要。而通过介绍和查看物资使用记录，我得知这批物资并非"封存不用"，相反，在震后的多次地质灾害中，这批物资发挥了巨大的作用：2008年9月24日的特大泥石流灾害和2010年8月13日的特大暴雨，当地都曾从这批储备物资中抽调部分做应急使用。而由于乡镇没有专门的物资存放仓库，擂鼓镇敬老院建好后尚未投入使用，院里的仓库就被暂借作为物资仓库。

单有政府部门的说法还不够，我找到一位当地媒体记者，请他带着我去较近的村子了解之前地质灾害时，当地政府发放救灾物资的情况。群众的说法和北川县民政局的说法是吻合的。

走访完镇子附近几个村,天已经黑了下来。等我搭上记者朋友的车回到成都市区,已是深夜。爆料记者打电话过来,说他准备回京了,人已经在机场,而且稿子也写好了,打算连夜发,主要还是批评当地政府封存物资导致有物资过期。当时我便想尽快发出本报自己的声音,于是也赶紧连夜将初稿写好。

第二天,《第一财经日报》刊发的文章果然还是以批评为主,文章以北川县长的道歉为开头,全篇以谴责为基调,对储备物资的作用和历次赈灾效果只字未提。而经过修改和补充,本报在第三天刊发了《北川:救灾物资被封存未发放?》。文章见报后,北川县长翟永安和副县长兰辉都发来短信,感谢本报能客观公正地反映事实,回应舆情。他们这些天确实承受了太大的舆论压力,而从网络反应来看,本报报道推出后,网民评论的态度也渐趋于缓和。

这次报道的内容其实并不复杂,整个事件很简单,关键在于了解地震救灾重建和灾害预备预防的制度,全面了解情况。也许是不同的媒体,关注的细节也会不一样,而本报不剪裁事实,不有选择地取舍细节,始终坚持全面了解、深度报道、客观反映,这是我作为人民日报记者非常自豪的一点。

(作者为人民日报四川分社记者)

传言

2011年6月21日,香港明报刊发文章《川重建工程六成不合格》,报道称:"126个港方有派员进行技术检查的重建项目中,76个项目未达标,约占整体项目六成。"

接着,香港大学一位教授在微博中援引该报道,称援建项目"六成不达标",恐出现"豆腐渣"。这条微博几天之内被转载8000余次,评论2000多条。

香港援建四川地震灾区项目
"六成不合格"报道系误读

已竣工项目全部合格

本报记者 尹世昌
人民日报（2011年07月07日04版）

一条微博，引发了对香港援建四川地震灾区项目质量的热议。

近日，香港大学一位教授在微博中称，香港媒体报道，援建项目"六成不达标"，恐出现"豆腐渣"。这条微博几天之内被转载8000余次，评论2000多条。记者翻查香港报纸发现，微博所指，是6月21日香港一家报纸的一篇文章，标题是《川重建工程六成不合格》。报道称，"126个港方有派员进行技术检查的重建项目中，76个项目未达标，约占整体项目六成"。

香港投入100亿港元援建的四川地震灾区项目，真的"六成不合格"？援建项目的进展情况究竟如何？本报记者对此进行了求证。

■ 焦点一："六成不合格"结论如何得出？

【回应】相关报道以偏概全，"复检跟进"即算做"不合格"

据了解，港媒报道取材自香港特区政府发展局6月20日向立法会提交的"香港特别行政区支援四川地震灾后重建工作进展报告"。这份两百多页的报告，在第三部分"援建项目整体概览"的第四项"项目管理"中，对援建项目的整体情况有如下评价——综合技术检查和竣工验收观察所得，整体工程质量没有出现重大问题。个别项目在施工工艺、建材质量和记录管理上，仍有改善的空间。报告还说，所有问题均已获川方积极跟进。

这个评价，与"六成不合格"相去甚远。那么，"六成不合格"的结论从何而来呢？

记者从刊登《川重建工程六成不合格》一文的报纸港闻版得到的答复是，附录报告"港方技术检查概要"所列的项目中，凡在"跟进工作"一栏填写"复检跟进"，就算做"不合格"。"你想啊，既然要复检，当然就不合格了。"

以东汽小学为例，"技术检查概要"提出了两个方面的问题，质量管理方面存在"运动场混凝土地面有裂痕，需修补"，跟进工作则显示：今年1月的复检确认，川方已经完成整改。这在有关报纸的统计中，算作合格。而安全管理方面存在"教学楼出口指示牌不足、学前班教室二楼走廊出路指示牌方向错误"。跟进工作一栏，填的是"川方正积极处理，发展局稍后将复检跟进。"就这样，早已完成运动场质量整改并开学的东汽小学，因为指示牌挂错，就成了"不合格"项目。香港特区政府发展局四川重建组组长麦齐光认为，建筑的目的是使用，所以像教学楼指示牌太少这样的问题，也要提出，因为这会对将来的使用者造成不便。但是如果据此就把这栋教学楼、这个学校判定为"不合格"、"不达标"，显然有失公平。

记者拨通了东汽小学校长李剑的电话，他对"不合格"感到吃惊。他说，对东汽小学的建筑质量，老师、家长都非常满意，建设过程中香港方面一丝不苟的施工要求也让他印象深刻。"我们的学校怎么成了不合格项目呢？"

麦齐光表示，香港社会各界对四川重建非常关心，发展局欢迎来自媒体的监督，但这篇报道以偏概全，无视工程的整体质量和相关整改措施，误导公众，不是一个诚实的报道。"尚未完工的项目，仅凭施工过程中发现的瑕疵，就把整个项目判定为'不合格',显然是错误的。"

■ **焦点二：百亿援建项目进展如何？**

【回应】145个项目都进行了实地技术检查,未现重大问题

在2008年7月、2009年2月和7月,香港先后拨款共90亿港元,注入特区"支援四川地震灾区重建工作信托基金",以推进三个阶段的援建工作。连同香港赛马会的拨款和民间捐款,香港一共投入100亿港元支援四川灾区重建。

在提交立法会的本次报告中,有一张"实地技术检查工作进度表",显示151个政府项目中,除了3个非施工项目和3个刚刚开工的项目,施工中和已竣工的145个建筑工程项目,都进行了实地技术检查,总检查次数达到532次,出具了498份技术检查报告。谈到四川项目的施工方,麦齐光说："虽然重建时间紧、项目多,但四川的建设者们用了很大的力气,非常尽心尽责。"

对于报告附录"技术检查概要"中提出的问题,麦齐光说,没有一项属于重大问题。"如果有重大问题,我们肯定会要求停工。"而且,很大一部分问题都已经完成整改,不会对项目产生负面影响。而"稍后复检跟进"的项目,许多改进要求是今年新提出的,整改情况会在半年后的新报告中体现。

"好比你在答一份试卷,两个小时的考试,考到中间突然有人来收卷判分,即使你是一个好学生,也不可能得到满意的分数。"麦齐光说,项目尚未完工,中间检查发现问题,在施工中并不是很罕见的事情,即使是香港本地的工程,也可能出现这种情况,这样正显示了检查的作用。

■ **焦点三：援建项目能否做到保质保量？**

【回应】港方会确保每个项目在交付使用前,所有涉及设施安全和

正常运作的问题都合理解决。目前已竣工33项工程全部合格

香港发展局表示,对援建项目质量要求极其严格,以确保用好这100亿港元。每次技术检查和竣工验收后,港方都实时向川方通报须跟进事项,然后在复检时再检查问题是否已经适当处理。一般而言,一些不影响设施安全和正常运作的工艺瑕疵,可安排在工程保养期内处理,但若问题涉及设施的安全和正常使用,建设单位必须完成整改才可申请竣工验收。

对于港大教授所担心的会出现"豆腐渣",麦齐光说,所有项目都是严格按照地震后的国家标准施工的,抗震标准提高一级,有信心应对自然灾害。

香港方面,除特区政府相关政策局、部门组织项目检查,还聘用"独立专业顾问",按各项目进度到施工现场作技术检查,范围包括项目整体进度、资金使用和质量管理。"独立专业顾问"在完成巡查后,会根据巡查观察情况向特区政府提交报告。

在教育项目蜂桶寨小学的质量管理检查中,发现了"主筋移位、部分柱筋焊接不合格"的问题。麦齐光表示,这并非罕见的施工问题,整改后也不影响工程质量。顾问提出整改要求后,四川方面已经积极处理,顾问还将复检跟进。

据了解,在竣工验收方面,按《港澳援助项目竣工验收暂行办法》执行,由港方派代表以观察员身份参与验收工作。"港方会确保每个项目在交付使用前,所有涉及设施安全和正常运作的问题已合理解决。"如个别项目发现问题,港方会通过与川方共同建立的沟通协调机制,要求川方跟进和整改,直至问题得到妥善处理。目前已经竣工的33项工程全部合格。

打破境内境外"信息不对称"
——香港援建四川地震项目采访手记

尹世昌

"每一个龙头都要拧开,看有没有水,每一个开关都要打开,看有没有电。不止如此,他们还把灯罩取下来,看看里边的灯泡是否合格。"

2011年5月,四川大地震3周年,我在汶川采访。一位重建学校的校长,如此描述香港援建项目专家验收场景。

所以,一个月后,援建项目"六成不合格"的说法,让我有点儿不敢相信。

时隔两年多,再回过头来看看这篇报道的缘起。

《唐山大地震》作者、著名报告文学作家、现任香港大学新闻及传媒研究中心教师钱钢,发微博称:香港援建四川工程,六成不合格。这条消息迅速引起网友大量关注、转发、评论。涉及"地震重建"、"工程质量"、"香港援建"几个因素,且不合格比例高达六成,这条微博实在太吸引眼球了。

钱钢的微博语焉不详。我们翻查了香港本地传媒,发现其来自《明报》一篇题为《川重建工程六成不合格》的报道。

报道说,香港特区政府发展局向立法会提交最新报告,揭示2010年中至2011年6月,香港援建四川灾后重建工程约六成受检项目出现问题,牵涉148宗工程,当中涉及学校主筋移位、柱钢筋焊接不合格,有服务中心的砌墙工程不符合抗震结构要求,建筑物安全成疑。

求证：用事实粉碎谣言
—— 人民日报这样调查真相

报道还说，126个港方派员技术检查的重建项目中，76个项目未达标，约占整体项目六成。其中以卧龙项目及社会福利项目最差，逾七成未达标。

政府报告、数字说话，言之凿凿，似乎无懈可击。拿到几百页的报告，来不及细读，唯有向专家求以援手。

幸运的是，2011年5月，由报社出资，我曾经跟随香港特区政府访问团到四川采访。那次采访并不顺利，香港方面不积极，写的几篇稿子也没有多大反响。但由此结识了香港特区政府四川重建组组长麦齐光。

收到四版《求证》栏目约稿，我立刻打电话给麦先生，他已经看过报道，认为该文错误地以数量代替质量，做法粗疏、以偏概全，无视工程的整体质量和相关整改措施，有失新闻报道的基本准则。我们相约见面详谈，他带着厚厚的一本报告来，逐条反驳《明报》的报道。报道的关键错误在于，尚未完工的项目，仅凭施工过程中发现的瑕疵，就把整个项目判定为不合格。比如，早已完成运动场质量整改并开学的东汽小学，因为指示牌挂错，就成了"不合格"项目。

麦先生的反驳非常专业，报告也是白纸黑字，但如果就此下笔，仍难免有一面之词的嫌疑。我又打了两个电话。一个打给5月在四川采访时认识的东汽小学校长，他听了我的介绍后，非常吃惊和生气，连连称报道不实。另一个电话打给《明报》编辑部港闻版，得到的答复竟然是，附录报告"港方技术检查概要"所列的项目中，凡在"跟进工作"一栏填写"复检跟进"，报道就算做"不合格"。"六成"就是如此得出的。接电话的同行说，"既然要复检，当然就不合格了"。真是令人哭笑不得。

2011年7月7日，人民日报要闻四版《求证》栏目，刊出我写的《香港援建四川地震灾区项目"六成不合格"报道系误读：已竣工项目全部合格》，及时澄清了香港《明报》的失实报道，在香港和内地的媒体、网络上都引起较大反响。

7月8日香港《东方日报》发表题为《人民日报狠批明报报道失实》的文章，转述了本报报道，称"自诩公信第一的明报遭狠批报道失实"。《明报》则发表文章《发展局澄清川建无重大质量问题》，委婉地承认了"六成不合格"报道失实并做了修正，文中引述了本报报道。香港《文汇报》还在评论版头条全文转载此文。

看到报道后，正在美国休假的麦齐光给我发电邮说："感谢你们实事求是的报道。你们非常专业的报道，及时澄清了事情的是非曲直。"

香港特区政府发展局7日也对此事回应称，《明报》此前的报道"完全不正确，相信是出于对工程监督过程的不了解"，印证了本报的调查结果。此后一年多，发展局网站都挂着本报的这篇报道。

报道见报当日，新浪、网易、搜狐等门户网站和新华网、中国政府网都在头条区转载。网易有2000多条跟帖和4万多人次参与。

这是一次编辑运筹帷幄主导选题、记者迅速反应紧密配合的成功实践。报道起于《求证》栏目通过新浪微博发现的线索，提供给香港分社记者跟进采写。编采双方多次就报道框架、细节沟通。有趣的是，其间居然还发现了发展局提交立法会报告中的一处数字错误。

香港传媒有时会有意或无意地错误报道内地信息，再经微博"出口转内销"。无独有偶，2013年芦山地震后，又有香港媒体称，援建学校墙体发现泡沫，是"豆腐渣工程"，后来证实，那不过是常见的保温层。《求证》栏目也及时予以反驳澄清。

境外有些不实报道，正是一些媒体利用了境内境外的"信息不对称"，为了吸引眼球，一定程度上"妖魔化"中国内地。内地一些自媒体、"大V"不加思考或求证就转发，"出口转内销"，误导内地受众，甚至再外销到境外，恶性互动，再"印证"境外媒体的报道，水涨船高，一浪急过一浪。如果我们驻境外记者和境内同事合作，打破这种信息不对称，利用信息优势提早发现、提早报道、提早"截击"，利用本报的影响力，"内销转出口"，不但可以向内地百姓澄清，还可以客观真实地树立在境外的形象。

（作者为人民日报香港分社采编部主任）

二、环境安全

传言

2011年8月，受热带风暴影响，大连福佳大化有限公司沿海一处在建防波堤发生局部坍塌。之后有人透露，发生事故的是福佳大化公司PX项目。2011年9月，网络转载一家媒体刊发的文章《PX项目有害当地居民多不知情》称，"大连理工大学化工学院一位不愿透露姓名的专家告诉记者，PX（对二甲苯）暴露在空气中或者遇水之后，甚至没有处在密闭状态都会对人产生危害。专家担心，如果对二甲苯接触到空气，危害是无法避免的"。

文章还引述一些专家观点表示，PX项目选址要在距离城市100公里以外的地方进行生产。

一些令人恐惧的观点也通过多种传播渠道在公众间流传。PX被形容为"令人闻风丧胆的终极绝杀项目"，"它能抵得上1000枚导弹的威力"。

针对各地发生的PX项目风波，有人提出：既然多国输出PX，何不多进口解决问题？我们自己别发展PX行不行？还有观点认为，国内PX项目的增多是因为发达国家将污染物战略转移，国外并不支持PX项目的建设。

PX 项目风险有多大

本报记者　武卫政　潘俊强　王金海
人民日报（2011年09月15日04版）

最近，大连福佳大化有限公司码头防波堤发生局部坍塌，出现化工产品泄漏危险，引起社会对 PX 项目的关注。PX 要离市区多远？危险性到底如何？生产过程会产生什么有害物质？如何防范意外？

针对这些问题，记者采访了石化、纺织行业、高等院校、环境保护部以及专业咨询机构的有关专家。

■ 疑问：要离城市 100 公里吗？

【回应】与城市的距离不是控制因素，严格执行环评才最重要

针对网上"国际组织规定 PX 项目至少应该离城市 100 公里才安全"的传言，山东大学化学与化工学院的曹成波教授说，这个说法完全是子虚乌有的。

据记者了解，目前世界 PX 的产能主要集中在美国、中国、韩国、日本、印度、新加坡和泰国等。专家表示，国内外任何法律、法规和标准等规章制度，都没有规定 PX 项目必须建立在距离居民区 100

公里以外。石油和化学工业规划院副总工程师李晨举例,日本横滨的PX装置与居民区仅一路之隔;韩国釜山的PX装置距市中心4公里;新加坡的裕廊石化区也有PX装置,距市区约10公里。曹成波说,PX工厂以及其他大型化工项目与城市的距离绝不是控制因素,最为重要的是工厂是否符合环保的标准。

环境保护部环境工程评估中心高工周学双表示,从环境安全角度出发,化工企业与居民区之间应该设置适当的防护距离,卫生防护距离是酌情而定的。一方面要看工厂的规模有多大,另一方面还要看当地的气象条件,根据这两方面的情况,再对照相关的国家标准,来计算相应的防护距离。

■ 疑问:PX到底有多"毒"?

【回应】是易燃低毒类危险化学品,与汽油属于同一等级

据了解,PX是对二甲苯的英文名称para-xylene或paraxylene的缩写,是一种化工原料。专家介绍,根据《全球化学品统一分类和标签制度》和《危险化学品名录》,PX属于危险化学品,但它是易燃低毒类危险化学品,与汽油属于同一等级。无论是危险标记、健康危害性、毒理学资料,还是在职业灾害防护等标准下,PX都不属高危高毒产品。

中国工程院院士、清华大学化工系教授金涌表示,目前没有科学证据证明PX会致癌,或者导致畸形。"危险性主要来自它的易燃性,但这种危险性低于天然气和液化石油气。"金涌说。

■ 疑问:产生的有害物质能否处理?

【回应】正常情况下,对空气质量影响很小

PX主要用于生产塑料、聚酯纤维和薄膜。曹成波说,PX以及其异构体OX

和 MX 本身都是低毒化学品，都不属于致癌物。但 PX 生产过程中产生的苯、硫化氢具有高毒性和致癌性，是重要的大气污染物。其中，苯在生产工艺中被循环利用，产生的硫化氢废气经过脱硫、无害化处理后排放。

根据实测研究，世界各国 PX 项目在正常生产运行的工况下，对所在城市空气污染的影响非常小，不会对市民的健康有任何影响。专家介绍，迄今为止，世界各国的 PX 装置均未发生过造成重大环境影响的安全事故。我国 PX 项目引进世界先进技术，成熟安全可靠，其风险是可知、可控、可防的。

■ 疑问：如何防范意外？

【回应】严格管理，讲究科学，才能防范风险

专家们认为，化工产品生产过程十分复杂，生产装置长期处于高温、高压状态，专业性很强、产品种类很多，其中不少产品具有易燃、易爆、有毒有害的特点。如果管理和使用不当，可能会引发安全和环境风险，造成不同程度的社会危害。

石油和化学工业规划院院长顾宗勤谈到，1949 年至 2010 年，全国因化学品生产、使用、储存或运输发生的重特大事故有 35 起，导致 750 人死亡。细加分析，60% 的重特大事故由违规、违章引起，29% 由设备和设计不合理引起。这就说明，严格遵守有关危险化学品管理的法律法规，严格遵守操作规程，科学设计、科学施工，是防控危险化学品安全环境风险的不可或缺的要素。

谈到如何切实防范安全和环境风险，专家们表示，首先，要从源头上做到科学规划、合理选址；其次，在生产、储运和使用环节严格管理、按章操作；第三，就是要建立快速高效的应急救援体系，一旦发生安全事故并引发环境事件，能够妥善处置，最大限度减少损失。

"发达国家的化工企业，通过实时监测，可以提前发现和预防隐患。同时，他们非常注意平时的应急演练，仿真模拟事故，训练员工解决实际问题的能

力。"凯捷咨询公司大中华区副总裁吴剑云说。

【链接】

PX有何用途?

"涤纶是解决我国13亿多人穿衣、家纺需求和产业用纤维的主要合成纤维品种。涤纶的原料就是PX，2010年我国涤纶产量占化学纤维产量的81.4%。"中国纺织工业设计院教授级高工罗文德说。

PX的下游产品叫PET，是最重要的合成纤维品种。在人口众多、土地紧张的中国，合成纤维不可或缺。PET还用于容器、包装材料、薄膜、胶片、工程塑料等领域，正在越来越多地取代铝、玻璃、陶瓷、纸张等材料。

要正确认识PX项目！多位专家强调，PX以及石化产业是解决人们衣食住行需求的重要保障。2010年，我国成为世界最大的PX生产和消费国，产能占全球24%左右，消费量占全球32%。

PX产业，我们可以不发展吗

本报记者 沈小根
人民日报（2013年07月30日04版）

近一段时间，PX（对二甲苯）项目成为社会关注的热点，作为普通低毒类化学品，PX一方面受到一些地方政府的推崇，另一方面又引起一些民众的担忧。同时，作为石油化工的中间产品，PX背后是世界范围内的庞大产业。2011年9月15日《求证》栏目曾刊登《PX项目风险有多大》，对公众关心的问题进行解答。目前全球PX产业发展状况究竟如何？近日，《求证》栏目记者再次进行了调查采访，近期逐步推出。

■ PX项目已有不少，为何仍要上马

【答疑】 十年来，我国PX自给率从近九成跌至五成；从世界PX产业供需情况看，中国缺口最大

分析近年来数据，造成我国PX需求缺口巨大的主要原因有两个。"一、我国是纺织生产和出口大国，下游PTA产能从2000年的200多万吨发展到2012年的3200多万吨，导致对PX的需求大增。二、PX事件引发的争议，使政府和企业决策更加慎重，放弃或缓建PX项目，导致PX产能发展滞后。"中国石油与化学工业联合会副会长李润生认为。

有人质疑，PX已然在我国高速发展，各地再上马是不是"一窝蜂"？事实上数据显示，2010年以来，国内的PX产量没有太大增长，一直在800多万吨水平，而PTA下游市场的火热发展，让产能缺口日益凸显。

李润生根据国内PTA和PX的发展情况，算了一笔账："2006年，我国PTA产能900万吨，PX产能290万吨，缺口160万吨；2009年，PTA、PX产能基本平衡；2012年，PX缺口近470万吨。根据国内在建、拟建计划，2015年中国PX需求量将达2200万吨左右，如果目前国内拟建的装置不能如期建设，则2015年进口量将超过1200万吨。"事实上，国内的PX自给率已从2000年的88%降至2012年的53%。

"PX价格主要基于供需关系的变化。2009年基本在8500元/吨，近年已上升到11500元/吨上下，利润空间较大。"李润生说，较为丰厚的利润空间，使周边国家对PX建设及扩容给予较高热情与关注。

记者了解到，日本位于茨城和千叶约120万吨的PX装置，在"3·11"大地震中受影响停工，但震后随即恢复生产且负荷持续提升，目前，日本出口PX的60%输往我国。韩国也在不断扩充PX产能，未来出口占其总产量50%左右。新加坡新上的80万吨PX装置将于2014年投产，产品全部出口中国。沙特也在持续投资该领域，目标市场同样为中国大陆。

一面是海外PX厂商跃跃欲试，一面是国内PX产能提升有限，对此李润生认为："我们并不排斥进口、用国外资源弥补不足，但我们也要立足自主生产，坚持以我为主，不能把缺口越留越大。"

■ 我国不发展PX产业会怎样

【答疑】 PX与吃穿住行都有关联，发展PX是炼油业资源利用的要求，也是出于国计民生的需要

有人提出：既然多国输出PX，何不多进口解决问题？我们自己别发展PX行不行？

石油和化学工业规划院总工程师李君发告诉记者，PX价格上升对我国不利，"但最大问题是，对于国际市场的PX价格，不生产就没话语权，价格大起大落，

会严重影响整个产业链的发展",李君发说。

对此,化纤协会秘书长王玉萍深有体会。她表示,目前企业大量从国外进口PX,一旦价格发生波动,下游企业有遭受损失的风险。这种情况在2008年和2011年第四季度都发生过。"我们得先采购原料,再进行聚酯、纺织面料及服装生产。假如生产完聚酯,原料突然降价,下游各环节价格都降,但当初买原料时是高价啊,聚酯企业必然遭受损失。"

发展PX并非只关系到下游企业的盈亏。李润生说,我国加工的原油中,相当多一部分原油潜芳烃含量较高,在炼制过程中需要芳烃抽提,发挥这一部分资源的作用和价值,具备条件的大炼厂配套建设PX是资源高效利用的客观要求。

我国是人口大国,用自然纤维无法满足人民穿衣需求,发展合成纤维替代是解决穿衣问题的重要途径。据了解,目前我国合成纤维已占纺织纤维产量的70%,其中用PX生产的涤纶纤维又占合成纤维总量的80%以上。李润生说,去年我国涤纶纤维产量达2800万吨,按每万吨合成纤维相当于7万亩棉田的棉花产量计算,相当于节约了1.9亿—2亿亩棉田。

李润生说:"石化产业从炼油到PX,以及随后的聚酯、抽丝、纺织、印染、服装,每个环节几乎都是一个庞大的产业群,不仅能带动就业,还有大量的社会财富被创造出来。"

据了解,PX用途很广,与我们日常生活息息相关。PX下游主要用于生产PTA及PET,并最终用于生产衣服、饮料瓶、食用油瓶等。在工业应用中,PX主要用作生产聚酯纤维和树脂、涂料、染料,在生产香料、医药、杀虫剂、油墨、黏合剂等领域都有广泛应用。

■ PX是被欧美淘汰的落后产业吗

【答疑】PX产能集中在亚洲,是由市场经济规律和世界贸易格局决定,并非由于环保因素及淘汰落后产能当前，全世界 PX 的总产能约为 3900 万—4000 万吨，亚洲大约在 2800 万—3000 万吨，全世界的 PX 产能 3/4 集中在亚洲。对此，国内有人质疑：PX 是不是被欧美淘汰转移过来的落后产业？

李润生表示，PX 产能集中在哪儿，由市场经济规律和世界贸易格局决定。产品靠近资源和市场，是不变的规律。我国作为纺织生产、消费和出口大国，PTA 发展强劲，相应产业自然会向需求最旺盛的地区转移。这不是因污染环境和淘汰落后产能而出现的调整。

业内人士透露，一直以来，PX 的核心工艺技术被美国 UOP、法国 IFP 等国外大公司垄断，其巨额专利费占项目总投资的 10%—15%。现在中石化已成为世界上第三家具有自主知识产权芳烃成套技术的公司。

李君发说，目前各国 PX 的技术水平都差不多。中国由于发展较晚，反而更有后发优势，因为一上马都是最新装置，在节能、环保、能耗上，都是世界先进水平。反观 20 世纪六七十年代开始上马的美国，80 年代上马的韩国，想提升技术水平，得在原有基础上升级。中国 PX 建设往往一步到位，运作模式、装备水平比他们改造的要好。

■ **PX 生产安全吗**

【答疑】PX 项目在全世界运行几十年，未出过大的安全生产事故

近几年，化工厂常与环境污染联系在一起。李君发觉得 PX 企业在这点上"很冤枉"，据他了解，国内出事故的往往是小化工厂，而像 PX 这种大项目，运行几十年来，全世界没出现过大的安全生产事故。从 1985 年上海建设第一个 PX 装置起，国内已有十几套装置，目前设备均正常运行，没有出现安全生产重大事故。

"PX 遇到的争议对未来大型石化项目的建设和发展提出了新的课题，"李润生不讳言当前 PX 产业遭遇的困境，但从国家产业发展全局考虑，他认为："在

有需求、有资源、有技术、有条件的前提下，PX应当发展，但一定要坚持以人为本、科学规划、环保优先，实现大型石化项目与社区的和谐发展。同时，已规划并通过国家环评的项目建设应受到相应保护。"

日本PX工厂如何保障安全

本报驻日本记者 刘军国
人民日报（2013年07月31日04版）

7月30日凌晨，福建漳州PX项目发生管道焊缝开裂引起的闪燃事故。事件再次引发公众对PX项目安全性的高度关注。

日本是PX生产大国，从2002年到2010年一直是我国进口PX最多的国家。人民日报《求证》栏目记者近日深入日本最大的PX生产企业（年产PX约260万吨）——吉坤日矿日石能源株式会社，探析日本PX工厂如何保障安全。

从东京驱车40分钟，在神奈川县川崎市一片填海造陆形成的工业区，记者进入了吉坤日矿日石能源株式会社年产40万吨PX的川崎制造所。各种粗细尺寸的管道，圆筒"套着"圆筒，PX生产设备下方的地面非常干净，空气也闻不出异味，设备周边的草坪郁郁葱葱。制造所再往里，是川崎市垃圾处理中心，两侧分别是仓储企业和另一家化工企业。

川崎制造所副所长小藤行治告诉记者，日本化工厂按区域划分，川崎制造所附近大都是化工企业。川崎制造所生产PX的设备，离居民区仅有4000米，中间没有任何隔离设施，距离羽田机场直线距离约6000米。

■ 安全生产如何实现？

【调查】严格按照政府规定执行环保措施；训练员工提高安全生产能力；设置专职"安全工程师"

针对PX工厂是否危险的问题，川崎制造所总务负责人长沼均说，工厂自

1991年开始生产PX以来，从未发生较大的安全事故，"这是理所当然的事情"。

根据记者在日本环境情报部神奈川县环境科学中心的查询，川崎市只"在1987年12月10日13点24分发生一起由二甲苯泄漏引发的火灾，受害者1人，造成损失800万日元"。

据介绍，为保证安全营运，川崎制造所采取了多项措施：每年开展各种与安全相关的教育训练，提高员工安全生产能力；设置专职"安全工程师"，负责风险管理，减少风险隐患；收集并研究各种灾害和安全保障案例，建立数据库，保障每名员工都可获得自己想要的安全信息。

PX项目会不会带来污染？记者了解到，川崎制造所的化学废物排放，须按日本政府、神奈川县和川崎市的规定来执行。其中，日本政府的相关法律最宽松，川崎市政府的相关条例最严格。目前，日本关于PX生产的法律法规包括水质污浊防止法、大气污染防止法、恶臭防止法、水道法、劳动安全卫生法、毒物及剧毒物取缔法、消防法〔危险物〕、海洋污染防止法、化学物质管理促进法等9部，神奈川县还出台了《神奈川县化学物质安全性影响度评价指针》，川崎市也出台了《川崎市先端技术产业环境对策指针》。

记者在川崎制造所工厂看到，废气排放口安装有测量装置，测量到的氧化氮浓度、氧气浓度以及燃料使用量等数据，都会通过遥测仪实时传送到川崎市环保部门。同样，川崎制造所的废水排放要按规定的浓度规则和总量规则执行。执行废水总量规则时，要依靠遥测仪实时传送给环保部门；执行废水浓度规则时，工厂也要定期将分析结果向环保部门报告。

■ 在PX工厂工作危险吗？

【调查】PX行业在日本是普通工种，不会对身体造成伤害，员工退休年龄不会提前

在中国，有人担心在PX工厂工作会有危险。在日本工人眼里，是这样吗？

从川崎制造所的人事情况看,自1991年生产PX以来,除退休员工和新入职员工外,基本还是当时的员工。

按日本法律规定,一些特殊工种、对身体造成伤害的工种,退休年龄会提前。长沼均介绍,从事PX工作的员工退休年龄与从事其他普通工作的员工一样,都是60岁。PX行业在日本属于普通工种。

记者在制造所生产区看到,有30名员工负责PX生产,实行两班倒。由于PX装置自动化水平高、自控设备技术先进,除个别员工需要去外面对设备进行巡逻或拧阀门外,大多数员工都在控制室进行操作。

两个大口袋的深蓝色上衣、军绿色裤子,记者注意到,控制室里PX生产工人的衣着,与国内工厂的普通工作服并无区别。员工如果去室外作业,则须按规定佩戴头盔和专用眼镜,工厂也为记者提前备好了这两件装备。

长沼均告诉记者,进入生产区必须佩戴头盔和眼镜。此外,设备附近还有传感器,一旦化学物质发生意外,即可实时监测到,工厂会提供防爆口罩保障员工健康。

记者戴上头盔和专用眼镜,头盔分量很轻,眼镜非常大,可把整个眼睛部位包得严严实实。在PX生产设备下方呆了半个多小时,记者可以听到轰鸣的机器声响,但没有闻到任何异味,感觉空气清新干净。

■ 日本民众害怕PX工厂吗?

【调查】项目只要通过环评,民众一般没有异议;附近小学生每年会来参观

日本民众对建PX工厂有无异议?面对记者质疑,小藤解释,日本在上世纪八九十年代也经历了严重的环境污染公害,随后日本民众的环保意识逐渐提高。现在,神奈川县政府和川崎市政府的环保标准已非常高。PX立项按日本政府、县、市等各级部门所规定的要求进行申请。日本民众认可环保评估体系,

化工企业立项只要通过环评，民众一般没有异议。

对行业并不太了解的普通民众，PX 企业平时如何与其沟通信息和互动呢？

小藤首先对记者强调，川崎制造所并不是因为生产 PX，才"特意"与民众沟通，而是作为一家普通化工企业，与民众进行互动。每年，住在制造所附近的孩子们都会接受邀请，来厂内开展娱乐活动，例如钓鱼大赛、试乘消防车、抽签大赛等。对于普通居民，川崎制造所每年组织一次町内会（类似于居委会的自发团体）工作人员进行参观和恳谈。此外，川崎制造所还作为川崎市立宫崎小学社会课基地，每年组织该校小学生前来参观工厂。

在"日本雅虎"搜索栏里输入"对二甲苯"，马上就会跳出"对二甲苯中国"的搜索标签，相关的新闻多是中国民众权利意识提高，反对 PX 项目建设，进行抗议游行的内容。对于中国国内对 PX 工厂危险性的认识，小藤表示不解："PX 工厂几乎不发生泄漏，在整个化工产业中的安全系数较高。PX 不安全的说法让人莫名其妙。"

（朱玥颖参与采写）

韩国 PX 积极扩容增产

本报驻韩国记者 万 宇
人民日报（2013年08月01日04版）

作为对华 PX 出口占其出口总量七成的韩国，近年来大力增加 PX 装置建设，预计未来出口量将由现在占总产量的 40% 上升到 50% 以上。

韩国的 PX 项目发展情况如何？周边的居民怎样看待 PX 项目？人民日报《求证》栏目记者在韩国 PX 企业周边实地走访，并采访了韩国相关官员、业界人士和学界专家。

■ 韩国 PX 产业发展如何

【调查】 韩国正扩大 PX 项目百万吨级生产规模，以期更高收益

记者从韩国石油化学协会了解到，韩国共有 6 个公司生产 PX，年总生产能力为 664 万吨。面对良好的市场行情和出口态势，韩国正积极扩容增产。其中 GS 加德士、SK 综合化学、三星道达尔都已计划扩大 100 万吨的生产规模，韩国 SK INNOVATION 的 PX 产能将由目前的 76 万吨扩大为 278 万吨。

韩国 PX 对中国大陆的出口量近两年持续增加，2011 年增加约 60%，2012 年增加约 50%。2012 年韩国 PX 对华出口占出口总量的 70%，出售额约 28 亿美元。

韩国业界人士告诉记者，2003 年，世界 PX 需求仅为 1962 万吨，之后由于亚洲纤维产业迅速发展，需求量年均增长 6%，2011 年达到 3168 万吨。因为全球 70% 的聚酯由中国生产，因此需求增加最快的是中国，占总需求量的 76%。

韩国业界分析认为，受欧债危机缓和、中国内需增加等因素影响，国际 PX 市场将处上升区间。

据悉，不少日韩 PX 企业在大连、青岛等中国沿海城市设有办事处，在每月月初挂出合约价格（下个月的价格）。中国不少民企向日韩进口 PX，由于价格主要由供需决定，国内需求量大，导致议价空间不大。

值得注意的是，每次中国国内的 PX 项目遇阻，国际价格就会短期波动。韩国业界人士透露，由于中国 PX 项目增设遇到阻力，与生产 PTA 相比，韩国扩容生产 PX 相对收益会更高。

记者曾多次联系韩国石油行业巨头 SK 能源，希望前往采访，该公司以工厂整修和时机敏感为由婉拒记者的采访要求。其他几家石化企业也表示拒绝或一直未做答复。

■ PX 工厂周边环境怎样

【调查】20 年前空气较差，现已改善

韩国目前三个主要的石化园区均在沿海，分别是东南部的蔚山园区、南部的丽水园区、西部的大山园区。韩国共有 6 家 PX 生产企业，都集中于上述三个园区内。

记者来到建于上世纪 70 年代的蔚山石化园区周边探访。

蔚山市蔚州郡德下市场在石油化学园西边，直线距离 1000 米。80 多岁的朴始兴老人告诉记者，石化园区 40 多年前就有了，没发生过什么大事故，空气也没怪味道。面包摊主朴再烈补充说："可以说，先有工业园区才有蔚山市。"当问起是否担心项目会有危险，朴再烈说："都这么多年了，没什么值得担心的。"

记者随后来到蔚山南区长生浦港附近的居民区。被工业园区"环抱"的居民区，和对面的工厂由海港隔开，距离仅五六百米。

正在处理渔获的渔民金智野告诉记者，渔港附近园区是 30 多年前建起来的。她没觉得海水、空气受到什么污染，只是港口开来的大船多了，有时会漂来一些油污。园区建成后，这里的路拓宽了，附近还建起了活动中心和小学，

求证：用事实粉碎谣言
—— 人民日报这样调查真相

有了鲸鱼博物馆后，游客也多了起来。

曾经在石化园区工作过的出租车司机张寿镕今年50多岁，他告诉记者，蔚山本身就是工业城市，对于城区被工业园包围，市民已习以为常。"别看现在环境不错，其实20年前不是这样。"张寿镕介绍，那时空气差，都是黑灰，人们都不敢在室外晾衣服："我当然希望住在环境优美的地方，现在技术发展了，环境已经逐渐改善了。"

记者查阅了近年来韩国发生的化工厂事故记录，韩国PX项目从未发生重大事故。对于PX项目上马，民众也不会有太大异议。

■ 韩国PX项目如何监管

【调查】 新建或改建PX项目不需政府批准，但必须在政府划定的工业园区建设；项目需战略环境影响评价

对于PX项目，韩国是如何管理的呢？

韩国石油化学协会研究调查部部长金平中介绍，在韩国，石化企业新建或改建诸如PX的项目不需通过政府批准，但是相关工厂只能在政府划定的工业园区内建设。所以现在新上马的项目，大多是对原有工厂的改造更新。

金平中坦承，出于安全考虑，石化园区一般都要与居民区保持一定距离。随着人们环保意识的提高，新的石化园区的建设难度越来越大。因此，在韩国由知识经济部、雇佣劳动部、行政安全部、国土海洋部、教育科学技术部5部门和多部法律对石油化学产业进行管理。高压燃气安全管理法、能源利用合理化法、电气事业法、产业安全保健法、消防法等8部法律都涉及石油化学企业，明确规定了各种设备的检查周期和责任单位。

安全监管是民众对PX企业关注的焦点，对此，韩国环境部国土环境评价课的尹正秀对记者表示，石油化学园区的建设，需要大规模的战略环境影响评价。

他们的评价程序为：首先建立包括居民代表、市民团体和相关专家的评价委员会。征求环境部和相关负责部门的意见，制定环境影响评价书草案；发布公告召开说明会收集居民意见并公开，同时对草案进行修改；完成评价书正本，交由韩国环境政策评价研究院审核，研究院将实地考察；最后完成环境部批准评价书的最终版本。

负责韩国职业安全健康的韩国产业安全保健公团，是韩国雇佣劳动部的下属机构。其石油化工方面负责人李载王告诉记者，PX工厂所有设备都要经过安全认证，同时需要企业定期进行安全检查。

严格的管理监督，有效保障了生产的安全性，根据2012年12月的数据，当年韩国全国的石油炼化产业事故受害人数仅占全部化学工业事故人数的1.04%。

PX 如何走出困境

本报记者 沈小根 李永宁 肖潘潘 郭万盛
人民日报（2013年08月02日04版）

这几年，因为各种原因，一些 PX 项目陷入困局。其中的根源是什么？PX 如何走出困境？人民日报《求证》栏目记者调研了几地 PX 事件，并与当地居民、网友和学界、业界专家一起探讨。

■ PX 项目中，各方有何焦虑

> 公众担心环境污染以及监管不力；政府承受多方压力，担心富民项目变"包袱"；企业担心投资打水漂，利益受损

针对 PX 项目，谁在焦虑？焦虑什么？反对声音从哪里来？

2012 年宁波 PX 事件期间，记者在镇海当地了解到，其间掺杂诸多利益纠葛。前期以南洪村等项目周边村民要求将村庄拆迁、反映情况为主；后期则以城区居民反对 PX 项目建设为主。

镇海区蛟川街道南洪村 76 岁村民马有福说，开始村民并非因反对 PX 项目而聚集，而是由于村庄未能纳入整体搬迁计划。在区里同意拆迁后，他们"已经不闹了"。

事件转折点出现在镇海区政府发布炼化一体化项目说明后，"PX"这个敏感词刺激了居民的情绪。镇海是浙江省重点化工基地，化工企业的污染排放和安全生产一直备受居民关注。镇海招宝山街道后大街社区居民吴嘉芬说："以前镇海山清水秀，现在被工业区包围，空气都有味道。"招宝山街道西门社区的

叶楚明也认为,政府应加强生态建设,别再上新的化工项目。

今年5月,云南省昆明市民质疑安宁炼油项目,矛头直指传闻要上马的PX项目。昆明市长李文荣开通微博,表示"广泛听取各方意见和建议",并承诺"项目将坚持环保一票否决制,整个过程邀请公众参与"。从网友评论和建议可以看出,民众关注的焦点集中在信息公开、环境污染以及监督监管等方面。

记者5月底在昆明市官渡区的一个社区,看到居民已拿到炼化项目宣传手册和印着PX科普知识的扇子,经营花店的宋女士说:"我现在知道PX是低毒物质,不会对人有什么影响,但我想在安宁买房,项目上马后企业能保证不污染环境?"安宁一名教育工作者告诉记者:"安宁其实已是工业区,我不认为反对能改变结果,我之所以反对,是希望政府加大对企业的监管。"

陷入焦虑的,并非只有市民。

在采访过程中,有政府部门工作人员表示,引进大型化工项目并非易事,如果不能落地或开工,好不容易争取来的富民项目就变"大包袱","公共设施建设要花钱,本地就业需要企业吸纳,如果项目终止,老百姓受损失,政府公信力也会削弱"。

焦虑什么	原因剖析
误解PX高毒、致癌、危险性高	对PX相关知识不了解,政府和企业有效的科普力度不够
认为项目立项、环评、建设等信息不公开	有关方面试图节约沟通成本;保障公众知情权意识淡薄
担心企业生产不规范、不安全	国内化工企业安全事故频发,环境污染日益恶化
不信任政府能够严格监管、执法到位	社会存在一些执法不严现象
项目周边居民担心拆迁补偿等利益得不到保障	在利益博弈三方中,居民处于弱势地位
普通市民认为无法获得实质性收益、生活品质下降,房价受影响	居民认为利益反哺不够,风险自己承担

资料整理:肖潘潘 沈小根 制图:蔡华伟

一家石化央企内部人士透露,大型石化项目投资以十亿百亿元计,但比利润更重要的是,央企上马PX项目,更有降低对外依赖、保障经济安全的战略考虑。

■ "PX焦虑"根源是什么

项目决策程序不够透明;公众对环评、安全、监管不太信任,容易相信网络不实传言

上网查询PX,称其"高毒、致癌"的网帖随处可见。北大文科研一学生小韩告诉记者,原先她也相信这类网帖内容,但在深入了解PX之后,她说:"我被危言耸听的网文给忽悠了。"

"公众误以为PX高毒、高风险,错误消息才会疯传。我们对PX科学知识的普及还不够。"北京化工大学教授汪文川说。

求证·建言PX"十不"

1. 项目上马前需多方科学论证,不能一哄而上
2. 政府做企业公众间调停人,不做利益获得者
3. 愿听、真听、多听反方意见,不强求一团和气
4. 信息发布应大张旗鼓,不遮遮掩掩自欺欺人
5. 信息内容应详尽、具体、真实,不能走过场
6. 项目公开应当硬性持续,不让开工成为终点
7. 谁受益谁补偿谁受损谁受偿,不让居民吃亏
8. 企业应加强与周边居民互动,不能关门发展
9. 石化与城市发展统筹规划,不许"城围化工"
10. 政府监管务求违法必究,不能说一套做一套

中山大学政治与公共事务管理学院教授何艳玲则分析:"PX项目决策程序透明度有限,所以公众有被蒙在鼓里的感觉;有关信息和知识公众不了解,项目带来的风险对公众来说具有较强的不确定性。"人们的恐惧易被放大,谣言乘虚而入,久而久之就演变成恐慌。

香港城市大学公共管治学教授李万新,长期研究环境保护和社会发展关系。她认为,内地PX项目的成本和收益分配不均衡:政府推动化工项目,项目收益主要是企业和政府获得,环境风险却由当地居民承担。民众看到成本收益不均衡,就会反对。

香港恒生管理学院商学院院长苏伟文表示,内地有些地方政府引入化工项目主要考量是经济效益,却忽略了对居民环境风险成本的考虑。加上化工项目牵涉公众利益,如果缺乏必要的社会咨询和沟通,民众不了解项目具体情况,极易受蛊惑性信息的诱导。

香港岭南大学政治学教授张泊汇分析,居民容易受蛊惑性信息误导,原因在于民众对政府的信任度不足。由于不信任生产者的管理和政府的监督,当地人当然不愿为后续的社会成本埋单。

一位不愿透露姓名的专家指出,对待PX项目,公众情绪存在一定程度的理性缺失,但冰冻三尺非一日之寒,公众对PX敏感主要是担心企业安全生产管理和政府安全监管的缺失。

■ 如何破解困局

> 应加强管理、确保生产安全、重建民众信心;引入公众监督和独立的专业评估;项目信息公开科学;建立利益补偿机制

政府决策、产业发展、公众意见如何更好地统一?

李万新说,由于考虑的角度和利益不同,公众意见和政府规划有时难免会不契合。面对这种情况,政府作为决策者应以尊重科学为首要考量;同时,在

决策上也要兼顾反对者的意见。

记者看到一个网帖，表达了居民对项目的疑问：项目立项时，有没有充分论证厂址和布局、加强科学规划？有没有尊重公众的知情权与参与权？如何保障企业安全生产？对于可能出现的生活品质下降，有没有考虑过对市民进行补偿？PX项目除了增加地方税收，拉动产业链之外，能为当地民众带来什么？

对此，专家们认为，要破解困局，首先应该加强信息公开。

苏伟文认为，必须在政府决策中引入公众咨询。李万新认为，地方政府应当把公众咨询作为制度加以规范，同时，应该把项目全程信息公开。

汪文川则强调信息公开的科学性："包括PX在内的石化产品风险和危险的评估，国内外都有一套严格标准。"政府部门应"按照标准程序走、用科学数据说话、让专业人士解释"。

中国环境资源法学会副会长曹明德表示，信息公开要采取切实有效的方式。要准确说明排放污染物的种类、浓度、数量等，对环境会有哪些影响，采取了哪些措施减缓这些影响。

中国石油和化学工业联合会副会长李润生认为，要进行充分的环境影响评估和社会风险评估，政府应将规划和所涉及的环评信息向社会公开。

其次，要以规范的制度、严格的监管保障企业安全生产，使民众重建信心。

专家认为，管理监督到位非常重要，当前我国化工行业安全管理制度相对滞后，在作业许可证制度、员工培训制度、安全标志制度等方面严密性和可操作性不够，还有诸多漏洞亟待改进和细化。实现石化项目的真正安全，是化解"谈化色变"、增强民众信心的根本。

再次，专家表示，应当切实提高公众参与度，引入独立第三方机构加强监督。

苏伟文认为，公平独立的专业评估更能让民众信服。香港特区政府在做类似项目时，往往要外聘独立的机构、大学做顾问报告，目的就是增加公信力。

昆明市社科院原院长龙东林建议，可请第三方调查机构、媒体等，多形式、多渠道进行项目调查。

李润生认为,应建立公众参与机制,从立项、评估、审批到建设全程实行信息公开;建立项目决策和处置的制度性规范,包括决策制度、听证制度、仲裁制度。

最后,应建立合理的补偿机制。何艳玲认为,PX项目建设应获得附近居民的同意,并建立"谁受益谁补偿、谁受损谁受偿"的利益补偿平衡机制;政府不要作PX项目的决策主体,而是企业与公众之间的调停者。

此外,对于PX项目的选址,李润生认为,需要严密的科学论证,综合考量资源能力、环境容量和市场需求,把大型石化基地规划与城市发展规划统筹衔接,杜绝"城围化工"现象。他强调,应当以法规形式对布局规划进行必要的约束。

求证：用事实粉碎谣言
——人民日报这样调查真相

爱惜羽毛更要敢打硬仗
——"求证·探析PX之惑"系列报道业务研讨

沈小根

2013年7月30—8月2日，人民日报《求证》栏目推出《探析PX之惑》系列报道——《PX产业，我们可以不发展吗》、《日本PX工厂如何保障安全》、《韩国PX积极扩容增产》、《PX如何走出困境》。在首篇报道刊发当日，福建漳州古田PX项目发生闪燃事故引发社会高度关注，《求证》栏目顶住舆论压力，不打退堂鼓，抓住舆论热点化"危"为"机"，用扎实过硬的调查和客观理性的立场，阐明大众对PX产业发展的认识误区，并提出有效建议。报道分析严谨，积极建言，化解了民忧，引领了舆论。业内人士和政府部门高度评价，"求证"再次经受舆论考验，获得良好的传播效果。

■ **关注重大敏感问题，看问题更要看大局**

PX项目"一闹就停"已成为转型社会利益诉求多元化的侧影。早在2011年，《求证》栏目就已刊发《PX项目风险有多大》一文，对PX项目的"毒性"、化工项目与城市的距离、意外事件防范等焦点问题进行回应。但近年来，随着微博等社交新媒体的兴起，信息传播迅速多元，互联网凸显聚合效应，线上"抗议"越来越容易演变成现实群体性事件。PX事件一旦引爆，无一不是部门被动、官员头痛、政府公信力受损。

在此背景下,《求证》栏目密切关注国内PX事件发展舆情。栏目注意到,近一年来公共舆论对PX项目的反对焦点,已从早年的"PX毒性",直指PX企业安全生产和政府监督管理。但各级媒体对PX项目的报道,多还集中在PX毒性解析,或在单个PX事件的问题里打转。

看问题更要看大局,找到问题就应当有针对性地进行深度引导,帮助人们澄清模糊认识、划清是非界限。

结合国家对PX产业的规划和对我国PX产业的分析研究,2012年下半年,栏目决定以PX产业发展为切口策划系列报道。观点很明确:不能因监管方面尚存不足就否定PX项目本身,在世界PX产业战略格局背景下,我国需要发展PX产业。同时,对产业发展存在的问题不能回避,要通过实地调研和专家访谈,为PX项目"一闹就停"找出具有可操作性的解决方案。

2012年下半年,栏目展开PX系列报道策划,目标就是要有"战略性"、"借鉴性"、"现场感"和"可操作性"。

一是通过产业研究和数据分析,了解PX项目国际战略布局,分析各国利益博弈,探讨发展PX项目对我国的战略意义,要有"战略性";二是采访国外政府部门官员、PX业内人士、相关国际组织或行业协会专家等,分析他国经验,尤其针对国内薄弱环节,写出"借鉴性";三是通过记者体验式的采访,介绍国外发达国家PX项目发展情况,调查走访PX企业和周边居民,体现"现场感";四是通过PX事件现场调研,了解国内民众抵制PX项目的原因,采访专家结合记者思考,提出的对策要有"可操作性"。

■ 编辑记者内外联动,实地调研一线采访

策划再好,做新闻还得靠采访。但对《求证》这组PX报道来说,采访却是在"拒绝"中一路走来:

迫于舆论压力,国内的PX企业甚至下游企业都拒绝采访、地方政府躲之不及;甚至有些原本已答应匿名采访或提供内部资料的相关企业和部门,都迫于压力无法配合;涉及重大利益,国外的PX企业闭门拒绝采访,部门官员更是不肯表态。

求证：用事实粉碎谣言
——人民日报这样调查真相

2012年下半年，驻外记者联系采访一直屡遭碰壁，栏目决定从国内PX事件发生地的实地调研着手：2012年10月宁波发生PX事件，栏目编辑肖潘潘第一时间与报社内参部记者赶赴现场，与PX项目周边村民、当地市民和政府官员进行深入访谈；2013年6月云南昆明发生抗议炼油一体化事件，栏目编辑沈小根赶赴昆明，在云南分社鼎力支持下，走访项目周边居民、昆明市民，采访了云南省和昆明市的相关负责人。

梳理一手调研资料，分析业界产业数据，2013年年中，PX系列报道的国内产业专家深度采访完成、民意调研思路形成，同时，海外采访也取得突破。尽管韩国企业拒绝采访，但本报驻韩国记者万宇通过努力沟通，采访到了韩国相关产业部门和协会专家，并实地走访蔚山石化园区；本报驻日本记者刘军国在多次采访遇阻之后，终于争取到进入日本PX生产企业进行实地采访。

编辑记者联手、国内国外互动形成合力，栏目将丰富翔实的调研整合成四篇系列报道："产业调研"、"韩国周边调研"、"日本工厂调研"、"对策篇"。

■ 突发应对，化"危"为"机"

7月30日，《探析PX之惑》首篇报道——《PX产业，我们可以不发展吗》，回答了"PX项目为什么还要上马、不发展PX产业会怎样、PX是不是被欧美淘汰的落后产业等四个问题"。文章问题尖锐、直指公众质疑要害，答疑客观、注重数据的运用，受到了业界人士的好评。但刊发当日，福建漳州古雷PX项目突发闪燃事件。尽管文章是PX产业战略分析，但一时间，"人民日报刚说PX生产安全，漳州PX就爆炸"成为热议焦点。

无端"中彩"，PX系列报道是接着发，还是暂避风头？

面对空前的舆论压力，栏目果断决定：必须化"危"为"机"，抓住突发事件契机，微调报道策略。爱惜羽毛更要敢打硬仗，我们必须坚持原有报道思路，接下来的三篇将每天接着推！

首先，借助受众高度聚焦PX工厂契机，将第三篇"日本工厂调研"提到第二篇刊发。聚焦热点新闻，回应社会关切，第一时间弄清漳州"PX爆炸"事实真相，配发评论。"求证"、新闻、评论组合报道三管齐下，迎战网络舆论。

为突出生产安全这一问题，编辑转换思路，重新编辑稿件，在《日本PX工厂如何保障安全》和随后的《韩国PX积极扩容增产》两篇文章里，展示了对安全生产如何实现、在PX工厂工作危险吗、民众害怕PX工厂吗、PX工厂周边环境怎样等进行的实地调查采访，从外部视角解读PX项目的安全性，为读者还原PX工厂真面目。

同时，栏目立即跟进福建漳州古田PX事故，福建分社记者钟自炜当日赶赴漳州，当晚发回现场报道《漳州PX项目发生闪燃事故：管道焊缝开裂引起，无人员伤亡和物料泄漏》，栏目编辑配发评论《万幸，不能侥幸》，指出只有对PX项目漏洞一查到底，对所有责任人一追到底，PX项目才能守住安全大堤，PX产业才能走出困局。

当日《求证》有理有据有节，刊发后引发强烈反响，组合报道媒体转载量破千，登上了各大门户网站和电视、广播的头条新闻，人民日报PX系列报道的关注度再攀新高。

在第二篇报道取得良好的阻击效果后，栏目决定"回归正轨"，8月1日第三篇刊发的《韩国PX积极扩容增产》延续第一篇产业发展的步伐，文章采用典型案例、客观事实，充分运用图表数据，增强报道的说服力。

第三篇刊出后，系列报道的规模效应开始呈现，"人民日报连续三天力挺PX"成为最热新闻，社会对PX产业的讨论也达到高峰。趁热打铁，栏目精心设计，充分注重数据的可视化和背景资料的运用，8月2日推出的《PX如何走出困境》深入挖掘群众的PX焦虑根源，探析困局破解之道，反思安全监管漏洞，请专家就如何破解困局支招，现实针对性和可操作性都很强。报道尺度把握均衡，对于缓解焦虑、重建信心具有切实作用。

可以说，这场舆论战中，面对突发事件引发的被动局面，《求证》迎难而上，根据舆情变化，果断阻击扭转形势，第三篇刊发后，已有地方官员开始询问后续稿件刊发情况，并表示要把系列稿件集结成册，发放地方学习。

（作者时为人民日报总编室要闻四版编辑，
现为人民日报总编室报网互动组编辑）

传言

有网文称：高层建筑的9—11层是"扬灰层"，脏空气到这个高度就会停顿。这里的污染物密度最高。买了这几层的房子，就只能一辈子吃灰了。

"30米左右的高度正好是空气中的扬灰层，而与之相对应的楼层也正是高层住宅的9—11层楼，在这些楼层之间灰尘会停顿，稍事休息，然后再慢慢'叶落归根'。"

网文认为"扬灰层"是指在地球引力和风的作用下，含有灰尘的气流在高楼之间的某个区间上下"徘徊"。近地面的污染物随气流上升到一定高度后又向下或水平方向消散。这个"高度"，大概在30米左右。

本报记者实地测量发现

"9—11层是扬灰层"没根据

PM10、PM2.5浓度与楼层无关,与楼房所在区域的"微气候"有关

本报记者 刘 峰 王明峰 朱 虹 李 刚 郝迎灿
人民日报（2013年07月02日04版）

"高层建筑的9—11楼是扬灰层,脏空气到这个高度就会停顿,这里的污染物密度最高……"这则关于楼房扬灰层的说法流传甚广,引起一些人的担忧。扬灰层存在吗?空气中的颗粒物会在9—11层的高度聚集形成污染区吗?人民日报《求证》栏目记者调查采访发现,所谓"9—11楼是扬灰层"的说法不科学。

■ 疑问一：9—11层污染最重？

【回应】PM10、PM2.5在各楼层的浓度相差不大

在宁夏银川市森林公园附近的某楼盘售楼部,销售员刘丽娟说,"9—11层是扬灰层"的说法她听过,也有客户在买房咨询时问到,但是感觉对销售没什么影响。

求证：用事实粉碎谣言
——人民日报这样调查真相

6月14日下午，记者跟随中国建筑科学研究院建筑环境与节能研究院技术员张森，在北京朝阳区金台西路某居民小区的一栋22层住宅楼内，对各楼层的PM2.5和PM10进行了实地检测。

当日天气：
晴朗，微风，实验条件适宜

测试地点：
在各楼层的楼梯间靠近窗口位置，保证空气流通顺畅

使用设备：
智能粉尘检测仪(TSI8532)

检测方式：
每5秒钟对空气进行取样，持续一分钟，分别得出每层楼PM2.5和PM10浓度的平均值

检测结果：
各楼层PM2.5的浓度平均值在196左右，PM10稍高，在204左右。各个楼层之间数值变化不大

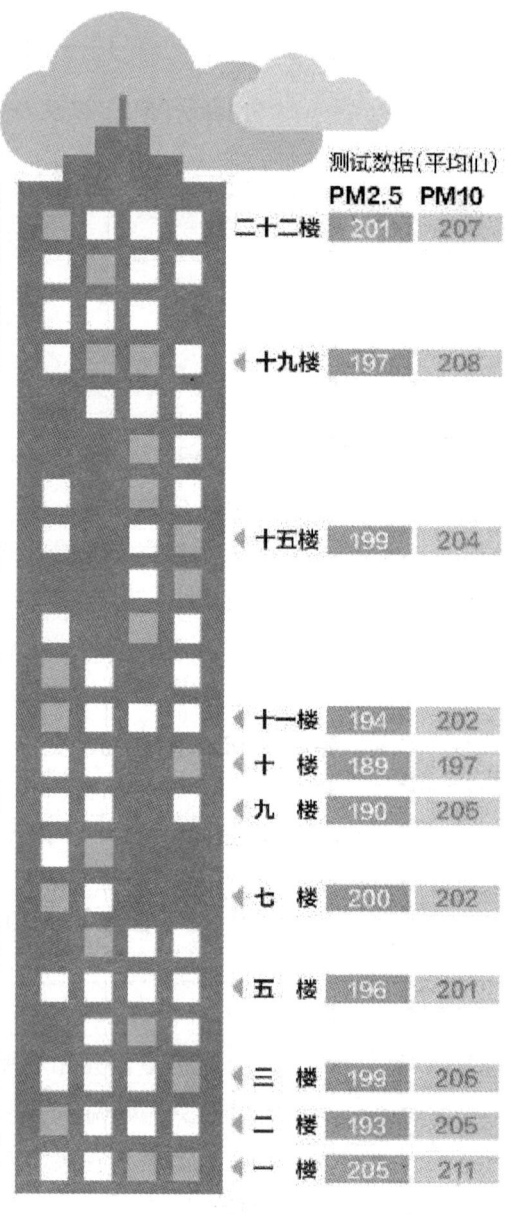

测试数据（平均值）

楼层	PM2.5	PM10
二十二楼	201	207
十九楼	197	208
十五楼	199	204
十一楼	194	202
十楼	189	197
九楼	190	205
七楼	200	202
五楼	196	201
三楼	199	206
二楼	193	205
一楼	205	211

在四川成都三环外一新楼盘，杨小刚带着全家来挑房，当被问及会不会选9—11层时，他一口回绝："不会选。据说那几层是扬灰层，污染最严重。"

广州市房地产专家韩世同表示，"楼房9—11层是扬灰层"这个说法，起源于2003年一篇《售楼小姐真情自白》的网文，这篇网文以"揭秘"的口吻说："不要以为高层中的9—11楼不错，这些楼层正好是扬灰层，脏空气到这个高度就会停顿。"文中的观点并未得到科学证实，但这个说法流传开来，使人真假莫辨。

四川省环境监测总站副站长罗彬告诉记者，所谓的扬灰主要就是颗粒物，根据粒径的不同，分为三种：一种是粒径≤100微米的颗粒；一种是PM10，粒径≤10微米；一种是PM2.5，粒径≤2.5微米。这三种颗粒物在环境中的来源、污染构成以及存在时间和高度都不一样。

宁夏环境监测中心站副站长陈世功介绍，PM2.5的形成机理是，尘、二氧化硫、氮氧化物等物质在空气中遇到水汽，形成了酸性的凝结核。从气象学角度及凝结核形成机理来说，所谓9—11层的扬灰层并不存在。

天津大学环境科学与工程学院副院长马德刚教授表示，在环境科学研究领域，并没有扬灰层的说法，也不能笼统认为建筑物的9—11层污染最严重。"大气运动是在三维空间内进行的，不仅有垂直运动，也有水平运动，以高层建筑为例，不考虑风影响的条件下，阴阳面因太阳辐射产生的对流就不同，因此很难以楼层来区分污染物分布。"

广州市环境监测站工作人员介绍说，包括PM2.5在内的粉尘浓度与楼房高度无关，而与楼房所在区域的"微气候"有关。"从地上几米到几十米，近地面的空气质量和颗粒物分布比较平稳，PM2.5浓度差别并不大。9—11层是扬灰层的说法没有科学依据。"

■ **疑问二：灰尘分布有无规律？**

【回应】受地理、气象和产业结构影响较大；低楼层的大颗粒灰尘

浓度稍高

陈世功认为，灰尘在城市的分布与污染物排放源、气象条件、地表粗糙度、地面建筑布局等情况有关系，"建设工地周围、公路上方和两侧、地表裸露地区的灰尘分布较大"。

银川市环境监测站站长张欣荣认为，灰尘停留状况还和城市高架源、低架源的多少和分布有关。大型工业企业、热电等属于高架源，高架源在高空的排放辐射半径、风向、建筑密度，都是决定因素。

马德刚介绍说："悬浮在大气中的固态粒子或液态小滴物质（包括PM10和PM2.5）统称气溶胶，它是引起雾霾的首要污染物。"气溶胶的浓度受地理、气象和地域产业结构影响较大。气溶胶分布跟污染源有关，比如工业排放通过烟囱排向高空，可能高层污染严重些；地面扬尘沉降作用明显，可能底层感受明显。此外一次污染物还容易生成二次污染物。

至于较大颗粒灰尘的分布情况，陈世功认为，受地表人为活动及颗粒物重力原因向下沉积等因素影响，导致楼房最低的几层空气最"脏"。根据其1992年做过的颗粒物垂直分布测试，大颗粒灰尘越接近地面分布越多、越往上分布越少。"当时做的是100微米以下灰尘颗粒的测试，是较大的灰尘颗粒。分别做了2层、4层、8层、10层这4个点，结果表明，灰尘颗粒越大、重量越大，产生沉积现象越明显，随着高度的增加则灰尘颗粒浓度越来越低。"

■ 疑问三：PM2.5分布有多广？

【回应】 在大气混合层内均匀分布，不同城市混合层高度不同

近来经常出现的雾霾天气，让人们对PM2.5尤为关注。PM2.5到底分布在空气中的哪个范围？

对于PM2.5的边界，陈世功表示，PM2.5等颗粒物主要分布在大气混合层内。

据介绍，混合层主要是日出后地表受热，热空气上升，冷空气下降，对流逐渐加强，造成各种性质近乎均匀的混合。"在混合层内的污染物，因对流混合作用，很容易使大气污染物均匀分布在混合层内。因此，混合层高度是空气污染预报的重要指标之一，混合层高度愈高，污染物被稀释空间变大，利于污染物的扩散，污染物浓度愈小；反之，混合层高度愈低，则污染物浓度愈大，受污染的程度要大。"

"PM2.5的均匀分布是在特定区域内。北京地区的PM2.5浓度一般情况下要高于银川，是因为两地的污染物排放量不在一个等级上。"陈世功补充说。

罗彬提醒，当逆温效应产生的时候（逆温：在某一高度随着高度的增加气温越来越高），污染物有输送而不易扩散，导致颗粒物在某一高度范围内浓度比较高。但逆温层的高度是随着大气条件不断变化的，PM2.5等颗粒物也随之扩散分布，逆温层顶可能接近地面，也可能达到1000多米，不过在其层级范围内，PM2.5浓度不会有大的差异。

广州市环境监测站工作人员称，根据该监测站不同区域的激光雷达对不同气象条件下垂直空间的监测结果，300米垂直范围内的PM2.5分布是均匀的。现在的楼盘一般在100米左右，所以各楼层的PM2.5浓度不会有多大差异。

求证：用事实粉碎谣言
——人民日报这样调查真相

怎么证明9—11层不是"扬灰层"

郝迎灿

"楼房的9—11层是扬灰层"，意即灰尘集聚在9—11层的高度，形成一个重污染带。"脏空气到这个高度就会停顿，这里的污染物密度最高……"网络论坛、微博上，这个说法流传很广，百度一下，即有30多万条记录。

此说法内含两个因素——住宅和空气质量，而买房和PM2.5正是当下民众关切的热点，这就决定了稿子在证伪或证实的同时要更加注重科学性和服务性。

从一个方面说，科学性就是严谨性，意思是，对此问题的求证，不能只有专家的说法，更重要的是，要争取在环保部门的协助下，记者参与、利用专业设备实地测量各个楼层的PM2.5和PM10的浓度，用实证的方法来验证扬灰层的真伪。

本以为约稿会一帆风顺，但各地记者的反馈却不容乐观——专家容易采访，专业测试设备却不容易找到。原来地方环保部门的设备均是固定在一处，实时监测此一地的空气质量状况，记者需要的手持式便携测试设备却不易找到。

编辑组曾经想过自行购买便携设备来测试。后来到网上一查，几种手持式粉尘测试仪价格少则数千，多则几万，成本实在太高。选题遂一时搁浅。

十分偶然，版面主编在报纸上看到，某组织曾举办过一次室内空气质量论坛，其中某公司的主营业务正是各型号的粉尘检测仪。

我们赶忙与该公司的市场部经理霍先生联系，霍经理欣然答应无偿为我们提供设备和技术支持。

选择检测的日子要看天气情况，尽量选择无风的天气。地点选择的标准是，一座20层以上的普通居民住宅楼，具体每个楼层的测试地点定在楼梯间靠近窗户的位置，靠窗是因为通风，与室外空气流通状况较好。

在进行前期采访、测试的准备工作之外，我们还进行了实验过程的摄影准备，打算拍一段现场测试的短片，用于报网互动。

最终，在一个夏日午后，我和人民网电视记者赵青、霍经理及中国建筑科学研究院技术员张森，花费了三个小时在北京测试了一座22层居民楼的第一、二、三、五、七、九、十、十一、十五、十九、二十二层PM10和PM2.5的浓度，结果发现，各楼层的PM10和PM2.5的浓度大致相同，九、十、十一这三层的数值并不比其他楼层高，所谓"扬灰层"的说法自然是误导。

同时，相关专家和环保部门工作人员也均在采访中否认"扬灰层"的存在，并给出了科学解释。通过实际测试，再加上科学原理，我们得出结论："9—11层是扬灰层"说法没根据。

（作者时为人民日报总编室要闻四版编辑，
现为人民日报贵州分社记者）

传言

　　有媒体发表文章称：英国卫生部对使用节能灯泡作出警告！节能灯如果被打破，会导致严重的危险！因为它含有汞（毒），若吸入体内会造成偏头痛、定向障碍、不平衡和其他健康问题。这时候尽可能每个人都必须离开房间至少15分钟。

　　文章称，仅仅通过触摸或吸入这种物质，许多人都会有过敏反应，导致他们患上严重的皮肤病和其他疾病。英国卫生部还警告：不要用真空吸尘器清理碎片及破碎的灯泡，因为汞会蔓延到其他房间，污染家里的环境。必须用清洁刷和扫帚清扫并将其保存在密封袋，马上扔到禁止危险材料的收集处。

节能灯摔碎，汞蒸气伤不了人

人民日报（2012年08月16日04版）

最近，一则标题为《英国卫生部关于节能灯泡作出警告》的网帖说："节能灯泡含汞，如破碎将威胁人们健康，注意不要用吸尘器清理碎片及破碎的节能灯管；清扫时要带上橡胶手套；注意不能吸入含汞灰尘。灯泡破后尽可能每个人都离开房间至少15分钟。"网帖引起人们的担忧，有网友甚至说："摔碎节能灯产生的汞蒸气可以毒死人！"

破碎节能灯会产生高浓度汞蒸气吗？对人体有哪些危害？本报《求证》栏目记者就此进行调查采访，并委托两家机构分别做了节能灯摔碎后的汞蒸气浓度检测实验。

■ 疑问一：破碎节能灯汞蒸气严重吗？

【调查】实验显示，浓度较低，不会中毒，做好通风即可

本报记者查阅了英国相关政府网站，发现该安全警示的确存在，但发布部门不是"英国卫生部"，而是"英国环境、食品与农村事务部"。

"摔碎节能灯后的确会产生少量汞蒸气，但网友

说会毒死人,这就是耸人听闻了!"中国国家电光源质量监督检验中心(北京)主任华树明说。

华树明介绍,当电流通过节能灯时,灯管中被激发出来的汞蒸气发出紫外线,被涂有磷光剂涂层的玻璃吸收后产生荧光现象,发出可见光。行业标准《照明电器产品中有毒有害物质的限量要求》规定紧凑型荧光灯(即家庭常用的节能灯泡)每只汞含量不超过 5 毫克。而汞在节能灯泡里并不是一次性激发成蒸气。"就像烧开水一样,烧开之后不是一下全变成水蒸气,而是一点点转变。"华树明举例,一个含汞 2.5 毫克的 15 瓦螺旋节能灯,用于发光所需要的汞蒸气不到 0.01 毫克,灯破碎时,马上进入大气的汞即为此部分汞蒸气,在 3 米高、10 平方米面积的房间,通风 15 分钟后浓度不超过 0.003 毫克/立方米,远低于安全标准。"至于正常使用中的节能灯,汞在密闭灯管中不会对人体产生危害。"

国家电光源质量监督检验中心化学检测室主任刘姝博士提供的资料显示,国家标准《环境空气质量标准》对汞浓度无强制要求,但《工作场所有害因素职业接触限值·化学有害因素》要求工作场所空气中汞的时间加权平均容许浓度为 0.02 毫克/立方米,短时间接触容许浓度为 0.04 毫克/立方米。

日本环境省大臣官房废弃物循环对策部废弃物对策科若林完明告诉记者,节能灯被摔碎之后会有汞蒸气出来,虽然建议大家在不小心打碎时要打开窗

灯品牌	燃点情况	位点高度	采样时间	计算结果	备注
/	/	60厘米	破灯前	8.31(空气本底)	/
样品一	非燃点(冷却状态下摔碎)	60厘米	0-15分钟	417	液汞
		60厘米	15-30分钟	17.1	
样品二	燃点(点亮半小时摔碎)	60厘米	0-15分钟	18.7	
		60厘米	30-45分钟	3.88	
样品三	非燃点	60厘米	0-15分钟	未检测出	固汞
样品四	燃点	60厘米	0-15分钟	11.6	
样品五	非燃点	60厘米	0-15分钟	182	
样品六	燃点	60厘米	0-15分钟	111	
样品七	非燃点	60厘米	0-15分钟	未检测出	
样品八	燃点	60厘米	0-15分钟	未检测出	

户，但是量很少。此外这是一种金属汞，与导致水俣病的有机汞不同，所以日本民众并不在意这事。日本一位退休的大学教授告诉记者，节能灯含汞量很少，不担心节能灯摔碎之后可能会产生的汞蒸气。

刘姝介绍，节能灯行业正在淘汰液态汞，改用合金汞，即固汞。在一般大气压下，固汞挥发性仅为液汞的1/5—1/10，产生的汞蒸气量仅有液汞的1/5以下。固汞已在节能灯行业普遍使用，目前约有80%—90%的企业使用固汞，直管灯约有60%—70%使用固汞。

该说法得到了生产厂家的证实。厦门通士达照明有限公司总工程师秦碧芳介绍，现在一般都采用固汞，既便于装配，也可减少汞蒸气挥发伤人。

为检测节能灯在非燃点和燃点两种状态下摔碎后的汞蒸气浓度，8月6日、8月9日，受《求证》栏目委托，国家电光源质量监督检验中心化学检测室和厦门通士达照明有限公司技术中心，分别在北京和厦门两地，各自独立地进行了两场"节能灯汞蒸气检测"实验，本报记者全程现场监督并摄影、摄像。实验显示，节能灯打破之后15分钟内，小部分灯出现瞬间浓度超标；通风之后，所有样品汞蒸气浓度迅速降到低值，均在安全范围内。

■ **疑问二：1毫克汞会污染360吨水吗？**

【调查】饮用水标准规定1吨水中最高允许含1毫克汞，"360吨水会被1毫克汞污染"的说法没有依据

关于汞，有一种说法流传甚广，那就是"1毫克汞会污染360吨水"。
就此说法，记者采访了多位专家。

北京地球村环境教育中心化学品安全项目顾问、美国乔治城大学医学院生物化学暨分子生物学博士张弘说，我国《生活饮用水卫生标准》规定，每升水最高含汞量为0.001毫克，这意味着只要1吨水中汞的含量小于或等于1毫克，都属于安全值。"根据这个标准，假设1毫克汞稀释在360吨水里面，危害几

乎可以忽略。"

"虽然这只是绝对条件下的换算，考虑得不一定全面、严谨，但也从一个侧面说明'1毫克汞污染360吨水'的说法不够科学。"张弘说。

刘姝告诉记者，根据国家对不同水质含汞量限值的要求，1毫克汞会污染的水体为0.02吨（排放污水）、1吨（饮用水）、10吨（地表水）、20吨（自然保护区水源）。

"汞污染怎样定量，目前没有一个权威数据。我们还是应该有一说一，不要夸大。"张弘说。

7月27日，记者多方联系，最终找到这一说法的来源——国家发改委能源研究所副研究员刘虹。刘虹回忆，她五六年前从松下电器公司召开的一次内部研讨会上得到了这一数据，后来不知在什么场合引用后被媒体报道出去。她认为，这只是实验室内研究数据，无法验证其真实性，也无法证明在自然环境中能否这样类比。

■ 疑问三：怎样看待节能灯汞污染？

【调查】不必过分担心，但废弃不经处理可能污染环境

"生活中有很多地方可能接触到汞，比如一些海鱼、汞超标的美白面霜、含汞电池、体温计、血压计等。"张弘说。

北京朝阳医院职业病与中毒医学科主任医师郝凤桐介绍，汞急性中毒最常见于短期内吸入高浓度汞蒸气（大于1.0毫克/立方米），最初症状仅是口中

采集空气时间 采集点高度	0-15分钟			15-30分钟		30-45分钟
	0	5	10	15	20	30	
15厘米	>50	13.4	3.41	2.92	0.537	0.273	未检测出
60厘米		18.7			通风		3.88
100厘米		1.36			通风		未检测出

有金属味，连续吸入 3—5 小时，则出现全身症状。

"节能灯报废之后不作处理，汞最终可能渗透到大气和土壤中。但如果不是集中污染，不会立刻伤害到环境和人体。"中国照明电器协会副理事长陈燕生介绍。

节能灯中的汞怎样进入环境呢？据张弘介绍，节能灯被丢到垃圾桶里，破碎、焚烧后产生原子态汞蒸气进入大气，然后沉降进入土壤或河流，与微生物作用成为有机汞化合物（如甲基汞）。甲基汞能溶解在脂肪中，容易被肠、肺、皮肤吸收，渗入血液，并累积在人体的肾、脑等器官中，导致慢性中毒。

"节能灯可能带来汞污染，但我们可以从更宏观的视野来对比分析"，华树明说，一只 12 瓦节能灯亮度相当于 60 瓦白炽灯，如果节能灯的使用寿命是 6000 小时，相比白炽灯就可以节约 288 度电，减少用煤向环境排放的汞 10 多毫克，虽然节能灯使用了 5 毫克汞，但依然比白炽灯排放汞少得多。

2010 年，中国节能灯产量约 46 亿只。华树明提供的数据显示，2008 年国内汞使用量在 1000 吨左右，大气汞排放量约为 700 吨，其中燃煤排放汞超过 300 吨。2010 年我国照明产品生产中用汞量 63 吨，释放到大气的有 25 吨左右，

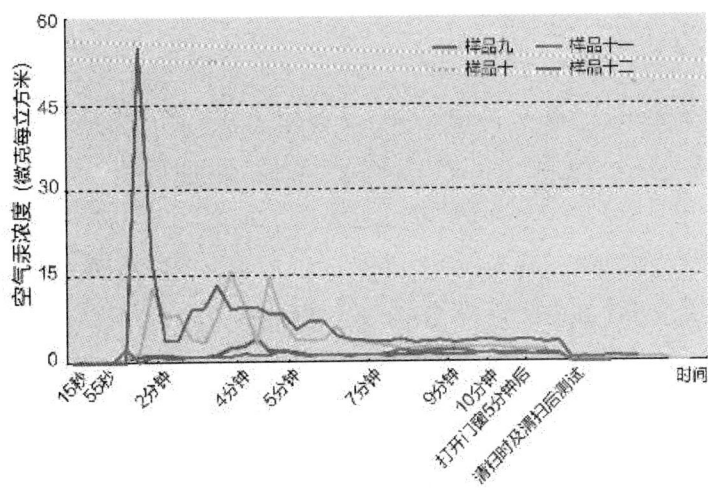

其中液汞注入过程泄漏约17吨，荧光灯废弃排放8吨，用汞量、液汞注入过程泄漏量较2008年分别减少11.25个和11.75个百分点。

环境保护部污染防治司化学品处负责人介绍，节能灯生产用汞量仅占我国总用汞量的2%左右。随着固汞、低汞、微汞等技术和工艺的日臻成熟，节能灯用汞量和向环境排放的汞正逐年减少。

刘姝介绍，国家标准《普通照明用自镇流荧光灯性能要求》在2011年的修订中增加了含汞量要求，30瓦以下节能灯含汞量不超过2.5毫克每只，30瓦以上节能灯含汞量不超过3.5毫克每只，同时给出了低汞和微汞要求。

陈燕生介绍，该标准已向国家有关部门报批，对于家庭用的30瓦以下节能灯含汞量不得超过2.5毫克的要求，比欧盟标准3.5毫克还要严格。

"对于节能灯汞含量，消费者不必过分担心，但仍需注意不要随意丢弃废旧节能灯，应养成分类回收习惯。"华树明建议。

（综合本报记者肖潘潘、左娅、武卫政、王君平、朱剑红，本报驻英国记者李文云、本报驻日本记者刘军国报道。

阿润、董文龙参与采写）

【求证·后续】

节能灯回收，难在哪？

本报记者 孙小静 李 刚 武卫政 左 娅 肖潘潘
人民日报（2012年08月17日04版）

8月16日《求证》栏目刊登《节能灯摔碎，汞蒸气伤不了人》一文，就节能灯汞对人体和环境的影响进行调查、实验，证明正规节能灯对使用者危害很小。不过，节能灯废弃后如果未经处理直接进入环境，汞长期累积会对环境造成潜在污染。那么，我国节能灯回收状况如何？记者进行了调查采访。

■ 回收现状之困

广州废品收购站不收零散节能灯，上海一些小区对节能灯不分拣，北京灯具包装难见回收提示

据国家电光源质量监督检验中心主任华树明介绍，2010年中国节能灯产量是46亿多只，占世界85%，出口超过30亿只。而根据国家发改委和财政部的数字，截至2011年底，通过财政补贴方式累计推广节能灯5亿只以上，全国高效照明产品的市场占有率达到70%。

数亿甚至数十亿只节能灯在流通或使用，保守估计每年淘汰的废旧节能灯有数千万只，针对它们的回收现状如何？

广州是垃圾分类做得比较好的城市之一。7月中旬，记者来到2年前就参与垃圾分类试点的番禺区海龙湾小区。在这里，放置着标有"可回收垃圾"、"不可回收垃圾"及"有害垃圾"标示的垃圾桶。

按道理,电池、节能灯等应投放到"有害垃圾"桶内,但记者看到,"有害垃圾"桶内空空如也,"可回收垃圾"和"不可回收垃圾"桶内各种垃圾混杂,有碎裂节能灯夹杂其中。

拾荒的刘某告诉记者,他不捡节能灯,因为废品收购站不收。广东某废旧物资物品回收公司工作人员表示,可以上门回收500只以上的节能灯,家庭一只两只的他们不收。

在上海,记者所在的小区放着"有害垃圾"桶,但小区保洁员很少进行分拣。记者拿着一只废旧灯管到小区附近的建材超市百安居,询问旧灯管如何处理,店员答,"没有回收的"。

采访过程中,记者发现,直接面对社会处置居民报废节能灯的企业,在上海几乎是个空白。从2011年下半年起,上海从社会渠道收集的废灯管,开始由上海惟一有处置资质的上海电子废弃物交投中心有限公司处置,当年处置量为8.92吨(按每只节能灯60克估算约15万只)。今年,该公司还未收到废灯管。

在北京,记者8月2日分别走访了十里河灯具城、西大望路百安居、望京宜家商场、东百发装修市场,查看了12个品牌的30余种不同种类在售节能灯,发现仅有3个品牌节能灯标注"含汞",所有品牌节能灯都没有标注如何回收。

■ 世界难题之忧

> 由于缺少高效低成本处理方式,包括发达国家在内都没有形成有效的社区回收体系

节能灯的回收处置涉及多个部门。回收过程一般归城管、环卫、市容等部门承担,然后交由环保部门或环保部门指定企业处置。

在上海,负责回收管理的上海市绿化和市容管理局告诉记者,节能灯和日光灯在社区按有害垃圾专项回收,去年1080个小区开展生活垃圾分类收集,今年再扩大到1050个场所。有害垃圾由专门收运单位定期清运后集中贮存,最

后由环卫部门指定清运企业集中回收，委托有资质的处置单位进行无害化处置。

记者发现，回收涉及的转运环节多，节能灯容易摔碎，很难实现完整回收。此外，收运和处置量也不理想。在上海市生活废弃物管理处，记者看到一组数据：荧光灯从2008年开始收运，至2012年6月，累计仅收运21.8吨（约36万只）。

"在社区回收环节，存在节能灯用户分散、灯管易碎、难完整回收、不好运输的困难。在没有找到完整回收节能灯的处理方式之前，如果强制要求社区集中回收，只能带来边回收边污染和集中污染等问题。"华树明说，包括发达国家在内，都没有形成一个完整的、行之有效的社区回收体系，原因就在于缺少高效低成本处理方式。

正因为这些难题，业内曾争议社区是否需要回收节能灯。有人质疑：当前连电池、体温计等潜在污染更大的产品回收体系都未健全，为何要花大气力建立节能灯回收体系呢？

环境保护部污染防治司化学品处负责人介绍，2008年，环保部发布了《国家危险废物名录》，对于家庭产生的废旧节能灯，由于其产生源分散、回收难度大，参照美国等发达国家做法，实行了豁免制度，可以不按照危险废物进行管理。对企事业单位产生的废旧节能灯按照危险废物进行管理。

不仅是美国，日本也执行类似豁免制度，日本环境省大臣官房废弃物循环对策部废弃物对策科若林完明告诉记者，在日本，居民用过的节能灯也是作为一般垃圾在社区回收。

家庭用过的节能灯不做规定，集团用户的回收情况如何？事实上，尽管我国环保部对某些企事业单位回收废旧节能灯的责任有明确规定，但现实情况不乐观。长期关注节能灯回收问题的清华大学物理系退休教授虞昊向记者透露，因为节能灯回收处置收费较高，加上缺乏有效的监督管理，企事业单位废旧节能灯回收效果并不好。

■ 回收企业之难

全国仅有3家企业获准处置含汞废灯管，多数生产企业只能处理自己生产的节能灯，处理能力远未发挥

据国家电光源质量监督检验中心的数据，对于一只直管荧光灯，企业回收成本至少为0.6元，而回收后经济价值不足0.1元。

中国照明电器协会副理事长陈燕生介绍，虽说废旧节能灯中的玻璃、汞、荧光粉可以再利用，但是单纯从经济角度讲，回收企业并不划算。

"赔本买卖"谁在做呢？陈燕生介绍，一种是环保部门授权的第三方机构，资金主要是国家提供，或由节能灯集团使用者付费处理，但由于环保意识、回收成本、监管难度等原因，企事业单位主动回收的还是少数。另外，少数几家节能灯生产企业也掌握回收技术，但由于没有处理资质，多数只能处理自己生产的废弃节能灯，处理能力没有发挥。

据环保部污染防治司化学品处负责人介绍，根据《危险废物经营许可证管理办法》，从事收集、运输、处置含汞危险废物经营活动的单位，应当向环保部申请领取经营许可证。

目前全国有3家单位获颁处置含汞废灯管许可证，处理能力约7000吨。

业内人士向记者透露，这3家单位开工率不高。

上海电子废弃物交投中心有限公司是目前上海惟一有资质处理含汞灯管的企业。该公司斥资五六百万元从瑞典引进设备，可将节能灯的灯管玻璃粉碎再利用，灯管内的汞被负压回收利用，荧光粉则送填埋场处理。不过，它却面临常年"吃不饱"的窘境。

7月中旬，记者前往该企业采访，看见这套设备正在"睡觉"，800平方米的车间空无一人。公司办公室主任滕菲说，该设备年处理能力可达1728吨，但去年公司从社会和企业回收处置的灯总共仅200多吨。

"我们的含汞灯管处理生产线，也是10天才开工半天。"浙江阳光照明电

器集团股份有限公司总经理助理吕军说："生产线年处理能力2400吨（约4000万只），但去年处理总量仅1000万只左右。"

厦门通士达照明有限公司总工程师秦碧芳介绍，该公司投资2000多万元人民币从瑞典进口了两套含汞废灯管处理生产线，年处理能力达3600吨（约6000万只）。但公司年实际处理废旧灯管仅60—80吨。"我们希望取得环保部颁发的资质证书，这样可回收其他厂家节能灯，更好地发挥处理能力。"

滕菲坦言，公司的回收费是每根2.5元左右。但这2.5元，让一些本来愿意回收废弃节能灯管的企事业单位望而却步。"其实，如果设备满负荷运转，每根灯管的处置费可低于1元。"

■ 何去何从之盼

节能灯无害化处置能力需提高，防污关键是源头限汞、推广低汞灯

目前，国家高效照明产品推广项目在招标时对厂家回收节能灯有明确要求。记者查看2012年5月的最近一次"高效照明产品推广项目（普通照明用自镇流荧光灯）招标文件"发现，评标标准提出要有"废旧灯管回收处理方案，及上一年度推广企业承诺兑现情况"，承诺目标有三类：推广量的30%以上、20%以上、10%以上。

据了解，国家发改委等会对推广企业承诺目标兑现情况进行抽查。但陈燕生介绍，并非所有企业都能兑现承诺。"当然，即使这样，这一政策为企业建立回收体系仍起到了一定作用。"

工信部安全生产组专家、厦门通士达公司安全环保部经理杨龙豹建议，政府除了对企业有明确回收要求之外，还应在社区和销售点同时建立废旧灯管回收网络，并设计专业废旧灯管回收箱，"具有减震、防破碎功能，才能防止集中污染"。

国家发改委能源研究所副研究员刘虹认为，可对推广激励政策做些调整。

她举例说，北京市对高效照明产品的推广政策是市里在国家补助50％的基础上再补助30％，区里再补助10％，也就是说居民出10％的钱就能用到节能灯。"不妨把一部分推广补贴放到回收补贴上来，从推广之初就开始布局回收。"

也有厂家代表呼吁，当前亟需改变的，是废弃节能灯跨省处理的隔阂现状，以及含汞灯管废物处理资质的不均衡格局。

"目前，有资质的处置单位只有3家，外省厂家如果想找他们，面临3方面难题。"这位不愿透露姓名的厂家代表说，"一是跨省审批麻烦，废旧灯管输出地放行，但输入地不一定愿意，而且涉及双方审批，非常麻烦；二是运输、处置费用高，从江苏、福建运往上海处置，一吨废旧灯管的运输、处置总花费竟高达7000元；三是运输条件苛刻，灯管运输要找专门企业，不然运输过程中发生破碎，会降低回收效果。"

这位厂家代表建议，国家应在节能灯生产企业集中的省份或地区布局有回收资质的企业。"生产企业遍地开花，而有资质的回收企业却只有少数几家，还集中在北京、上海等大城市，而其他一些节能灯生产大省却没有，各种中小节能灯企业生产过程中产生的废旧节能灯就不好处置。"

环境保护部污染防治司化学品处有关负责人介绍，"十二五"期间，环保部打算通过支持节能灯生产企业处理废旧灯管等方式，提高我国废旧节能灯无害化处置能力。

（阿润参与采写）

科学报道更要讲科学

——"关注节能灯汞污染"求证报道的编采经过

肖潘潘

2012年8月16日、17日,人民日报要闻四版连续两天以半个版面的篇幅推出"求证·关注节能灯汞污染"(上、下):《节能灯摔碎,汞蒸气伤不了人》、《节能灯回收,难在哪?》,得到了不少业内专家的好评,还有网站邀请记者就节能灯话题进行视频访谈,在人民日报官方微博上也引发读者网友对尽快建立完善回收体系的共鸣。

这组报道见报的背后,有许多难忘的经历:记者经历了长达两个月的艰苦采访,栏目组在多地辗转进行了两次科学实验,编辑数易其稿,力求对支持和反对的不同专家观点平衡呈现,还引入了学术期刊的审稿模式,请专家对专业说法进行审核。

这些努力,目的只有一个:将《求证》栏目的科学报道做得更科学、更严谨,从而让报道本身更有说服力、更有传播力。

■ **将实验引入报道:专业人员制订方案,记者监督实验过程**

关于节能灯的汞污染问题,一直就是社会关注的焦点话题。一则流传很广泛的题为《英国卫生部关于节能灯泡作出警告》的网帖这样说:"节能灯泡含汞,如破碎将威胁人们健康,注意不要用吸尘器清理碎片及破碎的节能灯管;清扫时要戴上橡胶手套;注意不能吸入含汞灰尘。灯泡破后尽可能每个人都离开房间至少15

分钟。"网帖引起人们担忧，在"百度知道"和各种论坛上，都能见到网友四处询问"节能灯摔碎，汞蒸气能毒死人吗？"

破碎节能灯会不会产生高浓度汞蒸气？这个话题进入了《求证》栏目组的视野。

对一个争议性话题的求证，传统思路是寻找专家等智库的支持，呈现专家和学界的观点。这种做法的好处是快捷、方便，但弊端是网络时代专家不再是权威，没有拿得出手的证据，专家也可能变成"砖家"，受到读者质疑。

除了让驻欧洲记者了解英国官方是否有相应警告，请驻日本记者了解同属亚洲、人口稠密的日本如何看待节能灯汞污染问题，为了全面验证节能灯摔碎后汞蒸气是否致命，我们还提出了一个新想法：开展一项由记者监督、专业人员参与的科学实验。

用实验的方式开展报道，这在很多媒体已不鲜见。但对人民日报，尤其是《求证》栏目来说，这种方式用得不多。原因是多方面的，首先是实验经费谁来解决，其次是实验机构、人员、场地如何安排，试验方法是否科学有效等各种问题。

而对于开展汞蒸气是否伤人这个实验来说，要比其他实验项目更加复杂。我们常见的实验项目都有现成的实验标准和方法，实验人员按部就班操作即可完成，如果媒体要做实验，付钱给专业机构就行了。而汞蒸气是否伤人这项实验，之前从未有人进行过。

谁来承担这次实验任务，又该如何设计实验方案，这是首先要解决的问题。幸运的是，我在前期采访中，跟国家电光源质量检验监督中心和厦门通士达照明有限公司建立了较为良好的关系。而在采访中，对于破碎节能灯是否会产生致命性汞蒸气这个疑问，这两家机构的几位专家也很感兴趣。虽说从专业角度来说，这几位专家能够运用原理解释清楚，但他们也觉得，如果有实证研究辅助、有实验数据支撑，他们的说法会更有说服力。更关键的是，他们也可借此看看自己的说法站不站得住脚。把自己的采访需求和采访对象的诉求结合，往往能获得很大的突破，这是能够"白手起家"成功进行实验的关键所在。

为保证实验的公正性、客观性，我设计了北京和厦门两地分别独立进行同等标准的实验，我们提供实验样品，同时还向他们提出要求，实验方案记者必须参与制订，实验过程记者要全程监督和记录，甚至要进行摄影摄像，此外，对方还要提供专业人员协助，提供合适的实验场地和设备并进行后期化学分析……这些要求，国家电光源质量检验监督中心和厦门通士达照明有限公司技术中心的科研主管后来都同意了。

实验设计比较严谨：两场实验都在普通卧室大小的 10 平方米房间内进行，在开窗通风和不开窗密闭两种状态下，分别进行节能灯在燃点和非燃点（燃烧状态和冷却状态时摔碎）两种情况下摔碎后的汞蒸气测试。这说明，一个品牌（或无品牌的产品）要进行 4 次测试（最后为了不给品牌造成困扰，将所有参与测试品牌产品命名为样品一、样品二等）。

实验过程比较危险：因为实验设计考虑到了燃点和非燃点在内的各种情况，就必然导致实验时间比较久，实际上，在两地的每一场实验总时长都达到了六七个小时。虽然最后实验证明单个节能灯摔碎后汞蒸气并不伤人，但专家事先也无法给出确切保证，实验人员在反复摔碎节能灯测试汞蒸气时所累计吸入的汞蒸气就不会伤人。于是，我们一群实验人员戴着 3M 口罩，在实验房间一扎就是六七个小时，而我更是参加了两次实验，累计在实验场所待了 10 多个小时。还记得实验前，国家电光源研究中心的刘姝研究员跟我半开玩笑半认真地说："如果感觉口里有金属味、头疼、头晕，可要赶紧说出来。"

这组报道在刊发时，版面通过各种努力将三个表格呈现出来，还将实验结论明确地用黑体字注明，这些手段使报道取得了很好的传播效果。

见报当天，几位参与实验的科研人员也告诉记者，照明行业内比较关注这篇报道。工业和信息化部安全生产组专家杨龙豹更对记者表示，人民日报关于节能灯的实验数据"将在未来几年持续发挥作用、澄清谣言"。北京地球村环境教育中心化学品安全项目顾问、美国乔治城大学医学院生物化学暨分子生物学博士张弘说："调查极其细致、严谨，记者的科学态度让我敬佩。"

■ 坚持质疑精神：澄清流传广泛的"1 毫克汞污染 360 吨水"的夸张说法

"1 毫克汞污染 360 吨水"的说法十分广泛。只要是有关汞污染的新闻报道，必然引用这一说法，粗略统计也有上百家媒体引用。

在采访中，我们发现这一说法并不严谨：汞污染环境，需要有进入环境的方式,而水又包括饮用水、地表水等多种水体。原传言只是给出一个模糊的、抓人眼球的结果,从严谨的科学角度看,这一说法似乎有漏洞。

就这一疑问,记者采访了多位专家,还请专家查阅了十几项相关标准。仔细查阅文件后,几位专家提出了不同的意见。一位专家说:"我国《生活饮用水卫生标准》规定,每升水最高含汞量为0.001毫克,这意味着只要1吨水中汞的含量小于或等于1毫克,都属于安全值。根据这个标准,假设1毫克汞稀释在360吨水里面,危害几乎可以忽略。虽然这只是绝对条件下的换算,考虑得不一定全面、严谨,但也从一个侧面说明'1毫克汞污染360吨水'的说法不够科学。"

此外,我们还请专家在化学专业数据库内进行了查询,根据国家对不同水质含汞量限值的要求,1毫克汞会污染的水体为0.02吨(排放污水)、1吨(饮用水)、10吨(地表水)、20吨(自然保护区水源),拿着这一系列的证据,专家最终认为"1毫克汞污染360吨水"的说法属于夸大。

求证到此就止步了吗?没有,起码还有如下疑问:这一说法始自何处?报道过这一说法的记者怎么说?报道依据是什么?持该说法的专家怎么说?

记者找到几位报道过这一说法的媒体记者,有的记者回忆,之所以这么写,是因为专家在各种会议上都曾说过,而该说法是否准确,记者没有核实,也没有能力核实;还有记者解释,很多媒体都报道过该说法,转述一下没什么问题,何况为了环保说得过分一点也没关系。

记者再通过询问专家、网络检索,并多方联系,最终找到这一说法的来源——国家发改委能源研究所副研究员刘虹。据她回忆,她五六年前从松下电器公司召开的一次内部研讨会上得到了这一数据,后来不知在什么场合引用后被媒体报道出去。她认为,这只是实验室内的研究数据,无法验证其真实性,也无法证明在自然环境中能否这样类比。

专家援引其他专家的不明确观点,媒体转述其他媒体的不实说法,这在当前的喧嚣舆论环境下,并不少见。而据了解,人民日报是这一说法流传多年来首家对此查证并辟谣的媒体。

一位接受我采访的专家说得好:"汞污染怎样定量,目前没有一个权威数据。我们还是应该有一说一,不要夸大。"

(作者为人民日报总编室要闻四版副主编)

三、食品安全

传言

网文《比三鹿厉害100倍——不怕毒的就吃吧》近年来多次在论坛及微博上传播。

该网文称,香港《壹周刊》报道:"香港人喜欢吃大闸蟹,蟹价越来越便宜,几乎成为市民家常便菜。"大闸蟹怎么越卖越便宜,是大丰收吗?该刊记者到江苏蟹场采访发现,那些大闸蟹都是用激素快速养成的。湖里的大闸蟹,一般至少两年才能长到二两以上,但江苏养殖场的大闸蟹,使用激素之后,都是一年蟹,当年下苗,当年养成上市。《壹周刊》称,记者把从江苏蟹场买回来的螃蟹送到香港"标准及检定中心"化验发现:蟹肉里不仅有激素,还有多种对人体有害的抗菌素。

该网文还称,耶鲁大学经济学教授陈志武在北大演讲时,谈到毒黄鳝问题。他说,到苏州参加会议用餐时,一位科学院环境研究所知名学者对他说:"你们知道如今的黄鳝为什么长得这么快吗?就是因为饲养者用了激素,人吃了黄鳝,这些激素在人体内七八年还要发挥作用。"

大闸蟹养殖违规使用激素和抗生素吗

调查显示,用避孕药快速催长大闸蟹、超标投喂抗生素的可能性很小

本报记者 王伟健 尹世昌 孟辉
人民日报(2012年06月26日04版)

编者按:关于大闸蟹和黄鳝使用激素、抗生素的传闻由来已久,事实到底如何?《求证》栏目从今天起推出"关注水产品质量安全"系列报道,从生产、流通、市场等环节调查了解大闸蟹和黄鳝的质量安全状况,以及我国水产品中抗生素等兽药的使用、监管和检测情况。

近日,有网文称:"养殖户用避孕药快速催长大闸蟹;香港卖的大闸蟹都是激素养成的。"网文引起人们的担忧。针对这些说法,记者进行了调查采访。

■ 疑问一:用药催大的传言属实吗?

【调查】10多年前已被证明是谣言;香港去年至今抽查110个大闸蟹样本,除1例含少量兽药残留外,全部合格

记者搜索发现,这个网帖在网上已经存在10多

年，主要由耶鲁大学教授陈志武的一段话和香港《壹周刊》2001年的一篇报道《狂喂抗生素，毒蟹袭港》组成。

记者与陈志武教授联系，他回复说，帖子中引述他的那段话，是他2002年在一个讲座上说的，内容是之前听一位中科院教授所说，但这位教授的名字，因为年代久远，已想不起来了。

香港《壹周刊》的报道当时在香港引发轩然大波，香港食物环境卫生署立即抽取样本做抗生素及雌激素化验。一周后，化验结果公布——27个大闸蟹样本全都合格，食环署认为，"本港售卖的大闸蟹适宜供人食用"，还了大闸蟹一个清白。

时任食环署助理署长的谭丽芬医生介绍，食环署人员在进口、批发及零售层面进行了全面的食物监察行动，所有化验由具有国际认可高素质化验设备的政府化验所进行，化验所对化验食物内含抗生素及雌激素有丰富经验。

谭丽芬同时也解释，有多种抗生素及动物用化学品是准许用于食用动物的，用者应遵守饲养规范，符合相关标准的要求。

各 方	激素或避孕药	抗生素
湖蟹蟹农	不可能用避孕药。湖水中，药物投下去会被冲跑。	抗生素用处不大。板蓝根等中草药可提高螃蟹的抵抗力。
塘蟹蟹农	没听说有人使用。	水环境最重要。水质好了，大闸蟹就不易生病。确实需用药时，得注意用量。
饲料厂老板	不大可能使用。现在检查严格，如果添加激素发生不良后果，养殖户会不给钱，饲料厂也会被严厉处罚。	
渔药店主	饲料主要是鱼粉、豆粕、玉米粉和矿物质。有时会添加一些微生态制剂，不是激素。	开药方要存档，方便有关部门查询。抗生素用量很少，销售额不到2%。
水产专家	使用不可能也不现实。如果投放避孕药有效，可能抑制人们喜爱的蟹黄和蟹膏(性腺)的发育。	养蟹(鱼)要先养水，推广生态养殖，水质好了，大闸蟹就不易生病。螃蟹生病后，养殖户首先是水体消毒、微生态制剂调水，再辅以少量抗生素。
农业部门	农业部2009—2011年对大闸蟹产地监督抽查，全国大闸蟹药残检测合格率达97.6%。2011年，江苏省河蟹检测合格率为100%。	
香港食安中心	自去年到今年3月，抽取超过110个大闸蟹样本进行检测。除一个样本被检出少量兽药硝基呋喃类代谢物外，其余样本全都合格。2009年和2010年，针对大闸蟹的检测全部合格。	

10多年前大闸蟹检测全部合格,如今质量如何呢?

香港超过九成的食物来自进口,食品安全监察工作主要由2006年成立的食物安全中心负责。该中心自去年到今年3月期间,分别抽取超过110个大闸蟹、5个黄鳝和超过10个甲鱼样本进行化学(包括兽药残余和人造激素)及微生物测试。除一个大闸蟹样本被检出不会对健康造成影响的少量兽药硝基呋喃类代谢物外,其余样本全都合格。此前的2009年和2010年,针对大闸蟹的全部检测都显示合格。

据了解,食安中心的化学测试,包括检测兽药残余(例如氯霉素、磺胺类、四环素、硝基呋喃类及孔雀石绿残余)、金属杂质(例如水银、铅及砷)、人造激素、染色料(例如苏丹红)及草酸,微生物测试则检验寄生虫。食物检测抽取分布广泛,既有来自关口,也有来自大闸蟹专卖店、杂货店、超级市场及街市摊档。

■ 疑问二:大闸蟹使用避孕药吗?

【调查】专家称不可能,若激素有效反会抑制性腺生长,导致缺少蟹黄和蟹膏

香港市场销售的内地大闸蟹,有一条"安全带" 按国家质检总局《出境水生动物检验检疫监督管理办法》要求,内地供港大闸蟹及其他食用水生动物,必须来自内地出入境检验检疫机构注册的养殖场。香港食安中心也会派人视察内地供港大闸蟹场及供港渔场。虽然香港方面并未发现毒蟹,记者近日还是在大闸蟹的产地进行了调查。

大闸蟹养殖分为湖养和塘养。江苏昆山市巴城镇依偎着阳澄湖,是阳澄湖大闸蟹的产地之一。从4月开始,蟹农毛文清就陆续把池塘里的扣蟹往阳澄湖里放了。"正常情况下,扣蟹要蜕5次壳才能长成成蟹,"毛文清介绍,"大闸蟹吃的主要是小鱼、螺蛳、玉米和水草。"

听说"避孕药催长大闸蟹",毛文清连连摇头:"那不可能。螃蟹都是在水底吃食,按传言,投避孕药是在8月—9月(最后一次蜕壳前),但那个季节我们这儿的水比现在大,药会被冲跑,根本不可能沉到水底。"

那么池塘养殖的螃蟹又如何呢?

梅达明养的是塘蟹,池塘在江苏吴江同里镇,有半个足球场大,水质清澈,塘中水草茂盛。"我养了15年螃蟹,没听说有人给它吃激素或避孕药。"梅达明说,"我欢迎大家来抽查。"

对于传言称在螃蟹最后一次蜕壳时投放避孕药,苏州大学水生生物与生态学系副教授宋学宏非常肯定:"这根本不可能也不现实。"她解释,从生物学角度说,秋分前后螃蟹蜕壳为绿蟹,性腺开始迅速发育;而人们吃蟹喜爱的蟹黄和蟹膏,恰是螃蟹的性腺。"从进化意义上说,螃蟹是低等的无脊椎动物,给螃蟹吃高等脊椎动物避孕药之类的药物,这是无稽之谈。假设投放避孕药有效,正好抑制了性腺的发育,那么人们喜欢食用没有蟹黄和蟹膏的蟹吗?"她反问。

养殖户不喂激素,但饲料里会不会添加激素呢?

据专家介绍,我国从未批准过激素类药物用于动物促生长,目前,已批准的激素类药物主要是性激素,主要用于种畜繁殖和产科疾病。

张明龙是卖鱼药和饲料的,他指着一袋颗粒饲料说:"这里面主要是鱼粉、豆粕、玉米粉、面粉和矿物质。"有时,张明龙会在饵料里放一种名叫"贝瑞康"的添加剂,"这是一种改善大闸蟹消化道的微生态制剂,不是渔药,也不是激素"。

陆玉弟是江苏一家中型饲料厂的老板。谈到饲料中添加激素,他说"不大可能"。"现在卖饲料,都是养殖户先拿货,等鱼虾上市后再付款,如果添加激素,万一发生不良后果,养殖户就不给钱了。一些饲料厂的利润只有3%—5%,如果质量不好,就得关门。"

陆玉弟承认,以前违规用过一些药物和添加剂。"比如,我以前就用过喹乙醇,这种物质可以加快鱼的长势。"但这个药物也有副作用,鱼容易掉鳞、死亡。据介绍，这种药物在35公斤以下的生猪上可以限量使用，但不允许用于水产养殖。陆玉弟说："现在检查严格，一旦发现有喹乙醇，至少要罚100万元。"

■ **疑问三：大闸蟹养殖用抗生素吗？**

【调查】生了病会用适量抗生素，但养殖户多通过净化水质防止病害，用药较少

大闸蟹生病了，要不要吃抗生素？"撒下去就没了，用处不大。"毛文清说，为了提高螃蟹的抵抗力，他种了板蓝根，"30亩水面，2公斤左右的板蓝根就预防疾病了"。

梅达明说："要想养好螃蟹，水质最重要。水环境好了，大闸蟹就不易生病，就不需要用抗生素。"因为大闸蟹对生长环境的洁净度要求很高，许多养殖户都在养殖场中种植水草来净化水质。

不过梅达明也坦言，池塘养螃蟹，的确会遇到一些病害，需要用药。"得注意用量。药用多了，进入水产市场会检测出残留。现在政府抓得严，一旦发现乱用药，会倾家荡产的。"他说，"在隔壁一个镇，一家甲鱼养殖场因为使用了违禁药，被罚了30多万元。"

梅达明说，年前把大闸蟹卖光，要把塘里的水放掉，用石灰消毒，然后在太阳下暴晒，在正月十五之后，开始放水，种水草，放养螺蛳，每亩大概投放200公斤螺蛳，3月、4月放养扣蟹。"螃蟹是喜阴的动物，喜欢栖息在水草下，而螺蛳和红蚯蚓是螃蟹喜欢的食物。"4月中旬，扣蟹把螺蛳吃得差不多了，就要给它们喂食颗粒饲料。

要想水质好，控制养殖密度也很重要。"一亩大概只能放800只蟹，多了密度太高就不利于大闸蟹生长了。"他说。

刚从江苏调研归来的中国水产科学研究院质量与标准研究中心主任宋怿研

求证：用事实粉碎谣言
——人民日报这样调查真相

究员说，江苏现在大力推广螃蟹生态养殖，通过种水草、养螺蛳、降低养殖密度、使用水质调节剂等方式，净化水质，改善螃蟹的生长环境。她表示，等螃蟹生了病再喂药，效果并不明显，养蟹（鱼）还是要先养水。

宋学宏说，螃蟹养殖产量多数在70公斤/亩左右，与鱼类相比密度很低，而且螃蟹需要的水质条件远比鱼类苛刻。即使发生烂肢病（放养过程中受伤或生长过程中敌害致伤感染病菌所致）等疾病，人们首先做的是水体消毒、微生态制剂调水，辅以少量内服药物包括少量抗生素，只要符合国家规定的标准就没有问题。

袁玉兵大学毕业后，在家乡开了一家渔药店。这家名为"吴江市康盛渔需物资经营部"的小店面积大约20平方米。记者的突然到来，让袁玉兵有些惊讶，不过对于记者查看他的药品，他倒颇显大方："随便看，不会有禁药的。"

一名养殖户正巧过来，让袁玉兵帮他看看自己养的鲈鱼和鲈鱼苗怎么了。袁玉兵剪下鲈鱼鳃用显微镜检查后说："这鱼有细菌"，随后给养殖户开了药方。

袁玉兵说："我开的方子，都要存档，方便有关部门查询。"对于抗生素用量，袁玉兵说："用量很少，销售额不到2%。"据他介绍，对于一些抗生素，已经有了中药等替代品，"用生姜和辣椒粉炒熟后撒到鱼塘，能杀死白鱼的小瓜虫"。

今年4月，吴江市渔政管理站平望分站对辖区内的18家渔药经营企业进行监督执法检查。吴江市渔政管理站综合科科长孙涛说："检查发现，18家渔药经营企业有11家通过GSP（药品经营质量管理规范）认证。"

有说法称，少量抗生素可以促进动物生长，饲料中容许添加适量的抗生素。对此，农业部有关部门表示，一些抗生素如杆菌肽锌等可抑制畜禽消化道内有害微生物的生长和繁殖，增强畜禽的抗病能力，增进食欲，促进发育，提高饲料转化率，国内外将其用于养殖业抗菌促生长。但不是所有的抗生素都能作为养殖业抗菌促生长。2001年农业部发布了《饲料药物添加剂使用规范》，明确规定土霉素、黏杆菌素、杆菌肽锌等10多种抗生素品种可制成饲料药物添加剂使用，只要使用国家批准使用的品种，并严格按照说明书使用，就不会出现药物残留超标问题。

■ **疑问四：产地监管检测到位吗？**

【调查】每年都进行异地交叉监督抽查；2009—2011年全国大闸蟹药残检测合格率为97.6%

根据农业部2009—2011年对大闸蟹的产地监督抽查，全国大闸蟹药残检测合格率达到97.6%，其中2009年95.9%、2010年96.9%、2011年100%。检测主要采取监督抽查、异地交叉的方式。检测项目主要包括硝基呋喃类代谢物、孔雀石绿、氯霉素、乙烯雌酚、甲基睾酮、五氯酚钠、喹乙醇。

6月5日，江苏省吴江市公布了5月的食品抽样检测，其中水产品（鱼、虾为主）的合格率为100%。

作为江苏省水产品检测中心的分中心，吴江市农产品检测中心每月都要对产地水产品进行抽检。该中心工作人员陈枫介绍，由于水产品的上市有季节性，因此，每个月检测的样本都不一样。"比如，秋天是大闸蟹上市的季节，例行检测就主要针对大闸蟹。"

据介绍，去年10月，香港食环署专门到吴江，对太湖大闸蟹的养殖环境、投入品管理、检验检疫和出口放行等4个环节进行检查。孙涛说："香港食环署对大闸蟹的安全表示认可。"

江苏省水产质量检测中心副主任吴光红研究员介绍，除了例行检测外，江苏还在3月到5月、6月到9月以及10月，每年分3个批次进行异地抽检。检测参数主要有硝基呋喃类、孔雀石绿、氯霉素、重金属以及贝壳类产品的贝类毒素，做一个样品检测大概需要2000元。吴光红说，以省中心为龙头的水产品质量检测机构承担着全省的检测计划，市县有12个检测站，在抽样检测中实行异地检测，保证公正性。

据江苏省海洋与渔业局提供的江苏河蟹检测合格率，2009年为96.5%，2010年、2011年均为100%，检测参数为氯霉素、孔雀石绿、硝基呋喃、五氯酚。

黄鳝是激素催肥的吗？

本报记者 肖潘潘 张 文 李 刚 杨 宁 王梦纯

人民日报（2012年06月27日04版）

本报《求证》栏目昨日对大闸蟹养殖中违规使用激素、抗生素的谣言进行了澄清。今天继续关注水产品安全。

有网文称，"样子肥大的黄鳝都是用避孕药等激素催肥的"。就此说法，记者进行了调查采访。

■ 疑问一：黄鳝吃避孕药会怎样？

【调查】试验证明喂食避孕药容易导致黄鳝死亡

四川省水产局副局长漆乾余说："黄鳝是用避孕药催肥的说法早已有之，最后都被证明是谣言。"2000年6月，成都市多名鳝鱼批发商联名悬赏10万元，凡是提供采用避孕药催肥黄鳝详情的，一经查证属实，即予现金奖励。消息刊出后，关注者众，却无人领奖。批发商们追加了50万元悬赏，但大奖仍然无人能领。

湖北省仙桃市张沟镇的一位黄鳝养殖户说，黄鳝早已不喂激素了，主要是喂食饲料，辅以一些蚯蚓、小鱼等高蛋白的食物，营养就够了。

农业部黄鳝行业专项首席专家、湖北长江大学教授杨代勤研究黄鳝养殖技术已有20多年。在他的印象中，"黄鳝是避孕药催肥的"这一传言最早出现在上世纪90年代末。"2000年以前，黄鳝养殖技术不太成熟，一些小养殖户的黄鳝养不大，或者容易死，就'病急乱投医'，有些人想到了投放避孕药催长，传言就是这样起来的。"他说，事实上，试验证明黄鳝服用避孕药的效果并不好，对养殖户来说完全是得不偿失。

杨代勤介绍，在2002年7月到10月间，针对有关传言，他带领团队做过一项黄鳝添加避孕药的效果试验。这项试验采用驯食配合饲料技术，选取了900尾体重约为35克的黄鳝样本。针对避孕药的3种主要成分"雌三醇"、"雌二醇"、"甲基睾丸素"，试验组设置了3个大组，每个大组下设3个平行小组，根据激素在饲料中添加量的不同，分别设置高、中、低3个剂量梯度，每种激素下有270尾黄鳝参与，总共810尾黄鳝按照每平方米30尾的养殖密度进行试验。另有90尾黄鳝不使用激素。

传言	调查
人工养殖的黄鳝都是被避孕药催大的	试验证明，吃了避孕药的黄鳝，抗病力差，容易死亡
饲料中添加激素可以催肥黄鳝、缩短其生长周期	国家明确规定饲料中禁止添加激素；黄鳝味觉、嗅觉特异，常拒食有异味的饲料
用雌性激素给黄鳝洗澡，可以加快由雌变雄，达到催长目的	用药物催促从雌性转为雄性时条件极为苛刻，在农户养殖环境下不可能实现；只要正常投喂，养殖密度较高，鳝鱼也可以养得极大，而目前市场上卖的鳝也是较多
给黄鳝喂雌激素，抑制黄鳝排卵，减少"浪费"在繁殖上的耗能，能提高黄鳝生长速度	增加养殖密度可抑制排卵，根本不需要用雌激素。黄鳝如果超过15尾/平方米，就不会产卵，而一般养殖密度都超过30尾/平方米
样子肥大的黄鳝都是用激素催肥的	饲料蛋白质高，人工养殖的黄鳝饮食条件充足、少运动，所以会肥大；据农业部2008—2011年监督抽查结果，黄鳝的乙烯雌酚激素超标率为0

试验发现，饲料中添加激素的黄鳝，一个月内生长速度比不用激素的黄鳝快了大约10%，但在一个月后开始大批死亡。高剂量组死亡率高达90%，中剂量组70%，低剂量组50%，3种激素导致的结果基本相同。

杨代勤分析，黄鳝吃了添加激素的饲料后，可能导致体内代谢紊乱，增加了身体脂肪的沉积，随之表现出抗病力差直至死亡的情况。

那么，会不会有人利用"从黄鳝吃激素到大量死亡之前的这一个月时间差"将黄鳝快速上市呢？对此，专家表示，为了10%的"虚胖"而冒黄鳝死亡

810尾黄鳝使用避孕药试验

试验样本	一个月内	一个月后
添加雌三醇、雌二醇、甲基睾丸素的黄鳝各270尾	比未服激素的黄鳝生长快10%	添加高剂量激素的黄鳝90%死亡
		添加中剂量激素的黄鳝70%死亡
		添加低剂量激素的黄鳝50%死亡

的危险，再加上避孕药的成本，对养殖户来说划不来。

■ **疑问二：雌鳝用激素能加快转雄吗？**

【调查】转化条件苛刻，农户不易实现；雌鳝也可以长大个

"黄鳝一生中存在奇特的性逆转现象。"黄鳝研究专家、上海市农科院研究员周文宗博士介绍，黄鳝从胚胎期到性成熟（一般体长20—30厘米）是雌性，产卵后进入雌雄同体期，并逐步过渡为雄性。雌鳝在繁殖上要耗能，而雄鳝繁殖耗能少，生长速度更快，大约为雌鳝的2倍。"正因为存在这个转化过程，出现了'加激素促转化'的传言。"

"从理论上说，的确可以使用雄性激素如甲基睾丸素促使雌鳝更快向雄鳝转化，但所需条件极为苛刻，在农户养殖环境下根本不可能实现。"周文宗说，这种转化过程需要对"胚胎后期和孵化不久的仔鳝"采用浸泡药浴，这种办法不仅操作麻烦、转化率低，而且因为目前市场上的黄鳝苗几乎都是从野外捕获的野生鱼苗，早已过了"仔鳝"这个阶段，所以不可能用这种方法。

有说法称，使用雌激素可让雌鳝的性腺不发育、不产卵，提高生长速度，对此，周文宗说，"这一过程没必要通过雌性激素来完成"，黄鳝有一种特殊的"同类抑制"习性，也就是喂养密度达到一定标准，雌性黄鳝就不会产卵繁殖。周文宗做过多次室内与室外试验，发现养殖密度如果超过15尾/平方米，黄鳝卵巢就自动退化体内吸收，不会排卵繁殖。在生产中，黄鳝养殖的密度至少都是50尾/平方米以上，大大高于15尾/平方米。这种情况下，不吃激素也能将雌鳝养得很大，目前市场上卖的雌鳝也较多。

这一点也得到养殖经营户的确认。在华南地区最大的水产综合市场广东省广州黄沙水产交易市场，从事黄鳝、甲鱼等养殖经营的聂士说，现在黄鳝一般养殖密度都在每平方米30尾左右，根本就没必要用雌激素。

■ 疑问三：黄鳝饲料会加激素吗？

【调查】激素成本高，加激素的饲料黄鳝不爱吃；国家不允许饲料里加激素

华中农业大学教授谢从新多次到黄鳝饲料厂和养殖户中调研，从他了解的情况看，黄鳝饲料里添加激素"几乎不可能"。"激素类药物早已试验证明会加速黄鳝死亡，厂家怎么会生产这类饲料，干砸招牌的事情？"

湖北省水产局水产科学研究所黄鳝研究专家蔡焰值从成本角度进行了分析。他说，激素的市场价格从每公斤几百元到几万元不等，水环境中的饲料如果加激素，用量会增加，饲料成本提高不少，养殖户都会仔细算清这笔账的。

周文宗从给药途径的角度对"添加激素"这一说法予以驳斥。他认为，给黄鳝服用激素类药物有3种途径：口服、肌内注射、药浴浸泡。"黄鳝体滑黏液多，捕捉困难，肌内注射不太可能。面对成百上千只黄鳝，采用药浴浸泡成本太高。如果在饲料中添加激素让黄鳝口服，又需要黄鳝驯食配合饲料技术，一般养殖户较难掌握这种技术，而且黄鳝味觉、嗅觉灵敏，常常拒食有药品异味的饲料。当然也可采取活饵载体的方法，即让小杂鱼等活饵口服激素类药物后转移到黄鳝体内，但操作太费事了，而且可转移多少激素类药物及效果如何也无法得知。"周文宗说。

湖北的一个饲料商表示，国家不允许在饲料里加激素，厂家也不敢随便加。

"现在大家都谈激素色变，实际上人体、鱼体内都有激素，是生长发育必需的物质。"杨代勤提到，就跟其他鱼类催产手段一样，在对黄鳝试验性人工繁殖时，的确会用到部分外源激素，比如绒毛膜促性激素、促黄体素等，但它们是鱼体本身就有的，使用激素只是加大其排卵率和排卵量。"何况，这种以催产为目的的人工繁殖，难度高、规模小、条件苛刻，只停留在实验室。用于催产的亲鳝，主要存在于科研站所，一般不会流出，即使流出，也没有危害，因为这类激素在鱼体内代谢快，一个星期就会排出体外。"杨代勤说。

■ 疑问四：人工养殖黄鳝为何肥大？

【调查】饲料充足，营养好，运动少

在市场上，肥大的黄鳝经常受到消费者质疑。对此，四川简阳市养殖户王太新介绍，黄鳝瘦小或肥大取决于饵料是否充足、喂养时间是否足够长。王太新告诉记者，人工养殖的黄鳝一般达到二两至半斤便可上市，不过也有养到一公斤以上的。"四川的消费者倾向于食用比较细小的黄鳝，因此我们养殖的黄鳝在较为细小时就出栏，比较肥大的黄鳝基本销往外省。"

野生黄鳝以蝇蛆、蚯蚓为主食，人工养殖的黄鳝在饵料方面是否有"催长"成分呢？王太新告诉记者，饲料主要成分是鱼粉，鱼粉是用一种或多种鱼类为原料，经去油、脱水、粉碎加工后的高蛋白质饲料。"刚进入养殖的鳝鱼苗一般在30—50克之间，养到上市时的二两到半斤，需要用五到六个月的时间，谈不上'催长'。"

武昌菜市场的黄鳝养殖户刘涛告诉记者，现在的黄鳝之所以变大，主要是因为饲料比以前好，有专门的鱼粉，里面添加些矿物质、蛋白质、维生素，而且饲料投喂量大，食物充足，少运动。

"市场上的各种鳝鱼饲料都以鱼粉为主，成分差不多，只是比例不太一样。"杨代勤说，野生黄鳝"饥一顿饱一顿"，面临竞争的自然环境，所以长得瘦小，而人工养殖的鳝鱼投食量充足、摄食比较均匀，所以长势比较好。

事实上，对农户来说，并不是黄鳝生长速度越快越好。"9月中下旬的华中、华东地区，昼夜温差大，生长速度过快的黄鳝往往不能适应，容易死亡。"杨代勤说，他们现在要求养殖户必须控制投食量，从而控制生长速度。

湖北省仙桃市张沟镇黄鳝养殖户说，他们现在养殖所用的鳝鱼苗全都是野生的，一般一斤鱼苗有15条左右。人工养殖如果是当年的鱼苗，买回来后从6月下旬喂到11月中旬，一般长到2两左右就能上市了。如果是野生黄鳝，则夏天卖得多，冬天卖得少，因为冬天天冷，野生黄鳝不易捕捞。黄鳝只有一

个品种，但是有几个等级，分为小、中、大、特大，比如北京居民一般喜欢中条的，浙江居民喜欢订购大条的，但品种没区别。

仙桃市民关荣说，现在这个季节，仙桃市面上卖的黄鳝都是野生的，因为家养的还没有上市。

■ 疑问五：黄鳝食用安全吗？

【调查】 农业部2008—2011年抽查，黄鳝激素超标率为0，药残合格率为98.78%

蔡焰值表示，网传的"性激素"可能是"促生长素"。十多年前的养殖户确实会给黄鳝喂一些促生长素，但现在已不用了，因为养殖户发现，水有稀释作用，这些促生长素之类的药物价格高，但用了效果不明显。也有专家表示，生长激素必须经常注射，达到一定的使用周期才能促生长，从成本角度来说并不合算。

湖北是黄鳝养殖大省，湖北省水产局质量安全办主任李天喜介绍说，目前的黄鳝一般有两道检测：产地检测、例行抽检。产地检测一般是指在黄鳝出塘的时候，由农业部门按照国家要求进行多项检测；例行抽检是在批发市场、农贸市场等，每年两次由工商、农业部门抽检。

蔡焰值说，水生动物代谢快，有很好的自净能力，比如试验中给某种鱼喂一些药物，使其体内有药物残留，然后再在清水里养殖，过35—40天再检测就发现它体内没有药物残留了。

根据农业部2008—2011年对黄鳝的产地监督抽查结果，黄鳝的乙烯雌酚激素超标率为0；黄鳝药残监测合格率达到98.78%。据漆乾余介绍，四川省水产局下属水产质量安全办会定期对水产市场进行抽查，2011年四川水产品的抽查合格率是98.5%，"孔雀石绿、氯霉素等是抽查检验的重点"。

水产品兽药残留限量标准已与国际接轨

本报记者 王君平 冯华 朱隽
人民日报（2012年06月28日04版）

兽药残留是影响动物源性食品安全的重要因素之一。我国对于激素、抗生素的禁用和残留限量有无规定？与国外标准相比，有何异同？记者采访了有关部门及专家。

■ 疑问一：为何要使用抗生素、激素？

【回应】 国内外动物养殖均使用抗生素治病防病；我国从未批准激素类药物用于动物促生长

国家兽药安全评价中心主任、中国农业大学动物医学院院长沈建忠教授告诉记者，动物源性食品抗生素残留，主要来源于三方面：一是治病，二是防病，三是饲料添加。

"在动物养殖过程中，使用抗生素是正常的，也是必要的。"沈建忠说，即使在发达国家，也常需要使用像青霉素类、氨基糖苷类等药物。在目前情况下，抗生素是控制动物细菌感染性疾病的主要手段，同时，一些人畜共患病原菌尤其是耐药病原菌感染时，如果治疗不及时，细菌会从动物传染给人类，导致人的感染、发病甚至死亡。

少量的抗菌药物，如杆菌肽锌、黄霉素等，在亚治疗剂量下对动物具有促进生长、提高饲料转化率的作用，美国、巴西、加拿大、澳大利亚等国至今仍将它们作为抗菌促长剂使用。沈建忠强调，我国严格控制和限定抗生素作为饲料添加剂使用,截至目前,只批准了土霉素、黏杆菌素、杆菌肽锌等10多种抗生素可作为饲料药物添加使用,并规定了使用的动物品种、生理阶段、用量、使用方法、停药期和注意事项等。这些药物在美国等发达国家也被允许在饲料中作为添加剂使用。但从食品安全尤其是抗生素耐药性产生和传播的角度看,限制或者最终禁止在饲料产品中添加抗生素是未来发展趋势。

一些人认为,现在动物加速生长的原因是饲料中添加了激素类药物。对此,沈建忠说,动物的快速生长主要源于品种的改良、饲料配方技术的发展、疾病的有效防控以及科学的饲养管理等因素。在饲养环节,使用激素类药物促进动物生长的现象极少。况且,我国从未批准过激素类药物用于动物促生长,已批准的激素类药物是性激素,主要用于种畜繁殖和产科疾病,而且数量非常有限,并严格规定使用范围。性激素的给药通常不是通过拌料、饮水,而是采用注射。

据农业部兽医局介绍,目前,我国批准用于水产养殖的激素有注射用促黄体激素和注射用促性腺激素,允许用于鱼类繁殖,即种鱼的诱发排卵;已批准使用的抗生素(包括合成抗菌药)有磺胺类、青霉素类、氨基糖苷类、大环内酯类、氟喹诺酮类、酰胺醇类、四环素类等,主要用于水生动物细菌性疾病的预防和治疗,对产品规定了休药期,并禁止用于水生动物的促生长。

■ 疑问二:兽药残留超标对人有何危害?

【回应】残留超标会导致中毒、过敏等,兽药必须科学使用

沈建忠说,兽药残留超标的危害主要表现为人体直接中毒、变态反应与过敏反应、细菌耐药性、致畸、致突变和致癌等。抗生素残留还影响动物源性食品的加工,例如,牛奶中有抗生素残留,会使奶酪、酸奶等的发酵生产受阻。兽药残留也影响动物源性食品在国际间进行贸易。

沈建忠强调,养殖业中如规范使用兽药,兽药残留符合相关标准要求,就不会对人体健康造成危害。国际食品法典委员会(CAC)和包括我国在内的很多国家

都制定了食品动物兽药残留限量标准。抗生素要科学合理使用,前提必须是使用国家批准的品种,并严格按照标签说明书使用,包括使用动物对象、适应症、用法和用量、休药期或弃奶期等。只要正确使用,就能防止抗生素残留超标。

■ 疑问三:我国有多少种禁用、限量使用兽药?

【回应】禁用的化合物共67种类;规定最高残留限量的兽药共96种

据农业部兽医局介绍,我国制定了最高残留限量的兽药共96种,禁用的化合物共67种类,我国现有技术基本能实现对这些化合物的准确检测。

目前,我国涉及兽药质量安全的标准有:《兽药国家标准和专业标准中部分品种的停药期规定》(农业部278号公告)、《食品动物禁用的兽药及其他化合物清单》(农业部193号公告)、《禁止在饲料和动物饮水中使用的药物品种目录》(农业部176号公告)等。规定禁用的化合物共计67种类,其中,2002年农业部发布的《食品动物禁用的兽药及其他化合物清单》规定,10种类13种化合物禁用于水生动物,品种包括林丹、毒杀芬、呋喃丹(克百威)、杀虫脒(克死螨)、双甲脒、酒石酸锑钾、锥虫胂胺、孔雀石绿、五氯酚酸钠及各种汞制剂。

涉及兽药残留标准的有残留限量标准和残留检测方法标准,我国制定发布了《动物性食品中兽药最高残留限量》(农业部235号公告),制定发布了属于国家标准序列的兽药残留检测方法145项,其中水产品中兽药残留检测方法标准14项。

据了解,农业部已基本完成《动物性食品中兽药最高残留限量》的修订工作,下一步将履行公开征求意见、对WTO通报、批准发布等程序。

■ 疑问四:兽药残留标准国内外有无差异?

【回应】我国限定最高残留标准的兽药种类及具体限量值设定达到发达国家水平

我国兽药最高残留限量标准主要采用国际食品法典委员会、美国或欧盟的标准。在欧盟未规定限量标准的情况下，我国主要采用美国标准。目前我国限定最高残留标准的兽药种类及具体限量值设定基本达到了发达国家的水平，与国际接轨。

国际食品法典委员会目前共制定57种兽用药物在牛、猪、禽、羊等主要动物组织中的限量值。《动物源性食品中兽药最高残留限量的指令》是欧盟管理兽药残留最核心的一部法规，确定最高残留限量共118种。美国兽药最高残留限量体系中，有最高残留限量值的品种包含了兽用抗生素类、抗寄生虫类、抗组胺类、激素类药物等，共108种。我国制定最高残留限量的兽药共96种。

关于残留限量标准，各国在药物品种设置上有差别。如抗生素类药物：欧盟51种，美国34种，CAC 15种，中国37种；抗寄生虫类药物：欧盟38种，美国17种，CAC 21种，中国34种；抗球虫类药物：欧盟3种，美国19种，CAC 2种，中国17种。

有些兽药在我国未规定限量而其他国家有规定，主要原因是大部分产品未在我国批准使用。如欧盟对双氯青霉素、青霉素V钾、巴龙霉素、氟尼辛、托灭酸、美洛西康、巴喹普林，美国对硫酸庆大霉素、潮霉素B、制菌霉素、卡巴氧及代谢物、烯丙孕素、呋喃哇酮、莱克多巴胺、竹桃霉素等均规定了限量，而我国除硫酸庆大霉素外，其他几种药物因未批准使用均没有规定限量。

一些药物在国外禁用，在我国也未注册。如阿伏霉素，欧盟、美国、日本在所有食品动物中禁用。我国兽药典中不含有阿伏霉素，对其没有做出规定。还有一些，国外禁用而我国规定限量，如欧盟规定禁用的药物喹乙醇，在我国可作为（35公斤及以下）猪生长促进剂使用，并规定在猪肌肉中的最高残留限量为0.004毫克/千克，肝中为0.05毫克/千克。

我国未禁止使用磺胺类药物，但规定在所有食品动物所有组织中的残留限量低于0.1毫克/千克，这项规定与欧盟和美国相同。美国禁用氟喹诺酮类(沙星类)物质，我国与欧盟未禁用，但规定了限量。日本禁用恶喹酸，其他国家和组织没有规定，我国对其在牛的肌肉、脂肪、肝脏、肾脏中的限量有规定。

总体上,各个国家和地区除了国际上对其毒性达成共识的药物全部禁用之外,关注的禁用、限量使用兽药种类有差异。欧盟主要关注激素类药物作生长促进剂和抗生素药物作饲料添加剂两方面,美国更关注抗生素类药物,我国更关注兴奋剂类药物和抗生素类药物。

沈建忠指出,尽管我国兽药残留限量参照国际和发达国家标准制定,并且兽药使用都有休药期规定,但从根本上解决畜禽产品兽药残留超标问题仍存在较大难度。主要原因在于:一是兽药使用不规范,休药期制度落实不到位;二是用药制度不完善,急需出台处方药管理规定;三是残留监控措施在有些地方没有落到实处。

在水产品的生产、流通环节,兽药禁用及残留限量标准执行得如何?怎样规范和监管激素、抗生素的使用?请看下期《求证》。

水产品怎样才能更安全?

监管实现无缝链接,产品建立追溯体系

本报记者 冯华 王伟健 李刚 富子梅 朱隽 谢卫群

人民日报(2012年06月29日04版)

昨天的《求证》栏目对我国禁用、限量使用兽药的相关标准进行采访,了解到我国兽药残留限量标准已与国际接轨。那么,在水产品生产、运输、销售等环节,对于兽药相关标准的执行情况如何?对于水产品的质量安全监管又如何呢?

■ **焦点一:生产环节如何监管?**

【回应】疏堵结合,产地抽检合格率较高

当前产地水产品质量安全监管工作,总的原则是政府领导、属地为主、分级负责、齐抓共管。农业部每年两次对产地水产品质量安全进行监督抽查。

为保证养殖户不用违禁兽药、不超标使用限用兽药,农业部从疏、堵两个方面加强工作。在疏的方面:一是创建水产健康养殖示范场。二是强化疫情监测和预警预报,积极指导养殖渔民通过良种、良法和改善水域生态环境提高防病能力,减少兽药使用。三是推动养殖企业、专业合作社建立健全水质监测、生产记录、科学用药和产地证明等质量安全自控制度。

在堵的方面:一是针对重点品种、敏感药物,随机开展质量安全监督抽查。二是开展水产专用药残快速检测产品验证,提供技术手段支撑各地加强苗种和生产环节监管,积极推动有条件的地区开展产地准出、市场准入和质量安全追

溯试点。

各地也加强了监管。如广州市每年农产品质量安全检测样品量达到96万批次，在种养环节实行每日农产品质量安全监测，以及多项例行监测和专项检测。

据农业部提供的数据，经随机抽检，2011年水产品药残监测合格率达到98.3%；氯霉素监测合格率继续保持在99%以上，孔雀石绿监测合格率达到98.7%；2011年没有发生因养殖环节问题而引发的水产品质量安全事件。2011年我国水产品出口额达到177.9亿美元，比上年增长28.7%。

■ 焦点二：流通环节执行如何？

【回应】运输分散，售卖门槛低，监管难度大

据了解，水产品涉及生产、运输、销售多个环节。目前农业部门重点负责水产品在养殖环节安全；质检部门重点负责水产品加工环节安全；工商部门重点负责市场安全；食药部门负责餐饮安全。而水产品离开产地、进入市场之间，缺乏监管。消费地大城市面临的这个问题比较严重，因为当地水产品常无法自给，只能长途贩运，而在贩运过程中的情况如何，水产品进入市场时的情况如何，没有部门向记者提供相关做法及数据。

同时，水产品的市场检测成本较高，需要样品、耗材及专门人才，一些水产市场不具备条件。

上海一些市场会用试纸检测水产品的甲醛含量；活鲜是否用了激素类药物，需由专业仪器和人才进行检测，一些水产市场无法做到。

江苏省水产质量检测中心副主任吴光红说，南京江宁一个占据该市70%水产品交易量的水产品批发市场中，已经建立了快速检测室，去年检测2000多个样品，今后还会增加检测批次。

在广东的正规水产市场，每天进入市场的水产品由市场自己抽检，通常一个市场一套检测设备，配备1个到数个检测人员，由于技术条件和能力的限

制，有些残留检测做不了。

北京要求水产品进入北京市场必须经县级以上具有检验资质的水生动物疫病监测部门检验，每批次水产品最大应以车为单位提供出县境检验合格证明和产地证明。水产品批发市场应配备监测设施开展自检，同时定期委托水产品质量检测机构抽样检测，对半年内出现3次检测结果不合格的水产品产地实行区域退出，不得进入北京市场。

■ 焦点三：如何保证水产品质量安全？

【回应】 加强监管，建立水产品安全可追溯体系

谈到水产品安全管理的困难，江苏省海洋与渔业局副局长沈毅说，一是面广量大。生产者经营者无法全部纳入。二是监管力量不足。目前江苏省的检测机构共有12家，常规检测一般在本地解决，但感觉人手不够。一般乡镇从事检测的只有一人，要负责所有农产品的检测。三是相关法律规定了对企业和合作社进行监测，但对于大量的个体农户养殖，目前监管难度仍比较大。

江苏目前正在建立水产品安全可追溯体系。从太湖蟹苗种培育到成蟹养殖进行全程电子系统监控，采用条形码追溯系统，出口产品采取二维码追溯系统，市场运销和出口的全过程实现网络、短信或语音查询。示范产品依法实施生产档案记录、用药休药期、包装标识、质量安全追溯和产地准出制度。

在广东台山，广东鳗鱼协会会长徐利明用来饲养出口鳗鱼的养殖基地建立了严格的检验检疫制度，每一次用药、投食都有完整记录，记录保存两年，以便检验检疫部门随时详查。基地购置了全套监测检验设备，按照检验检疫部门的要求检测残留情况并报检验检疫部门。从养殖基地到出口口岸，运输车辆使用密闭式运输车加装GPS系统，由检验检疫部门加上封条，运输过程中出现任何异常现象，检验检疫部门都会第一时间得知。

记者在主要面对内销市场的广州番禺五湖四海水产市场了解到，水产市场

也备有检验检疫设备,每天在市场内例行巡检,但规模、手段、技术条件和能力、抽检力度,都无法与出口检验检疫相比。

出口水产品的严格监管,与内销水产品的监管力度形成了鲜明对照。可否借鉴出口检验检疫制度,建立行之有效的内销市场监管体系呢?对此,广东检验检疫局番禺分局工作人员张淑娟介绍,出口检验检疫的严格监管建立在生产基地化的基础上,养殖大户的生产基地规模大,生产流程规范,容易监管;但内销市场绝大多数依托一家一户的生产模式,生产主体过于庞杂,如果要移植出口农产品监管方式到内销农产品,监管部门必须采取针对性措施,解决如何监管分散经营农户的难题。

在现有条件下如何加强农产品质量监管?据有关部门介绍,我国食品安全监管实行的是分段管理的体制,2010年国务院成立食品安全委员会,加大了综合协调力度,在一些重大活动安排、重大案件查处上,各部门、各环节之间的衔接更加紧密。对于存在的一些监管空白问题,各地各部门正积极探索,强化部门、区域、上下之间的联动机制,努力形成齐抓共管的局面。一些地方政府还结合当地实际,对一些边界不清的问题进行细化规定,明确监管部门,落实监管责任。

传闻很廉价，澄清的代价却很大

王伟健

2012年，我有幸参与了《求证》栏目策划的水产品质量安全调查《大闸蟹养殖违规使用激素和抗生素吗》这篇稿件的采访报道。

传闻有时很廉价，但澄清的代价却很大。当时，我采访了蟹农、兽药店、药厂、相关政府部门以及水产品生产方面的专家。随着采访的深入，我越来越发现，大闸蟹的生产是可靠安全的。但一个现象也让我深思：采访时，江苏的政府部门要么不愿意接受采访，要么在采访时闪烁其辞，甚至连更应该有勇气发出声音的专家们，对这样的问题也不敢或不愿多言。这不仅增加了采访的难度，更让我进一步思考，到底是什么让传闻占据民间舆论场？是什么让政府部门和专家们不敢说话？

■ 谎言为何流传10多年？

对一个喜欢大闸蟹的食客来说，大闸蟹不安全的说法确实更让人担心。

"比三鹿厉害100倍的大闸蟹（转载）"、"竟然还有人敢吃闸蟹!!!"" [转帖]大闸蟹，是用激素喂养的"……这是我随便搜出来的几篇有关大闸蟹不能吃的帖子。这些帖子都指向一个消息源——《壹周刊》。

"从蟹苗到上市，至少要十种药，例如：氯霉素、土霉素、喹乙醇、痢特灵、诺氟沙星、恩诺沙星、病毒灵、多西霉素、乙烯雌酚等等。"

这些是《壹周刊》中描述的文字。

其实,《壹周刊》发表这篇文章是在 2001 年,至今已过去 10 多年,但就是这样一篇看起来充满了夸张臆想的文章,一而再再而三地被人拿来说事。

当下,食品安全问题频出,人们的信任渐弱,在这样的现实情况下,宁愿信其危已成为消费者最为常见的一种心理防御手段。

如何把事实真相告诉人们,破除这种惯性思维?这需要我们通过深入的调查,采集全面的信息,得出公正的判断。

当我走访了阳澄湖、养蟹塘、渔药店,采访了蟹农、渔药店主、饲料厂老板、专家、教授之后,我便不再相信《壹周刊》的文章,重新大胆地吃起大闸蟹。

"信息充分才能明白,明白了才能放心。"一篇谬文流传 10 多年,其中的原因发人深思。

■ 专家们为啥不敢说话?

电话里,工作人员很和气,但语气多少显得有点"官方"。

"记者先生啊,好的,这么重要的事,能不能发个采访函过来呢?"

这是我当时求证大闸蟹传闻时遇到的一段经历。

网络上查询,找到了水产专家、质量检测中心副主任吴某某研究员。然后是电话约采访,接电话的是这个中心办公室的工作人员。

函发出去后几天,没有回应,便继续打电话。电话里依然传来客套话,其中软钉子无数。一会儿说"采访函已交,等待批复",一会儿又说"吴主任出差了"。

无奈之下,记者决定直接找上门去。对方又说:"你留个联系方法吧,吴主任回来了,我再跟你联系。"

"那能不能留个吴主任的联系电话呢?"

"对不起,这个我做不到。"

再次无奈。多次努力之后,终于拿到了吴主任的手机号码。打电话,不接;发短信,不回。

一天之后,我收到了吴主任的短信——"我不想讲这个问题"。

为啥呢?一个关系到广大消费者切身利益的问题,专家为啥拒绝呢?

专家们怎么了?

在一次专家云集的会上,一位生物学家直言,转基因的争议之所以那么大,公众对转基因的误解之所以那么多,一个很大的原因就是科学家与公众交流的机会太少。

这位生物学家的话,引起了会场内学者的共鸣,更是让记者激动。讨论会一结束,记者就走上前去,伸出手,希望和这位生物学家握手结识,继续深入聊聊转基因话题。谁知,戏剧性的一幕发生了:当他得知面对的是媒体时,立即收回了手,他告诉记者,自己通常不与媒体打交道。

这是我经常遇到的问题,但这肯定是不正常的。一方面,专家具有科学责任感和向公众传播科学的愿望与热情;但另一方面,他们面对通向公众的桥梁媒体时,常常表现得十分为难甚至逃避。

其实,后来虽然见到了吴主任本人,但采访是在他谨小慎微的回答中完成的,并对很多问题不置可否。

事后,我总是在问自己一个问题——专家为啥不敢或不愿说话?

■ 常识为啥没人信?

蟹吃得不少,但真正坐船去"巡视"阳澄湖螃蟹养殖,还是第一次。湖水清澈,微风拂面,坐着小船,徜徉在湖面上,做蟹农的感觉真好。"没那么自在的。"蟹农毛文清对我说,"从4月份开始投蟹苗,我们算起来要一直忙到年底。"

最怕是大太阳,不仅蟹农怕热,大闸蟹更怕热。毛文清说:"大闸蟹是喜阴动物,它最喜欢蹲在水草下面,捕食小鱼小虾。"

一热,就有可能生病,那该怎么办?毛文清说:"喂中药。"他介绍,为了提高螃蟹的抵抗力,他种了板蓝根,30亩水面用2公斤左右的板蓝根就预防疾病了。

会不会用抗生素?"怎么用?拌到饵料里还是直接投到水里?"毛文清说,"撒到湖里下去就没了,用处不大,这是常识。"

接下来,我又到养殖塘蟹的地方去。苏州吴江的梅达明是我下一个采访对象。我的问题是:大闸蟹吃死猫死狗、抗生素和激素吗?

求证：用事实粉碎谣言
——人民日报这样调查真相

梅达明说："要想养好螃蟹，水质最重要。水环境好了，大闸蟹就不易生病，就不需要用抗生素。"因为大闸蟹对生长环境的洁净度要求很高，许多养殖户都在养殖场中种植水草来净化水质。梅达明告诉我，为了给大闸蟹一个干净的环境，把大闸蟹卖光后，就要把塘里的水放掉，用石灰消毒，然后在太阳下暴晒。

"所以，往塘里扔死猫死狗喂大闸蟹是不可能的。"他说，这样做不仅污染水质，破坏大闸蟹的生存环境，而且大闸蟹也不可能爬到死猫死狗的尸体上吃腐肉，因为大闸蟹喜阴，喜欢待在水草下面进食。

我曾经问过苏州大学水生生物与生态学系副教授宋学宏关于大闸蟹生存水体环境的问题，她告诉我，养蟹要先养水，水体环境对大闸蟹的生长至关重要。她说："这是常识问题。"

有传言说在螃蟹最后一次蜕壳时投放避孕药，宋学宏觉得提出这个想法的人太大胆了。"从进化意义上说，螃蟹是低等的无脊椎动物，给螃蟹吃高等脊椎动物的避孕药，这是无稽之谈。"她解释说，从生物学角度说，秋分前后螃蟹蜕壳为绿蟹，性腺开始迅速发育；而人们喜爱的蟹黄和蟹膏，恰是螃蟹的性腺。

"假设投放避孕药有效，正好抑制了性腺的发育，那么人们喜欢食用没有蟹黄和蟹膏的蟹吗？"她说，"这是常识吧？"

又是常识，常识为啥这么稀缺，人们为何不再相信常识？

（作者为人民日报江苏分社记者）

老谣言的背后有深层次原因

李 刚

长期以来,"黄鳝是避孕药催肥的"、"甲鱼用大量抗生素"等传言流传甚广,很多人笃信不疑,此话题几乎每年夏天都会占据网络论坛、微博的重要位置。2012年6月,"避孕药黄鳝"的话题再次炒热,《求证》栏目发现后,向我约稿。

■ 科学经验破除老谣言

在领到"求证"任务后,我心中仍然没底:本次调查采访能够还原出一个怎样的真相?如果黄鳝养殖中的确有人使用避孕药,或者了解到水产品养殖中还有更让人胆战心惊的违规行为,该如何报道?

广州黄沙水产交易市场,号称国内最大的水产品交易市场和华南地区水产品集散地,在鳞次栉比的黄鳝及甲鱼经营档口,经营户指天发誓,他们的黄鳝、甲鱼没有问题。而在相关水产品研究单位,得到的信息却模棱两可。"这方面我们没有研究"、"那方面目前还没有数据支持",这些模棱两可的回答让事情变得更加扑朔迷离。

我需要真相,谁能给我真相?

记者来到广州郊区一家水产品养殖场,养殖场主人聂先生是记者多年的朋友,他多年养殖黄鳝、甲鱼等的经验让记者相信,他熟悉这个行当的内幕,同时我更相信他能够给我真相。

仔细地参观了他的养殖场后,记者与聂先生认真地说起来意。

聂先生表示,"黄鳝都是避孕药催肥的",这是不可能的事情。因为黄鳝的繁殖期在春季,而养殖户是6、7月份开始养殖,9、10月份开始上市,过年前肯定要全部卖完，没有必要用避孕药去"催肥"。

很多人都对为什么"黄鳝要用避孕药催肥"的说法一头雾水。其实，这个传言就在于黄鳝一排卵就不长个的养殖经验。传言的逻辑是，用避孕药所含的雌激素抑制黄鳝排卵，以达到催肥的目的。但聂先生表示，这个逻辑对其他动物也许行，但对黄鳝根本就不是这么回事。因为黄鳝雌雄同体，两种器官在同一身体上都具备，所以它会变性。黄鳝第一次产卵一定是雌的，以后两三年雌性激素减少就逐渐变成雄的。雄鳝长得粗，卖的价钱也好，雌性的鳝鱼长得极慢，使用避孕药增加雌性激素，不是叫黄鳝一直"母"着，养殖户得不偿失吗？即使在排卵期，鳝鱼的密度如超过 15 尾／平方米，就不会产卵，而现在一般养殖密度都在 1 平方米 30 条左右，根本就用不上避孕药。

在许多的报道中，都提到"避孕药"甲基睾丸酮，这是一种雄性激素，也是兴奋剂管制药品。记者从市场上了解到，这种药物非常昂贵，不可能运用到水产养殖中去。而专家的研究成果也表明，这种药物用于水产养殖，会增加水产死亡率，得不偿失。

■ 监管混乱谁来治理

"黄鳝用避孕药"是无稽之谈，调查的结果算是还原了真相，但记者却觉得采访没有结束：为什么大家对水产品养殖这样没有信心，我们的水产养殖到底出了什么问题？

记者来到距离广州黄鳝水产市场 100 公里的台山，广东鳗鱼协会会长徐利明在此租赁了上千亩鱼塘养殖鳗鱼，并全部出口到海外市场。在他的养殖场，建立了严格的检验检疫制度，每一次用药，每一次投食，都有完整的记录，而这记录要保存 2 年，以便检验检疫部门随时详查。基地购置了全套监测检验设备，按照检验检疫部门的要求对残留情况检测并报检验检疫部门，检验合格后方可发货。而从养殖基地到出口口岸，广东省检验检疫部门更是设置了多个监测环节和监管措施，连运输的车辆也需要专用的密闭式运输车加装 GPS 系统，由检验检疫部门加上封条，运输过程中出现任何异常现象，检验检疫部门都会第一时间得知。

鳗鱼又称白鳝，与国内老百姓餐桌上的黄鳝只有一字之差，但它们的"待遇"却相差万里，因为白鳝主要供出口，而黄鳝主要为内销。记者又在其他水产品市场了解到，一般水产市场也备有检验检疫设备，每天也在市场内例行巡检，但无论是规模、手段，检测的技术条件和能力，以及抽检的力度，都不可能与出口水产品的完整检验检疫制度及各种检测措施相比。在广东的水产市场，普遍的检测模式是，每天进入市场的水产由市场自己抽检，这是市场"自检"环节，一个市场一套检测设备，配备1个到数个检测人员不等，由于技术条件和能力的限制，有些残留检测根本做不了，而一个市场至少有数千个经营户，每个经营户至少有10个鱼塘的水产品，市场"自检"这第一道防线只能是"聊胜于无"。发生食品安全问题后，工商部门及食品安全主管部门的检测力量会集中投入检测，但这一般是"亡羊补牢"。

目前国内水产养殖比较乱，乱在监管的不到位，也乱在生产的混乱。首先，养殖用的饲料没有标准，生产厂家添加了什么，没有添加什么，养殖户一概不知；在养殖环节，目前农业部门只规定了哪些药品为禁用，但没有严格的监控措施。徐利明从事养殖很多年，主管部门没有一次到养殖场去检测监督；在市场销售环节，也没有建立责任追索机制，出了问题，板子都打在水产品经营户的身上，而一个经营户的鱼池里至少有10个鱼塘的水产品，他们也搞不清楚哪个养殖户的供货出了问题。

出口水产品的严格监管，与内销水产品的监管体系形成了鲜明对照。我们能否借鉴出口检验检疫制度，来建立行之有效的内销市场监管体系呢？

对此，检验检疫部门工作人员认为，出口检验检疫的严格监管是建立在生产基地化的基础上，养殖大户的生产基地规模庞大，生产流程规范，容易监管；但内销市场绝大多数还是依托一家一户的小农经济生产模式，生产主体过于庞大，如果要移植出口农产品监管方式到内销农产品，监管部门就必须采取针对性措施，解决如何监管分散经营农户的难题。

检验检疫部门工作人员的回答似乎有些道理，但在现有的生产组织形势下我们对农产品监管真的一筹莫展？保证农产品质量安全仍然任重道远，还需要全社会共同努力……

（作者为人民日报广东分社记者）

为什么关注水产品？

问：当时确定水产品质量安全这个选题的初衷是什么？为什么会选择关注水产品？

答：人民日报《求证》栏目在2012年6月推出了"关注水产品质量安全"系列四篇报道。之所以关注这个选题，与栏目的定位有关。《求证》栏目是一个调查性栏目，旨在对各类争议新闻、疑点事件进行探寻，力求通过严谨核实与深入调查，澄清事实，还原真相。

问：采访过程中，有没有遇到什么困难？可不可以分享一下背后的故事？

答：我们这一组报道还是遇到不少的困难。可以从两个层次来看。首先，相对来说，黄鳝、大闸蟹是水产中的小类，关注该领域的专家群体不是那么多。因此，在采访权威专家这方面，我们花了不少功夫。

另外一个困难就是主管部门不太配合。由于该选题涉及食品安全，关系到主管部门监管职责，我们想了解，但他们却不想说。他们态度很好，但就是一直拖着，或者说领导不在，或者说正在研究。通过反复沟通与多方努力，才得到了国家以及省市县各级政府主管部门的回复，提供了有关检测数据等。

负责大闸蟹选题采访的一个记者，是我们江苏分社记者王伟健，他一个人就需要深入大闸蟹养殖基地调查，并采访十几个涉及水产不同环节的采访对象，有蟹农，有饲料厂的老板，有渔药店的店主，同时还采访了水产专家，以及养殖基地所在省市县政府农业部门、渔业部门、工商部门等。

而整组报道共有十几个记者参与。比如，从地域来看，除了在江苏进行明察暗访，还包括香港、北京、上海、广东、四川、湖北等地记者的调查；从监管部门来看，除了采访农业、渔业部门，还采访了卫生、工商、食安办、质检等部门以及相关领域的专家学者。因此，整组稿件采编工作量很大。从选题到定稿，花了差不多一个月的时间。

问：你们是怎样评价自己的这组系列报道的？报道之外，还有哪些值得关注的问题？

答：报道出来之后，很多读者、网民都表示了支持与认可，扭转了他们对大闸蟹、黄鳝等水产品的认识误区，有效引导了社会舆论。从传播效果来看，报道推出之后，很多报纸和电视台都进行了转载或跟进报道，我想，这也是媒体同行对这组报道的认可。我们也希望这组报道能得到更多人的关注，能给大家提供一些帮助，促使大家更加冷静客观地看待我国水产品质量问题，不要人云亦云，偏听偏信。

其实，求证的每一篇调查，都要求记者必须深入第一现场，同时呈现正反两面观点，并采访到权威专家、权威部门的说法，同时参考国际国内的权威数据进行核实，核实，再核实，确保报道中立客观、权威准确。

报道之外，有一个问题需要提一提。当时做这组报道时，栏目组要求记者在市场上购买水产品、饲料和渔药样品送第三方检测机构进行检测，但后来因为种种因素制约，没能实现。比如，一些受检机构表示，不接受媒体送检。我们希望，未来在送检制度与程序设计上，有一些改进。

问：人民日报连续4天在相同版面大篇幅刊登，是否可以理解为水产品质量安全越来越受关注？

答：目前从国内舆论环境来看，食品安全问题越来越受到大家的关注，成为舆论的焦点话题。水产品质量安全作为其中的一个方面，关注度自然也不断提高。但对于水产品质量安全，我们不能听风就是雨，还得讲究客观真实。特别是一些媒体在进行相关报道时，不应该为了吸引眼球以讹传讹，或者说不做调查地人为制造中国食品安全恐慌，这是媒体缺乏社会责任的一种表现。

问：其他国家或地区，在水产品食品安全监管方面有哪些值得我们学习的地方？

答：我们调查了与内地饮食结构相似的香港、台湾地区在水产品质量监管方面的好做法。记者采访了解到，在台湾，水产品质量安全管理同样是个难题。为破解这一难题，从2004年起，台湾尝试推广水产品产销履历制度，水产品从饲料生产、养殖过程、用药与检验分析、运输批发、加工与包装乃至销售，每一个环节都可以即时查验。为鼓励业者参与验证，台湾渔业部门分阶段按不同比例提供业者补助。履历如同水产品的身份证，有助于消费者享用安全的水产品，并可提升养殖业者及水产加工业者的竞争力。

在香港，主管机构食物安全中心采取"日常食品监察"、"专项食品监察"及"时令食品监察"三方面的食品监察策略，在进口、批发和零售层面抽取食物样本做微生物含量测试、化学测试及辐射测试，并每月公布食物安全报告，市民可方便获得最新的食物安全资讯。

同时，香港食物环境卫生署会对食品店铺记违例分数，屡犯者将被暂时吊销或取消牌照。违例者如果是在公众市场租赁档位，食环署也可终止其租约。

（2013年1月南方报业传媒集团《农财宝典》对栏目副主编罗彦的采访）

传言

近年来，有网文屡屡声称小龙虾是垃圾清道夫：

"小龙虾是日本人培育出来的，目的是用其处理城市污水，而且是首道处理程序的重要参与者。水越脏、重金属含量越高，小龙虾活得越滋润；水越干净，小龙虾死得越快。后来，小龙虾被引进中国，创业环保公司也在使用这种'重金属清洁剂'。（创业环保公司主业是污水处理，原身是渤海化工公司）"

"现在的小龙虾都是人工养殖的，但是你们见过小龙虾的养殖环境么？为了让小龙虾长得又大又肥，缩短它的生长期，那些黑心的养虾人往池子管子灌铅、汞、生活垃圾，更甚的还有金属油，而经过小龙虾不断吸收营养后，管子的黑垃圾越来越清净，越是毒的龙虾，就越是肥硕。拜托千万别吃小龙虾了。"

求证：用事实粉碎谣言
——人民日报这样调查真相

小龙虾被妖魔化了

人民日报（2012年07月30日04版）

近年来，有网文屡屡宣称，小龙虾喜欢脏污环境、被用来清污、体内重金属超标，不能食用。那么，小龙虾是不是在越脏的水里长得越肥？小龙虾适合食用吗？带着疑问，本报《求证》栏目记者奔赴小龙虾主要养殖基地江苏省淮安市盱眙县、湖北省潜江市调查，并采访有关部门和专家。

■ **疑问一：小龙虾喜欢脏污环境吗？**

【调查】脏污环境下生命活力差，难繁殖

不少网友认为，小龙虾经常在污水沟被发现，这是否说明小龙虾喜好栖息在脏污环境中。事实是否如此？

江苏省淡水水产研究所养殖室主任唐建清告诉记者，他们所做的实验显示，在小龙虾面前放置腐蚀性食物及新鲜食物，小龙虾选择腐蚀性食物与新鲜食物的比例为1∶10。

南京大学生命科学院副教授黄成给记者演示了一个"迷宫实验"：将一个2米长的Y形水槽加满清水，水槽左前端放置一块沾满氯化铵（脏水中常见物质）溶液的海绵，右前端放置一块沾满清水的海绵。随后他将一只小龙虾放在水槽后端，当虾沿着水槽爬至前方路径交界处时，经左右试探，最终选择爬往右端的清水水槽。

"以'污水沟里一捞就捞到，清水里捞不着'来判定小龙虾喜欢栖息在肮脏环境里，是不科学的。"黄成说，清水里生长的小龙虾活力强，没工具很难捕捉，而污染环境下的小龙虾生命活力很差，难繁殖。

湖北省水产科学研究所高级工程师舒新亚认为，由于小龙虾耐受性较强，能在污水中生存，但小龙虾生长过程中要脱七八次壳，环境不好小龙虾就不脱壳，长不好。很多养殖户以前不注意水环境，用浅水、脏水养，小龙虾产量很低；后来注意用深水、好水养，产量就增加了。

市面上卖的小龙虾会不会是排水沟的虾呢？江苏省盱眙县淮河北路一家水产批发市场的水产商贩告诉记者："小龙虾是夜里捕白天收，活虾打包加冰发往各地，有的物流要走三四天。地沟虾闷一天就死，批发商谁敢贩卖？"

江苏省疾控中心食品安全与评价所主任医师袁宝君表示，小龙虾养殖需要保持水体相对稳定，pH值在6.5—8之间，水体如严重污染会影响小龙虾生长，传言称小龙虾可用于水体清洁、清除腐化物质等，是不成立的。

■ 疑问二：小龙虾体内重金属超标吗？

【调查】 在重金属超标时无法脱壳成活

"其实，小龙虾对重金属十分敏感，在重金属超标的水体，小龙虾无法成功脱壳、无法成活。重金属具有可积累性，自然界中食物链越高端的生物对重金属的积累越多。小龙虾以水草等原初生物为食，处于食物链的底端，对重金属的积累低，正常养殖下，重金属残留不会超标。"舒新亚对记者说。

江苏省海洋渔业局相关负责人介绍，一般生物吸附重金属的能力很低；对于重金属在体内的积累，小龙虾和大多数生物差异不大。

"去年我们抽取了200多批次的小龙虾样本，在连云港、无锡、省级、国家级的检测机构进行异地检测全合格。今年计划抽检700批。"盱眙县水产技术指导站副站长孙骥告诉记者。

记者翻看连云港市水产品质量检测中心最近出具的几十份盱眙龙虾检验报告显示，从不同养殖点抽取的小龙虾，依据农办质[2012]8号文检测无机砷、甲基汞、氯霉素、孔雀石绿、土霉素、金霉素和硝基呋喃类代谢物等14项指标；同时，依据《无公害食品淡水养殖产地环境条件》，对养殖水体的色臭味、总大肠菌群、甲基对硫磷、乌拉硫磷、铅、铬、汞、硫化物等13项指标进行底质检测和水质检测，结果显示，指标全都合格。

■ 疑问三：小龙虾被用于污水处理吗？

【调查】日本及国内未发现用小龙虾清污

网文称，小龙虾最初是从日本带进来用于清污的，而且天津创业环保股份有限公司就用小龙虾吸附污水中的重金属。

舒新亚介绍说，小龙虾的中文学名叫克氏原螯虾，原产于美国路易斯安那州；1918年引入日本；上世纪30年代由日本生物爱好者带入中国。小龙虾先在南京自然繁殖扩展，1974年进入湖北，目前我国除青藏高原外都有分布，主产区为长江中下游地区和淮河流域。

日本大学生物资源科学部生物环境工学科副教授笹田胜宽告诉本报驻日本记者，从未听说用小龙虾净化污水一事，因为小龙虾需要在有土的水田和沟渠中挖洞筑巢，而储存城市污水的设备都是水泥和钢筋，根本不适合小龙虾生存。

天津创业环保股份有限公司总工程师邓彪表示，没听说有污水厂用小龙虾来处理重金属，创业环保公司管理的污水处理厂也从没有使用小龙虾吸附污水中的重金属。"一吨污水处理后的合格标准，国家有明确规定，计量单位非常精确。污水厂的污水处理技术是综合使用生物、化学措施去除污水中所含的有机物，其中的生物措施一般是使用生物化学制剂除臭、去污、杀菌。"

■ 疑问四：外国人不吃小龙虾吗？

【调查】国外已有200余年的食用历史

据介绍，小龙虾在一些国家已有200余年的食用历史。近年来，我国每年都会出口小龙虾。2011年，湖北出口小龙虾8686吨，江苏出口2457吨。

出口的小龙虾食品以熟食为主，如虾仁、茴香整肢虾、辣粉虾，主要销往丹麦、瑞典、西班牙、英国、法国、美国、加拿大等国，欧洲市场上90%的小龙虾来自中国。

潜江市华山水产食品有限公司和莱克水产食品有限公司分别获得了对美、欧、日、韩等国外市场的水产品自营出口权，产品通过了HACCP国际质量监控体系认证、美国食品药品管理局许可、欧盟卫生注册、英国零售商协会认证，小龙虾产品可直接进入欧美超市。

华山水产公司每年还处理废虾壳10万吨，生产的甲壳素用于食品加工领域，主要是制作保健品。针对传言所称用甲壳素去污，华山水产副总经理漆良斌表示，甲壳素的制作工艺复杂，加工成本高，不可能用来处理污水。

莱克公司90%的产品出口欧盟和美国。莱克公司相关负责人修齐表示，截至目前，产品在美国、欧盟等地的检验合格率、通关率始终为100%。

湖北出入境检验检疫局食检处处长王华全介绍，2011年，该局共抽检小龙虾11952吨，主要出口到欧盟、美国，检测项目包括微生物、重金属残留、兽药残留等，批次检测合格率为99.8%以上。2011年没有任何国家对湖北出口小龙虾的质量提出通报。

【记者暗访】

小龙虾的生长环境究竟是怎样的？

记者以项目考察的名义来到拥有7000亩标准化水产养殖基地的盱眙县满江红龙虾产业园，进行调查暗访。从1984年就开始水产养殖的于维祥承包了七八十亩塘口，每年亩产300公斤龙虾，每亩获利4000元。老于对记者说，水质关系到龙虾的成活,"水太脏,天一热,虾就全死了,那得亏多少?"为此,龙虾塘口进排水口得分开,而且,为模仿原生态的环境,塘里种植了水花生、芦苇、易乐藻,龙虾主要以水草和投放的玉米、麦麸为食。

"这里的龙虾养殖,从池塘清理、水草种植、虾苗放养到饲料投喂、水质管理、鱼药使用,都有明确标准。"满江红产业园工作人员于宏伟介绍,"每个环节的信息都输入电脑,最后产出时,产品包装上会贴一个条形码,购买的人登录江苏省水产品质量安全网就可查到该产品养殖的具体信息。"

与产业园人工营造的塘口不同,盱眙县鲍集桥口码头私人养殖户冯继科承包的300亩水塘,由洪泽湖自然滩涂圈建而成,并将龙虾、螃蟹、鲢鱼、螺蛳等混养。冯继科对不期到访的记者说:"鲢鱼吃肥水,螺蛳净化水质,加上种的水花生、水韭菜,可以保证水质,也能创造良好的生态链。""pH值我们自己会定期检测,上级单位也会过来不定期抽查。"冯继科一家住在养殖塘口旁边,平时都是吃自种蔬菜和塘里的鱼虾。

据了解,江苏小龙虾以池塘养殖模式为主,7月—9月为上市季节。2011年,江苏小龙虾养殖面积102万亩,产量8.6万吨,产值29.4亿元。湖北小龙虾以稻田养殖为主,2012年养殖面积420多万亩;产量30多万吨,占全国一半以上。

在湖北,记者通过调查了解到,当地小龙虾4月—7月为上市季节。7月17日,记者以大学生暑期社会实践的名义向潜江市龙虾养殖协会会长姜友余了解情况。据他介绍,潜江小龙虾主要是虾稻连作模式,一季小龙虾、一季水稻。稻子收割完以后从9月份开始投虾苗,4月份龙虾上市后开始种中稻。小龙虾吃菜饼、麦麸,投资少,风险小,经济效益高。

除了虾稻连作模式,虾稻共生模式也已在潜江推广,稻田旁边有一圈围沟,水稻和龙虾可以共生。记者在一处靠近湖泊的大片稻田观察,附近没有工厂,也没有其他污染源,水质良好。

规模化养殖操作规范,农民散养的小龙虾如何呢? 17日下午,记者行车途中,向路边偶遇的潜江市积玉口镇古城村村民小黑了解情况。据他介绍,他在借梁湖周边承包了8亩田,都是采取虾稻连作方式。小龙虾销售由合作社统一上门收购,农民不需要太操心价格问题,小龙虾养殖协会也会定期来检查水质。

见到小黑时,他正给水稻喷洒农药。记者询问农药是否会进入小龙虾体内形成残留? 小黑说他使用的是无公害农药,比普通农药贵,并向记者展示了背后的农药箱,说一箱得卖30多元。据他说,当地并没有强制性的措施,但农民自己有这个意识。

据了解,湖北省2007年对小龙虾农药残留进行过大规模检测,湖北省出入境检验检疫局和湖北省水产局对省内开展稻田寄养小龙虾的9个县市、14个村镇、41600多亩虾稻连作稻田开展调查,并采集土壤样品和水样各300个,抽取虾样500个。结果显示,大量土壤样品检出了阳性,但农药含量很低。在全部500个虾样中,未检出农药残留超标。此外,农业部对湖北省小龙虾产地连续多年进行抽检,也没有发现药残超标。

小龙虾，烧熟食用可放心

烹饪温度达 100 摄氏度并持续几分钟，即可杀死肺吸虫

本报记者　李浩燃　王梦纯　沈小根　姚雪青　田豆豆
人民日报（2012 年 07 月 30 日 04 版）

炎炎夏日，吃小龙虾是不少城市街头一景。网上关于小龙虾的传言，有没有引起小龙虾爱好者的担心？餐饮行业在烹制时有没有按相关的卫生标准及烹制时间操作？吃小龙虾安全吗？本报《求证》栏目记者近日在小龙虾的主要产地和消费地湖北、江苏进行了调查。

■ 疑问一：传闻有没有影响消费？

【调查】小龙虾餐饮火爆，餐馆基本按照卫生标准及烹制时间操作

根据记者观察，小龙虾的传闻似乎并未影响湖北、江苏小龙虾市场的火热。

"中国小龙虾之乡"湖北潜江市小龙虾餐饮店众多，仅小龙虾特色餐饮街就有小龙虾餐饮店近 50 家，一些知名虾店生意火爆，不少顾客吃完还打包几份带走。除了油焖大虾，蒸虾、卤虾、鸡汁虾、泡虾等做法也很受欢迎。目前，潜江市每天消费小龙虾约 30 吨，整个龙虾上市季节可消费 4000 多吨。

7 月 17 日中午，记者来到潜江有名的"虾皇油焖大虾店"暗访。该店厨房是开放式的，从餐饮区透过玻璃大致可看到烹饪过程，记者以游客好奇如何制作为由进入后厨观看，发现小龙虾洗剪和烹饪的地方是分开的。以油焖大虾制作流程为例，首先是把小龙虾头尾剪去，然后用刷子反复刷去虾壳和腹部的污垢，最后用自来水漂洗三遍。下锅时一锅 80—100 只，大约 6 斤，开大火，

油焖 10—15 分钟。

记者随后又来到"小李子油焖大虾"店,烹饪过程和虾皇店类似。工作人员告诉记者,腹部比较黑的虾会剔除出来,送回池塘等脱壳以后再捕捞。有专家曾建议烹制时间在 20 分钟以上,对此,"小李子"老板李代军介绍,油焖大虾的烹饪时间大于 15 分钟,蒸虾约 10 分钟就够了,这样能保证虾肉鲜嫩。

在江苏淮安,小龙虾几乎是请客、聚餐的必点菜。7 月中旬,在当地淮海路一家档次较高的饭店,4 斤一盆的虾要价 320 元,记者发现 7 个包间里,有 5 桌都点了两三盆龙虾。位于工农路的大排档一条街,小龙虾按个头从 30 元到 50 元一斤不等码在大盘子上。直到凌晨 2 点,还有不少食客在喝啤酒、吃龙虾。

在江苏小龙虾产地盱眙县,著名的十三香龙虾很火爆。盱眙城区有很多龙虾餐馆,7 月 17 日中午,记者走进一家名为"新果园"的饭店,点虾之后,借故到厨房查看。由于是现点,旁边市场刚把小龙虾送过来。4 斤虾除了大螯,其余虾脚都被剪掉半截,几个妇女围着一个大塑料盆用水刷洗龙虾。入锅用大火煮 20 多分钟后,一盘龙虾终于上桌。向老板打听是否知道近期小龙虾的传言,他反问:"传言不是一直都有吗?从没影响这里的生意。"

据了解,江苏是我国最大的小龙虾消费省,全年消费量 15 万吨左右。淮安龙虾由于近几年本地市场火热,内销价格高,比出口划算,已不大出口。

南京人从上世纪 60 年代初就开始食用小龙虾。目前全市有小龙虾餐馆 100 多家。据南京餐饮协会统计,2009 年南京餐饮企业营业额为 210 亿元,小龙虾占 23%,达 48 亿元。

7 月 17 日晚,记者经相熟厨师引路,进入无锡市区一家以小龙虾为特色的饭店厨房。一位负责烹饪龙虾的厨师告诉记者,虾来自盱眙的一家养殖公司,每天晚上告知第二天发货的数量,第二天下午,养殖公司将鲜活龙虾送到。"小龙虾运来先检查,死虾对人体有害,必须退货;经过严格清洗才能入锅,高温烹制 20—25 分钟。"

江苏省食品药品监督管理局餐饮安全监督处许飞介绍说,国家食品药品监督管理局《餐饮服务食品安全操作规范》规定,小龙虾这类熟制菜品必须烧熟煮透，加工时中心温度不低于70摄氏度，储存时须生熟分开、避免交叉污染等。江苏省食药监局今年第二季度在全省开展餐饮服务环节食品监督抽检，小龙虾样品检测项目均合格。

■ 疑问二：用没用洗虾粉？

【调查】暗访未发现餐馆使用洗虾粉，水产批发商说如需要可提供

清洗小龙虾时会用洗虾粉吗？无锡市的几位厨师都称这不可能："市里的卫生监督部门会派人到饭店的厨房检查，洗虾粉不允许用。以前听说如果用了洗虾粉，虾脚虾钳很容易泡脱落，能够识别。"

有网文说小龙虾做成重口味是为了掩盖自身异味或洗虾粉的味道。记者就此进行了解，盱眙以十三香龙虾出名，但在当地，龙虾还有很多做法，如蒜蓉、冰镇龙虾等，清水煮龙虾更是只用盐水煮，保留自然清香鲜味。记者闻了生的小龙虾，是跟河虾味道相似的水产品腥味，并没有特殊异味。

小龙虾学名为克氏原螯虾。江苏省克氏原螯虾产业技术研究开发中心主任、江苏省淡水水产研究所养殖室主任唐建清认为，以草酸为主要成分的洗虾粉，有点被说得玄乎了。在养殖、销售过程中，用洗虾粉可以说是"没事找事干"，因为会危害龙虾健康，不利于龙虾的生长和运输，硬要说有人用，也是在烧制之前，为了让龙虾更清洁更好看。关于洗虾粉的危害，学者有争议，唐建清说，即便现在也没有明确的证据说明洗虾粉导致横纹肌溶解症。

潜江市水产局副局长杨运刚说，潜江没有发现使用洗虾粉的现象，因为小龙虾会经过剪虾、洗虾的程序，用刷子刷洗很方便，没必要用洗虾粉。洗虾粉即便含草酸，遇高温也会分解，食用小龙虾致横纹肌溶解症的说法尚存争议。会有食用后发生过敏反应的现象，但极为少数，与个人体质有关。

武汉市餐饮服务食品安全监管部门表示，在对小龙虾餐馆的监督执法中，未发现使用洗虾粉和违规放添加剂情况，也未收到相关投诉。

在记者对武汉市餐馆的暗访中,未发现使用洗虾粉。

7月20日下午1点,在武昌区户部巷美食街自由路40号主打小龙虾特色菜的"乡村人家菜馆",记者以订餐需要查看虾是否干净为由,前往后厨。厨房工作人员正用刷子在一盆自来水中刷小龙虾。记者问用洗虾粉会不会洗得更干净?回答说:"不用,清水就可以洗干净。"

7月20日晚7点,在汉口区江汉路步行街附近的知名小店"螺神虾蟹大王",油焖人虾售价88元,一份麻花虾球售价78元。小店生意火爆,座无虚席,每桌都必点小龙虾。记者看到门口一位妇女正在剪虾,问如何清洗,告知用刷子刷,清水洗。问有没有洗虾粉,答不知道。记者路过时看了后厨,确实在用刷子清洗,但是洗虾的水没有及时更换,看起来较脏。

那么市场上能买到洗虾粉吗?

7月20日下午2点,在武昌区水果湖菜市场水产区,销售人员告诉记者,小龙虾上午就卖完了,需第二天才有货。记者以方便洗虾为由,问其洗虾粉到哪里能买到,销售人员称不知道。

7月21日上午9点,在武汉白沙洲水产批发市场,记者向一家店铺询问要清洗较多小龙虾,有没有简单易行的办法,比如洗虾粉之类的东西?老板说他这儿没有洗虾粉卖,但如果需要,可以随小龙虾一起发货。

■ 疑问三:会得肺吸虫病吗?

【调查】只要食用方法科学,就安全可靠

有网文称,人食用小龙虾容易感染肺吸虫病。对此,江苏省海洋渔业局相关负责人表示,大多数淡水甲壳动物都可能是肺吸虫的宿主,只要食用方法科学,蒸熟煮透,就安全可靠。

湖北省传染病防治研究所寄生虫病预防控制部主任医师陈建设说,理论上,小龙虾是肺吸虫的中间宿主。不过在湖北,潜江并不是肺吸虫病的发病地区。肺吸虫以囊蚴的形态寄生于宿主，烹饪时温度达到100摄氏度并持续几分钟，即可杀死。截至目前，湖北境内没有报告过因食用小龙虾导致肺吸虫感染的病例。

记者采访淮安当地人，很少有人知道小龙虾和肺吸虫的关系。有位年纪较大的食客说："重金属、肺吸虫什么的不太清楚，就知道这些年大家都在吃小龙虾，身边也没见有吃出事的。"

"20世纪90年代以来，不仅是盱眙，整个淮安地区，没有发生过因吃龙虾而致病的案例。"盱眙县卫生监督所副所长刘国斌说。

■ 疑问四：流通环节是否存在风险？

【调查】市场存在活虾、死虾混杂销售，需加强监管

7月20日晚6点半，记者与武汉新安出租车公司吴师傅闲聊，他说自己也吃虾，但很少去大排档，要吃也是自己做，主要是担心大排档洗得不干净、不良店主掺杂死虾。而自己在家做时，会用淡盐水浸泡，让虾吐脏，这样吃起来更放心。

小龙虾是甲壳类动物，死虾容易腐败变质，不能食用。那么，在运输、市场等流通环节，小龙虾能让人放心吗？

7月21日上午9点，在白沙洲水产批发市场，记者以北京客商的名义，与某杨姓批发商接洽，要求发货到北京。老板说他的虾品质好、干净，每箱60斤，一斤18元，加冰运输，到北京时大概每箱有3斤虾死亡。记者看到，在一旁，店铺人员正将死虾迅速剥成虾球。

记者随后来到市场内一家名为"土豆水产批发行"的店铺，店主王老板自称潜江人，但小龙虾来自潜江周边。他说，湖虾比潜江的稻田虾质量好，腹部白，而稻田虾腹部黑。他的虾个头较小，一斤虾批发价大约12元。如果发货到北京，汽车运输约17小时，死亡率3%左右。记者以在北京开餐馆的名义询

问，死虾该怎么处理？王老板告知，这边发货时小龙虾肯定是活的，就算运输过程中死了也还是新鲜的，可以卖，不用单独剔出来。

7月21日中午12点，在武汉大学工学部集贸市场，记者看到，一筐虾里，死虾活虾混杂销售，每斤12元，售卖人员让人们自行挑选购买。晚7点，在武昌区群光广场新生活超市，小龙虾标价每斤12元，玻璃缸内也是死虾活虾夹杂，需要自行挑选。

【链接】

食用小龙虾注意事项

一、购买的小龙虾先在清水中养1—2天，使其吐净体内泥沙等杂质；

二、烹制小龙虾前把鳃、细爪剪掉，用刷子刷净虾壳，烹制时要蒸熟煮透；

三、虾尾中的肠管、虾头不要吃；

四、死虾不能食用。烹调后的虾如有浓烈腥味、虾体散开发直、肉体松软无弹性、颜色变暗、壳身有较多黏性物质等，极有可能是用死虾制作；

五、过敏体质、痛风患者不要吃；

六、不要过量食用小龙虾。

本报记者　沈小根　王梦纯　李浩燃　姚雪青　田豆豆
*　　　　　王君平　靳　博*
本报驻日本记者　刘军国

求证：用事实粉碎谣言
——人民日报这样调查真相

小龙虾，还你清白不容易

王梦纯

关于小龙虾的传闻，已存在多年，有些甚是耸人听闻，比如小龙虾被用作水体清污，体内重金属超标，易感染肺吸虫病，等等，说法五花八门。每到小龙虾上市季，这些陈年旧闻就被翻出来热炒，在小龙虾爱好者中引起恐慌。虽然有不少专家和媒体曾出面辟谣，但效果并不理想，究其原因，大概是知识和道理讲得多，但实地探访做得少，还是不能从根本上打消消费者的疑虑。

■ 到小龙虾主产地一探究竟

作为《求证》栏目的一次深度策划，小龙虾这组选题目标很明确，除了把小龙虾的来龙去脉梳理清楚，更重要的是去小龙虾的主产地江苏盱眙和湖北潜江一探究竟。我被分在了潜江组，在2012年的夏天，和同事李浩燃一道踏上了调查小龙虾之旅。交流中发现，我俩平时都不怎么吃小龙虾，对小龙虾的安全卫生还是有些疑虑，此行也算是带着疑问上场。

7月湖北高温，站着都全身汗透。既然大老远跑来了，就打算把小龙虾从养殖到餐饮整个产业链彻底搞明白。除了必要的问题请政府相关部门作出回应以及参观龙虾出口企业外，大部分的调查都是通过暗访方式完成的。只有拿到了第一手真材实料，才能还原小龙虾的真实面貌。如果小龙虾在养殖、运输或是餐饮环节真出了问题，我们也要不遗余力地曝光。

暗访第一站是在潜江著名的虾街。挑了家生意最火爆的餐馆，点了油焖大虾，看着很可口，却不敢下筷子，毕竟是揣着好多疑团来的，没找到答案前，还是不放心。这家店厨房是开放式的，透过玻璃门可以看到烹饪的全过程。我们以游客想学厨艺为由，跟老板软磨硬泡了好一会儿，老板终于答应我们在最近的地方"偷师学艺"。小龙虾是这儿的名菜，分工很细，专设了一个房间，供好几个人坐那儿洗虾和剪虾，用的是自来水，处理过的小龙虾还算干净，没发现用洗虾粉。观察了一会儿，发现其他客人桌上的小龙虾都吃得一只不剩，还有好几桌单独打包了几份带走，随机问了几个客人，都说是当地人，吃了好多年，没发现有啥问题。

■ 以大学生暑期实践名义入村暗访

吃的人说没问题，这远远不够，还得去问养的人。小龙虾在什么样的环境下生存，养殖的人最清楚。来潜江之前，我们做足了功课，知道湖北的小龙虾大都养在稻田里。可天气这么热，田间地头干活的人少，要碰到真算是运气。路上遇到几个农民，问了问，说既不养虾也不吃虾，还很好奇我们为什么来村里旅游。经过积玉口镇古城村时，远远看见稻田中央有个人在打农药，凭直觉，这应该是一个合适的采访对象。我们依然扮作对龙虾感兴趣的游客，顶着烈日走到田地中央，跟这位名叫小黑的农民对上了话。他很热心，告诉我们他的稻田里就养着虾，不过白天都看不着。他把背后的农药箱展示给我们看，说他用的是无公害农药，虽然当地没有强制要求，但他也有这个意识，而且水质也是定期有人来查。来到现场，听农民亲口所说，我们终于对小龙虾有了一点信心。此后，我们又以大学生暑期实践的缘由，去拜访了潜江市龙虾养殖协会会长姜有余，其实龙虾养殖的数据完全可以从政府部门拿到，我们也可以亮明身份直接采访，但总觉得以大学生调研的方式更容易让他们对两个外地人卸下防备，愿意提供最真实的一手材料。

求证：用事实粉碎谣言
——人民日报这样调查真相

■ 借口给聚会订餐进入后厨调查

在调查中，我们没有发现龙虾养殖存在的问题。为保险起见，计划在市场上随机买几只龙虾送去当地检验。可当地的检疫部门回应说，没有设备能满足我们的检测要求，他们一直都是送到仙桃市检验检疫部门，而且周期很长。考虑到时间紧张，带回北京检测也不现实，后来放弃检测计划，改为使用仙桃市提供的检验报告作为参考。

结合官方的检验检疫数据，再加上我们的实地观察，可以初步判断小龙虾在养殖环节的安全性。至于餐饮环节，潜江的餐馆都比较规范，会不会出了当地就变味了呢？武汉是小龙虾的消费重镇，自然不能放过。相比潜江，武汉的餐馆都比较谨慎，一看到有人想溜进后厨，就过来盘问。不得已，只好编理由说给正式聚会订餐，过来先看看这儿的小龙虾新不新鲜。没想到这招屡试不爽，顺利潜进了几个后厨。小龙虾都是用清水洗的，只是水更换的频率太低，清水都变成了污水，洗得也马马虎虎，但没有违规添加洗虾粉这一点还是可以肯定的，根本不像网传的那样成了业内潜规则。此时我和同事已经连吃了几天的小龙虾，油焖清蒸都试过了，随着调查的深入，胆子也渐渐大了起来，只要味道可口，都被我们一扫而空。

造谣动个嘴，辟谣跑断腿。经过五天的调查，跑过潜江和武汉，暗访了无数个餐馆、批发行，实地参观了许多养殖地和企业，我们终于能够还小龙虾一个清白了。2013年7月21日下午，拖着一身疲惫，多想回到北京的家中洗个澡。可来到机场却被告知航班取消。当天的北京暴雨，把我们滞留在了武汉，这趟小龙虾之旅，想不印象深刻都难了。

（作者时为人民日报总编室要闻四版编辑，现为人民日报总编室连线基层版编辑）

传言

有网文称，转基因有三大危害。一、危害人体健康。"一些动物实验表明，食用转基因食品有严重损害健康的风险，包括不育，免疫问题，加速老化，胰岛素的调节和主要脏腑及胃肠系统的改变。"二、产生超级杂草。不下十种"超级杂草"正在美国22个州至少上百万公顷农田中肆虐。这些农田的共同特点是，都种植了转基因作物，并且使用了孟山都的"农达"专利除草剂。三、产生超级害虫。由于转基因作物并不针对次生害虫，这使得一些次生虫渐渐成为作物的主要害虫。而除虫剂让这些害虫有了抗药性，变成超级虫，农民虽然投入更多的药物治理虫害，却仍无济于事。

传言还说，美国人基本不吃转基因食品，目前动物饲料也严控！

此外，一份转基因食品名单还在网上流传，称"圣女果、大个儿彩椒、小南瓜、小黄瓜"等等都是转基因食品。

有网帖介绍了很多种鉴别转基因食品的方法，包括"可以用水检测转基因大豆，本土大豆用水浸泡三天会发芽，转基因大豆不会发芽，只会个体膨胀"、"转基因西红柿颜色鲜红很好看，果实较硬，不易裂果"、"转基因土豆削皮之后，表面无明显变化，普通大豆表面则会很快颜色变深"等等。

转基因食品，美国人吃得不少

过去10年总共消费了3万亿份转基因食品

有机食品禁止使用转基因原料，但价格很高

本报记者 陈一鸣 张 旸

人民日报（2012年12月19日04版）

前一段的"黄金大米"风波又一次引发人们对转基因食品的关注。

全球已经大规模商业种植的转基因作物主要有大豆、玉米、棉花等。其中，据国际农业生物技术应用服务组织（ISAAA）统计，2011年全球转基因大豆种植面积达到7540万公顷，占全球转基因作物种植总面积的47%，占大豆种植总面积的75%。美国是世界上最大的转基因大豆生产国。

有网文称，美国人自己不吃转基因食品，美国大豆主要用来出口。美国大豆的种植以及出口情况如何？美国人吃不吃转基因食品？转基因食品在美国要特别标注吗？美国如何监管转基因技术的商业化？就相关问题，人民日报《求证》栏目记者采访了美国政府官员、科研机构、农场主以及普通消费者。

■ 美国大豆主要出口吗？

【回应】美国转基因大豆产量占其大豆总产量的93%；大豆总产约45%用于出口

大豆是美国最主要的农产品之一，种植面积和产量一直居世界前列。20世纪90年代，美国的科研机构成功培育出第一代转基因大豆。美国农业部的数据显示，转基因大豆的种植比例呈上升趋势，2000年占大豆总种植面积的54%，2012年已提高到93%。

美国农业部大豆研究专家马克·艾什称，美国转基因大豆产量占美国大豆总产量的93%。美国大豆大部分用于国内，预计2012至2013年度国内消耗4720万吨，向国外出口3730万吨，约占总产量的45%。

■ 美国民众吃转基因食品吗？

【回应】研究显示，过去10年共消费3万亿份转基因食品

马克·艾什向记者介绍，转基因技术已经在美国成功应用近20年，许多独立科学研究已经展开，但还没有发现转基因和非转基因品种在安全性和营养上的不同。他说："有一小部分消费者确实有些担心转基因作物的副作用，他们可以购买非转基因大豆食品。"

不过，有美国媒体称，美国种植的大部分玉米、大豆和棉花都是抗杀虫剂或抗虫转基因植物，转基因食品无处不在，消费者别无选择。

美国民众实际上每天都消耗大量的转基因食品。美国斯坦福大学胡佛研究所研究员亨利·米勒2011年的一项研究显示，美国人过去10年总共消费了3万亿份转基因食品。

■ 美国民众如何看待转基因？

【回应】民调显示，21%的人确信转基因食品安全，64%的人不确定，15%的人认为不安全

"你接受转基因食品吗？"这是美国民调中的一个新话题。汤森路透集团两年前所做的一份民调显示：关于转基因食品的安全性，有21%的人确信是安全的，64%的人不确定，15%的人认为不安全，而90%的人都认为那些由转基因原料制成的食物应被特别注明。

另一项调查显示，60%的受访者可以接受转基因蔬菜、水果和谷类，只有30%的人愿意尝试转基因肉类和鱼类。

记者询问一些美国朋友，一部分人对是否转基因食品无所谓，一部分人觉得不太确定是否安全，但也不愿意多花几倍的钱去买有机食品。

■ 美国转基因食品须标注吗？

【回应】没有规定必须标注；有机食品禁止使用转基因原料，但比普通食品贵三四倍

走进美国的超市，在琳琅满目的食品中，很难发现有"转基因食品"的标签。记者在超市随机采访了几个顾客，大部分都不知道转基因标志是什么样子、在食品包装的什么地方。原来，美国的转基因食品没有规定必须特别标注。

1992年，美国竞争力委员会将转基因作物确立为促进美国出口的新兴产业，提出改革并简化转基因食品进入市场的程序。

2000年，美国食品与药品管理局出台草案，重申了对待转基因食品和传统食品的"实质等同"原则，即转基因食品与传统食品虽然在生产方法上有区别，

但食品本身却无本质不同。基于这一原则，美国食品与药品管理局对产品是否应该贴"转基因食品"的标签没有作硬性规定，是否标注则由厂家自行决定。马克·艾什说，政府批准一种转基因食品，就表明它可以被安全食用，没有必要特别标注。

不过，美国目前有20个左右的州掀起了"标注转基因"运动，呼吁在食品包装上注明是否为转基因食品，或是否含有转基因食品成分。

美国最大的有机农场合作社——有机谷总裁乔治·西蒙表示，过去5年消费者对转基因食品更加关注了，很多人选择食用有机食品。

在美国，有机食品在生产和处理过程中严禁使用基因改造的作物，但一般要比普通食品贵三四倍。美国食品与药品管理局称，凡是贴了"有机"标签的食品都要确保在生产和处理过程中没有使用基因改造。不过，由于美国的转基因作物种植比例太大，种植过程中可能造成基因漂移，作物使用过的农具、运输工具等也可能带有转基因成分，因此，在美国，标明"有机"的食品并不保证不含转基因成分，而只是"没有用转基因种子"，以及"生产过程严格隔绝了转基因混入"。

■ 美国如何监管转基因商业化？

【回应】历时5—10年，多部门共同审批监管

在以农学享誉世界的美国加州大学戴维斯分校，阿兰·贝内特教授介绍说："目前，全世界已成功研发了600多种转基因种子，大多数诞生在美国的实验室。但截至2011年，美国投入商业使用的转基因作物只有8种，即玉米、大豆、棉花、油菜籽、甜菜、苜蓿、木瓜、南瓜。"

贝内特表示，美国对转基因技术的商业化实行审批制。政府仅负责审批和监管由种子公司报批的种子，不会主动推广它批准的任何一个种子，无论转基因还是非转基因。美国政府对转基因技术商业化的审批极为严格，在转基因种

子投放市场前,有严格的评审过程,由多个部门负责评审,"整个过程历时5至10年,乃至更长时间,种子公司需要支付1000万—3000万美元的巨额评审费"。

马克·艾什接受记者采访时称,所有的转基因大豆品种必须经过一个漫长的政府审批过程,才可以用于商业种植。负责农业生物技术评审的美国政府机构主要包括美国农业部下属的动植物卫生检疫局、环境保护署,以及食品与药品管理局,每个部门侧重不同的方面。动植物卫生检疫局检验一个转基因品种是否会对农业或环境构成重大风险;环境保护署规范农药的使用;食品与药品管理局要确保经过生物工程改造的植物新品种所制成的食物可以安全食用。

同时,专家介绍,美国企业在食品安全方面的损害赔偿数额往往十分惊人,加上美国发达的信用体制和完善的法律制度,致使企业在转基因食品方面会足够谨慎,只有经过严格的科学实验和评估,确信安全后才敢投放市场。

本期栏目统筹:孟 辉

转基因大豆安全吗?

本报记者 冯 华 蒋建科 陈一鸣
人民日报（2012年12月20日 04版）

12月19日,《求证》栏目报道了美国大规模种植转基因作物、大量消费转基因食品的情况。但在网上,针对转基因的争议一直都有。为什么要发展转基因作物? 转基因食品对人体健康有害吗? 就有关问题,人民日报《求证》栏目记者采访了中外专家。

■ 为什么要发展转基因技术

黄大昉（中国农科院生物技术研究所研究员）：转基因技术是利用现代生物技术,将目的基因进行人工分离、修饰和转移而培育出新品种,从而赋予原来品种以新的优良性状。如转基因抗除草剂（草甘膦）大豆,就通过增加耐受除草剂的特性,节约了防除杂草的人工和成本。

布鲁姆瓦尔德（美国加州大学戴维斯分校植物学系细胞生物学教授）：转基因作物有两大益处：其一,提供更高的作物产量。极端天气、水资源短缺等问题对全球农业的负面影响日趋严重,而运用转基因技术培育新品种,不仅能够抗病虫害和抗除草剂,甚至可以抗干旱,无形中扩大了宜耕土地的面积。其二,有效减少农药的使用。据英国咨询公司PG Economic发布的统计数据,1996—2010年由于转基因作物的应用,化学农药用量减少4.38亿公斤。

林敏（中国农科院生物技术研究所所长）：种植转基因大豆的国家包括美国、巴西、阿根廷、巴拉圭、加拿大、乌拉圭、南非、墨西哥、玻利维亚、智利、哥斯达黎加。另外,已有不少国家和地区批准进口转基因大豆,包括澳大利亚、加拿大、日本、瑞士、英国、新西兰、俄罗斯、南非、泰国、土耳其、墨西哥、美国、哥伦比亚、菲律宾、中国大陆和中国台湾、欧盟、马来西亚等。我国进口的转基因大豆主要来自美国、巴西和阿根廷。

段武德（农业部科技发展中心主任）：我国也开展了转基因大豆的研究工作，在大豆新基因发掘、转基因技术平台建设和新品种选育等方面取得了显著进展，但目前仍处在研究试验阶段，并未种植。

■ 转基因会影响传代生殖能力吗

黄昆仑（中国农业大学教授）：转基因大豆问世以来，研发者以及世界各国的多家独立机构进行了大量、长期的食用安全性评价，包括营养学评价、毒理学评价和致敏性评价等。试验证明，新引入的蛋白没有增加毒性风险，食用转基因大豆不会对人体健康产生不良作用。

以抗草甘膦（SGT）转基因大豆为例。其转入的基因是来自于土壤农杆菌CP4株系的磷酸烯醇式丙酮酰莽草酸合酶（EPSPS），该蛋白可以使作物对除草剂草甘膦产生抗性。

这种蛋白基因是植物和微生物中的一种限制酶，普遍存在于人类食物和动物饲料中，具有长期安全食用历史。将该蛋白与数据库中已知毒素的序列进行同源性比对，发现没有序列同源性。美国、日本和韩国学者还分别采用模拟胃肠液对该蛋白进行消化试验，结果显示，在模拟胃液或肠液中，蛋白数秒内完全降解。对该蛋白的小鼠试验表明，当灌胃量达到572mg/kg体重，蛋白没有对小鼠产生不良反应。可以认为，该蛋白对动物的毒性风险很小。

此外，美国、日本、中国等国科研人员采用转基因抗草甘膦大豆和非转基因大豆进行了动物亚慢性毒性和传代生殖能力等多项检测。其中，日本采用加热后的大豆粉以30%的添加量饲喂大鼠和小鼠15周，检测生长、进食量、脏器重量和脏器切片等一般毒性指标和免疫毒性指标，结果表明转基因大豆无毒性。中国采用这种大豆饲喂大鼠91天，做了进食量、体重、血生化、血常规、尿常规指标和组织病理学检查，结果表明转基因大豆未对动物产生亚慢性毒性。美国对喂养这种大豆的小鼠进行了2—4代繁殖试验的生殖能力检测，分析了胎仔大小、体重、睾丸细胞数量等指标，认为转基因大豆对小鼠无生殖毒性。

■ 外来基因会破坏食物营养成分吗

黄昆仑：转基因大豆与非转基因对照大豆的营养成分具有实质等同性，且能够被正常消化利用。美国于1992年在6个地点、1993年在4个地点，欧盟2005年在5个地点，以及美国和加拿大在2000、2001和2002年连续3年对多种遗传背景的抗草甘膦大豆的营养成分进行分析，发现抗草甘膦大豆与其亲本大豆在主要营养成分（水分、灰分、蛋白、脂肪、纤维、碳水化合物）和抗营养因子（凝集素、植酸、胰蛋白酶抑制剂），以及脂肪酸和氨基酸组成方面含量相当，并且都在参考文献提供的自然变异范围内。此外，1992年美国还对6个地点收获的大豆进行了加工产品如烤豆粕、脱脂豆粕、蛋白提取物、蛋白浓缩物的主要营养成分分析，结果表明，在加工性能和营养成分方面没有显著差异。

同时，用加工和未加工的抗草甘膦大豆和非转基因对照大豆喂养大鼠和奶牛4周、肉鸡6周、鲇鱼10周、鹌鹑5天后，分别检测生长指标、饲料转化率、肌肉和脂肪组成（鸡）、牛奶产量和牛奶成分、瘤胃发酵和氮消化率（牛）等营养指标，结果表明，转基因和非转基因大豆对动物具有同等的营养价值。

■ 转基因食品会造成基因变异吗

杨晓光（中国疾病预防控制中心研究员）：人类食用的天然食品中含有各种基因，尚未发现基因的水平转移或跨物种转移。从科学角度看，转基因食品跟其他常规食品不存在特别之处。食品进入人体后会在消化系统的作用下，降解成小分子，而不会以基因的形态进入人体组织，更不会影响人类自身的基因组成。转基因食品不可能改变人的遗传特性。

转基因与非转基因食品的区别就是转入了特定蛋白质。只要这种蛋白质不是致敏物和毒素，它和食物中的蛋白质就没有本质差别，都可以被人体消化、吸收，不会长期保存在身体里。

彭于发（中国农科院植物保护研究所研究员）：与人吃转基因食品同样的道理，动物吃了转基因大豆饲料，其中的耐除草剂基因和转基因蛋白也会迅速降解，作为营养成分被消化、吸收，不会在体内累积。

■ 转基因大豆会使人体过敏吗

黄昆仑：转基因大豆新引入的蛋白不会增加致敏性风险，转基因操作也没有引起大豆本身的致敏原种类和含量增加。

常见过敏原一般都是生物中含量较高的蛋白质，占总蛋白的1%—80%。而CP4 EPSPS蛋白在转基因大豆中只占总蛋白的0.08%。该基因的供体土壤农杆菌不是过敏原，而且该蛋白可在模拟胃液肠液中被迅速消化。此外，从1995年到2007年，采用欧洲、美国、日本、韩国等易过敏儿童和成年人的血清尤其是大豆过敏患者的血清，与CP4 EPSPS蛋白进行特异性结合试验表明，该蛋白不会与任何过敏血清结合。采用大鼠进行的试验也证实该蛋白无论注射还是灌胃都不会激发动物的过敏反应。

布鲁姆瓦尔德：转基因食品会导致人体过敏的说法没有依据。

■ 转基因对人体的长期安全能保证吗

杨晓光：转基因食品对人体长期健康效应是转基因安全评价的重要问题之一。转基因食品推到市场之前须经过严格的食用安全性评价，这套评价体系相对于传统食品而言更加严谨甚至苛刻。其中就包括了对人体长期健康效应的评价，在试验过程中采取的是超常量试验，即大大超过常规食用剂量。之所以采用超常量试验，就是考虑到了长期效应，科研上的模型相当于长期效应试验。现行的化学食品、药品多是用这套系统进行验证的。如大鼠90天喂养实验，时间相当于大鼠生命周期的1/8，大鼠2年喂养试验是观察其整个生命周期的慢性毒性试验。

贝内特（美国加州大学戴维斯分校教授）：人们对转基因作物安全性的担心主要出于不了解，认为转基因属于非自然的育种方式，存在安全隐患。实际上，转基因不过是有选择地引入基因而已，它是人类漫长育种史中的一个发展阶段。

布鲁姆瓦尔德：据美国农业部公布的信息，美国转基因大豆和转基因玉米种植比例均在90%以上。自1996年转基因大豆商品化生产应用以来，上亿美国人直接或间接食用转基因大豆16年，至今未发生一例经过证实的转基因食品安全事故。

抗草甘膦作物会导致杂草蔓延吗

吴孔明（中国工程院院士、中国农科院副院长）：早在抗草甘膦作物应用之前，就已有杂草产生抗药性的报道。实验发现大部分抗性杂草无法与现有的抗草甘膦作物杂交，因此，并无证据表明抗性杂草的产生与种植抗草甘膦作物有直接关系。如同其他生物一样，若杂草长期、大量接触某一除草剂，的确会对该除草剂产生抗性，这是常见的生物现象。

本期栏目统筹：孟　辉　王梦纯

我国管理转基因作物，分级分阶段

本报记者 冯 华 蒋建科
人民日报（2012年12月21日04版）

12月19日、20日，《求证》栏目报道了美国大规模种植转基因作物、大量消费转基因食品的情况，以及中外专家对转基因作物的看法。我国政府如何对待和管理转基因作物、转基因食品？记者采访了有关部门负责人和专家学者。

■ 如何监管转基因作物安全

【回应】按照危险程度及试验流程分级分阶段评价管理

农业部科技发展中心主任段武德说，根据2001年颁布的《农业转基因生物安全管理条例》（以下简称《条例》），国务院建立了由农业、科技、卫生、商务、环境保护、检验检疫等部门组成的部际联席会议，负责研究、协调农业转基因生物安全管理工作中的重大问题。

依照《条例》及配套规章，我国对农业转基因生物实行分级分阶段评价管理。分级管理，即按照对人类、动植物、微生物和生态环境的危险程度，将农业转基因生物分为四个等级：安全等级Ⅰ，尚不存在危险；安全等级Ⅱ，具有低度危险；安全等级Ⅲ，具有中度危险；安全等级Ⅳ，具有高度危险。分阶段管理，即转基因生物研究与试验按照试验研究、中间试验、环境释放、生产性试验和申请安全证书5个阶段依序进行，实行报告制或审批制管理。

对已发放生产应用安全证书的转基因作物，加强品种审定、种子生产经营、商业化生产管理、标识等监督管理，杜绝非法生产经营转基因农作物种子和产品的行为。即便是产业化多年的产品如抗虫棉,对新品种安全证书发放也严格进行质量把关,生产应用环节也须持续监测田间棉铃虫抗性发生发展状况和次要害虫的发生发展状况,推动采取综合治理措施以延缓害虫产生抗性和控制次要害虫的上升。

对于进口的转基因生物,按照用于研究和试验的、用于生产的、用作加工原料的三种用途实行审批管理。

■ 我国种植转基因大豆吗

【回应】未批准种植转基因大豆;转基因大豆油要标注

段武德介绍,美国孟山都公司于2002年向我国提出大豆GTS40—3—2进口用作加工原料的安全证书申请,农业部即依据《条例》及配套规章,组织研究并确定了检测方案,分别由中国农科院植物保护研究所、南京农业大学对基因漂流、生存竞争能力和对生物多样性的影响等三项环境安全指标进行检测;由中国疾病预防控制中心食品与营养安全研究所对慢性毒性和抗营养因子等食用安全指标进行检测。

国家农业转基因生物安全委员会对该申请的全部资料和国内相关检测结果进行审查后,农业部于2004年向孟山都公司发放了转基因大豆GTS40—3—2进口用作加工原料的生物安全证书。根据我国《条例》的规定,进口的转基因大豆仅允许用作食品和饲料加工原料,不得用于生产种植。迄今我国未种植转基因大豆。

根据《农业转基因生物标识管理办法》规定,大豆种子、大豆、大豆粉、大豆油、豆粕被列入第一批实施标识管理的农业转基因生物目录,对以转基因大豆为原料的大豆油要专门进行标注。

中国检验检疫科学院研究员朱水芳介绍,对进出境转基因大豆油,国家质量监督检验检疫总局要进行转基因标识和符合性检测。

■ 如何看待转基因作物

【回应】应科学理性认识，发展与管理并重

中国农科院生物技术研究所研究员黄大昉认为，对转基因作物的认识要科学和理性。应当看到以下基本事实：国内外大规模应用已超过16年，每年亿万公顷土地种植转基因作物，数十亿人食用转基因食品，未发现任何真正有科学证据的安全问题。经过多年科学评价和严格管理，人们当初担心的某些问题陆续得到澄清和有效控制。实践证明，依法批准生产的转基因作物可积极推广，放心食用。

黄大昉说，我国在农作物传统育种方面取得了大量成果，然而单靠常规技术难以突破农业发展的资源约束和技术瓶颈。为了增强农产品长期供给与保障能力，为了增加农民收入，为了抢占生物技术制高点，打破国外公司的垄断，我国必须加快转基因技术的发展。

黄大昉同时表示，转基因技术仍是一种新兴技术，仍须深入开展科学研究并不断提升安全风险评估、风险管理水平，使这一技术健康发展，日臻完善。

本期栏目统筹：孟 辉

【链接】

欧盟：审批慎重，并实施全流程监控一些国家种植转基因玉米

本报驻比利时记者 张 杰

欧盟对转基因持谨慎态度。欧委会农业委员会健康与消费小组发言人弗雷德里希·文森特表示，欧盟对转基因食品进行监管的范围包括纯转基因食品和饲料，以及含有转基因成分或转基因半成品的食品和饲料。产品出厂时，必

须标注转基因产品的成分及含量。各成员国农业部门可对这些产品进行监督检查，如果发现问题可以申请召回。

据介绍，欧盟对于转基因作物的政策，一是审批慎重，批准种植的转基因玉米仅3种，转基因大豆未批准；二是监管严格，通过转基因标识建立可追踪体系，实施从源头到终端的全流程监控。

不过，据欧盟食品安全局（EFSA）等官方统计，2011年仍有6个欧洲国家坚持批准种植转基因抗虫玉米，而且面积还较上年增长了25%；另有20多个转基因作物产品获准进口用于加工食品和饲料，其中转基因大豆早在2005年就已批准进口，2010/2011年度进口数量增至2700万吨。

求证：用事实粉碎谣言
——人民日报这样调查真相

预计 2012 年我国大豆总产量低于 1000 万吨，
进口大豆接近 6000 万吨

普通大豆为何不敌转基因大豆

本报记者 孟 辉 袁 泉 王梦纯 冯 华
人民日报（2012 年 12 月 24 日 04 版）

中国曾是大豆出口大国，但最近 10 年来，却出现了大豆进口量猛增、国产大豆面积减少、大豆主产区加工企业停工甚至破产等现象。国产大豆面临怎样的困境？国外如何推动大豆出口？我国大豆产业应当如何发展？就这些问题，人民日报《求证》栏目记者进行了调查采访。

■ 大豆种植现状如何？

【调查】价格低、销路差、播种面积逐年缩减，预计今年大豆自给率低于 15%

刘清财是黑龙江省绥化市明水县崇德镇民主村的豆农，今年种了 30 亩大豆。这个面积较往年少了很多，刘清财告诉记者，主要原因是大豆价格低、销路不好。"玉米每亩可以收 1300—1400 斤，湿粮的价格是 8 角至 9 角钱一斤，投入大约 500 元。大豆一亩地可以收 260—300 斤，价格是 2 元零几分，投入接近 300 元一亩。"里外里一算账，种玉米比种大豆每亩要多挣约 300 元。

据了解，前些年，明水县大豆种植面积最多时超过 40 万亩，今年才 4 万亩，不到高峰时的 1/10。"老百姓按照市场规律，大豆种的少，"明水县农委副主任王立春说，"玉米销路好、价格高，加上不断采用新技术，增产明显。"

黑龙江省大豆协会副秘书长王小语说,近几年黑龙江的大豆播种面积显著缩减,2010年播种面积为6400万亩左右,2011年缩减到5100万亩,2012年估测不到4000万亩。

中国大豆行业协会常务副会长刘登高介绍,全国的情况也是如此。我国大豆种植面积最近几年一直呈现缩减趋势,预计今年将下降到1亿亩以下,总产量将低于1000万吨,大豆自给率将低于15%。

■ 大豆进口得多吗?

【调查】 2011年大豆进口量是国产的3倍多,主要为转基因品种

近年来,我国进口大豆数量呈持续上升之势,2011年已达到5263.4万吨,约为国产大豆产量的3.63倍,进口大豆主要是转基因品种。刘登高说:"预计2012年大豆进口量将接近6000万吨。"

为何要进口大豆?中国人民大学农业与农村发展学院教授周立分析,上世纪90年代以来,我国城乡居民肉禽蛋奶鱼等动物源食品摄取量大幅增加,促进了豆粕饲料加工的扩张。与此同时,豆油已成为中国第一大植物油品种,食用消费占总量的85%以上。在这种形势下,中国开始大量进口国外大豆。

中央民族大学生命与环境科学学院教授薛达元认为,由于饮食习惯,中国对油料的需求很大,如果不进口大豆,中国需要额外增加20%的农田才能满足需求,而这一点基本上办不到。

农业部有关负责人今年年初在人民网的一次访谈中也举例,近几年,我国每年都进口5000多万吨大豆,这些大豆按现有的品种和技术水平测算,需要4亿多亩土地,接近了目前玉米或者水稻的播种面积。

农业部科技发展中心主任段武德表示,转基因大豆与国产大豆相比具有以

下优势：一、含油率高2到5个百分点，加之可以同时加工有溢价的高蛋白豆粕而产生更大的经济效益；二、转基因大豆因规模化种植，单位生产成本远低于国内；三、转基因大豆表观与整齐度较好，品质易于得到保证。

■ 加工企业境况如何？

【调查】沿海转基因大豆加工企业发展迅速，主产区大量企业停工或破产

记者在采访中听到一种说法，认为明水县大豆种植面积下滑，与县里没有上规模的大豆精深加工企业有关系。

但王小语不这么认为。王小语说，大量进口转基因大豆，对自主大豆产业带来了负面影响：一方面种植大豆效益低下；另一方面，加工企业的市场份额被压缩在产区，南方销区没有市场。王小语说，黑龙江省油脂加工企业150家左右，日加工能力200吨以上的油厂有200个。目前粗略估算，开工的油厂也就一成左右，近期略有增加，但也不到二成。

谈到企业，刘登高说，我国的大豆加工业主要有三种形式：第一种是以进口转基因大豆为原料的沿海大豆加工业，第二种是以国产大豆为原料的主产区大豆加工业，第三种是以国产大豆为原料的大豆蛋白及食品加工业。第一种大豆加工企业处于高速发展状态，据估计到2013年底仅沿海大豆加工企业的产能将超过1.5亿吨，是国内市场大豆拥有量的两倍以上。第二种企业受沿海大豆加工企业的挤压在走下坡路。第三种企业的产品和国内外食品需求相一致，处于快速发展阶段。在北京等大城市，新型豆制品生产年增长20%以上。

刘登高说，国产大豆在油豆价格上和进口转基因大豆相提并论甚至同等限价，压制了国产豆油加工发展，在大豆主产区，大量加工企业停工待料或停业破产。

转基因大豆为何能快速推广?

【调查】美国等国家掌握专利、加大补贴,通过价格杠杆加速推广

我国的进口大豆主要来自于美国、巴西、阿根廷等国家。刘登高认为,美国将大豆列入国家发展战略,用补贴支持本国大豆生产,并支持美国粮商到巴西、阿根廷开发土地、种植大豆。"美国对大豆的补贴、倾销,造成了中国大豆与其他农产品价格的扭曲,这是中国大豆产业问题的根源。"

中国现代国际关系研究院助理研究员魏亮主攻方向是世界粮食问题。他认为,美国将转基因大豆作为其重要出口产品,得到政府、育种企业和粮食生产商的追捧,并利用价格杠杆迅速推广。一方面,在政策上,美国依靠政府补贴和信托资金,压低从特定种子价格到田间护理、收获等各环节成本,抬高合约收购价,提升种植转基因大豆的比较优势。另一方面,在销售和深加工上,美国食品和药品管理局等机构实施宽松的事后监管,同时,不含转基因、激素等成分的有机食品价格显著高于一般食品。如此,通过价格杠杆,转基因食品的市场占有率节节上升。

魏亮认为,在转基因大豆推广中,因为可收取高额专利费,一些生物技术公司和跨国粮商也扮演着推动的角色。当前转基因大豆商用技术和专利多数掌握在美国及在美国注册的孟山都、杜邦等公司手中。虽然此类公司在专利费收取问题上仍存障碍,但巴西等不少国家已长期按销售额的2%向孟山都公司等缴纳专利费。

中国农科院农业知识产权研究中心副主任宋敏说,截至2012年7月31日,全球共有转基因大豆专利申请1310件,拥有转基因大豆专利较多的国外企业是孟山都(374件)、杜邦/先锋(201件)、MERTEC(82件)、先正达(41件)、巴斯福(25件)、拜耳(22件)等。

国产大豆如何应对？

【调查】实施播种补贴，发挥本土非转基因、高蛋白食品级大豆优势

在大豆贸易中，定价权是核心。魏亮表示，巴西、阿根廷、中国等大豆主产区的生产和消费市场渐次被转基因大豆占领，形成了转基因育种、生产、加工、零售、品牌等全程产业控制。我国大豆市场定价权旁落他人，对外依存度极高，会影响我国粮食安全。

王小语说，近年来，黑龙江大豆播种面积急剧缩减，主要原因就是种植大豆效益太低。为使大豆播种面积保持在相对合理区间，建议对豆农实施播种补贴，使大豆播种面积稳定在6000万亩左右。

刘登高建议，学习欧洲、日本等国家在国际化进程中保护农业的经验，进口农产品的多少要以不危害自主产业为前提。其次，要发挥中国本土大豆的特色优势。中国非转基因大豆蛋白深受欧洲市场欢迎，在世界食品蛋白市场占有率达50%以上。刘登高说，在国际市场，食品级大豆价格要高于饲料级大豆，一般价格相差30%到50%。在中国，非转基因、高蛋白大豆的优势难以发挥，这是制约中国大豆生产的重要原因。

近些年，东北大豆主产区盛行出售食品豆，国内市场食品豆的价格开始与油豆拉开距离，高蛋白含量的种子广受农民欢迎，种种迹象表明，中国高蛋白、非转基因大豆仍有顽强的生命力。刘登高说，目前大豆深加工产品国内外市场需求旺盛，中国应该扶持本国大豆的产业龙头，以高质量深加工产品提高市场地位。

我国有哪些转基因作物

只批准转基因棉花、番木瓜进行商业化种植

批准进口用作加工原料的有大豆、玉米、油菜、棉花和甜菜

本报记者 吕毅品

人民日报（2013年09月16日04版）

转基因食品一直备受关注，网上流传的"转基因食品名单"靠不靠谱？一些所谓"鉴别转基因作物方法"正确吗？国家正式批准生产或进口的转基因作物有哪些？就这些问题，人民日报《求证》栏目记者采访了农业部及专家学者。

■ 我国转基因作物有哪些？

【回应】已批准安全证书的有棉花、水稻、玉米和番木瓜；只有棉花、番木瓜批准商业化种植

"截至目前，我国批准了转基因生产应用安全证书并在有效期内的作物有棉花、水稻、玉米和番木瓜。"中国农科院植保所副研究员谢家建介绍，证书的发放是根据研发人的申请和农业转基因生物安全委员会的评审，经部级联席会议讨论通过后批准的。证书的批准信息已经在农业部相关网站上公布(http://www.moa.gov.cn/ztzl/zjyqwgz/)，各批次的批准情况都可以查询。

取得了转基因生产应用安全证书，并不能马上进行商业化种植。谢家建介绍，按照《中华人民共和国种子法》的要求，转基因作物还需要取得品种审定证书、生产许可证和经营许可证，才能进入商业化种植。

根据《主要农作物品种审定办法》，申请品种审定证书应当具备下列条件：

人工选育或发现并经过改良；与现有品种有明显区别；遗传性状稳定；形态特征和生物学特性一致；具有符合《农业植物品种命名规定》的名称。生产许可证审批、经营许可证审批都需经企业注册所在地省级农业行政主管部门提出审查意见。

"目前，转基因水稻和转基因玉米尚未完成种子法规定的审批，没有商业化种植。"谢家建表示，"我国已经进行商业化种植的转基因作物只有棉花和番木瓜。"

我国批准进口用作加工原料的转基因作物有大豆、玉米、油菜、棉花和甜菜。这些食品必须获得我国的安全证书。

据了解，我国制定了《农业转基因生物进口安全管理办法》《农业转基因生物加工审批办法》《进出境转基因产品检验检疫管理办法》和《农业转基因生物标识管理办法》等，规定县级以上地方政府农业部门负责转基因生物标识的监督管理，国家质检总局负责进口农业转基因生物在口岸的标识检查验证。据介绍，这些管理制度得到了较好的贯彻落实，标识做到了应标尽标。

■ 与传统食品不同就是转基因？

【回应】目前市售圣女果、彩椒、小南瓜、小黄瓜都不是转基因食品

网上流传一份转基因食品名单，包括"圣女果、大个儿彩椒、小南瓜、小黄瓜"。对此专家并不认同。

中国农科院生物所研究员王志兴说，小番茄也叫圣女果、樱桃番茄，是自古就有的番茄品种，只是因为个头小、采摘不便、产量低，最早仅作为观赏用，后来发现食用方便，口味经过改良后逐渐流行。个头小是天生的基因差异，不是转基因的结果。

中国农科院油料所副研究员吴刚表示，圣女果更接近人工驯化前的野生状态，其实野生的板栗、核桃、苹果等也都远小于常规栽培品种。人类驯化野生

植物一般是为了提高产量，主要做法是增大果实，但随着人们对食品要求的多样化，出现了很多小型化的瓜果蔬菜，如早春红玉西瓜等。这些小型化品种都来源于带着祖先原始基因的种质资源，与转基因无关。

吴刚说，小南瓜和小黄瓜也不是转基因食品，仅仅是未充分成熟的南瓜和黄瓜。如果继续在田间种植，小南瓜和小黄瓜最终会生长成普通的大南瓜和老黄瓜。

关于大个儿彩椒，吴刚表示，大个儿彩椒含有不同类型的花青素，表现为更丰富的颜色。花青素的变异在植物中很常见，像鲜花同一个品种就有不同颜色，萝卜也有红萝卜、绿萝卜、白萝卜等。"我国曾经批准过抗病毒甜椒的商业化种植，但与常规甜椒相比，转基因甜椒并没有明显优势，因此被市场自然淘汰。"

吴刚说，在有些品种中，突变产生的颜色甚至取代了野生的颜色，成为栽培品种的主流，如原始的胡萝卜以紫色居多，现在最常见的橙色胡萝卜是荷兰育种家根据荷兰国旗颜色选育出的。因此，目前市场上在售的果蔬，其颜色跟转基因没有什么关系。

王志兴解释，棉花、辣椒、玉米、水稻等有不同颜色，是天然存在的遗传基因差异，并非转基因的结果。比如彩色棉花从古就有，但由于彩色棉花纤维短、强度差，过去很少种植，而现在因为不染色吸引了部分消费者，农民就开始种植了。彩色辣椒也是天然存在的，只是过去未大面积种植，普通消费者很少见到。

吴刚表示，以上这些瓜果蔬菜都是常规育种手段非常容易做到的，用转基因反而是不经济的做法。"常规育种主要通过选育获得具有新性状的新品种。这里面很重要的一个工作就是'选'。自然发生的基因变异，往往也是随机发生的。"吴刚解释说，"无论大小、颜色，在自然界的自然突变体中，都可以找到。育种家做的工作仅仅是将这些突变体找到，并和其他好的性状聚合到一起，成为品种。"

吴刚介绍，番茄、甜椒、南瓜、黄瓜在国内外都曾有转基因研究并获得转基因植株，其中仅有番茄与甜椒获得过世界范围内商业化种植的批准。商业化种植过转基因番茄的国家有美国（6种）、墨西哥（3种）、日本（1种）、中国（1种，"华番一号"）等。

吴刚解释，早期没有延熟番茄，转基因的延熟番茄储藏期长是个优势。但随着科技的发展，育种家们获得了非转基因的延熟番茄，转基因番茄在储藏方面的优势不再，产量低就成为很大一个问题，又因皮厚口感差，直接被市场淘汰。

"自从1998年以来，全世界已经没有新的转基因番茄获准商品化种植。在我国，转基因番茄已经退出市场。"吴刚说。

■ 网传转基因食品鉴别方法正确吗？

【网传】转基因大豆用水浸泡不会发芽，只会膨胀

【回应】无论是否转基因都会发芽

王志兴：这种方法不靠谱。不管是转基因大豆还是非转基因大豆，如果收获后储存不善，或储存时间过长，使大豆种子丧失了活力，就不会发芽。完整有活力的种子，无论是否转基因，遇到合适的温度和湿度都会发芽。

【网传】转基因番茄颜色鲜红，果实较硬

【回应】目前市场上没有转基因番茄

王志兴：目前我国市场上没有转基因番茄。我国曾经批准过一种耐储存的转基因番茄，可延缓软化和腐烂，但由于口感不好早已退出市场，目前该安全证书已经过期。

【网传】转基因土豆削皮后不变黑

【回应】全球尚无不变黑的转基因土豆

王志兴：这种方法不靠谱。土豆削皮后变黑是由于多酚氧化酶和酚类物质在遇到氧气后，发生氧化作用形成的。变黑的程度和速度与品种、多酚氧化酶含量、储存条件及储存时间有关。新鲜收获的土豆一般不易变黑，经过长时间

的低温储存后较容易变黑。目前全球尚无通过转基因技术降低多酚氧化酶的土豆品种上市，我国也未批准任何转基因土豆上市。

【网传】除大棚蔬菜外，其他反季节食品多是转基因

【回应】转基因技术无法实现反季节生产

王志兴：除了通过大棚提高温度来生产反季节食品外，还有很大一部分反季节食品是通过异地生产运输来实现的，这和转基因没有关系，目前没有通过转基因技术实现反季节生产的能力。

【网传】甜玉米甜度非常高是转基因

【回应】市场甜玉米是常规育种而成

王志兴：甜玉米是由于基因突变后，玉米籽粒中的蔗糖转化成淀粉的过程受阻，导致蔗糖含量提高所致。甜度高的玉米是育种家为了满足市场需求人工选育的结果。迄今尚无转基因甜玉米上市，市场上的甜玉米，包括糯玉米、紫色玉米等都是常规选育的结果，并非转基因品种。

【网传】害虫很少的作物就是转基因

【回应】转基因作物也会遭虫害，害虫主要靠化学农药防治

王志兴：抗虫是目前主要的转基因作物性状之一，我国大规模种植的抗虫棉就是转入了杀虫蛋白基因Bt，但只是针对鳞翅目害虫如棉铃虫，它还会受到盲椿象、红蜘蛛等害虫的危害，仍然需要化学农药防治。不能以害虫是否喜欢光顾来判断是否转基因。

求证：用事实粉碎谣言
——人民日报这样调查真相

倾听反对的声音
——对"转基因"稿件的一点感悟

孟 辉

《转基因食品，美国人吃得不少》、《转基因大豆安全吗》、《我国管理转基因作物，分级分阶段》、《普通大豆为何不敌转基因大豆》等4篇稿件，是我在《求证》栏目工作时很特别、很难忘的一组选题，因为它不仅耗时最长，而且反反复复。从2012年5月定下选题，到当年12月19日第一篇稿件见报，整整用了大半年时间，这与《求证》栏目平日要求的"快"相去甚远。究其原因，与这个选题重大、敏感不无关系。

■ **是大豆还是"妖怪"？**

自转基因技术诞生以来，在过去几十年里，有关转基因的是是非非从未平息过。搜寻互联网，关于转基因技术破坏地球生态、危害人类安全的帖子比比皆是，"转基因大豆不属于大豆家族，是妖怪"、"吃转基因致癌"、"转基因造成不育不孕"、"美国人从来不吃转基因大豆"，甚至有人言之凿凿地说，转基因是美国的阴谋，企图让中国亡国灭种。

转基因食品是社会关注的热点，众说纷纭。与此同时，我国每年都要从国外进口数以千万吨计的大豆，基本上是抗除草剂的转基因大豆，加工为饲料豆粕或大豆油。由于一些反转基因人士的宣传，不少国人对吃转基因大豆油心存障碍、心有疑虑。

"转基因大豆是否有害?"栏目决定由我负责这个备受关注的选题,同事王梦纯、实习生董文龙参与。作为一个上大学后就未接触过生物学的文科毕业生,光是搞清楚"转基因"、"抗草甘膦"、"基因漂移"等名词,我就很费了一番功夫。

美国人是否吃转基因食品?转基因大豆是否有毒、是否安全,有无潜在的安全风险?相关结论有无长期的试验数据支撑?……我们将公众对转基因大豆以及转基因食品的种种疑虑,提交给国内外转基因食品的主管部门、科学界人士,请他们解答;我们也采访、听取反对方的意见,力求给读者带来全面、透彻的信息。

■ 相信传言还是相信专家?

由于受到各种传言影响,一谈到转基因,某些网友脑海中可能立刻会闪现《蜘蛛侠》、《异形》等电影中人体变异的片段。

这些印象有道理吗?尽管网络上反对转基因的声音很多,但细细翻读就会发现,虽然不少反对者的观点耸人听闻,却没有科学论据,普通民众又容易被阴谋论吸引。在做这组选题时,某位"反转"人士给我们邮箱发送了不少所谓反转基因的最新研究成果,我们阅读后,发现文中说的新发现,其实还是反方质疑的老问题。通过多方查阅资料、与"反转"人士沟通,我们发现,质疑、攻击转基因的绝大多数人没有专业背景。

与此形成鲜明对比的是,针对网上的各种质疑,国内外主流科学界的专家通过专业分析,进行了明确反驳。"反转"人士所列举的著名案例,如2009年《国际生物科学杂志》提及的转基因玉米对大鼠肾、肝脏的不良影响,被欧洲食品安全局证明,数据不能支持结论;英国Pusztai博士关于转基因马铃薯破坏大鼠免疫系统的实验,经过英国皇家学会组织的评审,认为结论有六方面错误;"广西大学生食用转基因玉米致使精子活力下降"的传言,最后证实完全是子虚乌有。

在这组报道的第二篇《转基因大豆安全吗》中,记者采访到了中、外科学界的9位专家,其中有中国工程院院士、农科院生物技术研究所所长、中国疾控中心研究员、中国农业大学教授,以及美国的细胞生物学教授、农学教授等。这些行内的专家都认为转基因大豆乃至转基因技术是安全的,美国科学家说:"在过去的这些年里,没有一个人因为食用转基因作物生病、致死。"中国科学家表示:

"转基因食品经过了严格的食用安全性评价,这套评价体系是严谨的,甚至是苛刻的。"

俗话说,"隔行如隔山",随着社会分工的细化、科学的发展,一个人再想如达芬奇一样精通好几门学科、纵贯好几个领域越来越难。现实情况是,由于某些专家在他不熟悉领域发声或者不懂装懂,"专家"这个词正被污名化,但必须承认,我们不可能仅仅凭借搜索引擎,就自以为可以深入了解某门学科,成为某方面的专家。在专业领域,专家也许会犯错,但他们犯错的概率远远小于我们这些门外汉、普通人。那么,公众该相信谁?答案不言而喻。

据统计,2011年度全世界种植的转基因作物已经达到24亿亩,是我国耕地面积的1.33倍,与1996年相比,面积增长94倍。有专家表示,因为不同意见的阻扰,我国转基因技术的研究已经落后了。

■ 为政府说话还是为事实说话?

《求证》栏目组对于每一个选题,都要求记者:必须尊重事实,不预设立场,深入了解正、反两方的观点,通过深入调查核实,掌握确凿证据、核心信息,方能得出结论。

以往,对正反两方的采访一般由记者负责。这一次,由于任务比较重,对国内主管部门、科学家的采访,交给了跑农业部、科技界的记者冯华、蒋建科;采访"反转"的环保组织、知名人士,则由编辑接手。"要给反对方说话的机会",抱着这样的信念,我们用笨办法、下笨功夫,辗转要手机号码,给某办公室反反复复地打电话,在网上多方发邮件联系沟通,用了好几周时间,最终采访到了相关环保组织、中国大豆协会负责人、大学教授以及反转基因的微博达人。

在采访中,不少"反转"人士表示,国产大豆遭到巨大损害,是他们反对转基因大豆的重要原因。"豆农种植意愿下降"、"主产区大豆加工企业开工不到二成"……在分社记者的实地调查中,在中国大豆行业协会常务副会长刘登高、黑龙江省大豆协会副秘书长王小语的访谈中,我们深深地了解到,在进口转基因大豆的挤压下,国产大豆尤其是东北大豆确实陷入"面积缩减、企业破产"的困境。

报道国产大豆的衰落会不会在国内引起愤怒情绪,影响公众对转基因的认识？对此，政府部门有顾虑。"我们的意见不会白说吧？"大豆协会有关人士也有疑虑。在探讨这一问题时，栏目组坚持要尊重事实，不回避问题。顶住阻力，我们专门做了一篇《普通大豆为何不敌转基因大豆》，指出"对油料的需求大而耕地不足"是我国大量进口转基因大豆的原因，这对东北大豆形成了巨大冲击。文中还就如何振兴国产大豆，提出了具体建议。

尊重事实，这个信念也贯穿整组稿件始终。尽管第一篇《转基因食品，美国人吃得不少》明确说明转基因食品在美国被大规模食用，"10年共消费3万亿份转基因食品"，转基因食品不必特别标注，但同时也指出美国有反对转基因的声音，特别提到美国的民调显示，"21%的人确信转基因食品是安全的，64%的人不确定，15%的人认为不安全"。这表明了我们客观中立、实事求是的态度。

转基因的这组稿件引起了较大关注，上了各大门户网站的首页。这组报道完成后，我对转基因也有了较多的了解。正像很多人所说的，转基因技术是柄"双刃剑"，它既可能造福人类社会，也可能由于使用不当而带来风险。我认为，正反双方的激烈交锋，社会公众的强烈关注，对于转基因技术的发展是件好事，正是有足够的争辩、关注、监督，转基因一步步走下去时，才不至于走偏、走错路。

（作者时为人民日报总编室要闻四版副主编，
现为人民日报总编室体育版副主编）

【采访提纲】

转基因大豆选题约稿提纲

■《求证》第一篇：转基因大豆在美国

一、采访美国农业部、美国食品药品监督管理局、科学院等机构

1. 美国转基因大豆和非转基因大豆各有多少种植面积？在产量上的比重？

2. 美国转基因大豆主要用于出口还是内销？出口、内销的数据各是多少？

3. 美国转基因大豆有哪些具体用途？能否提供转基因大豆产品深加工（食品领域）的资料（转基因大豆食品有哪些？如有无转基因大豆粉做的面点等？有无从转基因大豆直接制造生产的豆腐、豆浆等豆制品？一年的产量大概是多少？）

4. 美国人一年要吃掉多少转基因大豆油？饲养的禽畜普遍食用转基因大豆饲料吗？饲养的禽畜有多少只？会使用多少吨转基因大豆饲料？

5. 美国对转基因大豆的加工产品有无强制性标识要求？是不是明确规定食物必须标示是否转基因？为什么？

6. 美国有哪些关于转基因食品的政策法规？他们如何保障转基因食品领域安全？关于大豆有哪些具体的要求？

7. 美国推广转基因作物10多年来，从总体上看，目前是一种什么情况？在产量、效益、农药使用上有什么样的数据？

8. 美国官方对转基因作物的发展是一种怎样的态度？他们提供了怎样的政策支持？他们是怎么看待对于转基因作物安全性的质疑的？

二、采访美国普通市民

1. 走进美国的典型超市，了解超市中有多少种转基因食品，含有转基因大豆成分的食品有多少。

2. 超市中转基因食品都标注转基因吗？非转基因大豆油和转基因大豆油的价格是否有差异？

3. 采访美国普通顾客，是否会选择转基因食品？怎么看待转基因大豆？是否

会存有戒心?

4. 采访超市经理或者收银员,了解超市中转基因和非转基因食品的销售情况。他们对转基因食品是什么态度。

三、采访美国种植转基因大豆和非转基因大豆的农场主或者农民

美国种植转基因大豆农场主或者农民——

1. 从哪一年开始种植转基因大豆的? 种植转基因大豆的最初动因是什么?

2. 他种植的转基因大豆是哪种类型的? 来自哪个公司? 他为什么会选择这个公司?

3. 目前种植转基因大豆的面积是多少? 产量是多少? 与以前相比,在产量、农药使用、成本、收入上都有什么变化? 病虫害减少了吗?

4. 他平时是如何从事大豆生产的?

5. 种植的转基因大豆都流向了哪里? 主要用途是什么? 跟以前比,有区别吗?

6. 种植转基因大豆后对环境有无影响? 如土壤、植被、昆虫等方面有无变化?

7. 他本人是怎么看待转基因食品的? 如果非转基因大豆也能产生同样效益的话,他还会选择转基因大豆吗?

美国种植普通大豆的农场主或者农民——

1. 目前种植大豆的面积是多少? 产量是多少? 与种植转基因大豆比较,他的产量、收入是高了还是低了?

2. 他的非转基因大豆主要是用来做什么的? 流向哪里?

3. 他平时是如何从事大豆生产的? 使用农药、化肥吗?

4. 他不种植转基因大豆的原因是什么? 市场上可以供他选择的非转基因大豆种子多吗? 还有没有专门公司提供非转基因大豆的种子?

5. 他如何看待转基因大豆和含有转基因成分的食品? 在日常生活中,他吃转基因食品吗?

6. 在周围,像他这样的人多吗? 别的农场主或者农户怎么看他?

四、请记者了解

美国强力推广转基因大豆的原因? 其中有无孟山都、杜邦先锋等公司的商业幕后推手? 当地媒体是怎么报道这些跨国种子公司在全球力推转基因大豆的?

《求证》第二篇：转基因大豆能放心食用吗？

一、采访农业部科技发展中心、转基因生物安全管理办公室等部门

1. 我国的转基因生物安全评价制度是怎样的？农业转基因生物生产应用安全证书的审批和发放由哪个部门主管，要经过哪些环节？安全证书发放后是否可以进行大规模商业化生产？

2. 我国食用大豆中，进口大豆和国产大豆各占多大比例？其中转基因大豆总量是多少，占多大比重？

3. 为什么要进口转基因大豆？转基因大豆和普通大豆相比，有哪些优势？从安全性角度来说，消费者食用是否安全？对人体会不会有潜在危害？

4. 对于进口转基因大豆，有哪些相关检测？是否有严格的审批程序和安全评估？具体是怎样操作的？

5. 转基因大豆在市场上如何监管？对企业有无相关的政策规范？以转基因大豆为原料的大豆油是否需要特别标注？有无出台相关管理办法？

6 农业部是否批准转基因大豆种子进口到中国境内种植？如果有，具体在哪些地方？如果没有，是出于什么考虑？

二、采访转基因作物研究领域相关农业专家

1. 请从营养学、毒理学、致敏性等角度对比普通大豆和转基因大豆。转基因大豆营养成分是否受破坏？有无毒性？是否安全？是否会造成过敏？有无长期的试验数据支撑？

2. 转基因大豆对人体和生态环境有哪些不利影响？存在哪些长远、潜在的安全风险？极端的后果是什么？

3. 对转基因大豆的安全风险如何进行监测和预防？

4. 转基因大豆是否会含有危害人类健康的有毒草甘膦除草剂残留与有毒"化学浸出"溶剂正己烷残留？

5. 有文章指出，转基因大豆"可能影响生物的多样性，可能引起耐除草剂杂草的蔓延，造成大豆生产环境资源恶化；目前一些国家已证实转基因大豆存在一定过敏性；其可能存在的食品安全风险还包括转基因大豆及其制品可能会影响人体健康和内部系统，可能会影响人体对抗生素产生抗性；可能引起跨物种感染；

转基因大豆中存在未知 DNA，可能带来新的不安全"，这些说法是否属实？

三、采访食用油生产企业

1. 市场上售卖的大豆油，用转基因大豆和普通大豆的比例各是多少？加工工艺是否有区别？

2. 转基因大豆生产的大豆油是否含有转基因成分？转基因大豆油与普通大豆油、玉米油及菜籽油，在油的成分上、产品品质有什么样的差异？企业是否有相关检测报告？

3. 为什么有些企业会以非转基因作为大豆油的宣传卖点？两种大豆油的价格、定位和消费者群体有哪些不同？从目前的市场情况来看，哪一类型的大豆油更受欢迎？

■《求证》第三篇：转基因大豆背后的利益链（跨国公司的博弈、贸易保护主义等）

一、采访国家粮油信息中心、中国海关等

1. 我国最近三年转基因大豆的进口量是多少？是否呈逐年递增趋势？主要来自哪些国家？对外依存度是多少？

2. 我国在关税、品种、产地等方面对进口大豆有哪些规定？

3. 我国最近三年国产大豆的出口量是多少？国产大豆中，内销和出口所占的比重各是多少？

4. 对于国产的非转基因大豆，国家是否有相关的价格补贴政策？还是与进口的转基因大豆在同等市场条件下竞争？

5. 目前，我国大豆及其产品已经全部进入期货市场。国外主要大豆生产国的农民和国内外贸易商及加工企业都是通过期货市场来发现价格、引导生产、规避市场风险。我国在这方面有哪些相关的引导和推动措施？

二、采访我国大豆主产地（黑龙江、吉林等）的大豆协会

1. 我国近几年大豆的种植面积是增加了还是减少了？具体原因是什么？东北豆农获利情况如何？

2. 主产地的大豆加工企业生存情况如何？开工率为多少？产品主要是内销还是出口？

3. 从价格、出油率、口感等多个角度比较，国产大豆相对于转基因大豆有哪些竞争优势，又存在哪些劣势？

4. 转基因大豆大量进口，对东北地区的大豆生产和企业带来了哪些不利因素？

三、采访粮油贸易专家、转基因作物研究相关专家

1. 目前世界上转基因大豆的技术和专利主要掌握在哪些国家及公司手中？这些国家或者公司每年能从转基因大豆中获取的收益大概是多少？

2. 我国食用油市场中，由外资控股或参股的企业所占比重是多少？这是否意味着我国大豆加工产业大部分被外资垄断？定价权掌握在谁手中？

3. 跨国粮商以转基因大豆低价冲击我国大豆市场，对我国大豆市场环境会造成哪些负面影响？

4. 对于大豆产业，国内一直存在"突围"还是"放弃"两种主张。如果"放弃"，我国大豆产业话语权是否会彻底丧失？大豆完全依赖进口，会带来怎样的后果？

5. 如果国产大豆要实现"突围"，需采取哪些政策措施才能扩大国产大豆的生存空间，发挥国产大豆的竞争优势？

6. 美国和欧洲对待转基因大豆的不同态度，反映出这些国家和地区什么样的利益诉求？有专家认为，美国的转基因技术发展较快，孟山都等一些跨国生物技术公司在转基因大豆上形成了研、产、销一条龙；而欧洲从保护本国农业出发，反对进口转基因农产品，并以此作为技术性贸易措施，以维护其产业、贸易利益。这种认识有道理吗？

四、向欧盟、日本分社记者约稿

1. 驻在国怎么看待转基因大豆？对转基因大豆的具体政策是什么？具体政策近年来有无变化？

2. 驻在国为什么会出台这种较为严格的政策？有安全上的担忧，也有利益的考量吗？请具体分析。

3. 驻在国转基因大豆有种植面积吗？近年来是增多还是减少？

4. 驻在国百姓吃转基因食品或者转基因大豆食品吗？对转基因大豆的加工产品有无强制性标识要求？

5. 驻在国市场上非转基因大豆和转基因大豆的市场价格是否有差异？当地普通民众在选择时有无偏好？

督促信息公开　赢取民众信任
——《我国有哪些转基因作物》手记

吕毅品

对于转基因食品是否安全的话题，讨论从没有停止过，讨论的结果也往往是互不服气，谁也说服不了谁。但是我国现在究竟有多少转基因作物，却成了一个冷门话题，原因可能包括公众没有关注、政府部门缺乏宣传、信息公开相对落后等等。也因此，网上开始流传"转基因食品名单"以及"鉴别转基因作物方法"后，网友很关注。这些网传内容靠谱吗？国家正式批准生产或进口的转基因作物究竟有哪些？

■ 全面获取权威信息，报道引起热烈反响

记者在采访之前初步拟定提纲，将问题集中在三部分：国内正式批准生产了哪些转基因作物？网传"转基因食品名单"是否属实？网传"鉴别转基因作物方法"是否正确？接着将每一个问题细化成若干小问题，将采访函发给了农业部。在收到采访函后，农业部组织多位权威专家进行了分析、讨论，对采访提纲的内容进行了答复。

我们对专家答复初步整理后，发现缺少一些读者关注的信息。比如，只公布国内正式批准生产的转基因作物种类，并不全面，因为我国还有批准进口用作加工原料的转基因作物；再比如，正式批准生产或进口转基因作物的程序、流程，以及截至目前批准批次的详细信息，都是大家关心的内容。为了向公众提供最全面的信息，我们又对农业部进行了补充采访。

不久，农业部便对补充采访的问题进行了回应。经编辑整理后，于9月16

日刊登。

报道刊出后反响强烈,报道原文登上各大门户网站首页,很多报刊全文刊登或摘录主要内容,还有媒体刊发社论、评论赞扬报道回应社会关切,东方卫视、江苏人民广播电台等电视台、广播电台也对报道内容进行了播报。这组调查也引起了网友的广泛关注和讨论。仅以人民日报法人微博为例,该篇报道被转发超过4000次、评论将近1000次。

■ 督促相关信息公开,促进民众政府沟通

有专家结合几家报刊发表的评论进行了分析,认为信息公开对于转基因食品逐步为民众接受具有重要意义:新京报刊发社论,赞扬"相关部门在转基因食品管理上加强了信息公开,这是一个良好的开始",并期待"更详尽的说明";东方早报则提出具体建议:"针对民间质疑的热点,充分披露政府许可进口、使用具体转基因食品的理由;同时,及时回应诸如政府机关食堂拒绝转基因食用油的传言";现代快报强调"人民日报将转基因食品名单'脱敏',堪称国内首次。"

思考这篇报道为何取得良好的效果,离不开当前政府信息不够公开的大环境。对于农业主管部门来说,如果只盯着对转基因食品无害进行解释,而不公布相关信息,则信息不对称必然会冲击公众的信任、降低公众的安全感。

实际上,我国政府对于保证转基因食品安全性的努力并不少,在国外转基因食品也早已"飞入寻常百姓家",但是对信息公开工作的忽视,逐渐形成了部分民众对转基因的抵触心理,再加上一部分行业外人士的质疑,转基因食品便有了"走火入魔"的不良形象。相反,全面公开转基因作物信息,打破其神秘性,就可以得到大部分民众的理解与支持,让整个社会以更加理性、公正的态度对待转基因作物。

作为媒体,需要督促政府部门信息更公开更透明,也需要做沟通民众与政府的桥梁。

(作者为人民日报总编室要闻四版编辑)

传言

有网文称，从1995年我国开始普遍推广"全民食盐加碘"时起，十数亿中国人就已经在稀里糊涂中当了或正在当着食盐加碘的"实验品"！碘作为一种化学物质，是包括人在内的大多数有机体不可缺少的。然而，"不可缺少"并不代表"现在缺少"。我国沿海地区居民常吃富含碘的海产品，本身就不需要吃加碘盐。

网文称，即使每天食用正常数量的食盐，也会引起身体的某些疾病，因为问题不是出在盐身上，而是加入盐中的碘多了。网文表示，1995年的调查结果显示，我们国家食盐的碘投放量已经稍大于国际公认的水平。

还有网文称，甲状腺癌在癌症中的发病率已从第十五位升至第五位，主要原因就是吃加碘盐造成的。

碘盐其实不会致癌

- 我国是严重碘缺乏的国家,除高水碘地区外,绝大多数居民应食碘盐
- 我国做过多次监测与调整,目前居民摄碘量处于适宜水平,吃碘盐不会导致碘过量

本报记者 白剑峰 王有佳 吕毅品
人民日报(2012年10月23日04版)

近日,有网友称:甲状腺癌在癌症中的发病率已从第十五位升至第五位,主要原因是吃加碘盐造成的;我国沿海地区居民常吃富含碘的海产品,不需要吃加碘盐。这些传言是否属实?人民日报《求证》栏目记者就此采访了有关部门及专家。

■ 疑问一:加碘盐易诱发甲状腺癌?

【回应】甲状腺癌与遗传、自身免疫性及精神因素有关;补碘的益处远大于碘过量引起的风险

"所谓甲状腺癌增多与食盐碘过量有关的说法并不准确。"卫生部疾病预防控制局国家卫生监督专员肖东楼介绍,"从全球范围看,近年来包括甲状腺癌在内的多数肿瘤都呈上升态势。甲状腺癌与食盐加

碘存在某种联系的推论依据不充分,相反,采取补碘干预可使甲状腺癌向低恶性转化的结论,已被广泛认同。"

针对"甲状腺癌高发"的观点,上海市第一人民医院内分泌代谢科主任医师吴艺捷坦言,在临床中确实发现患有甲状腺疾病的病人增多的现象。"但这不等于甲状腺疾病发病率增加。"据他介绍,现在的医学检查手段比以往先进,穿刺技术可以发现1厘米以下的肿瘤,而在以前只能靠手触摸。

"碘缺乏或碘过量,都可能导致甲状腺疾病的发生。"肖东楼说,碘过量可使甲亢的危险性升高,也会使隐性的甲状腺自身免疫性疾病转变为显性疾病。

日常食用加碘盐,会带来碘过量吗?北京协和医院内分泌科教授戴为信说:"从严格定义来讲,我国绝大多数人应该食用碘盐,因为碘盐里面的碘是微量的,是一个基本量。目前并没有相关证据表明过量食用加碘盐与甲状腺疾病有直接关系。"

吴艺捷介绍说,总体来说,我国居民摄碘量处于适宜水平,但也不排除个别地区的特殊情况。而且,人的甲状腺激素合成是一个动态平衡状态,偶尔过量服用,人体会自然排泄,不会在体内无限制积累。

据专家介绍,世界卫生组织推荐成人每日碘摄入量为150—300微克,欧盟和美国的医学研究机构认为成人碘摄入可耐受上限分别为每日600微克和1100微克。我国碘盐平均含碘量为30毫克/千克。按每人每日摄入盐5—10克计算,每日摄碘量约为150—300微克。扣除烹调和人体代谢的损失,碘的摄入量不会高于世界卫生组织的推荐量。

对于甲状腺癌的发病原因,吴艺捷指出,不能说加碘盐导致甲状腺疾病高发,因为该疾病与遗传因素、自身免疫性以及精神因素有关,工作压力大、长期处于应激状态的人群也属于高发人群。

事实上,专家们认为,碘缺乏比碘过量更危险。天津医科大学内分泌研究所教授陈祖培说:"碘在体内的主要作用是在甲状腺合成甲状腺激素。缺碘会导致甲状腺激素合成不足,引发一系列的症状和疾病,尤其是对智力的损害。从碘缺乏病区儿童的智力测验检查来看,其平均智商比正常水平低。"

"缺碘除了造成临床上典型的碘缺乏疾病如地方性甲状腺肿,还会造成不易察觉的智力损伤。"肖东楼介绍,2009年国际控制碘缺乏病理事会发布公告认为,补碘的益处远远大于碘过量引起的相对较小的风险。

■ 疑问二:沿海城市居民不需要补碘?

【回应】沿海地区居民从海带、紫菜和海鱼中获得2.1%的碘,膳食中的碘84.2%来自碘盐

"人摄入碘的途径有三种:饮用水、食物和空气。我国除了一部分地区饮水碘含量非常高以外,大部分饮水的碘含量都比较低,而从空气中摄入的碘就更少了。"中国疾病预防控制中心地方病控制中心主任孙殿军告诉记者,"受外环境的影响,我国食物含碘量也处于碘缺乏的普遍形态,因此需要补碘。"

针对网友"沿海居民日常食用的海产品中含碘量很高无需碘盐"的疑惑,陈祖培解释道:"2009年,卫生部在福建、上海、浙江、辽宁等4省(市)开展的沿海地区居民膳食碘摄入量调查结果显示,海带、紫菜、海鱼等富碘食物在沿海地区居民中的食用频率和食用量都很低。在未考虑烹调损失的情况下,膳食中的碘84.2%来自于加碘食盐,来自于各类食物的碘仅占13.1%(其中海带、紫菜和海鱼共占 2.1%)。如果食用不加碘食盐,97%以上的居民碘摄入量会低于推荐摄入量,居民碘缺乏的风险很大。"

孙殿军也认为,我国是外环境严重碘缺乏的国家,不仅仅在农村,城市也一样。"2009年,沿海地区居民膳食碘摄入量调查发现,尽管经过多年补充碘盐,上海等沿海城市孕妇的碘营养还是不足的。所以大城市仍需供应碘盐。"

"卫生部2010年发布的《中国食盐加碘和居民碘营养状况的风险评估》结果表明:我国除高水碘地区外,绝大多数地区居民的碘营养状况处于适宜和安全水平,沿海地区也不例外。"肖东楼说。

专家们介绍,虽然沿海城市居民需要补碘,但有两种人群不宜吃碘盐。一个是患甲状腺疾病等患者中的少数人，可遵医嘱不食用或少食用碘盐。另一个是生活在高碘地区的居民，碘摄入量超过推荐量的好几倍。

上海市疾控中心介绍，高碘地区分为水源性和食源性两种，我国是首先发现水源性高碘甲状腺肿的国家。目前，在北京、天津、河北、山西、内蒙古、江苏、安徽、福建、山东、河南、陕西、新疆12个省（区、市）的130个县发现有饮水碘含量超标，受威胁人口约3100万人。

"在高碘地区，老百姓吃非碘盐，而不是供应碘盐。对饮用水高碘地区，甚至可能要换低碘水源。"孙殿军说。

■ **疑问三：碘盐标准是否"一刀切"？**

【回应】今年实施的新标准允许各省（区、市）自行确定食盐碘含量平均水平

还有网友表示，碘盐标准不应该全国统一一个标准，并抱怨市场上很难买到无碘盐。实际情况如何？

在北京，记者走访了中盐北京公司指定的几个无碘食盐销售点，发现有充足的无碘盐待售，但只有200克装的"京晶牌"有机无碘雪花盐，售价4.5元/袋，在购买数量上没有限制，也不需要出示相关医嘱或证明。除了指定供应网点，记者在一家乐天玛特超市也看到了无碘盐，销售员表示"可随便买"。

在上海，一家良友金伴超市的店员告诉记者，无碘盐销售很正常，没有出现过抢购或缺货现象。上海市卫生局介绍，上海很早以前就已经开放无碘盐的销售，目前全市设有1334个无碘食盐供应点。

据了解，我国从1995年开始实施全面食盐加碘政策以来，对食盐碘含量已经做过多次调整。对此，陈祖培表示，我国大概每隔2到3年要对全国范围内的碘盐跟碘缺乏病的流行状况做一次监测，并根据人群碘盐的变化调整碘盐的浓度，所以调整是正常的。

上海市疾控中心相关负责人介绍，碘缺乏病监测数据显示，我国幅员辽阔，食盐摄入量区别较大，近年来饮食结构也发生了变化，统一的盐碘含量标准不能满足和适应这些变化。由此，卫生部2011年9月发布、今年3月实施的食品安全国家标准《食用盐碘含量》允许各省（区、市）自行确定盐碘含量平均水平。

"过去全国是统一一个标准，在严重缺碘的时候，这样做是对的，能迅速缓解全民族的碘缺乏困境。"陈祖培补充道，"但是，随着食盐加碘的政策逐渐落实，就需要逐渐细化了。"据他介绍，碘的摄入量是否适宜取决于很多因素，包括碘盐的浓度、食物结构、盐的摄入量等。例如，上海、天津、北京居民每人每天的盐摄入量大概七八克，西部北部地区可能十二三克，最高的省份到20克。"新标准由各省自行决定碘的浓度，体现了'因地制宜、科学补碘'的原则。"

据了解，世界各国规定的碘盐中碘含量各不相同。西欧一些国家使用的盐碘含量为每千克10—20毫克，美洲大多数国家为每千克50—100毫克，英国是每千克25毫克。我国的《食用盐碘含量》规定：每千克食用盐产品中碘含量的平均水平（以碘元素计）为20—30毫克，食用盐碘含量的允许波动范围（均匀度）为食用盐碘含量平均水平±30%。

"美国碘盐覆盖率只有50%—60%，但除碘盐外，美国通过在牛奶中加碘来提高碘摄入量；澳大利亚则在面包中加碘。"吴艺捷介绍说，"数据显示，美国人均尿碘含量比我国高20%左右。"

（李婷参与采写）

解惑民生　引领舆论
——从《碘盐其实不会致癌》说开去

吕毅品

2012年10月23日，人民日报要闻四版《求证》栏目推出《碘盐其实不会致癌》，10月29日，针对网友"我所在地是不是高碘地区"与"哪里能买到无碘盐"的追问，"求证"又推出后续报道《卫生部回应：我国水源性高碘地区分布在109个县的735个乡镇》。该组报道通过严谨细致的采访，解答了网友的诸多补碘困惑，既澄清了网络上的不实之言，也消除了民众对现有碘盐政策的抵触情绪。

■ 及时解答民生疑问，多维度寻找权威证据

2012年9月，有微博声称：我国甲状腺癌在癌症中的发病率已从第十五位升至第五位，主要原因是吃加碘盐造成的。此条微博被多人转发，在网上迅速传播、引起热议，一些观点质疑碘盐政策，如"我国沿海地区居民常吃富含碘的海产品，不需要吃加碘盐"；"我国的碘盐政策是一刀切，根本就不科学"，等等。有些媒体也进行了报道。

我国的碘盐政策到底有没有问题？碘盐会导致甲状腺癌吗？《求证》栏目组在关注这个选题时发现：媒体对"碘盐是否导致甲状腺疾病上升"并没有给出明确结论，一些报道只说甲状腺疾病高发、受访者不敢吃碘盐等，而对碘盐与甲状腺疾病之间的关系

求证：用事实粉碎谣言
——人民日报这样调查真相

没做进一步探究。同时，传言所述观点缺乏可靠的权威信息来源，围绕补碘的许多问题并无明晰答案，如：我国出台碘盐政策的背景是什么？这些年来进行了什么样的调整？临床上是否有数据表明碘盐与甲状腺疾病有关？国外对碘盐的政策和规定是怎样的？民众对加碘盐政策不满的原因在哪？

栏目组认为，碘盐话题与老百姓息息相关，我们不能预设立场，一切要以事实为准。如果现有政策存在问题，就应该以实事求是的态度进行客观报道，敦促政策的调整；如果对碘盐的传言只是片面之词甚至恶意中伤，人民日报有责任告诉大家补碘的重要性与必要性，消除补碘疑虑。

通过对各种质疑的归纳总结，栏目组将采访问题集中在三个方面：加碘盐是否易诱发甲状腺癌？沿海城市居民需不需要补碘？我国的碘盐标准是否一刀切？通过约请地方分社记者王有佳与专业口记者白剑峰分头采访以及版面编辑在北京的市场调查，整体报道既有卫生部官方对"碘盐危害"的抨击，也有专家学者对"碘盐致癌"的澄清；既有卫生部官方调查报告证明"沿海地区也需要补碘"，也有著名医院主任医师对"两种人群不宜补碘"的说明；既介绍了我国最近刚调整的碘盐政策，也列举了西方国家的补碘标准，说明我国的加碘标准并不算高。

■ 反复回应读者关切，致力于扩大传播效果

探寻喧哗背后的真相，是《求证》栏目的努力方向；增强舆论引导能力，也是《求证》栏目孜孜以求的目标。由于《求证》的不少选题都是直接针对网络舆情的，所以绝大多数求证稿件都会在网友中引发大量议论与转载。通过观察，我们注意到，在二次传播或多次传播过程中，由于读者的快餐式阅读、选择性接受，由于一些媒体或网络的选择性传播，主流媒体的报道内容有时不能完整、顺畅地传递给读者，其中有些信息会被淹没，有些信息会被片面解读甚至歪曲。

网友的选择性阅读在此前的"求证"报道中也遇到过，为此《求证》栏目进行了积极探索，在形式上突破文字局限，以"文字＋照片＋图表＋视频"的方式全方位展现调查过程。具体到碘盐求证，我们发现，主流媒体声音在网络媒体二次传播过程中存在"变形"与"部分失真"现象。例如，见报当天上午人民日报法人微博即进行了摘编刊发，并附上了原文的文字版面链接。该条微博随即引发

大量转发与跟帖评论，但从网友评论看，很多人根本没有点击链接浏览原文，仅根据微博140字的内容继续表达对碘盐政策的质疑，而他们所担心和反对的问题，原文中已经有了回答。这也再一次提醒我们，做《求证》选题，应考虑到背后复杂的社会心理、舆论生态和制度因素，不能寄希望于一步到位地实现传播效果，而要采取跟进报道等方式，作耐心细致的引导。

此外，从网友的评论中我们还分析发现，由于版面容量的局限，很多细节未能在见报文章中尽情展开，而这一部分内容可能对一些网民是有借鉴意义的，可以有效消除他们的疑虑。

针对这种情况，栏目组与人民日报微博运营室合作，决定在传播手段上进行创新，选择有代表性的网友质疑进行回应，借助微博平台深化与网民的沟通互动。继10月23日微博转发原文后，25日，微博针对四个网友的问题刊登了回应，解疑释惑。29日，针对网友"我所在地是不是高碘地区"与"哪里能买到无碘盐"的追问，《求证》又推出后续报道《卫生部回应：我国水源性高碘地区分布在109个县的735个乡镇》。

两次后续跟进取得了积极的舆论引导效果。例如，微博网友Flower_花花小倩对第一次的报道留言说："我觉得这个（补碘）需要看国外的科学信息再进一步确认之。"虽然见报文章中已经对世界卫生组织、欧盟以及美国医学研究机构的相关研究成果进行了详细表述，栏目还是通过人民日报微博对其问题进行了回应。看到法人微博对她的留言回应后，该网友又留言："确实很不好意思，没想过留言会得到人民日报的回复……了解了各国的补碘情况以后，相信人民日报的这番讨论对于改善我国碘盐认识状况会有促进作用。"此外，微博上还有人评论"真理越辩越明，这样的态度是好的"，很多网友直接夸赞此举"办得好"、"贴近民生"。

■ 关注热点民生诉求，助推构建社会互信

其实，对碘盐的关注，《求证》栏目并不是第一家。对于一个政策性问题进行释疑，可以想见，必定有很多种声音，但《求证》栏目的目的是，在众声喧哗中争取做到最强音、最权威。

有效的舆论引导力，来自对百姓的真正关心。媒体关注民生问题时的态度影

求证：用事实粉碎谣言
——人民日报这样调查真相

响着信任度——随时根据政策与环境的变化，将民间舆论的关注点反映给政府，把政府的工作安排、专家的最新研究及时告知群众，在他们之间搭建有效的互通渠道，才是真正地关注民生，才会起到更好的效果。

碘盐系列《求证》能获得一部分读者的认可，在于及时回应了民生诉求，求证了老百姓很关心的事。随着近年来我国食品安全事件频发，任何一个有关食品安全的传言都有可能点燃并加剧公众的不信任感，甚至演变成对政府与政策的抵制。在这种情况下，迫切需要主流媒体及时介入民生热点事件，调查取证、解疑释惑，避免因一些政府部门的滞后反应造成公众不满情绪激化。

事实上，《求证》已多次刊登与老百姓息息相关的民生类选题。这类选题的成功推出说明，主流媒体需要主动放低姿态，关注民间舆论场传播的热点信息，快速回应网民热议的焦点问题，不失语、不乱语、澄清事实、还原真相，融通两个舆论场。

另一方面，也要看到，公众心理的转换常常需要政府工作的改进。很多食品安全类传言的反复出现，往往因为政府对食品安全的监管不到位，或者对传言缺乏积极快速的回应。以碘盐为例，虽然国家出台了一些规范无碘盐购买的政策，但并没有及时告诉公众这些有效信息，民众的焦虑与疑惑无法消除，再加上现实中无碘盐购买确有困难，使负面情绪堆积。如果政府有关部门依然抱着高高在上、不屑理会的姿态，要消除人们对食品安全的疑虑仍不容易。

因此，如何重筑道德体系、如何构建社会互信、如何加强食品安全监管、如何提高政府公信力，这一系列问题的回答与解决，既需要媒体加强自律、提高舆论引导能力，也需要各方力量参与进来形成合力。

（作者为人民日报总编室要闻四版编辑）

传言

2012年4月，某环保组织发布的《2012年茶叶农药调查报告》表示，该组织先后在北京、成都、海口等地对中国九个茶叶品牌进行了随机抽样调查。经检验发现，多个知名品牌产品均存在不同程度的农药残留，严重影响了市场中茶叶的安全性。

该报告称："送检的国内九大品牌茶叶企业的18种茶叶样本全部含有农药残留，少的含有3种农残，多的有17种，总共检出的农药有29种。"

该检测报告还表示："12份茶叶样本检出灭多威、硫丹及氰戊菊酯等违法违禁农药残留，14份含有多菌灵和苯菌灵、腈菌唑和氟硅唑等影响生育能力、胎儿发育或可能损害遗传基因的农药残留。"

求证：用事实粉碎谣言
——人民日报这样调查真相

"农药残留"不等于"农药超标"

我国茶叶是安全的

本报记者 徐丹 冯华 赵鹏 王君平
人民日报（2012年05月02日04版）

近日，某环保组织发布茶叶农药调查报告，质疑国内9大品牌茶叶企业的产品含农药残留，引发公众"还能不能喝茶"的争议。

我国茶叶农药残留是否过高？相关标准是否科学？茶叶质量安全吗？针对这些问题，记者采访了专家、茶企及政府相关部门。

■ **疑问一：农药残留符合标准吗？**

【回应】农残不等于农药超标，大部分符合我国标准和日本标准

该报告称，送检的国内九大品牌茶叶企业的18种茶叶样本全部含有农药残留，少的含有3种农残，多的有17种，总共检出的农药有29种，不少样本检测出违禁农药残留。

对此，中国工程院院士、茶学专家陈宗懋表示，"农药残留"和"农药超标"是不同的概念，检测出农残不等于就有危害。"就像去医院体检，通过对照

标准值，才能知道指标是否正常。"

中国农业科学院茶叶研究所研究员刘新认为，从报告检测结果看，有三类情况：一是我国国家标准有专门针对茶叶农药残留限量规定的，检测结果符合国家标准要求（有一项超出行业标准）。二是我国无标准、其他产茶国有规定的，比如检出的29种农药中有21种在日本有茶叶限量标准，此次检测结果也都符合这21项标准。三是我国和其他产茶国均未制定限量标准的，参照该农药在其他食用农产品中的限量标准，结果也符合相关要求。

据介绍，2009年《食品安全法》颁布之后，卫生部、农业部共同发布了315项限量标准，食品中农药残留限量标准的总数达到了2319项。针对普通茶叶的农药残留，我国共发布了四个国家标准（GB2763—2005、GB25193—2010、GB26130—2010、GB28260—2011）和三个行业标准（NY660—2003、NY661—2003、NY1500—2007），共制定了27项限量标准。

为了核实相关说法，记者同时查阅了中国、日本和欧盟关于农药在茶叶上残留限量的标准，发现此次报告中检出的29种农药残留，共有21种符合日本标准，13种符合欧盟标准；10种农药符合中国国家标准和行业标准，1种

农药名称	中国标准 (mg/kg)	日本标准 (mg/kg)	欧盟标准 (mg/kg)	报告检出残余量范围 (mg/kg)
噻嗪酮	10	20	0.05	0—0.3
氯氰菊酯	20	20	0.5	0—0.44
苯醚甲环唑	10	10	0.05	0—0.03
灭多威总量	3	20	0.1	0—1.1
硫丹总量	20	30	30	0—0.35
哒螨灵	5	10	0.05	0—0.43
吡虫啉	0.5	10	0.05	0—1.4
多菌灵和苯菌灵	5	10	0.1	0—0.13
氟氯氰菊酯	1	无标准	1	0—0.17
联苯菊酯	5(推荐)	25	5	0—1.7
(顺式)氰戊菊酯	2	1	0.05	0—0.12
溴虫腈	无标准	无标准	50	0—3.3
啶虫脒	无标准	无标准	0.1	0—2.5
毒死蜱	无标准	10	0.1	0—0.4
甲基硫菌灵	无标准	无标准	0.1	0—0.11
乐果	无标准	1	0.05	0—0.06
灭幼脲	无标准	无标准	无标准	0—0.08
敌百虫	无标准	0.5	0.1	0—0.03
氧乐果	无标准	1	0.05	0—0.02
三氟氯氰菊酯	无标准	15	无标准	0—0.45
恶二唑虫	无标准	无标准	0.05	0—3.9
四螨嗪	无标准	20	0.05	0—0.04
辛硫磷	无标准	0.1	无标准	0—0.01
三唑醇	无标准	20	0.2	0—0.02
仲丁威	无标准	0.5	无标准	0—0.03
异丙威	无标准	无标准	无标准	0—0.02
腈菌唑	无标准	20	无标准	0—0.03
吡螨胺	无标准	2	0.1	0—0.03
氟硅唑	无标准	无标准	0.05	0—0.02

不符合中国行业标准，其余18项无相关标准。

■ 疑问二：我国标准科学吗？

【回应】标准经过综合测算，遵循国际食品法典原则，与其他茶叶出口国类似

据陈宗懋院士介绍，我国茶叶标准的制定，依据科学的实验数据。由于用在茶叶上的一些农药也会使用在蔬菜水果等农作物上，因此国家在制定相关标准时要综合测算。

首先将农药作用在不同的植物上，在南北方等至少3—4个地区进行动态跟踪观察2—3年（分析不同的阳光、雨水、土壤等情况），观察其分解的不同产物。对于实验取得的数据，一般取其极端最大值再进行风险评估。在进行风险评估时，要考虑中国人的食谱，根据不同食品摄入比重进行综合测算，保证农药残余物总体摄入量不超过联合国粮农组织和世界卫生组织所公布的安全标准上限。在评估时，对于茶叶的每日摄入量采用了世界范围的最大值，也就是每日13克（英国和科威特的平均使用量），而中国人的茶叶平均使用量为每日4—5克。

陈宗懋表示，从世界范围看，茶叶的生产量大于销售量，是买方市场。在标准问题上，茶叶生产国和消费国之间会有利益的博弈。欧盟茶叶主要靠进口，倾向于制定更为严格的标准。中国、印度、印尼、斯里兰卡、越南以及一些非洲国家是主要茶叶出口国，中国的茶叶农残标准与印度、斯里兰卡等国家相类似，与国际食品法典委员会（CAC）采用同样的原则。

据介绍，我国是全世界主要产茶国中农残标准较多的国家之一，如国际食品法典标准中涉及茶叶农药残留标准有15项，我国已制定27项标准，而印度只有5项标准。

专家表示，我国的一些农药残留标准严于其他国家，如：硫丹，我国标准是20毫克/千克，日本和欧盟是30毫克/千克。

为何各国农药残留标准存在差异？农业部农药检定所研究员简秋说，一是农药的使用剂量与该国所处的气候带和病虫害发生的规律有关；二是每个国家的膳食结构不一样，从膳食中获取的量不同。

■ 疑问三：为何会有违禁农残？

【回应】残留量极低，符合标准规定；可能为土壤等环境中的残留所致

该检测报告提出，有12个样本中含有国家明令禁止在茶树上使用的农药，如灭多威、硫丹等。

记者查阅相关文件发现，2011年，我国发布1586号公告，撤销了硫丹、灭多威在茶树上的登记，但允许在其他作物上使用。之前，我国发布199号公告，规定在茶树上不得使用氰戊菊酯。

茶叶中为何出现违禁农药残留？陈宗懋表示，从报告显示的残留量来看，应该不是直接喷施所产生。"有的禁用农药过去允许在茶叶上使用，在土壤等环境中还可能存在，构成微量的残留。"

福建省安溪县是全国最大的铁观音生产基地。该县茶业总公司工作人员陈加勇表示，对国家目前已明令禁用的高毒、高残农药，安溪县早已规定禁用。但实际上，"原来蓄积在土壤、茶树中的农药仍可保留4—30年才能消失；而且，一些农药虽然在茶叶上是禁用的，但在周边农田、果园等使用，随茶园用水和空气飘移而附着在茶叶上，给茶树带来污染"。

■ 疑问四：茶叶还敢喝吗？

【回应】农药大多不溶于水，合格茶叶泡水饮用安全；尽量不喝第一道茶汤

福建省农科院茶科所副所长、植保专家吴光远告诉记者:"大部分农药是脂溶性的,不溶于水。检测所用的是有机化学方法,目的是为了检测出其农药残留量。但用水泡茶时,其农残分解出来的量只是有机化学检测量的10%—20%。所以在理论上,农残标准合格的茶叶泡出的茶水是安全的。"

刘新表示:"我国人均饮茶量每天不足10克,加之大部分农药不溶于水,即使茶叶中有少量的农药残留,泡出的茶汤中农药含量极低,通过饮茶摄入的农药也在安全范围内,不会对人产生健康风险。"

尽管如此,茶叶专家建议消费者在喝茶时,尽量不喝第一道茶汤,除了农药残留的原因外,采摘、加工、运输、储存过程中难免污染,而且真正的好茶第一道只是发开,有苦涩味,第二道才能泡开,才能品尝出茶的清香纯正。

针对此次事件引起的风波,陈宗懋表示,"如果茶叶里含有违禁农药残留,企业应该对产品进行自查和追溯,对消费者负责。"刘新认为,监管部门和茶企应该提高质量意识,确保产品质量安全;同时,还需加快相关标准体系的进一步完善。

要像做学术论文一样,做好《求证》报道

徐 丹

2012年4月底,某环保组织发布茶叶农药调查报告,质疑国内9大品牌茶叶企业的产品含农药残留,引发公众"还能不能喝茶"的争议和恐慌。针对报告相关内容,《求证》栏目组织编辑记者经过调查采访,于5月初刊发了上下两篇报道《我国茶叶是安全的》、《茶叶进出口国为何标准不一?》,关注茶叶农药残留问题。报道以翔实的数据和缜密的分析,指出该报告中提及的农药残留,绝大多数没有超过标准(参考中国、日本和欧盟的茶叶农残标准),我国茶叶总体而言是安全的,同时探讨了造成我国茶叶标准与其他国家不同的原因,并分析了如何才能减少农药使用,从根本上提升茶叶品质。

报道见报后在社会上引发强烈反响。各大门户网站在首页显要位置转载该组报道,许多网友跟帖或微博讨论,同时,多家传统媒体也全文或部分转载该组报道,一些电视台直接使用了《求证》栏目制作的图表。

该组报道不但及时有效地回应了舆论关切,消除了广大消费者对我国茶叶安全性的顾虑,还同时推动了相关部门尽快完善相关标准,并加大对企业的监管力度。

回顾这组《求证》报道的采写和编辑体会,我感觉,要把《求证》栏目的稿件写扎实,无论是从态度上还是在方法上,都必须要像做学术论文一样,注重严谨与逻辑。具体来说,有以下几点体会:

■ 深入研究，做足准备，成为报道领域的半个专家

《求证》栏目很多选题涉及专业领域，尤其是一些与科学技术有关的稿件，以笔者参与写作和编辑的稿件为例，如淡化海水是否安全（《淡化海水可以放心饮用》，2011年12月23日），山东临朐预防胃癌的服药项目（《自愿服药预防疾病，不是试验新药》，2012年1月13日）等，都需要编辑记者对相关科学领域有较深入的了解。与跑口记者不同，《求证》稿件的责任编辑通常并没有特定专业知识方面的积累，因此更需要在拟定采访提纲、编辑稿件时，通过查阅线上线下资料、与跑口记者沟通、直接采访专家等方式深入研究选题，做足案头准备。

首先，在查阅资料的过程中，要尽可能广泛地占有资料。除了利用百度、谷歌等搜索引擎查阅新闻报道和资讯内容外，还可以利用专业搜索引擎（如中国知网、专业数据库等）进行文献资料查阅或数据查询。比如在这组《求证》报道中，我们就在欧盟农药数据库中查阅了与茶叶相关的所有标准，还在中国知网上了解茶叶农残方面的文献。

其次，在与跑口记者沟通或采访专家的过程中，要学会追问，因为专家可能认为很多知识不需要解释，但是编辑不一定知其然，普通读者更不一定清楚，因此要通过追问弄清每一个问题和细节。同时，也是很重要的一点，就是要启发专家用通俗的语言或具体的例子将专业知识和道理解释给普通读者。

■ 严谨细致，反复核实拿到"一手数据"

这篇《求证》的关键是，为了了解农药是否超标，必须拿到某环保组织发布《报告》所涉及的29种农药的相关标准进行对比，然而在此前的媒体报道及各方表态中，均是"自说自话"，称"全部合格"或"只有5项合格"，没有任何一方和任何媒体"拿数字说话、用事实证明"。

同时，有观点认为中国的茶叶标准与欧盟相比过于宽松，对我国茶叶标准的科学合理性产生了怀疑。为弄清事实真相，我们决定查阅有关茶叶农药残留的中国标准、欧盟标准以及日本标准。

然而事情没有想象中那么简单。有些农药不仅用在茶叶上还用在其他农作物

上，而且农药名称特别专业、生僻（如"噻嗪酮"、"联苯菊酯"、"硫丹"、"灭多威"等），因此，在 4 个中国国家标准和 3 个行业标准中查找具体数据很费工夫。事实上，"与茶叶相关的标准到底有多少"这个问题也并不是很容易弄清楚的，因为针对茶叶农残的标准分散在农作物农药残留的很多标准中，而这些标准既有国家标准，又有行业标准；既有强制执行标准，还有类似绿色食品的推荐标准。

更加困难的是，需要查到农药的英文名称才能在世界粮农组织、欧盟等国外网站上查找、比对标准，由于欧盟涉及茶叶农药残留的标准多达上千个，要弄清此次报告涉及的 29 种农药需要非常耐心、细致地查找及反复核实。为了获得日本的相关标准，栏目又约请驻日本记者，让他联系日本有关部门拿到日本有关茶叶农残的标准，编辑拿到英文版的日本标准后——核实。

按理说，这个过程可以用省劲的方式相对简单地完成，比如可以向专家要有关的标准数据。但是，栏目在采访中从专家那儿只拿到与茶叶有关的中国 27 项标准，而且在核实的过程中，发现专家给出的数据也存在疏漏和错误之处。为确保数据准确，编辑采用笨办法，自己动手查阅数据。经过反复核实，终于确认了此次报告涉及的 29 种农药的中国标准、日本标准和欧盟标准，并比对了报告检测的最大值，同时制作了图表。这是一手的独家数据，图表被多个媒体和网站转载，并被多次引用。

■ 有一分证据，说一分话，要经得起"反证"

做这类求证稿件，很像写学术论文，要求"有一分证据，说一分话"，做到对稿件里涉及的每一个关键信息都有依据，都清楚其来源及内在的逻辑关系。更为重要的是，要经得起"反证"。

在《求证》栏目成立之初，人民日报社副总编辑谢国明就明确提出，《求证》栏目稿件要"用事实说话，经得起反证"，因此，栏目在处理稿件时，对每个数据和事实都用怀疑的眼光加以分辨。在这次求证的过程中，也是这样。现在仍清楚记得，该组稿件虽经反复打磨，在上版之前的夜班，仍发现有一些细节没能完全解释清楚，主编决定暂缓见报，进一步与专家联系采访，核准相关数据和表述。

由于利益、立场不同，采访对象的话可能会不够客观准确。在求证的过程中，栏目要求对于所有采访对象的话都要"求证"，不能偏听偏信、人云亦云。例如，茶叶流通协会在其网站上回应称，《报告》中检测的茶叶样品对照现有的指标规定，全部符合国家标准，大家可以放心饮用"，而栏目了解到的实际情况是"10种农药符合中国国家标准和行业标准，1种不符合中国行业标准，其余18项无相关标准"。同时，某环保组织宣称"本次检测发现所有农药中，国家只对其中5种制定了茶叶上最大农药残留限量的标准"，而实际情况是"本次检测发现的29种农药，中国国家标准对其中7项有规定，行业标准及国家推荐标准对其中4项有规定"。

此外，专家的某些观点和表述也不能完全相信，需要时刻存疑。在采访中，一位中国工程院院士、茶学专家的解读，与中国农业科学院茶叶研究所一位研究员的解读，以及其他一些方面获得的信息，也有这样那样的不同，栏目除了对他们相同的观点进行多角度求证之外，对于不同之处尤其进行了艰难核实，以多个信源相互印证，确保最终的观点、数据、论证准确无误。

（作者时为人民日报总编室要闻四版编辑，现为人民日报微博运营室编辑）

　　"酸碱体质"是网络流传十分广泛的一种说法。不少文章都认为，人体体液的pH值处于7.35—7.45的弱碱状态是最健康的，但大多数人由于生活习惯及环境的影响，体液pH值在7.35以下，他们的身体处于健康和疾病之间的亚健康状态，这些人就是酸性体质者。

　　网上流传，体质的酸化是百病之源，无论是癌症，还是常见的高血压、糖尿病、痛风等，都是由于多吃了"酸性食物"导致体质酸化引起的。

　　网文列举"酸性食物"包括鱼、肉、米饭、酒等。蔬菜、水果等属于碱性食品，应该多吃。一些保健食品有排酸功效，有助于实现碱性体质。

"酸碱体质"纯属商业噱头

消费者不应盲目购买"排酸"保健品或"碱性"营养剂

本报记者 田豆豆 李刚 张文
人民日报（2012年09月27日04版）

近些年，"酸性体质"是"百病之源"的说法引起人们关注，一些商家还推出了号称具有排酸功效的保健食品。"酸性体质"是否引发疾病？"酸碱体质"的说法科学吗？食物能否影响人体的酸碱度？人民日报《求证》栏目记者就此采访了医学专家及营养学家。

■ 疑问一："酸性体质"容易致病吗？

【回应】"酸性体质"并非生病原因而是结果。"酸性体质导致肿瘤"是吓唬人

有网文称，中国70%的人由于生活习惯及环境影响，体液pH值在7.35以下，身体处于亚健康状态，是"酸性体质"。"酸性体质"的人容易患严重疾病甚至癌症。这种说法对吗？

记者在采访中了解到，人体有多种体液，包括细胞内液、细胞外液（血液、组织液和淋巴液），还有分泌的各种消化液，排泄出的汗液、尿液等。这

些液体的酸碱度不同,通常用pH值来衡量。如血液的pH值应该处于7.35—7.45的弱碱状态,低于7.35会引起酸中毒,出现头晕、瞌睡、焦虑,甚至精神错乱;高于7.45会引起碱中毒,出现肌肉痉挛或心脏问题。

英国伦敦大学医学博士、武汉大学人民医院内分泌科副主任医师高凌,以及解放军第四五八医院急救中心主任何小华都认为,"酸性体质"导致疾病的说法颠倒了因果关系。实际上,不是"酸性体质"导致疾病,而是患有某种疾病或服了某些药物会导致酸中毒这一结果。

武汉协和医院中西医结合科副教授陈瑞表示,导致身体酸度升高的疾病包括代谢性疾病如糖尿病、肥胖、高尿酸血症,消化系统疾病如严重腹泻,呼吸系统疾病如慢性阻塞性肺病、支气管哮喘,泌尿系统疾病如肾功能不全等。这些疾病因为严重影响机体代谢,或者导致代谢终产物排泄障碍,从而导致身体酸度升高。

医学博士、广州阳普医疗股份有限公司董事长邓冠华认为,"'大多数人是酸性体质'的观点是错误的",多数人通常都在正常状态,只有极少数人由于病变导致酸碱度失衡。

"'酸性体质'理论经常靠'酸性体质导致肿瘤'来吓唬人,但是医学上并没有人体酸碱性和肿瘤诱因有关的说法。"四川省营养学会常务理事、四川大学营养与食品卫生学博士生导师李云说,"酸性体质"理论将因果互换了,事实上,并不是"酸性体质"诱发了肿瘤,而是肿瘤的生长会导致实体瘤周边的微环境变酸。

■ 疑问二:"酸碱体质"说法科学吗?

【回应】中医、西医都没有"酸碱体质"概念

何小华救治过不少"酸中毒"病人。他认为"酸碱体质"理论是个伪命题,人的酸碱度主要是指体液,不同体液有不同的酸碱值,如血液偏碱性,而胃液

呈酸性。因此，将人类体质简单地划分为"酸性"、"碱性"不科学。

"所谓'酸碱体质'纯属无稽之谈。"高凌向记者介绍，人体有强大的缓冲系统，如果摄入酸性过多，机体会产生大量碱性成分以缓冲酸性的侵袭并将其中和，反之亦然。即使这些缓冲机制在过量酸性或碱性物质的冲击下被消耗，肺部还可通过呼吸排出二氧化碳减少血液中的酸性成分，肾脏也会通过尿液排出体内的酸性物质，从而维持酸碱度的稳定。

李云和广东省卫生厅副厅长廖新波都表示，医学理论中并不存在"酸碱体质"或与之类似的概念。

在中医理论中，是否存在"酸碱体质"一说呢？

成都中医药大学医史各家学说教研室副主任章升懋告诉记者，中医学理论中不存在"酸碱体质"的概念。

武汉大学人民医院中医科主任宋恩峰认为，"严格意义上说，中医不存在酸碱概念"，中医体质学主要是根据中医学阴阳五行、脏腑、精气血津液等确定不同个体的体质差异性，具体分类方法有阴阳分类法、五行分类法、脏腑分类法、体型肥瘦分类法等，并无"酸碱体质"一说。

"并不是身体的每一个部分都是偏碱性才好。"四川华西医院营养科主任胡雯介绍说，"健康皮肤的 pH 值应该是呈弱酸性，因为处于弱酸性的皮肤不容易滋生细菌。"

网络上流行的"酸碱体质"检测方法是：用 pH 试纸测试尿液或口腔酸碱度，从而判断身体酸碱度。李云指出，这种方法不科学，人体酸碱度需通过抽血检查多项生化指标来判断。

■ **疑问三：食物会影响身体酸碱度吗？**

【回应】影响微乎其微，人体可自行调节平衡，不要一味追求碱性食物有网友称，谷类、肉类、蛋类等酸性食物摄入过多可致"酸性体质"，引发慢性病；蔬菜、水果属于碱性食物，能够纠正"酸性体质"，应远离酸性食物，多吃碱性食物。也有保健品营销宣传说，应有意识地服用"排酸"保健品和"碱性"营养剂等。

食物有酸碱之分吗？

"在食物的化学研究中，食物可以根据燃烧后所得灰分的化学性质，分为酸性食物和碱性食物。食物灰分是食物燃烧后剩下的一些元素的氧化物，与食物在体内代谢产物的性质是不同的，这些产物有酸性、碱性，还有很多呈中性。血液的酸碱度是各种代谢产物综合平衡的结果，不仅仅由食物燃烧后剩余的几种矿物元素决定。"胡雯说。

食物能改变身体的酸碱度吗？

武汉协和医院营养科营养师蔡红琳认为："食物都有一定的酸碱度，但仅仅通过食物很难直接较大幅度地影响人体体液酸碱度。"肉类、乳制品类、谷类等酸性食物被消化分解后，在人体内留下氯、硫、磷等酸性元素；蔬菜、水果等碱性食物被消化分解后，在人体内会留下钠、钾、钙、镁、铁等碱性矿物质。"但是，这些物质很快被机体的缓冲系统改变，从而使机体体液维持在正常范围。"

高凌指出，胃液是 pH 值为 1—2 的强酸，而胰液是 pH 值高达 8.8 的强碱，食物吃到胃里都会变成酸性的，进入肠道后又会被碱性物质中和成碱性。食物经过消化道后，其成分中的酸碱性基本消失，食物分解产生的酸碱性代谢物最多能影响尿液的酸碱度，不会对其他部位的 pH 值造成影响。他表示，一些药物的确能改变胃肠道、泌尿系统等局部的酸碱度，比如，质子泵抑制剂能抑制胃酸分泌、治疗胃溃疡，碳酸氢钠苏打水能改变痛风病人尿液的酸碱性，使尿酸结晶不易在肾脏沉积，但这些药物并不会导致血液和组织中酸碱度的变化。

何小华说，我们提倡多吃青菜、豆腐、水果等碱性食物，其实是需要其中的维生素、粗纤维等营养成分，而不是要获取"碱"成分。

胡雯也强调，蔬菜和水果能够预防慢性疾病的发生，是因为它们含有丰富的维生素、矿物元素、膳食纤维等，而不是所谓碱性的作用。

"酸碱体质"理论还认为，"酸性体质"的人要补充"排酸"产品以达到"酸碱平衡"。对此，湖北省中医院消化科主任医师胡运莲认为，一些宣传可以排酸的"新型保健品"外包装上没有"国食健字"，不属于正规销售渠道，消费者不应盲目购买食用。

四川华西医院公共营养师李建告诉记者，"酸碱体质"理论之所以流行，就是因为某些商家为了推销保健品、药品而制造噱头，加上"酸碱平衡"迎合了部分人对待饮食和健康的某种心理，于是便俨然成为一条流行的"医学常识"。

"食物应讲求多样化、荤素搭配、平衡膳食。各类食物含有不同的营养成分，相互不可替代。一味追求碱性食物、摒弃酸性食物，并不科学。"李云说。

"人们想远离疾病的心情可以理解，但在追求健康之道的过程中，需'不畏浮云遮望眼'。"高凌表示，在各种不实言论猖獗的现代社会，人们更需要尊重医学，科学养生。均衡的膳食而非在意其所谓的"酸碱性"，以及良好的生活习惯、适量的运动和积极的心态才是身体健康的有力保证。

（杨岑、涂晓晨参与采写）

本期栏目统筹：吕毅品

用专业、权威晒出谣言

吕毅品

网上有一种说法流传已久：癌症不会在弱碱性的人体中出现，其只会在酸性身体中形成，所以大家应该多吃菜、少吃肉，并且尽量把体质改造成碱性避免癌症。一些宣称具有排酸功效的保健食品也"应运而生"，甚至还有美容院推出排酸项目。"酸碱体质"是确有其合理性，还是只是某些商家推销其产品的噱头？

■ 拟定提纲，层层求证

想要揭开"酸碱体质"的神秘面纱，有几个层层递进的问题需要解答："酸性体质"是否容易致病？"酸碱体质"说法是否科学、是否有医学理论作支撑？食物和药物是否会影响身体酸碱度？

首先，"酸性体质"是否如某些博文所称易致病、会致癌，应该是大家最关注、最希望得到解答的问题。在拟定采访提纲时，记者将这一个问题又细分为："酸性体质"是怎么形成？是否易致病？如果确实易致病，又是什么原因？另外，网络上还有人列举"酸性体质"危害，包括诱发神经衰弱、胃酸过多、蛀牙、高血压、动脉硬化、胃溃疡等疾病，是否属实？

其次，"酸碱体质"是否有医学理论作支撑，这个问题如果解答不了，整篇报道便难以令人信服。这一层问题又可以分为：医学理论（包括西医与中医）中是否存在"酸性体质"这样一个概念，或者有没有与之类似的概念？"酸性体质"是指人体哪一部分的酸碱度，是综合来说，还是某一部分？有没有标准的测量方法？

再次，食物和药物是否会影响身体酸碱度，这个问题是报道的落脚点，也是最希望为民众解答的问题。这一层问题细分为：有意识地选择进食的食物品种，能否影响身体的酸碱度？服用市场上销售的碱性营养剂，能否改变身体的酸碱度？有没有副作用？药剂是否为国家批准销售的药物（是药品还是营养品）？身体的酸碱度遗传因素与后天因素，哪个影响力更大？

■ 多位专家，权威解答

该篇报道共有三名地方记者参与采写，分别采访了湖北、广东、四川三省的12名专家。这些专家既有中医科医师也有中西医结合科医师，既有营养科医师也有内分泌科、消化科医师，既有营养与食品卫生学博导也有医史各家学说教研室学者，既有医疗公司董事长又有卫生厅官员。他们通过专业、权威的分析，拨开了围绕于"酸碱体质"的迷雾，驳斥了所谓"酸性体质"会致癌的谣言。

此前，"酸碱体质"的说法"深入人心"，商家、网帖推广的酸碱理论简单且看似有理，不少消费者受到蛊惑。报道推出后，在社会上引起了很好的反响。各大门户网站都转载了该篇报道，人民日报官方微博刊发后被网友转发近2000条。报道很好地起到了晒谣言的作用，及时地警醒了轻信"酸碱体质"的消费者，避免了民众的经济甚至健康损失。

（作者为人民日报总编室要闻四版编辑）

传言

"食物相克"的话题一直就是网络关注和流传的热门,如,微博流传:"【相克的食物】1. 咖啡+香烟:易致胰腺癌;2. 梨+开水:吃梨喝开水,必致腹泻;3. 洋葱+蜂蜜:同食会伤眼睛,引起眼睛不适,严重会失明;4. 西红柿+地瓜:同食易得结石病、呕吐、腹痛、腹泻;5. 豆腐+蜂蜜:同食严重时可致耳聋。为了您和家人的健康,赶紧收藏起来吧。"

还有人在网络上列举了200多种相克食物的名单。

求证：用事实粉碎谣言
——人民日报这样调查真相

百余种书籍众说纷纭，各种养生视频春节热播

"食物相克"早被试验否定

本报记者 王君平 王有佳
人民日报（2013年02月18日04版）

春节期间，团圆相聚的宴席必不可少，"食物相克"的说法，再次引起人们关注。在一些门户网站上，涉及"食物相克"内容的文章、视频时常可见；在当当网、卓越网等购物网站上，有关食物相克的书籍总共有百余种，均打着营养师的旗号。

"食物相克"现象在生活中普遍存在吗？有没有科学依据？不同食物搭配"不当"是否会影响营养吸收甚至导致中毒、死亡？人民日报《求证》栏目记者为此采访多位营养学、医学专家。

■ 疑问一："食物相克"会致死吗？

【回应】没有临床报告，早在1935年就被人群试验否定

田螺和蚕豆同食会肠绞痛、兔肉和芹菜同食会脱水……"食物相克"的说法，引发一部分人对饮食的担忧。这种说法从何而来？

中国营养家学会名誉会长葛可佑说，"食物相克"

的传说由来已久，但仅是传说，未见科学证据。

中国中医科学院西苑医院主任医师徐凤芹介绍，"食物相克"论在中国民间流传颇广，早在1935年，南京就有民间传说香蕉和芋头混吃导致食物相克而中毒。这一年，营养学界泰斗、南京大学教授郑集决定通过试验来验证"食物相克"导致疾病的说法。他搜集了民间传说中的184对相克食物，从中选择人们日常生活中同食机会较多的香蕉与芋头，花生与黄瓜，葱与蜜，烘青豆与饴糖，鳖与马齿苋，蟹与柿，蟹与石榴，蟹与五加皮酒，蟹与荆芥，鲫鱼与荆芥，鲫鱼与甘草，牛肉与粟，及皮蛋与糖等14组食物，让动物和人试吃，在食后的24小时内，所有被试动物及人的表情、行为、体温、粪便颜色与次数等都正常，"食物相克"导致中毒的论调被推翻。2008年兰州大学与哈尔滨医科大学也做了类似试验，受试者并无明显不良反应。

北京中医药大学养生康复系主任林殷也指出，"食物相克"的说法毫无意义，既没有临床报告，也已被人群试验所否定。

"在营养学上，没有食物和食物的禁忌，只有食物和疾病之间的禁忌。"北京朝阳医院营养科营养师宋新认为，患有某种疾病，对某些食物要忌口，比如说患者血脂高，就不要吃高脂肪的食物。

"传说'羊肉忌西瓜，鸡肉忌菊花，同食则中毒。'但这些食物在餐桌上常常同吃，也没见谁中毒啊！"中国农业大学营养与食品安全系副教授范志红说。她认为，所谓"相克"的说法可分为两类：一类与"降低营养吸收"或"造成某种营养素破坏"有关；另一类与中毒、生病等有关。前者几乎没有危害性，而后者因食用某些食物出现危害是有前提的。以虾和维生素C同食为例，传闻说会中毒，理由是虾含有浓度很高的"五价砷化合物"，维生素C会把它转化成剧毒的三价砷即砒霜，进而流传起海鲜不能与含维生素C的食物同食的说法。而实际上，100—200毫克的砒霜才有致命危险，我国一般鱼类砷含量标准是0.1毫克/公斤，也就是说，合格的水产即便吃10公斤，再加上足够多的维生素C，也不会中毒。

■ 疑问二：有些食物同吃为何引发不适？

【回应】与食物不卫生、烹饪方法不当、饮食无节制及个人体质有关

人们吃东西后有时会胃肠不适、皮肤瘙痒甚至食物中毒。这是"食物相克"引起的吗？

"这种症状与食物不卫生、含寄生虫、烹饪方法不当以及个人体质等有关。"上海东方医院中医科主任张春燕表示，在多年的行医经历中，她从没碰到因"食物相克"导致死亡的案例。对于网传相克食物致病的原因，张春燕归纳为两类：一是源于现代科学中的化学理论。如海虾与维C；二是食物寒热温凉搭配。如羊肉配大蒜，两者同属大热食物，同食会上火。

林殷将163种统计到的所谓的相克食物进行归类分析，发现这些食品有5个特点：一是外来物种比较多。二是肉食类尤其是水产品类占比较高，这类食品富含高蛋白，易腐败和感染寄生虫，也容易引起人体过敏。三是生食类食品。四是发酵食品如腌菜等。五是食用菌类，有可能因误食而引起食物中毒等。上述食品如果食用不当，也会出问题，与合食无关。

"食物中毒和'食物相克'不是一个概念。"宋新说，食物中毒，是指某种食物中含有害物质，如不洁食物、毒蜂蜜中毒、河豚鱼中毒。而所谓的相克是指食物相互作用，对人体产生不良作用。宋新表示，自己在医院工作10多年，没有遇到因"食物相克"来治疗的病人。

"对于某种食物来说，只有不适宜的体质，没有相克的食物。"张春燕认为，有些人肠胃功能弱，吃了蟹再吃柿子会腹泻，但不是所有人都会如此。对于同食两种食物可能引起的不良反应，传闻存在误导和夸大。

对于大家比较了解的吃海鲜喝啤酒会诱发痛风的说法，上海市营养学会理事、复旦大学附属中山医院营养科主任高键认为，海鲜和啤酒都属于高嘌呤食物，单独吃、与其他食物一起吃，都可能引起敏感人群痛风发作，与相克无关。

张春燕表示，本着饮食清淡、易消化、食量适度的原则，再结合自己的体质与食物的寒、热、温、凉属性，可以确保食用安全。

■ **疑问三："食物相克"论为何盛行不衰？**

【回应】很多人不考虑体质等前提，对中医"食物相反"理解失当，将"相克"绝对化

徐凤芹说，食物之间搭配不当，中医古籍称为"食物相反"。食物相反，反的是物性或食性，与"食物相克"这种夸张的概念完全不是一回事。根据中医概念，物性叠加出现副作用的"相反"因人而异，也是有前提的。比如，螃蟹是寒性的，柿子也是寒性的，两个寒性的东西放在一起，如正好赶上虚寒体质的人，就可能导致腹泻。

对于"食物相克"说盛行不衰的原因，徐凤芹认为，这是由于许多人对传统中医理论缺乏深刻理解，仅根据自身的日常生活经验，将饮食、生活中出现的不适症状归为"食物相克"。

林殷指出，"食物相克"说一直盛行不衰，说明这些年我们的健康教育出了问题。这提醒我们要普及科学的健康知识，让老百姓懂得食物的常识特性。

范志红说，中医其实是说，如果吃不合体质的食物，或者营养搭配不合理，或者食用量不合适，就是损害健康的吃法。每个人体质不同，饮食上的顾忌也有很大差异。绝对、统一的禁忌说法很不科学，会影响膳食多样化，对健康不利。

高键说，《中国居民膳食指南》提倡人们应该"食物多样化"，人们在选择食物时不应顾忌什么相克，每天摄入多种类的食物，才能更容易达到膳食平衡，营养全面。

本期栏目统筹：史鹏飞

求证：用事实粉碎谣言
——人民日报这样调查真相

为谣言画上休止符，好难

王君平

对《求证》栏目而言，探寻真相，谣言证伪，究竟有多难？

最近接到四版《求证》栏目的约稿：有传言称，泰国水果罐头中含有艾滋病病毒。这样的食品会不会传染艾滋病？这已经不是个新话题，国家有关部门和专家多次出面澄清，连老百姓也明白艾滋病的传播途径。但这样的谣言依然有传播空间，依然有人相信。

前段时间，《求证》栏目曾做过统计，我是该栏目供稿最多的记者之一。在所供的稿件中，"食物相克"一稿我用时最久，刊登的周期最长。从2012年10月栏目约稿，几次大的修改，直到2013年春节时才刊出。花费那么多时间，找了那么多专家，编辑精心打磨，但在一些门户网站上，涉及"食物相克"内容的文章、视频仍时常可见；在当当网、卓越网等购物网站上，有关食物相克的书籍总共有百余种，均打着营养师的旗号。《求证》调查刊发之后，"食物相克"依然在笑春风。

《求证》常要面临的是，如何为谣言画上休止符。这是摆在我们编辑记者面前的现实难题。

■ 扩大影响力，消除传播的"误区"

在大众传播时代，信息传播、获取的速度超乎想象。小道消息经常满天飞，真理还没穿好鞋，谎言已经上了跑道。

人们经常说，谎言重复千遍就会成为真理。食物相克，求证的不是一个具体的事件，而是一个错误的观念。如果求证一个事件的话，还原事实本来面貌，展现每个细节和每个人物以及相关的内容，读者受众就会明白问题出在哪，真相就会水落石出。但证伪错误的观念，却有所不同。

食物相克早在1935年就被实验否定了。包括1935年的实验在内，研究者们共做了三次大的实验，否定了"食物相克"的说法。

专家也关注这个问题，从最新的例证来看，中国农业大学食品营养学院副教授范志红特意吃了虾和维生素C，等着食物相克发生作用，结果"奇迹"没有出现。营养专家现身说法，并未能中止谣言。人们宁可信其有，不可信其无。食物相克的观念根深蒂固。要纠正人们的错误认识，只有不断地传播正确观点，反复地传播，寻找新的写作角度和论证的新证据。

话题类求证不好做，容易费力不讨好。"食物相克"类选题，单篇求证报道与汹涌澎湃的错误观念相比，力量非常弱小。由此也告诉我们，此类选题不可能毕其功于一役，要有策划、有步骤地推出多篇系列报道，多次多层面地传播，力求从观念上让受众接受，消除他们的糊涂认识。

■ 提升传播力，消灭传播的"盲区"

加拿大学者麦克卢汉将媒体分为"热媒介、冷媒介"。他认为，媒介是人体的延伸。不同的媒介形式，带给受众的刺激也不同，不同的受众对信息的接受能力也不同。在这个信息爆炸的年代，多媒体信息带给受众是全方位、多感观的刺激。文字形式只是单一线性传播，引发的是理性的思考，缺乏全方位的感官冲击。文字记者采访再到位，逻辑再严密，文字再严谨，对受众的影响也是有限度的。

要解决这一问题，除了在写作上要借鉴新媒体的写作方式、报道手段外，增加多媒体传播渠道能够提供更丰富的信息内容，提升传播效果。

现代社会，有人看报纸，不看电视，有人只刷手机上微信，多媒介的应用能消除传播的"盲区"，总有一种媒体形式适合受众的信息获取习惯。运用多种媒介形式，借用新媒体手段，在不同的传播平台，吸引不同的受众，能够提升报道的传播力。

（作者为人民日报经济社会部记者）

传言

　　2011年4月,一则"使用乙烯利催熟香蕉存在食品安全问题"的报道引起消费者忧虑,导致合理使用化学催熟类药品喷洒的海南香蕉大量滞销。几天之内,香蕉价格下跌50%以上,部分消费者也产生了恐慌心理,海南数十万斤香蕉滞销。

专家回应香蕉等水果催熟报道

乙烯利催熟香蕉对人体无害

本报记者 冯 华

人民日报（2011年04月29日04版）

近日，关于香蕉等水果使用乙烯利催熟技术的报道引起了社会关注。有人担心，食用乙烯利催熟的香蕉会对人体健康产生危害。为此，记者专访了业内权威专家，国家香蕉产业技术体系首席专家张锡炎和中国农业大学食品科学与营养研究院院长罗云波。

■ 焦点一：什么是乙烯利？

【回应】是一种人工合成的植物生长调节剂

张锡炎介绍，乙烯是植物代谢的天然产物，香蕉、芒果、番茄等果蔬在后熟过程中本身会产生大量的乙烯，加速果实成熟。民间将已成熟的香蕉或苹果与生香蕉放在一起，然后用薄膜包起来，过几天生香蕉就会成熟，其原理就是通过已成熟的果实释放乙烯来诱导香蕉成熟。

罗云波表示，乙烯利是一种人工合成的植物生长调节剂，是一种简单的有机化合物。乙烯利由于能释放出天然植物激素乙烯而被广泛运用在作物的生长过程中，以调节作物的生长发育。

■ **焦点二：为何要催熟香蕉？**

【回应】由香蕉特性决定，多年来为世界广泛使用

张锡炎告诉记者，水果可分为两类，一类在采收时就可食用，另一类采收后需要经过催熟才能食用。苹果和梨等水果采收后就可食用，而香蕉要长途运输，必须采摘青果。采收后色香味尚未形成，必须经过催熟环节，各种营养物质才能充分转化，才能食用和上市，这是香蕉本身的生物学特性决定的。

乙烯或乙烯利催熟是香蕉上市前必不可少的生产环节，是多年以来全世界香蕉生产上广泛使用的技术。由于乙烯是气体，在应用上有很大的局限性，所以乙烯利的应用比较常见。

■ **焦点三：食用乙烯利催熟的水果有害吗？**

【回应】已有几十年安全历史，规范使用不会有害

据介绍，乙烯的催熟过程是一种复杂的植物生理生化反应过程，这个过程不会产生任何对人体有害的物质。乙烯利作为已经长期使用的植物生长调节剂，自诞生以来已有几十年的安全使用历史，只要规范使用，就不会对人体健康带来不利影响。

罗云波表示，我国在2005年国家标准化管理委员会出台的《中华人民共和国国家标准GB2763》中，对农作物表面乙烯利的最大残留量也做出了相关规定。该标准规定，在芒果等一些热带及亚热带水果中，乙烯利的最大残留量不能超过2毫克/公斤。而目前用于香蕉等水果催熟的乙烯利的配制溶液浓度一

般在 30ppm（ppm 表示一百万份重量的溶液中所含溶质的重量）左右，使用后因其在水果的表面迅速分解，释放出乙烯，最终残留量不会超过国家规定的 2 毫克/公斤这个标准限量，加之香蕉食用需要剥皮，因此，即使通过乙烯利诱导促熟的香蕉，食用也是安全的，不会对人体健康产生危害。

求证：用事实粉碎谣言
——人民日报这样调查真相

及时准确回应才能消除疑虑

冯 华

回顾2011年我写的两篇《求证》稿件《乙烯利催熟香蕉对人体无害》、《"西瓜开裂"系综合因素导致》，脑海中闪现的既有对采访时的记忆，也有人们"谈药色变"的社会心态。

2011年4月、5月，"乙烯利催熟香蕉导致性早熟"、"膨大剂让西瓜变炸弹"、"顶花带刺的黄瓜都是用了避孕药"等传闻以爆炸式的速度传播。和传闻相伴的，还有相关农产品的滞销。据报道，"乙烯利催熟香蕉导致性早熟"的说法使部分消费者产生了恐慌心理，几天之内，海南香蕉价格下跌50%。

几年前，"香蕉致癌"、"柑橘大实蝇"等不实、夸张传言曾对一些地方的相关产业造成毁灭性打击。这次的传闻是真是假？

作为报道农业将近10年的记者，见证了我国农产品质量安全的点滴进步，我既对农民群体有深厚的感情，也理解部分公众的质疑，但更信守对事实的尊重，接到《求证》栏目的约稿后，我迅速联系相关部门和专家进行采访。

乙烯利的事情比较容易说清楚，因为这是一个在行业内普遍运用的催熟技术，在全世界已经有100多年的历史。国家香蕉产业技术体系首席专家张锡炎和中国农业大学食品科学与营养研究院院长罗云波都对记者的采访做出了积极回应。他们表示，香蕉、芒果、木瓜等热带水果在成熟过程中都会产生大量乙烯，有加速果实成熟的作用。使用乙烯利只是利用其溶水后散发的乙烯气体催熟，并诱导香蕉本身的内源乙烯，使香蕉自身快速产生乙烯气体，加速自熟。乙烯的催熟过程是一种植物生理生化反应过程，不是化学作用过程，不会产生对人体有毒害的物质。

西瓜爆炸的事情比较复杂，涉及品种、生产技术、天气等综合因素。经过反复沟通，专家接受采访，分析了西瓜开裂的原因，对人们担心的膨大剂进行了解释说明，消除了公众的疑虑。

食品安全关系到每个人，日常的采访工作和写《求证》稿件使我更加体会到，媒体必须及时、准确回应消费者的关切。

事实上，这几年人们对农药的关注度越来越高。以前，有关农药的新闻在农业报道中比较冷门，记者、编者和读者对那些稀奇古怪又生僻的农药都没太大兴趣。现在，有关植物生长调节剂、农药残留标准、高毒禁限用农药等方面的新闻成了热点。这是因为，人们对吃得安全、吃得放心有了更高的要求。作为农业生产的重要投入品之一，农药与食品安全的关系不可谓不密切。

但是，关注度高了，信息多了，鱼龙混杂，再加上确实也发生过农产品的质量问题，使一些消费者产生了"谈药色变"的心理。客观地讲，与十几年前相比，我国在农药管理方面进步巨大，禁止了33种高毒农药，高毒农药的比例已由原来的30%减少到不足2%；制定实施了新的《食品中农药最大残留限量》，残留限量增加到2000多个，农产品农药残留监测合格率总体也较高。可是，要让消费者真正放心，我们在加强农药监管、指导农民科学用药等方面，的确还有许多工作要做，还有很长的路要走。作为一个跑农业口的记者，同时也作为一名消费者，我衷心希望在各方努力下，农产品质量安全更让人放心，同时，公众对农药残留也有更客观的认识。

（作者为人民日报经济社会部记者）

传言

有媒体报道称，美国康奈尔大学终身教授柯林·坎贝尔2006年公布了一项历时近30年的实验数据："人们吃越多的动物蛋白，就会有越多的胰岛素样生长因子IGF或者IGF1，人们食用更多的此类激素，就会增加更多的患前列腺癌的风险。我们都知道胰岛素样生长因子会刺激癌细胞生长。在大鼠实验中用来诱发癌变的蛋白质就是牛奶中所含有的蛋白质酪蛋白。"

文章称，坎贝尔教授的研究成果一经发布就引起了轩然大波。支持的一方包括哈佛大学公共健康学院教授爱华德在内的多位学者。有学者表示，喝牛奶会增加患乳腺癌的可能。爱华德表示："前列腺癌患病率最高的是瑞典、挪威和瑞士，那些地方是食用奶类最多的国家，其中的可能性是牛奶内的某些成分会增加患前列腺癌的风险。"

喝牛奶不会致癌

本报记者 王君平 左 娅 孟 辉 王梦纯 李永宁 丁小希

人民日报（2012年08月15日04版）

近日，网络上流传"喝牛奶可致癌"等说法。牛奶是否有害健康？牛奶的营养价值是不是被夸大了？本报记者就此采访了国内外有关部门和专家。

■ 疑问一：牛奶中的IGF—1是致癌因子吗？

【回应】牛奶中含量远少于人体自身产生的量，没有权威论证认为其致癌

网文称，"牛奶中的IGF—1可以刺激癌细胞活跃生长与繁殖，导致前列腺癌、乳腺癌"。

IGF—1是什么物质？中国营养学会副理事长、全国乳品标准委员会副主任杨月欣教授告诉记者，IGF—1的全称是类胰岛素一号增长因子，对人体而言，其在血糖控制、生长发育等方面有重要作用，是一种蛋白质多肽。

香港特区政府食物及卫生局发言人表示，IGF—1是生物自身分泌的一种激素样蛋白质，广泛存在于各种组织和液体里，包括人体的母乳。一般饮用的情况下，牛奶中的IGF—1不会对健康产生不良

影响。

记者在美国食品与药品管理局官网看到,该机构的最新审查报告回应称:迄今为止,没有证据说明IGF—1是致癌因素。人体本身含有IGF—1,一名成年人每日体内的生成量为一千万纳克。据测定,人奶中的IGF—1含量为13至40纳克/毫升,市场上的牛奶样本IGF—1含量约2.45纳克/毫升。世界卫生组织和联合国粮农组织的食品添加剂联合专家委员会的结论也基本与此相同。

中国农业大学食品学院副教授范志红告诉记者,在多项研究当中,最低组的乳制品摄入量为每日240克(以牛奶计)以下,最高组的每日摄入量超过700克,从研究数据看,每日摄入相当于牛奶240克的乳制品不会显著增加或降低癌症的风险。

香港理工大学应用生物及化学科学系教授余海虎介绍,每天喝牛奶的人,血清内IGF—1含量会比平常人稍多。不过,对于IGF—1是否直接致癌,余海虎说,学术界没有共识,目前也没有权威论证证明IGF—1是有害物质。

世界卫生组织对184个国家及地区的调查显示,在畜牧业发达的蒙古国,其前列腺癌、乳腺癌发病率为2.4/10万和8/10万,是发病率最低的国家之一。

2009年,世界癌症研究基金会和美国癌症研究所总结近10年研究,发布了食物、营养与癌症预防领域最权威的信息,该报告由23个来自不同国家的权威专家,对全世界范围内的科学研究进行评议后完成。报告认为:牛奶降低结肠癌证据充分;降低膀胱癌证据不足;乳酪对促进结肠癌发生证据有限;奶油与促进肺癌增加证据不足;奶和奶制品与提高前列腺癌发生危险的证据不足。

■ 疑问二:酪蛋白会导致乳腺癌吗?

【回应】酪蛋白广泛分布在天然乳类中,实验和研究表明牛奶与乳腺癌无关

有网文称,牛奶中的酪蛋白会导致乳腺癌,加速癌细胞扩散。

据介绍,酪蛋白广泛分布在天然乳类中。牛奶中的蛋白质主要由酪蛋白和乳清蛋白组成,酪蛋白占 80% 以上,酪蛋白分子量大,是携带矿物质的载体,如酪蛋白磷酸肽就是其水解产物,能促进钙等矿物质吸收利用。100 克牛奶中约含 3 克蛋白质,一斤牛奶约含 15 克,而我国每人每天从一日三餐平均摄取的蛋白质有 70 克,酪蛋白只占其中很少一部分。

网友所说的"酪蛋白致癌"依据是美国康奈尔大学教授柯林·坎贝尔的一项"大鼠实验"。大鼠被给予致癌物黄曲霉素的同时,分别喂食大豆蛋白或酪蛋白,结果显示酪蛋白相对更易促进黄曲霉素诱发癌症。

国家食品安全风险评估专家委员会主任委员陈君石院士表示,一些媒体报道未完整呈现上述动物实验,完全没有提及黄曲霉素这一致癌物。陈君石指出:"假如没有致癌物,无论是酪蛋白还是大豆蛋白都不会引起大鼠发生癌症。"

杨月欣表示,黄曲霉素本来就是致癌物质,这一实验引申不出酪蛋白可以致癌的结论。

范志红认为,实验当中,酪蛋白用量非常大,日常喝牛奶远不可能达到这个数量,所以不能用这个动物实验来类推奶类的促癌效果。

据专家介绍,即使是柯林·坎贝尔曾任顾问的美国癌症研究协会,也没有认同"牛奶致癌"的观点,在他们发布的关于食物与癌症关系的科研证据总结中,红肉、酒精饮料、含糖饮料被作为"有一些证据显示增加癌症风险",但没有提到牛奶或奶制品。

据介绍,从 1993 年至 2008 年,国际上发表了 12 项关于牛奶及奶制品与人体癌症关系的研究,涵盖英国、美国、法国、荷兰、加拿大等多国,随访人数最高达 30 余万人,随访时间最长达 65 年(部分研究情况见附图)。杨月欣表示:"通过这些研究可以得出结论,牛奶及奶制品的摄入与乳腺癌无关。"

事实上,2006 年 12 月,坎贝尔在美国接受人民日报社《生命时报》采访时表示,他的研究"并不是说乳制品会致癌"。即使是其中的酪蛋白,坎贝尔也不认为它就会致癌。

■ 疑问三：多喝牛奶会引发慢性病吗？

【回应】饮奶量多或有高血脂和肥胖倾向者应选低脂脱脂奶；我国推荐每日饮奶300毫升，为世界平均水平，实际饮奶量只有20毫升

有媒体报道，多喝牛奶会造成慢性病（如多发性硬化病、高血压等）发病率上升，其中一个依据是，上世纪80年代，美国康奈尔大学、中国预防医学科学院（现为中国疾病预防与控制中心）等进行了慢性病和饮食调查，康奈尔大学的坎贝尔教授据此写成《中国健康调查报告》，提出"西方饮食结构中牛奶摄入过度有害"的观点。

据介绍，该项研究是对我国60余个县的慢性病发生、居民膳食、营养素摄入情况和血液、尿样等所做的调查。作为调查的组织者、《中国健康调查报告》首版作序者，陈君石接受采访时明确表示，调查的内容与这一科普书的关系甚少，更与"牛奶致癌"无关。项目真正的学术报告已由英国牛津大学出版社出版。

"美国人膳食中约70%的蛋白质是动物性蛋白质，至少有一半来自奶和奶制品。欧美国家的一些人过多地喝牛奶或摄取大量乳制品，会引发一些健康问题。但把牛奶当水喝在中国人当中很少有。"陈君石说，对普通人来说，最关键的原则仍是平衡膳食。饮奶量多或有高血脂和超重肥胖倾向者应选择低脂、脱脂奶。

"中国居民膳食指南"推荐的日饮奶量为300毫升，是世界的平均水平，远低于美国等国家。而实际上，据中国营养学会常务副理事长翟凤英介绍，中国营养学会近20年的调查显示，我国大城市人均日饮奶量只有44毫升，全国平均水平只有20毫升左右。

2010年美国健康饮食指导意见提出，成人和9岁以上儿童每天应摄入750毫升低脂或脱脂牛奶，4到8岁儿童每天需摄入大约500毫升。美国农业部2010年调查显示，美国2到11岁儿童每天消耗牛奶大约1.5杯（1杯约等于

236.6毫升），12到19岁青少年每天消耗0.75到1杯，20到49岁消耗量不到1杯，50岁以上的人消耗量继续略微下降。

■ **疑问四：牛奶的营养价值被夸大了吗？**

【回应】牛奶不是含钙最丰富的食物，但营养成分易被吸收

有网帖提出，海带、虾皮的钙含量比牛奶高十几倍，许多蔬菜钙含量也高于牛奶。也有网友称，喝牛奶会导致人体偏酸性，钙元素会从骨头里溶出来，导致钙流失。

美国食品安全技术协会高级会员、普度大学食品工程博士王泽斌对记者说，牛奶的确不是含钙最丰富的食物，它的优势在于其中的钙很容易被吸收，而一些植物性食物中的钙会受到植酸、草酸等成分的影响而吸收困难。同时，人体有非常精密的酸碱调节系统，吃什么食物就改变人体酸碱性的说法并不科学。

余海虎说，牛奶含有人体生长发育和新陈代谢所必需的多种营养成分，如蛋白质、脂肪、碳水化合物、维生素A、维生素D及钙等，但这些成分也可从其他食物中获取，牛奶最重要的价值在于其营养几乎全部可被人体消化吸收，故被称为完全营养食物。

据了解，目前，世界卫生组织把乳制品人均消费量列为衡量一个国家生活水平的主要指标之一，中国营养学会及美国农业部的膳食指南也都推荐牛奶为优质蛋白来源。

范志红说，各国营养学家均同意，奶类是钙、维生素A、维生素B族等微量营养素的重要来源。在我国儿童少年和中老年妇女当中所做的研究表明，增加奶类摄入对于身高增长和骨质密度的保持是有益的。我国的膳食结构中，钙摄入普遍不足；欧美国家钙摄入量高，蔬果豆类则相对不足。健康饮食的关键在于恰当地平衡各类食物，而不是妖魔化某一类食物，神化另一类食物。

（杜放、阿润参与采写）

求证：用事实粉碎谣言
——人民日报这样调查真相

好奇，是调查采访的钥匙

丁小希

牛奶和癌症，前者明明被证明是健康的食品，怎么会突然成为致癌的因子？这样的题目拿到的时候，自己感觉不仅是工作的要求，更有一种难得的自我冲动，用一种对身边事物最本能的好奇心去验证，去调查，去采访。

■ 借"外脑"做好采访准备

因为此前对该领域一无所知，无论是否可以联系到专家，首先要对这个题目有一定的了解。互联网上的资料通常不是很全面，记者恰好认识一名耶鲁大学从事脑外科研究的专家，心想他虽然并非该领域的医师，但是基于对全科的了解，应该对了解问题有一定帮助。他提示牛奶也分为很多种，现在的很多奶制品来自工业化饲养的牛奶，可能会存在一些激素。他给记者简单说了目前可能存在的几种说法，然后提供了权威的网站，记者上网搜索一番，对该问题的研究过程和结论有了初步了解。

■ 带着好奇的冲动去求证

坎贝尔博士是提出"牛奶有害"的最有影响力的学者之一，并且针对中国老百姓也做过调查。他的主要观点是，商业化生产的奶制品对人体有害，牛奶就是给小牛喝的，人类不应该喝别的物种产生的奶。

牛奶是否有害健康？牛奶的营养价值是不是被夸大了？这样有意思的命题让记者几乎克制不住内心的冲动去做一些研究和取证。

对谣传的求证过程，有点像写论文，要参考许多东西，也需要思考整篇文章的布局、结构和观点。但又不像写论文，因为文章需要具备新闻调查的一些元素，呈现调查的过程。

作为记者，我尽可能多地寻找有用的资料。比如，据介绍，即使是柯林·坎贝尔曾任顾问的美国癌症研究协会，也没有认同"牛奶致癌"的观点，在他们发布的关于食物与癌症关系的科研证据总结中，红肉、酒精饮料、含糖饮料被作为"有一些证据显示增加癌症风险"，但没有提到牛奶或奶制品。

而且，2006年12月，坎贝尔在美国接受人民日报社《生命时报》采访时表示，他的研究"并不是说乳制品会致癌"。即使是其中的酪蛋白，坎贝尔也不认为它就会致癌。

■ 做好求证链条上重要一环

牛奶致癌当然并不准确。2012年8月15日文章刊登时，我才发现，《求证》栏目约请国内外众多同事，给出了很多专家的观点，内容丰富、采访扎实，有效地解答了网友的疑问，层层深入地支撑起整篇文章，十分具有可读性。我也是一口气读完了整篇文章，而且推荐给家人和朋友阅读。

现在，常常能看到《求证》栏目稿件在网上热转，也越来越多地看到身边的年轻朋友成为《求证》文章的忠实读者，自己在参与《求证》栏目采访和撰写的过程中有不少收获，也为将来《求证》的成长和再次邀约充满期待。作为记者，做好求证链条上重要一环，是对编辑组的责任，更是对读者的承诺。

（作者为人民日报美国分社记者）

四、生活知识

传言

近年来，微波炉加热食物不安全的各种说法时常出现在网络上。其中一篇《食用微波食品必须记住三件事》的网文流传较广。该网文称："人们通常以为微波食品是安全可以食用的。事实上，我们的质量检测机构只关心微波炉是否存在微波泄漏的情况，令人惊讶的是，这些质量检测机构从未质疑微波食品本身是否安全。"

在列举一些国家开展的所谓实验后，网文提出："我们必须记住三件事：第一，微波食品会产生新的有毒甚至致癌的化合物；第二，食物的营养价值严重流失；第三，当你吃微波食品时，身体会暗中产生一定的变化。这些食物容易导致癌症，荷尔蒙失调，淋巴和消化系统紊乱，血液和免疫力异常，情绪低落，永久性脑损伤，甚至还有心脏病。"

微波炉加热食品会致癌吗?

专家表示,只要使用得法,不会对人体造成危害

本报记者 贺林平 王君平
人民日报(2012年05月16日04版)

最近有网文称:"用微波炉加热食品会产生有毒甚至致癌的化合物。而且食物中的营养会严重流失。"这一说法是否科学?记者采访了有关专家和企业。

■ 疑问一:微波食品会致癌吗?

【回应】微波加热是物理加热,不发生分子结构改变,正常使用对人体无害

据专家介绍,微波加热是依靠物体吸收微波将其转换成热能的加热方式。食品中含有一定量的水分,当微波辐射到食品上时,水分子随微波场产生微观分子运动,产生了类似摩擦的现象,使水温升高,食品的温度也随之上升。也就是说,使用微波加热,食品并未发生化学变化。

我国微波功率应用及测量技术专家、电子科技大学教授张兆镗说,食物多由脂肪、蛋白质、维生素等物质组成,食物中的水,在吸收了微波能量后,

发生高速旋转振动,从而相互摩擦产生热量。现在的微波炉发出的微波一般是2.45GHz,也就是说食物中分子每秒振动24.5亿次,在短时间内产生足够的热量,但其能量远不足以使分子的化学键发生改变。"这完全是物理加热,本身并没有发生任何分子结构的改变,又何来产生致癌物一说?"张兆镗表示,微波炉1947年发明于美国,至今还没有过因微波炉食品导致癌变的流行病学报告。

中国农业大学食品学院副教授范志红告诉记者:"微波只是加热食物中的水分子,食品并未发生化学变化,不会产生致癌物。"

但她表示,如果食物加热温度过高,不管是微波加热还是传统方式,都可能产生致癌物。加热食物的温度超过120℃,比如我们在煎炸薯条、薯片和烤制饼干点心、咖啡豆等食品的时候,氨基酸和碳水化合物反应可能产生丙烯酰胺类疑似致癌物;超过200℃,比如煎炸烹调鱼肉时,蛋白质可能产生杂环胺类致癌物;超过300℃,比如烤羊肉串、烤肉、肉类烹调不当发生焦煳时,食物中的脂肪会大量产生苯并芘类致癌物。

微波炉加热会产生那么高的温度吗?范志红表示,微波炉主要是加热食物中的水,只要正常使用,水分没有被蒸干,食物温度会低于100℃,不会产生致癌物。

■ 疑问二:微波食品的营养会流失吗?

【回应】微波加热不会比其他烹调方式导致更多的营养流失;脂肪高而水分低的食品不适合用微波炉加热

张兆镗认为,食品营养是否流失,取决于烹调烹饪过程是否合理、操作是否科学,与使用微波炉还是其他烹调方式没有关系。"可以说,任何烹调方式都会导致一定程度的营养流失,而使用微波炉并不会比别的方式流失更快、更严重。"

范志红说,对于高水分食品来说,只要加热时间、温度合适,微波加热并不比其他方式多损失营养成分。有大量研究证明,蔬菜、水果等食品在用微波烹调时,因为加热时间短,达到同样中心温度时,其维生素C、类黄酮和叶绿素的损失较小。

据介绍,国外的一项试验中,烹调了4种蔬菜,包括嫩芸豆、茄子、苤蓝、萝卜。分别用传统烹调方法、压力烹调、微波烹调来处理,结果发现,无论哪一种烹调方法,其中蛋白质、脂肪、总灰分、钙、磷、铁和膳食纤维的含量变化都很小。真正变化大的是维生素C,它在高压烹调中损失最大,其次是微波烹调和传统烹调。

"微波烹调也不是十全十美。"范志红说,据学者研究发现,部分鱼类、肉类在微波烹调后omega—3脂肪酸的比例降低较多。在鱼类烹调方法当中,清蒸和压力锅烹调保存营养较好。微波烹调更适合那些不饱和脂肪酸含量不太高的食物。

■ 疑问三:微波炉辐射损害健康吗?

【回应】我国微波炉生产标准与国际标准、欧盟标准一致;发达国家使用微波炉也很普遍

微波辐射对人体有损害吗?张兆镗说,波按照频率分类从低到高为:长波无线电(频率最低、波长最长)、无线电波、微波、可见光、X射线、γ射线,波对人体的危害与其频率成正比、波长成反比。微波介于可见光和无线电波之间,"可见光,我们每天都在沐浴;而平常用收音机收听的广播就属于无线电波。合理使用微波,对人体不会产生明显伤害"。

微波辐射的"合理使用"范围是多少?记者分别查阅了IEC(国际电工委员会)制定的国际标准(IEC60335—2—25)、欧盟标准(EN60335—2—25)、我国的国家标准(GB—4706.21),发现对微波辐射标准的规定完全相同:在微

波炉运转过程中，其外表面50毫米或以上任何一点的微波泄漏，均不应超过50瓦／平方米（即5毫瓦／平方厘米）。

我国生产出的微波炉，有没有遵照这个标准？记者走进位于广东顺德的美的微波电器事业部。在该公司的一个检测室，产品检验员现场演示了微波炉的辐射量。通过一台美国进口的"微波泄漏检测仪"，记者看到，一部正在接听中的某时尚手机，紧贴其机体测得的最大辐射数值为0.33毫瓦／平方厘米，主动拨出电话时为2.61；而另外两台不同品牌的手机，拨通状态的辐射值分别为2.52和3.45。与其相比，一台微波炉在工作状态下，正面的微波泄漏值分别为：紧贴探头时0.06，距离10厘米时0.03，距离20厘米时0.01，距离30厘米以上则检测不到；如果是放在顶部门开口的部位，最大值为0.52，远低于国际上和我国规定的5。"这一指标是必检的，每台出厂的微波炉都要过关。"该检验员说。

美的微波电器事业部总经理朱凤涛告诉记者，他们年产微波炉近3000万台，其中70%以上出口到欧美、日韩等全球145个国家，单一国家中，以美国最多。"这些发达国家，对食品安全和人体健康的规定很严格，但他们的微波炉使用却非常普及。"

■ **疑问四：致癌传言如何产生？**

【回应】可能源于美国的一场医疗官司

对微波炉烹饪食物有害的猜测，由来已久。1991年美国一场引人注目的官司，让一些人产生"微波加热不安全"的怀疑：一名患者手术很成功，但在随后的一次输血中死亡，而她输入的血是由微波炉加热。后来，这件事被写成文章刊登在美国的一家网站上，2003年，这篇文章经国内某媒体翻译刊登。不少人据此认为，微波加热"使食物的分子结构发生了改变，产生了人体不能识别的分子。这些奇怪的新分子是人体不能接受的，有些具有毒性，还可能致癌"。

事实真是如此吗？美国那名患者缘何死亡？记者了解到，美国法院经过多方调查，判决死者的死因并非由于微波炉加热后的血液产生了毒性，而是加热时间控制不得当，使血液产生了溶血现象（即红细胞破裂，血红蛋白逸出）。通过网络搜索，还可以看到当时的庭审记录。据了解，现在医学界禁止用普通微波炉融化冷冻的血浆，原因正在于其加热时，由于受热不均匀，容易出现局部过热，导致溶血。

【链接】

微波炉使用注意事项

微波炉可用的容器包括陶瓷、玻璃和塑料三类。日常的瓷制碗盘以及用来煲汤的陶瓷锅，都可以用于微波炉。塑料一定要用能够耐受100摄氏度的无毒塑料，最好是专用的微波炉塑料餐具。普通塑料袋不要用于微波炉加热。

有膜或有外壳的食物不宜微波加热，容易爆出。

脂肪含量高而水分含量低的食物，如奶酪、坚果、五花肉等，用微波炉加热时要小心，因为水分少，温度上升快，容易焦煳或炸开。此外，鱼干、肉干等水分含量太低，微波加热时非常容易焦煳。

酸奶和其他含有活菌的食品不宜用微波炉加热，因为会杀死有益菌，降低保健价值。

在使用微波炉时，应保持50厘米以上距离，当微波炉停止工作时再打开拿取食品。微波炉工作时，不要用眼睛直视。

求证：用事实粉碎谣言
——人民日报这样调查真相

谣言往往经不起调查

王梦纯

最初在网上看到"微波炉加热会致癌"这个线索时，转发量很大，热度很高，但对是否要策划却有一丝疑虑。要判断一个选题能不能做"求证"，通常需要具备几大条件，一是最近发生的社会热点；二是事件本身具有争议性，真实性有待考证；三是事件的社会影响足够大。而"微波炉致癌"这一传言，虽然真实性待考，但更像是一个健康话题，而且传了好些年，如果放在《求证》里，会不会做成一篇没有创新的科普文章呢？

谨慎起见，请教了版面同事和主编，没想到，大伙儿对这个话题还挺感兴趣，一起在例会上热烈讨论。微波炉家家都会用，我们如果能掌握科学真实的信息呈现给广大读者，很有意义。

经过对相关传闻的反复研读，版面初步决定对以下问题进行核实：

（1）微波食品是否会致癌；

（2）微波食品是否会造成营养流失；

（3）微波炉的生产标准是否与国际接轨，其辐射量究竟处于什么水平；

（4）文中涉及的美国官司、苏联试验、瑞士研究等内容的真实性。

跑口记者王君平主要负责对专家的采访以及拿到相关的调查、实验数据。而广东分社的记者贺林平则到位于广东顺德的微波电器厂进行了现场察看，当场检测了微波炉的辐射值，并和手机辐射值进行了比对。为了确保信息的多源性，还采访了多位专家，而且专家也并不仅仅只是表达观点，还需要以通俗易懂的方式解释原理，让老百姓一看就明白。记者核实后发现，1991年美国那名患者的死亡原因并非由于微波炉加热后的血液产生了毒性，这说明网文的立论依据根本不成立，而在此基础上得到的结论，无论怎样"精心伪装"，终究是经不起推敲的。

这一篇《求证》见报后，次日转发量比预期高出不少。这似乎说明了一点，大家期待对此类传言的调查求证。这些唬人的网文以看似严密的逻辑和翔实的证据拥有了一批信众，侥幸存活了不少年，而一旦权威媒体站出来调查，就能"打"得这些谣言无处容身。关键时刻，该出手还得出手！

（作者时为人民日报总编室要闻四版编辑，
现为人民日报总编室连线基层版编辑）

传言

  有网文称：5名丹麦女中学生进行了一场实验，将一些水芹种子分别放在有WiFi发射器和无WiFi发射器的房间里进行培育，12天后发现，放在普通房间里的种子正常生长，而放在有WiFi房间里的种子，却没能生长，变成了褐色，有的甚至已经死亡。

  还有网文称：生活中的WiFi、电视、微波炉、打印机、电脑以及电信信号发射基站，都存在一定的辐射并有过量隐患，有害健康。更有甚者，还提出生活中的辐射会影响胎儿发育。于是有商家推出防辐射背心，网友推荐仙人球、龙舌兰来"抵御"辐射。

多位专家认为丹麦中学生实验并不严谨

WiFi正常使用，不必担心辐射

本报记者 史鹏飞 吕毅品

最近有微信、微博称，5名丹麦女中学生进行了一场实验，将一些水芹种子分别放在有WiFi发射器和无WiFi发射器的房间里进行培育，12天后发现，放在普通房间里的种子正常生长，而放在有WiFi房间里的种子，却没能生长，变成了褐色，有的甚至已经死亡。

这条信息在网上引起热议，很多人担忧WiFi设备会影响人体健康。WiFi对人体有害吗？人民日报《求证》栏目记者就此采访了相关专家。

■ WiFi影响人体健康吗？

专家表示，辐射值不大，对人体影响很小，检测数值在国家规定范围内

果壳网主笔、科学松鼠会成员王冬介绍，WiFi是无线保真技术Wireless Fidelity的字头缩写，可以指符合国际电气与电子工程师学会802.11标准的无线传输技术，也可以指符合这一标准的设备。

北京邮电大学教授陈德荣介绍说，WiFi其实就是一个小的局域网，主要做数据传输。作为一个无线设备，WiFi具有一个发射机，会对周围产生电磁辐射。

中国计量科学研究院电磁环境研究室高级工程师沈庆飞告诉记者，WiFi简单说就是把需要传送的信号调制到无线电波上进行传递，和其他3G之类的无线数据传输模式比较类似。沈庆飞说，他家里和办公室都装有WiFi设备，距离至少在1米以上，辐射基本上可以忽略不计。

王冬表示，最常见的无线路由器，其工作功率在30—500毫瓦之间，比普通手机的功率小（约125毫瓦—2瓦）。相比手机，无线路由器等WiFi设备离使用者的距离要远得多，这使人们接受其辐射的功率密度要小得多。即便手机辐射，世界卫生组织给出的结论也是"截至目前，没有证据显示使用移动电话可以带来负面的健康效应"。针对WiFi辐射与人类的健康关系，目前同样没有确凿证据证明它与任何健康问题相关。

达尔问环境研究所所长赫晓霞介绍，针对不同频率的电磁场，国家都有相应的标准，不超标就不会影响到人体健康。赫晓霞2012年曾进行过测试，在WiFi天线旁1厘米处测得其功率密度为9.1微瓦/平方厘米，小于我国规定的40微瓦/平方厘米。

■ 丹麦学生实验科学吗？

专业人士认为，不能凭单一的偶发事件判断磁场对植物或人体的影响

对于丹麦中学生所做的实验，果壳网网友在论坛中已有所讨论。一些有物理专业背景和实验经验的网友表示了质疑。

果壳网友"飘飘37"找到了该实验报告并作了研究，他认为这个实验"缺的是把路由器所在的房间换一下，其他条件不变再重复一次实验"。他还认为，该实验还没做到避免照顾种苗时实验人员可能存在的区别对待。他认为："这是

个中学生的实验报告，离正规的科学研究还是有距离的。"该网友的观点得到了不少资深果壳网友的认同。

对丹麦的学生实验，王冬认为，一部分媒体夸大了实验效果。他看过实验报告后发现，实验显示，并不是有 WiFi 的房间里种子就不发芽了，其发芽率为 85.3%，而没有 WiFi 的房间里种子的发芽率是 95.4%。

王冬说，看起来这里确实有 10% 的差距，但影响种子发芽的原因有很多，这个实验并不能排除其他因素的干扰。这也需要得到不同的重复实验的验证。

对于丹麦女中学生所做的实验，由于不能确知其具体的环境、流程、方法和操作规范，陈德荣表示无法衡量其科学性，但他认为不能单纯根据实验结论，从种子推断到人体。陈德荣说，WiFi 对人体的影响需要运用科学的实验方法加以研究，而不能这样类推，毕竟人体是一个比种子复杂得很多的系统。

沈庆飞也认为丹麦中学生实验结果"是有问题的"。他表示，WiFi 的辐射本身不应该会引起这种实验结果，如果的确观测到这个结果，那么有可能有其他隐含的原因没有公开。他表示，还应该做动物实验以验证效果。

赫晓霞说，丹麦中学生实验的真实性及可重复性，不太好评价。如果只是个案、单一的偶发事件，不能以此断定一个整体的电磁场对植物或人体有什么样的影响，需要一个全面系统的风险评估才能给出结论。"日常生活中，有 WiFi 的环境多的是，植物也都长得没问题。"赫晓霞说。

赫晓霞表示，目前没听说过国内有专家做过类似实验。

■ **怎样减少 WiFi 辐射？**

家庭使用不要选择功率过大的产品，注意安全距离，不用时关闭 WiFi

赫晓霞提到，电磁场会随着距离的增加迅速衰减，靠近的话肯定会高甚至可能超标。具体数据需要专业的测试方法、测试仪器及测试人员才能测出。但是在日常生活中，正常的接触距离情况下，应该不会超标。

要精准测量 WiFi 的辐射量值，需要哪些专业化的手段？陈德荣强调要用专业的场强计测量其场强值，进而根据公式换算为功率密度进行衡量。

谈到 WiFi 可能对人体造成的伤害或风险，陈德荣说，WiFi 对人体有可能造成伤害。日常生活中的辐射跟频率有关，比如说手机的频率有 900MHz、1800MHz。WiFi 一般是 2.4GHz 或 5.8GHz。这些频段频率越高对人体伤害越大。除了频率，辐射危害大小还跟距离有关，国家对此有标准，离开一定距离就是安全的。

为了有效防范 WiFi 风险，陈德荣建议，在家庭中使用 WiFi 没有必要选择功率过大的产品；最好不要将 WiFi 设备放置在卧室内，尤其是放在床侧；如果不使用 WiFi，最好将其关闭，以降低不必要的风险。

生活中的辐射并不可怕

本报记者 尹世昌 赵展慧 付 文
人民日报（2013年06月24日04版）

前不久，丹麦中学生实验称WiFi辐射影响水芹种子发芽，人民日报《求证》栏目记者采访专家发现该实验并不严谨，WiFi正常使用不必担心辐射。

一段时间来，辐射引起人们关注。除WiFi外，看电视、用微波炉，会不会辐射过量？打印机、电脑辐射，会不会影响胎儿发育？电信信号发射基站建在居民楼附近，辐射大吗？这些物品对健康是否有害？人民日报《求证》栏目记者继续调查，采访了内地和香港多名专家学者。

■ 生活中的辐射有哪些？

包括电离辐射和非电离辐射，生活中经常接触的是非电离辐射

"生活中的辐射无处不在，要明白辐射有没有危害，先要知道，辐射分为电离辐射和非电离辐射。"香港城市大学电子工程系梁山荣副教授介绍，辐射所衍生的能量取决于频率的高低，频率越高能量越大。电离辐射的能量可使原子和分子电离化，而低能量的非电离辐射则不会。

达尔问环境研究所所长赫晓霞博士介绍，从广义来讲，辐射指的是能量在空间传播的过程。电离辐射包括核辐射、X射线、中子辐射等，危害较大；非电离辐射包括紫外线、可见光、手机、电脑、高压线、变电站、手机基站、电视广播等产生的电磁场，危害性较弱。人们通常所说的"电磁辐射"属于非电离辐射。

赫晓霞说，公众有时将"电磁辐射"与"电离辐射"混淆，产生认识误区，并带来了一定的恐慌。

据中国移动湖北公司网络部专家石涛勇和武汉大学物理科学与技术学院副教授郭立平介绍,日常生活中经常接触的为非电离辐射,主要包括:手机、电脑、无线路由器、无绳电话、微波炉、浴霸、冰箱、电磁炉、电热毯、电吹风、打印机、复印机、高铁、电网基站、通讯基站、高压电塔等。人们就医时接触到的CT、X光、胸透等,属于电离辐射。

■ 辐射是否有害健康?

非电离辐射能量较低,无需过度担心;高铁、地铁属于此类辐射

如何判定辐射是否对人体有害?国家室内环境与室内环保产品质量监督检验中心顾问赵玉峰说,在非电离辐射中,根据我国《电磁辐射防护规定》,只要实际测量得到的辐射强度在暴露限值内,就是安全的。

香港大学李嘉诚医学院教授、香港玛丽医院临床肿瘤科医生、香港辐射管理局成员邝丽云教授说:"包括电磁辐射在内的非电离辐射,能量很低,人们无需过度担心。"香港卫生署卫生防护中心的数据显示,非电离辐射能量较低,不足以

改变物质的化学性质。而过强的电离辐射可能致畸、致癌、致突变，危害较大。

单个电器辐射不超标，如果多个电器在同一地点同时使用，是否会造成辐射叠加，产生风险？

邝丽云教授说，这些辐射量都很微小，而且每种物品的辐射都不一样，不能像一个苹果加一个桔子测量总重量那样叠加。香港环境局也表示，国际上没有任何研究认为同时使用不同家居电气产品或通讯器材所产生的电磁场水平会危害人体健康。

电器不用担心，那么一些大型设备如电信公司的信号发射基站、电力公司的变电站等，会不会对健康有害呢？

香港通讯事务管理局表示，无线电基站所产生的射频电磁场，同样属于能量较低的非电离辐射。

邝丽云教授举例说，香港建筑密集、人口拥挤，无法避免高压电缆、发射基站、变电站等设备靠近工作、居住场所，但香港并没有癌症高发。"没有研究文献显示此类辐射对健康确实造成危害。"邝教授说。

香港政府商务与经济发展局长苏锦梁介绍，目前，全港共有超过2.6万个无线电基站，其中约60%设于住宅或商业大厦的天台或外墙。香港通讯事务管理局表示，过去三年，香港政府共收到约350宗有关设置在住宅大厦基站的辐射问题投诉，但是并没有基站因为违反辐射安全标准而被迁移或拆除。

赫晓霞说，大型设备建设之前，会进行环境影响评价，以确保周边的电磁场总体水平不超过安全标准。《2012中国环境状况公报》显示，我国开展监测的输变电设施周围环境敏感点工频电场强度和磁感应强度均低于《500kV超高压送变电工程环境影响评价技术规范》限值，开展监测的移动通信基站天线周围环境敏感点电磁辐射水平也低于《电磁辐射防护规定》限值。

有人担心高铁辐射会对乘客和沿途居民健康造成影响，石涛勇说："高铁的辐射属于低频电磁感应，乘客在高铁内外受到的辐射很小。"梁世荣的团队曾为香港地铁测试过背景电磁辐射。测试数据显示，最大辐射值低于国际非电离辐射防护委员会（ICINRP）指导准则中的限定值。

求证：用事实粉碎谣言
——人民日报这样调查真相

■ 防辐射妙招靠谱吗？

多为商业营销噱头，大多没有科学依据；专家认为对辐射不要草木皆兵

在一些人眼里，仙人球、龙舌兰是办公室的"防辐利器"，防辐射背心是孕妇"标准配置"，但邝教授认为，"这些装备毫无意义"，只有铅服能阻隔辐射，但在办公室使用笨重的铅服显然不合时宜。

针对市面上有关防辐射的各种方法，石涛勇说："很多说法太荒谬，纯粹是商业营销噱头，没有科学依据。"有人说辐射会导致皮肤老化，现在市面上有防辐射化妆品。"这些都是假的东西"，邝教授说。

事实上，很多专家并不反对合理的防范措施，但反对将辐射妖魔化。虽然没有全面证据可以证明电磁波对人体有害，但最好还是把环境中的电磁波降至较低水平。邝教授说，对于含辐射物品，有一条"辐射防护与安全最优化"原则，"比如，你手机用得很多，可以采取一些方法，用长线耳机，睡觉时不放在头旁边，这样起码可以减低因担心而产生的忧虑"。赵玉峰建议要购买正规公司生产的电子产品，注意微波炉、电磁炉、台式电脑等产品检测报告中的辐射数据，并与安全标准作对比。梁教授建议，对家用和办公设备以及电器在使用时保持适当距离。抵抗力较低的孕妇、儿童、老人应该避免过度辐射以防范可能存在的影响。"总之，面对生活中常见的非电离辐射要采取科学态度，既不要漠不关心，也不要草木皆兵，积极预防，理智对待。"

本期栏目统筹：史鹏飞

身边的变电站、电视、电脑、打印机等需要担心吗

实地检测辐射 多数远低限值

本报记者 尹世昌 李永宁 人民网记者 赵迪迪
人民日报（2013年06月25日04版）

6月24日，人民日报《求证》栏目刊登《生活中的辐射并不可怕》，指出正常情况下电器、地铁、基站等的非电离辐射不会影响人体健康。为进一步了解相关情况，《求证》栏目记者在北京和香港与专业研究人员进行了实地检测。

■ 户外辐射超标吗？

变电站、高压线、地铁和大型商场电磁辐射均无大碍

中国计量科学研究院电磁环境研究室高级工程师沈庆飞告诉记者，对于低压低频辐射（比如电磁炉等家用电器），一般测量磁感应强度；对于高压低频辐射（比如高压线），需要同时测量电场强度和磁感应强度；对于高频辐射（比如手机基站），需要测量功率密度或者比吸收率。

5月15日，记者随达尔问环境研究所所长赫晓霞博士一行来到北京市朝阳区望京220KV（千伏）变电站。在变电站东侧8米，用工频电磁场测试仪等检测磁感应强度，最高数值为$0.4\mu T$（微特斯拉），仅相当于我国规定曝露限值$100\mu T$的4‰。此前，在2010年8月，赫晓霞等也曾对该变电站进行过检测，在其西侧大门外测得最高电磁辐射强度、电场强度都没有超标。赫晓霞说，通常距离220千伏变电站50—60米远，数值就衰减成环境背景值。

记者随后和专家驱车来到附近某高压线塔附近。在该高压输电线下，距地

求证：用事实粉碎谣言
——人民日报这样调查真相

面1.5米处，测得辐射的最高值为0.4μT，在距高压线塔底端20—30米时数据为0.08μT，到40米时减至0.04μT。

5月31日，记者与香港城市大学电子工程学系研究员陈国雄博士和刁寅亮博士一起，携带长约一尺、重约一斤的便携式测量仪（专门测量频率在45—65Hz的电磁场），对地铁和变电站环境下的辐射进行测量。陈博士手持ICNIRP（国际非电离辐射保护委员会）指引进行对照。

记者一行先来到香港中华电力公司桃源街变电站,据陈博士介绍,变电站的工作频率是 50Hz。研究员分别在变电站前门、后门测量,持续大约 10 分钟,测量最高值为 0.36μT,仅相当于国际标准的 3.6‰。测量结果表明,变电站附近电磁辐射环境安全。

地铁的辐射强度大吗?下午 3 时 25 分,在港铁九龙塘站测量显示,没有车辆经过站台时,最高强度为 0.1μT。开往罗湖的火车进站后,登上 2 号车厢,测试仪显示的数据不断变化,时高时低,最高值为 0.23μT。在沙田站换乘从罗湖开往红磡的列车,在车厢尾部,5 分钟的车程内,测得的最高值为 5.7μT,不到标准上限的 6%。

陈博士介绍说,列车的发动机多在车头或车尾,所以靠近头尾的车厢辐射强度会较大。之前他们接受委托为港铁测试过辐射强度,测得的最高值是 5μT,即最高限值的 5%。

在北京,记者采取同样方法检测地铁望京西站内的电磁辐射强度,结果显示安全。随后,在北京亚运村"鸟巢"附近的某家电卖场,实测其综合环境下的电磁场水平为 0.023μT,并无太强辐射。

■ 家中辐射安全吗?

正确操作并保持安全距离,无需担心电磁辐射

家用电器的辐射是否有害健康?在北京健翔桥附近的一处民宅,记者同专家入户进行了检测。在客厅,赫晓霞将仪器贴近开启的液晶电视屏幕,数据为 0.4μT。将仪器拿到离屏幕 50 厘米,数据迅速衰减为低于仪器设备最低测试值的完全背景值。

有网友称微波炉是传说中的"辐射大户",赫晓霞同意这一说法,并在测量时增加了高频电磁波测试仪。这是因为微波炉的电磁辐射同时存在两种频率的电磁场,一种是用以供电的 50Hz 的电场和磁场,一种是微波炉工作时产生的 2.45GHz 的高频电磁波。微波炉启动后，高频电磁波测试仪显示的辐射背景值为 9.0μW/cm²（微瓦/平方厘米），靠近微波炉时测得的最大数值达到 100μW/cm²，远离 1 米时恢复到背景值。

人们通常认为微波炉两侧和拉门缝处的辐射能量较高。通过测试，两侧的辐射强度为 20μW/cm² 和 0.5μT，拉门中缝处最高达到 20μW/cm² 和 16μT，确实比其他位置的辐射水平略高，但在 40μW/cm² 和 100μT 的安全标准以下。

此外，记者在电磁炉水壶启动烧水后，靠近壶时测得电磁辐射强度为 0.5μT，离开 50 厘米，数值变成 0.02μT；测量运行着的大型跑步机，数值为 0.08μT。对多种家电的测量显示：离使用状态的电器越近，测得的数值越高；离开一定距离后，数值迅速变小。比如，在贴近 17 英寸液晶显示屏电脑时，测量数据为 0.3μT，退后半米则变为 0.012μT。"家电只要保持正确、安全的操作方法和安全的使用距离，就无需担心辐射。"赫晓霞说。

■ 办公室辐射安全吗？

办公电器辐射基本安全，手机接通瞬间最好远离耳朵

5 月 31 日，记者来到香港城市大学电子工程学系某办公室。这里摆放了 10 多台台式电脑、几部笔记本电脑，还有一些科研仪器。几名研究人员每人带一部手机。

测试室内背景辐射时，仪器屏幕上闪烁绿色光柱，显示室内受到多种频率的辐射影响。室内环境测试的是辐射频率，测试仪测量到的是电场强度。经过 10 分钟的持续观察，频率为 900MHz 附近的辐射强度高于其他辐射，据介绍这是无线通信基站的信号辐射，但其最高辐射强度仅为上限值的 3.3‰，其他辐射源的电磁辐射强度都低于该值，均在安全标准以内。

手机辐射有没有问题？赫晓霞持续测试手机的电磁辐射强度，结果显示，手机在未充电时辐射强度约 0.1μW/cm²，充电时辐射值没有明显变化。但在手

机接通电话的瞬间，辐射强度最高达到 $1000\mu W/cm^2$，接通后则为 $80\mu W/cm^2$。手机充电同时通话，数值没有明显变化。

赫晓霞介绍，手机在电话接通瞬间辐射最大，是因为接通时手机与基站正在联络，发射的功率最高。该结论得到沈庆飞的确认。根据之前的研究试验，沈庆飞说："手机电量跟手机辐射关系不大；信号和手机辐射关系比较大，当基站发现手机信号不好时，会要求手机加大发射功率，因此辐射会增大。"

针对有网友担心睡觉时将手机放在身边是否会影响健康，赫晓霞认为，手机在未通话状态时发射功率非常小，只要离开一段距离，对人体的健康基本没有影响，不过，既然要预防，那么还是让它稍远一点更好。

在北京某工作室，记者与赫晓霞对网传辐射较大的打印机进行了测量。在打印状态时贴近测得最高数值为 $0.1\mu T$，离开20厘米后数值即恢复为背景值。根据测试，打印和待机时的电磁辐射强度并无太大变化。

总结两地的实验，陈博士指出，这其实是一场"早就知道结果的测试"。因为不论是地铁、变电站，还是无线通信基站、电脑等，在设计之初，都已考虑到辐射强度的问题，所以投入使用后一般不会辐射超标。此外，一种设备投入运营前，还要考虑自身辐射对其他设备的影响，而有些设备比人体更为敏感，对电磁辐射上限的要求也更加严格，这也是两地测量的辐射强度大大低于限值的一个原因。

本期栏目统筹：史鹏飞

（本文部分检测结果未排除背景值，单一检测数据仅供参考；检测得到香港城市大学电子工程学系梁世荣副教授、陈国雄研究员和刁寅亮博士，及北京达尔问环境研究所所长赫晓霞博士的大力协助，在此致谢！）

医院的 X 光、CT、伽马射线；建材释放的氡气——

电离辐射，需要警惕

本报记者 尹世昌 史鹏飞
人民日报（2013年06月26日04版）

生活中的辐射包括电离辐射和非电离辐射，6月24日、25日人民日报《求证》栏目分别刊登《生活中的辐射并不可怕》《实地检测辐射 多数远低限值》，对非电离辐射进行了解读和测试，证明生活中的绝大多数非电离辐射是在标准范围之内。那么，电离辐射有哪些？是否得到有效监管？为此，人民日报《求证》栏目记者在内地和香港进行了调查采访。

■ 常见的电离辐射在哪里？

常见于医院，是否危害健康关键看监管能否到位

香港天文台的数据显示，电离辐射有足够能量使原子中的电子游离而产生带电离子。这个电离过程通常会使生物组织产生化学变化，对生物构成伤害。一般所说可引起伤害的辐射，就是电离辐射。其照射方式一般分为外照射和内照射，外照射指射线从外部对人体照射，内照射是指放射性核素经由人体食入、吸入或通过皮肤进入体内。

国家室内环境与室内环保产品质量监督检验中心顾问赵玉峰说："生活中可能接触到的电离辐射包括医院的CT、X光、胸透，以及一些放射性物质。"达尔问环境研究所所长赫晓霞介绍，地铁安检仪所用的X射线也属于电离辐射。

香港大学李嘉诚医学院教授、香港玛丽医院临床肿瘤科医生、香港辐射管

理局成员邝丽云说，辐射工作人员每年全身的辐射量限值为20mSv（毫希沃特）。在玛丽医院一间会议室，她从口袋里掏出一个比手表略大的监测仪。"这个仪器记录医护人员所受的辐射量。"据介绍，该医院临床肿瘤科的每个医护人员口袋里都装着这个设备。

医护人员口袋里的小监测仪，每月都要交到香港辐射管理局，由局方统计辐射量。每人有两个监测仪，可以循环使用。医院内也有记录辐射量的系统，如果一个医生在一定期限内为病人做治疗达到辐射临界点，就必须停止接触辐射。

"X光、伽马射线都属于电离辐射，能量很高，释放出的离子侵害人体DNA，过量有风险。"邝丽云说，但只要规范管理、保护到位，并不会对健康造成危害。育龄女性在医院工作时与X光打交道，是否会影响怀孕或胎儿健康？邝丽云介绍，玛丽医院肿瘤部门的护士、医生怀孕、生育都很正常，没有出现任何问题。

■ **最危险的电离辐射是什么？**

氡气已成诱发肺癌的重要原因，花岗岩等建材可能释放氡气

谈到最危险的电离辐射，人们往往想到核辐射。事实上，据环保部发布的《2012中国环境状况公报》显示，我国运行核电厂周围环境电离辐射均在当地的天然本底水平涨落范围内，辐射剂量远低于国家规定的剂量限值。

"最危险的电离辐射来自氡气。"作为研究电离辐射的专家，香港城市大学物理及材料科学系教授余君岳说，"石头、土壤中含有放射性元素比如铀238，很不稳定，会衰变为氡气，并释放到空气中。"

余君岳介绍，氡气具有放射性，其辐射皮肤就可以阻挡，在外边照射对人体危害不大。但问题在于，氡气进入空气后会继续变化为固体形态的氡子体，氡子体与空气中的气溶胶结合，被吸入后容易黏着在肺上，并留存下来，发生

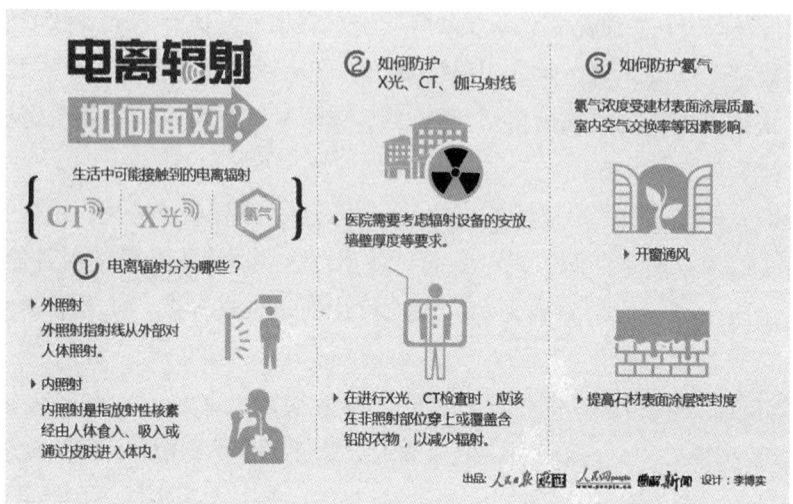

"内照射",从内部攻击肺组织,并可能导致癌症。建材中含有的放射性元素一旦衰变为氡气,危险就产生了。

据香港特区政府《办公室及公众场所室内空气质量管理指引》,氡气已经是美国人患肺癌的第二主因,仅次于吸烟。而香港建造楼宇所用的混凝土通常含有花岗岩,可能会释放出氡气。"现代楼宇的使用者因暴露在氡气中而增加患癌机会的可能性已经引起关注。"

此外,据专家介绍,人们生活中接触的电离辐射还包括宇宙射线等天然本底电离辐射,但危害比较小。

■ 如何防范电离辐射?

严格执行规定,加强医院监管,规范建材市场,多开窗降低氡气辐射

目前,X光检查所释放的辐射,是非专业人员可能接触到电离辐射的主要来源之一。对于医院相关医疗器材,专家建议加强监管与使用。邝丽云说:"建

设医院时，就要考虑辐射设备的安放问题，法律对墙壁的厚度有要求。"我国卫生部出台的《放射工作卫生防护管理办法》明确规定"新建、改建、扩建放射工作场所的放射防护设施必须与主体工程同时设计审批，同时施工，同时验收投产。"

据报道，目前有少数医院仍存在违规操作，病人在无任何防护下就进行了X光检查。专家建议，患者在进行X光、CT检查时，要查看是否在非照射部位穿上或覆盖了含铅的衣物。

氡气也是生活中可能接触到的重要电离辐射源之一，如何防范？余君岳指出，"很难对建材监管，因为氡气浓度受建材表面涂层质量、室内空气交换率等因素影响很大，所以一般会以室内氡气浓度作为检测标准。"对于氡气浓度，香港环保部门有一个推荐的"行动水平"——200Bq/m^3（贝可每立方米空气），意思是超过这个水平时，就要采取应对措施。余君岳介绍，防范措施很简单，最主要是开窗通风，让氡气离开。另外要提高石材表面涂层密封度，减少氡气进入空气。

香港环保署曾进行室内氡气研究。结果显示在进行研究的619个处所中，10%超出200Bq/m^3，最高为300Bq/m^3。缺乏妥善的通风装置是导致氡气偏高的主要原因。环保署随后印发有关氡气的宣传材料，介绍降低方法。4年后，环保署对其中一些处所进行跟进研究。在进行研究的172个处所之中，只有2个超出200Bq/m^3，最高为205Bq/m^3。这显示简单的措施就能有效减低氡气的浓度。

《求证》可以围绕人心做

史鹏飞

《求证》不能仅跟着谣言跑，还要围绕人心做。在《求证》栏目组工作的日子里，围绕求证的选题范围、实际做法，我逐渐形成这样一个思考认识。关于"生活中的辐射是否对人体有害"的这组报道，正是缘于对这样一个认识的探索与实践。

■《求证》可以更有服务性

有人说调查性报道一定是理性的、客观的、严肃的，甚至是冷峻的。从操作手法上讲，确实有其合理性。但就其出发点讲，除了揭露与呈现、还原与批判外，《求证》本身还可以更有服务性、更有知识性和趣味性。

从这个角度出发，在接手"生活中的辐射是否对人体有害"这个选题时，栏目组就把如何通过这组报道，澄清人们对辐射的误区、扭转谈"辐"色变的心态作为报道的一个出发点。

这期间，我们先是查阅了大量的基础性知识，对辐射问题有了一个背景性的知识框架，随即撰写提纲，邀请专家从生活中辐射的分类、危害及防范措施等方面，进行解释说明。通过联系辐射问题专家、相关研究人员和管理部门，我们逐步掌握了生活中的辐射包括电离辐射和非电离辐射、非电离辐射能量较低无需过度担心等基本判断。

科普类的《求证》要准确更要好看

对于科普类的《求证》,尽管带有服务性,与生活较为贴近,但由于大量陌生专业术语的存在与所涉学科知识的精深,即使是做选题的人,也对如何将其通俗化表述感到头疼。这个问题摆在面前,怎么解决?

我们的办法是:从报道方式上,加入体验式报道,增强贴近性和现场感;从呈现方式上,图文结合、报网互动、创新报纸传播形态,增强丰富性和直观性。

于是,栏目组启动了对生活中能接触到辐射源的实地检测,在北京、香港两地,记者邀请专家使用专业仪器对变电站、地铁、家庭常用电器、商场等多种场合、多种设备进行检测,并把检测的过程作场景化地描述。检测数据验证了理论推测,生活中的辐射量远低限值,人们生活中能接触到的辐射源其危险可控、基本安全。

同时,我们专门协调了人民网"图解新闻"工作组,合作推出图文报道,图片设计反复沟通、多次修改,最终以适合报纸呈现和网络、微博传播的不同版本,同步推出,取得非常好的传播效果。此外,在实测的过程中,《求证》栏目组与人民网合作,专门进行了沿途跟拍,将之编辑成视频新闻,以二维码的形式配合报纸推出,创新报纸传播形态。依托人民日报法人微博及栏目自身微信平台,积极推送,进一步提高报道传播力,扩大影响范围,产生良好的传播效果,被主要门户网站与电视台广泛关注转载。

(作者时为人民日报总编室要闻四版编辑,现为人民日报新闻协调部编辑)

传言

有报道披露：最近有一项调查显示，在国内，接近九成的家长会接受医生的建议，在宝宝六个月之前就开始给孩子补钙。也就是说，在医生眼中，中国几乎所有的孩子都缺钙。而且各媒体上补钙产品的广告也非常多，广告中也把缺钙的危险渲染得十分吓人。

正常足月的宝宝通过吃母乳、喝奶粉，都长得白白壮壮，为什么要补钙？中国孩子如此大面积、全民性的缺钙，有必要吗？

半岁内婴儿被要求补钙，检查不缺钙也被建议补钙

婴幼儿需要全体补钙吗？

本报记者　王君平

人民日报（2012年03月22日04版）

最近有媒体报道称，我国接近九成的家长给婴幼儿补钙，形成了中国特有的"全体补钙"现象。这种现象是否正常？婴幼儿需要全体补钙吗？

本报记者采访发现，国内婴幼儿补钙市场存在诸多混乱。不仅家长们对该不该补钙心存困惑，甚至医生们在喂养指导和诊断上也存在不少争议。

■ 疑问一：中国儿童普遍缺钙吗？

【回应】专家认为，缺钙不准确，应是缺维生素D

去年在北京出生的豆豆如今7个多月了。出生后不久，豆豆妈就按照出生医院的要求每天给孩子吃钙剂和维生素AD剂（俗称鱼肝油）。她很疑惑："现在的小孩是否普遍缺钙？为何过去中国人不补钙而现在需要额外补钙？"

这一问题同样困扰了许多年轻父母。

中国疾控中心妇幼营养方面的研究员赖建强说，

中国居民膳食以植物性食物为主，含钙丰富的奶及奶制品、豆制品等占膳食的比例有限，1992年和2002年全国营养调查结果表明，全国城乡人均每日钙摄入量为405.2毫克和389毫克，不足钙推荐摄入量的一半。

不过这一解释并不能打消豆豆妈的疑虑。"对婴儿来说，以奶为主食，不存在成年人以植物性食物为主的钙摄入不足问题。到底该不该给孩子补钙？"

北京协和医院儿科主任王丹华教授认为，儿童缺钙的说法不准确，应该说是缺维生素D（VD）。缺VD性佝偻病、缺铁性贫血、肺炎、腹泻这四种疾病，一直是我国儿童临床上的常见病、多发病，也是卫生部重点预防的疾病。儿童缺少VD，不能促进钙在肠道的吸引，钙也不会沉积到骨骼上，在临床上表现为缺钙的症状。

"儿童最好从出生后就补VD，一直补到2岁。"王丹华说。

■ 疑问二：半岁内婴儿需要补钙吗？

【回应】卫生部《母婴健康素养》提示，6个月内一般不用补钙

据介绍，儿童如果缺钙严重的话，会出现佝偻病等疾病。记者了解到，为了预防佝偻病，许多孩子在两三个月甚至半个月大的时候就被要求补钙。

然而记者采访有关专家时，专家们均表示，半岁内婴儿一般不用补充钙剂。中国疾病预防控制中心营养与食品安全所副所长马冠生说，卫生部印发的《母婴健康素养》二十六条提示，正常足月新生儿出生后6个月内一般不用补充钙剂。

"而且钙的吸收情况因人而异。"马冠生说，补钙最好的办法是日常膳食中获取。

王丹华说，不同的年龄段，世界卫生组织有不同的钙的推荐摄入量，其中0—6个月300毫克，7—12个月400毫克。一般来说，母乳喂养的健康足月婴儿，在0—6个月不用额外补充钙。配方奶粉每100毫升含钙可高达50毫克，

因此喝配方奶粉的婴儿也不需要再补钙。

赖建强说，一般来讲，6个月以上的婴儿每日摄入奶总量应达到600毫升以上（包括母乳或其他奶制品），可满足钙的需要。1—3岁的幼儿，膳食从以奶为主逐渐过渡到以谷类为主，奶及其制品是膳食钙的主要来源，以每日饮奶达到400毫升为宜。孩子正常饮食并且有充足的奶及奶制品的摄入，能够达到或接近钙的推荐摄入量，不需要额外补充钙剂。

■ **疑问三：补钙多了是否有害健康？**

【回应】专家观点不一，有害无害存争议

由于补钙方法、标准说法不一，不少家长担忧钙吃多了不好消化、会便秘，甚至听说钙补多了还会导致肾结石。

补钙过量是否对身体造成伤害？

首都儿科研究所儿童保健专家王贺茹表示，人体有一种自我保护的功能，如果单纯补钙，多余的钙会通过排泄系统排出体外，不会出现钙中毒的情形，除非在过量补充VD的情况下大量补钙。因此，给孩子补充VD和钙剂时，要按照推荐摄入量补充。

王贺茹介绍说，从出生到青春期，是每个人生长发育最快的阶段，身高和体重迅速增长，需要补充生长必需的元素。儿童时期摄入体内的钙，沉积到骨骼上，到老年的时候不易出现钙流失、骨质疏松等症状。

马冠生则认为，所有的营养元素，从群体来看都有一个适宜摄入量和最大摄入量。尽管个体有差异，但最好控制在适宜的摄入量，最多不能超过允许的最大摄入量。营养素在人体中过多或者过少都会对人的身体带来负面影响。过量摄入钙，会对人体产生危害。

■ 疑问四：如何诊断是否缺钙？

【回应】检测微量元素和超声测骨密度，不能判定缺不缺钙

由于半岁前没有补钙和鱼肝油，加上出现了枕秃、睡眠不好、肋骨外翻等疑似佝偻病症状，一岁的小涵被父母带去某综合医院儿科检查。大夫看了症状认为是轻微佝偻病，建议超量服用维生素 AD 剂。为了多方确诊，小涵父母又带孩子去专科医院保健科检查。通过指血化验微量元素和超声检测骨密度，均显示不缺钙。大夫建议按预防量补充钙剂和鱼肝油到 2 岁即可。

小涵的症状是缺钙造成的吗？为何检测不缺钙却出现了缺钙的症状？检测不缺钙还应不应补钙？

赖建强说，目前判断儿童是否缺钙可以通过测定血浆离子钙、总钙以及有关酶间接反映体内钙营养状况，也可以用双能 X 线测定骨密度。

王丹华说，通过测微量元素中血钙含量的办法，并不能真实反映缺不缺钙。只要一个儿童的代偿能力是正常的，骨骼中的钙就会转化为血钙，来维持血钙的正常。如果血钙的浓度都不能保持稳定，儿童就会出现 VD 缺乏性抽风，严重的话会出现搐搦。因此，不建议通过测微量元素的方法判断是否缺钙。一般使用的超声波测骨密度的方法也不能判定儿童缺不缺钙，只能是一种参考。

"在临床上诊断缺钙（佝偻病）的金标准是 X 光线双能吸引法，有的小孩既有肋骨外翻的缺钙症状，超声检查骨密度又是正常的，原因就在于此。"王丹华说。在她看来，儿童缺不缺钙，其实最好是测 VD 缺不缺，通过测 25—羟基 VD3，含量值在 50 以上，就表明儿童体内不缺 VD，能够帮助吸收体内的钙，并帮助沉积到骨骼上。

此外，专家表示，小孩出现哭闹、睡眠不好，并不一定是缺钙导致的，要结合儿童的喂养史和补充史来判定。

香港儿童很少补钙

专家认为，只要营养均衡就无需补钙

本报记者 尹世昌
人民日报（2012年03月22日04版）

■ 缺钙属"罕见"，医生不贸然建议补钙

香港的李小姐是一位3岁孩子的妈妈，她告诉记者："满3岁前从来没有给孩子补过钙，也很少听见周围的妈妈说专门给孩子补钙。"

高世昌是一位在香港铜锣湾开业的私家儿科医生，从业几十年，见过营养不良的病例，但从来没有见过单纯缺钙的儿童。"我不会向婴儿父母推荐补钙产品，只要均衡饮食，就不会缺钙。"

香港特区政府卫生署高级医生陆慧贤曾经在母婴健康院工作，她当时就发现，带宝宝到母婴健康院就诊的父母中，"双非（父母皆非香港人）"父母比较多的向医生咨询婴幼儿缺钙问题，而香港本地父母则极少提到钙。

"一开始觉得很奇怪，为什么这么多人怀疑自己的宝宝缺钙。"后来陆医生发现，这可能是内地和香港对缺钙问题认知不同所致。

陆慧贤说，母乳和奶粉中含有足够的钙，所以在香港，婴儿缺钙的情况属"罕见"。

卫生署2010年的一份婴儿及小童饮食调查显示，香港小朋友的钙摄入量非常充足。每天饮用360—480毫升牛奶的儿童，83.2%钙摄入量超过世界卫生组织标准。

即使缺钙也不一定要补钙

香港妈妈们为何如此自信孩子不缺钙呢？她们是否有便捷的测量手段？

"要确定儿童是否缺钙，并没有简单易行的方法，也没有一个所谓的标准。"陆医生说。但是，母婴保健院的医生会通过临床诊断，比如看婴儿是否发育迟缓、容易骨折、前胸下方有横向凹坑等，来判断婴幼儿是否因缺钙或维生素D而患有佝偻病。如果认为有可能患病，小朋友就会被转介给专科医生。陆医生说，专科医生判定是否缺钙，还要看X光检查、血生化检查、尿液检查等结果。

"即使医生确认婴儿缺钙，也不能简单地一补了之。"陆医生说，造成缺钙的原因很多，譬如可能是缺乏维生素D影响钙吸收，也可能是甲状旁腺激素异常，这种激素对身体吸收钙质的机能有影响。补钙并非治疗缺钙的唯一手段。

有关专家认为，判断是否缺钙是一项专业的工作，而找到缺钙原因，进而确定如何补钙才能对症下药。所以，婴儿父母不能仅凭几个简单的指标或者医生的临床初步诊断，就贸然为孩子补钙。

专家认为，内地人的饮食中并不缺少钙

是否因为香港人的饮食结构与西方人比较类似，较少发生缺钙，而内地人的饮食结构容易造成缺钙？

陆医生说，这种观点并不正确，一方面，婴幼儿是以母乳或配方奶粉为主要食品，另一方面，中国内地的饮食结构与香港没有太大差异。

高医生说，虽然中国人饮食中牛奶较少，但也有其他含钙丰富的食物，比如豆腐以及菜心、芥菜、芥蓝、小白菜等绿叶蔬菜。这些蔬菜中的钙甚至高过牛奶。吃85克菜心或者94克芥菜相当于喝一杯240毫升的牛奶。

采访中，不论是营养学教授，还是儿科医生，都频频提到一个概念——"营养均衡"。专家认为，只要做到营养均衡并且有足够的户外活动，就无需补维生素D，更无需补钙。

一对比，就露馅儿
——《香港儿童很少补钙》采访手记

尹世昌

儿童"补钙"，正风行南北。管用吗？

我写过一篇关于香港儿童补钙的报道。结论很简单——香港基本没人给小孩儿补钙。

一位香港妈妈说，满3岁前从来没有给孩子补过钙，也很少听见周围的妈妈说专门给孩子补钙。

一位执业几十年的儿科医生说，从来没有见过单纯缺钙的儿童。"我不会向婴儿父母推荐补钙产品，只要均衡饮食，就不会缺钙。"

一位政府卫生署高级医生说，"双非（父母皆非香港人）"父母比较多地向医生咨询婴幼儿缺钙问题，而香港本地父母则极少提到钙。

很多科学性的"求证"稿件，都会与境外的情况做对比。关于补钙，即使欧美国家的儿童不补，支持者也会辩解说，他们的饮食结构与中国人不同，才不需要补。可是，香港人的饮食结构，与中国内地人，尤其是广东人，完全一样。调查显示，香港人不补钙，这个辩解也就一下子被戳穿了。而且，中国人喜欢吃的绿叶蔬菜，钙含量高过牛奶。

一些谣言尤其是涉及健康的，见风就长，病毒式传播。我们当然也有很多办法戳穿它。对比就是一个好办法——香港离内地近，港人又与内地同胞同文同种，实在是一面好的"照妖镜"。

（作者为人民日报香港分社采编部主任）

传言

登录淘宝等购物网站，登录百度等搜索引擎，只要查询婴儿游泳，就会跳出有关"婴儿脖圈"的各种资料。不少商家在宣传资料中称自己的产品是"阻止一切危险"、"安全无毒材质制成"、"对宝宝皮肤安全无刺激"、"刺激协调能力的发育"，还有的"晒"出了产品检验合格证书，更有商家将婴儿脖圈游泳跟婴儿游泳等同起来。

但与此同时，也有不少网友和专家质疑婴儿脖圈的安全性。一些网友表示，在美国没看见有人使用脖圈游泳，一些专家则表示，小宝宝脖子很软，套脖圈容易伤害宝宝稚嫩的颈动脉。

婴儿游泳脖圈有无隐患

本报记者 葛瑜玮 吴成良 肖潘潘 李刚 左娅
人民日报（2013年05月30日04版）

夏天快到了，游泳池开始热闹起来。近年来，婴幼儿游泳受到家长青睐，婴幼儿游泳脖圈款式多样。但与此同时，不断有人质疑婴儿游泳脖圈的安全性。

婴幼儿该不该游泳？使用婴幼儿游泳脖圈危险吗？记者在美国、香港等地进行调查了解，并采访了国内外运动学、儿童护理方面的专家以及游泳教练等。

■ 婴儿游泳脖圈安全吗？

【调查】有专家认为会伤害婴儿颈椎，也有人认为影响不大

广州医学院附属广东省妇女儿童医院、广东省妇幼保健院教授赵少飞是新生儿游泳器材国内国际专利发明人。赵少飞介绍，他在2001年申请了专利，截至目前，国外并没有类似的发明及专利。

赵少飞表示，不用对婴儿脖圈安全性担心，"即使婴儿在水中垂直不动，脖子在脖圈上所需承担的

力仅几两重,只要新生儿手脚稍微运动,水的反作用力将超过脖子受力"。他表示,没有接到过孩子扭伤脖子的报告。

有专家支持这一观点。香港中文大学医学院儿科学系教授韩锦伦表示,理论上讲,使用脖圈确实存在导致危险的可能性,但仅仅是理论可能。至于婴儿颈部是否会承受重量引发不适,韩锦伦表示,不需要过分担心。从婴儿的身体比例来讲,头占整个身长 1/4,"加上婴儿在水中受到浮力,下水时间不长,因此,使用颈圈对颈椎的影响并不大"。

但不少专家提出了质疑。香港黄埔体育会主席简炜杰表示,目前暂未看到这种游泳设备的安全性能科学验证,不建议给婴儿使用。使用颈圈会将身体重量都压在颈椎上,而且婴儿在运动过程中,也有机会令颈椎造成损害。

英国游泳协会驻中国总教练阿妮塔·莎玛(Anita·Sharma)不确定脖圈是否安全可靠。但她认为:"带着脖圈可能会影响孩子呼吸。"

哈佛大学医学院一位不愿透露姓名的临床教授、儿科和内科专家在接受采访时表示,不提倡这样给小孩游泳,担心婴儿翻动后呛水。至于是否会伤害儿童的颈椎,这位专家表示,这倒不是主要的顾虑。

美国亚利桑那州凤凰城儿童儿科专家、美国儿科学会会员兼发言人杰弗里·韦斯在接受采访时表示,没有接触过婴儿脖圈,无法就使用利弊给出意见。

"对于孩子,哪怕存在万分之一的危险,也应该重视。'婴儿脖子在脖圈上所需承担的力仅几两重'的说法,不知是如何计算出来的。"著名儿科专家张思莱认为,脖圈充气过多会造成孩子颈部不适,颈椎活动受限,而且孩子的下颌必须努力抬起,才能适用脖圈;若充气不足则不能支撑婴儿漂浮在水面。另外,人体颈部的颈动脉窦如果受压可能引起血压下降、心率减慢,导致脑部缺血,引起昏厥。孩子用脖圈游泳有可能使颈动脉窦受压。

北京协和医院妇产科医生章蓉娅在实名认证微博中也表示,套脖圈容易伤害宝宝的颈椎;脖圈是塑料的,临床有见宝宝对脖圈过敏或脖圈摩擦过度导致皮炎。

■ 境外使用游泳脖圈吗？

【调查】美国、英国、日本、香港很少见到脖圈，一般是腋圈、浮力衣等

中国内地一些婴儿脖圈产品宣称"技术源自欧美"。境外采用这种游泳方式吗？

在香港，记者走访多家百货公司、婴儿用品专卖店、玩具专卖店，都没看到婴儿脖圈销售。最后只在街边的一家小型日用杂货铺发现了脖圈，老板表示，脖圈产自内地，选购的客人很少，大多数家长都选择腋圈。

为什么香港的大型商场少见婴儿游泳脖圈？不少售货员表示，担心它"有些危险"。香港上环一间百货商店的销售袁女士说："很少有家长为初生婴儿选购脖圈。"

在美国一些大型综合超市，记者没找到婴儿脖圈。走访美国婴幼儿玩具和用品连锁店"宝宝反斗城"，店长说，他们从未销售过这类产品。看到记者拿出的婴儿脖圈游泳照片，店长很惊讶，"我第一次看到婴儿这样游泳"。

一些美国邻居告诉记者，给孩子穿游泳背心是美国人的通常方式，从没有用过脖圈，担心小孩会不舒服。

阿妮塔表示："在来中国前，从未听说过脖圈，在英国市面上也没见过。"

记者登录亚马逊日本网站查询，在数十页关于游泳圈的页面中，有2—3款婴儿脖圈出售，产地都是中国，没有售卖记录。

国内一家游泳产品生产企业的工作人员透露，采用"国外技术"的宣传口号并不准确，因为"国外一般不用脖圈，这样宣传是为了迎合人们对国外技术的信任"。

■ 脖圈安全性做过实验吗？

【调查】发明人称非正式做过跟踪，厂家提供检测报告不涉及对人体健康影响

赵少飞表示，他曾非正式地跟踪了10多组坚持新生儿游泳的家庭，发现孩子体质及各方面发展优于同龄孩子。但赵少飞也承认，12个月以上的孩子不能再套脖圈游泳，因为孩子的动作太大，不安全。

张思莱认为，10多组案例就循证医学来看例数太少，无论是实验组还是对照组都存在个体差异，设计不严密，其结论不具备科学性。

记者采访了国内婴儿游泳脖圈生产厂商"马博士"，该公司产品咨询部门一位工作人员传来的一份产品检测报告显示，"马博士"婴儿泳圈在浮力、厚度、气室强度、密封性能等方面符合《国家玩具安全技术规范》的要求。

由于该报告仅涉及材质等方面检测，记者询问是否就游泳脖圈对婴儿健康的影响做过试验，该工作人员表示，"马博士"在北京妇产医院和海淀妇幼医院曾做过临床试验，但出于对受试者隐私的保护，试验结果不方便透露。

张思莱认为，作为临床试验，应包括受试者例数、实验数据、实验结果、结论等，这些不涉及受试者具体隐私，没有什么不可透露的。

张思莱说，据她了解，目前没有相关跟踪研究以及远期观察证明脖圈无危险性以及对颈椎无伤害。这种游泳方式是否有危害，没有管理部门监管。

针对婴儿脖圈的安全性问题，国家质检总局回函表示，适用对象为14岁以下儿童的游泳圈属水上玩具，目前相关标准有《国家玩具安全技术规范》和《充气水上玩具安全技术要求》。

记者查阅后发现，两个标准都是针对物理性能、材质等方面作出的要求。比如，《国家玩具安全技术规范》制定了玩具的机械和物理性能、燃烧性能、特定元素的迁移、标示和说明等通用要求，《充气水上玩具安全技术要求》对充气水上玩具产品的物理性能、材质厚度、机械性能、部件、色彩、标识等作

了规定。

国家质检总局表示，国家标准委已于 2010 年启动"婴儿泳池套装安全要求"国家标准计划项目，制定包括产品外观和尺寸、产品结构、材料厚度、部件连接强度和密封性能、泳池强度和稳定性、脖圈浮力、有毒有害物质限量、使用说明等方面的强制性要求，并规范其测试方法。记者在国家标准委官方网站检索，未发现该项目报告。

■ **婴幼儿游泳怎样更安全？**

【调查】专家认同"亲子游"，需专业教练辅助，1 岁以下婴儿不宜游泳

婴幼儿游泳在香港也很流行，但主要是亲子游泳，让半岁到三岁左右的孩童和父母一同下水。

在北京，"家盒子"等一些游泳训练机构采用亲子游泳方式，但更多的机构还是采用脖圈方式，比如既生产脖圈又开设连锁游泳馆的"马博士"。

婴幼儿怎样游泳更安全？"家盒子"游泳教练告诉记者，需要专业游泳教练辅助，教练会根据孩子的年龄、能力等情况提供辅助工具，如漂板，可让宝宝趴着。

对于婴儿脖圈游泳方式，"马博士"建议游泳时间应选在婴儿有充足睡眠和吃奶 40 分钟之后，检查泳圈有无漏气情况，控制好水温，全程有专人看护，严防耳鼻口进水。

"其实，婴儿偶尔下水玩一下没有问题，但没必要让 1 岁以下婴儿学习游泳，幼儿不应该长期浸泡在水中。"韩锦伦教授指出。

张思莱也认同采用"亲子游"方式带孩子游泳，大一点的幼儿可以使用腋圈。

一些厂家也注意到了婴儿脖圈的潜在危险性。山东伊亲公司是生产游泳器材的厂家，也生产婴儿脖圈。据该公司董事长魏安林介绍，他们曾生产了 1 万

件家庭装婴儿脖圈,但随后接到个别家长投诉,表示孩子使用时呼吸不畅,公司随后收回并销毁了这批脖圈,此后公司调查发现,家庭游泳脖圈容易造成婴幼儿在脖圈松紧等方面的不适。

美国儿科学会曾建议4岁以下儿童不要学习游泳,因为身体发育情况还不适合接受游泳训练。2010年5月,该学会把适合游泳的年龄调降到1岁,不建议1周岁以下的婴儿学习游泳。

(李婷、董文龙参与采写)

平衡报道也有态度

——《婴儿游泳脖圈有无隐患》报道所感

肖潘潘

在我所参与的《求证》栏目报道中,刊登于2013年儿童节前的《婴儿游泳脖圈有无隐患》是比较特殊的一篇。说它特殊,主要原因有三:一是,选题是从我个人的亲身经历中来,这是我为人父后才关注到的一个话题;二是,它操作时间长达1年多,多位记者全球调查;三是,它是一次力求平衡报道的求证,向读者提供了尽可能丰富的信息,但蕴含了报道者的态度。

■ 选题:来自生活,介入较早

在2013年夏天以前,相信不少婴幼儿的家长都有这样的困惑:婴儿游泳脖圈卖得很火,淘宝上动辄销售百件,可想到孩子弱小的脖颈被套在塑料圈内,就担心是否安全。但上网查一查,除了有媒体曾零星报道婴儿使用脖圈游泳溺亡、窒息消息外,对婴儿游泳脖圈的安全问题进行讨论的详细文章,还是比较少。

但现在不同了,只要上网以"婴儿游泳脖圈+隐患"为关键词搜索,就能查到人民日报的这篇报道,为信息不对称的家长们能提供一点借鉴。

宝宝一出生,脖子还是柔软的,套个脖圈游泳,安全吗?此前有没有发生过安全事故?国家主管部门有没有权威检测报告?欧美国家真的都流行这种游泳方式吗?在我的脑海里,一时间画了很多问号。

带着疑问，从 2012 年初我就开始搜集相关资料。结果发现，当时竟没有关于脖圈是否安全的媒体报道，只有论坛里几位生活在美国的中国妈妈"吐槽"，说美国医生不让她们使用脖圈给孩子游泳。这起码说明，脖圈存在安全争议，欧美畅销的说法看来也不可靠。

■ 过程：全球调查，历时一年

2012 年 7 月，我开始制定采访提纲。按照预想，主要有以下几个采访对象：

消费者，了解孩子使用脖圈的情况；厂家，了解其设计专利、质检报告、生产和市场情况；医院，是否遇到过孩子戴脖圈游泳遇险的情况；国外（美国、日本、英国等地），是否有婴儿脖圈销售和相关婴儿游泳的规定；专家（国内外），怎么看待脖圈游泳和婴儿游泳。此后，在操作中，又添加了对主管部门国家质检总局和专利发明人赵少飞的采访。

采访并非一帆风顺。首先是厂家不配合，我们联系了国内婴儿游泳脖圈生产厂商"马博士"，他们并不愿就脖圈的安全问题表态。其次是主管部门，采访提纲递交给国家质检总局后，就杳无音讯，不知何时会有回音。再次是国外，以美国为例，不少专家从未见过这类产品，态度比较谨慎，需要查阅资料后再说，这样一等，时间又延长了。

按照栏目的高要求，必须拿到所有核心当事人的观点，才能算一篇合格的"求证"。所以，必须排除困难，解决障碍。

多次催促，国家质检总局最终在 2012 年底回函。这距离最初联系他们的时间，已经过了好几个月。他们在回函中表示，适用对象为 14 岁以下儿童的游泳圈属水上玩具，目前相关标准有《国家玩具安全技术规范》和《充气水上玩具安全技术要求》。但我们查阅后发现，两个标准都是针对物理性能、材质等方面作出的要求。

在我们多次沟通下，"马博士"在 2013 年 3 月，也出具了产品质量检测报告。他们在报告中强调，"马博士"婴儿泳圈在浮力、厚度、气室强度、密封性能等方面符合《国家玩具安全技术规范》的要求。而实际上，《国家玩具安全技术规范》根本没有就脖圈对婴儿颈椎的影响作要求和规范。这些回应让人啼笑皆非，我们询问相关性、影响性，但对方却强调物理材质没问题，效果基本等同于"鸡同鸭讲"。

在采访中，还遇到一个意外情况。2013年4月，北京协和医院妇产科医生章蓉娅发了一条微博，说脖圈游泳并不安全，一时被网友竞相转发，炒热了脖圈游泳安不安全这个话题。起了个大早赶了个晚集，我们没能抢到第一落点，应该说是个遗憾，但换个角度看，也不需遗憾，我们有不少更独家、更深入的内容，比如采访到了主管部门、专利发明人赵少飞，有很多媒体没有的国外实地探访，采访了英国、香港多地的专家，而在时机上，又能借着公众对婴儿脖圈关注的热潮一举推出，为读者、网友、孩子家长提供一个全面的参考，也有自己的可取之处。

■ 操作：力求平衡，蕴含态度

在《婴儿游泳脖圈有无隐患》的采访、编辑过程中，我们始终坚持平衡报道原则。

婴儿脖圈是否安全，争议焦点就在于脖圈缺少安全性实验。专利人和支持者缺少实验证明，反对者也缺少实验证明。而且，主管部门、厂家的说法，有的专家并不认可。在这种情况下，我们要做的，就是客观地平衡地呈现出来，让读者去判断。

新闻报道的"平衡"，不仅仅是一种简单的信息堆砌，而是多种关系的协调，在婴儿游泳脖圈的报道中，我们尤其注意了以下三点：

一、注意避免先入为主。

正如前述，选题由来是因为对婴儿脖圈安全性的疑惑，但疑惑不能代替态度和判断。记者得到新闻线索，接触到一定的信息、材料后，往往在头脑中形成一些既有的框框和成见，在采访中带着这些想法找材料来印证自己的判断，结果很容易造成偏听偏信，陷入是非的漩涡而不能自拔。记者在主观情绪驱使下，往往容易出现报道上的偏颇。在这次报道中，我们尤其注意避免先入为主这个陷阱，强调以第三者"局外人"的身份介入，多方面、多渠道收集相关的新闻素材。

在安排采写的记者时，我们协调了驻香港、美国、广州和北京4地的4名记者参与，他们各自不了解其他记者采访的情况。编辑在交代采访任务时，也不作倾向性要求，使得他们能全部独立、不受干扰地完成采访。

二、注意兼顾矛盾双方。

在这次报道中,涉及几个矛盾方。

在专家观点层面,有支持者——专利人赵少飞、香港中文大学医学院儿科系教授韩锦伦,他们认为"使用脖圈确实存在导致危险的可能性,但仅仅是理论可能。使用颈圈对颈椎的影响并不大"。也有反对者——儿科专家张思莱、香港黄埔体育会主席简炜杰、北京协和医院妇产科医生章蓉娅以及哈佛大学医学院一位不愿透露姓名的临床教授、儿科和内科专家,他们认为"对于孩子,哪怕存在万分之一的危险,也应该重视"。

在事实调查层面,也有矛盾对立。厂家说"国外技术、畅销欧美",记者实地调查,欧美市场难见婴儿脖圈;主管部门和厂家声称脖圈符合技术标准,记者查阅文件发现,标准仅仅规范物理材质,并未说明相关性、影响性。

在梅尔文·门彻的《新闻报道与写作》里,平衡的定义是:尽可能给每一方,尤其是受到指证的一方说话的机会。在呈现这些矛盾时,编辑尽可能做到保证采访对象话语权的平衡。为了这种平衡,我们在这篇报道中,甚至将支持方观点放在文章开头,然后才呈现反对方意见。

三、注意在平衡中谨慎表态。

《纽约时报》的拉尔夫·布卢门撒尔有一句名言:"一个绝对平衡的新闻界等于没有新闻界"。这句话简洁地说明,如果没有态度,追求绝对平衡,报道也就如同嚼蜡,毫无味道,也毫无意义。

对于《婴儿游泳脖圈有无隐患》这篇报道来说,也是这样。绝对的平衡肯定无法实现,但另一方面,毫无意义的报道也根本没有必要。那么,这篇报道实现了什么样的目的呢?我认为,它最大的特点是,以平衡报道的方式表达态度——读者通过记者的多方采访,了解了围绕脖圈存在多种争议。这种对争议的呈现,即使是平衡地呈现,也是表明一种态度,这种态度就是目的,就是判断。

值得一提的是,这种操作在媒体上并不鲜见,用之不慎又往往失之平衡,原因就在于,操作者态度上先入为主,呈现时又未兼顾矛盾双方。因此,做到平衡报道,务须多方注意、全面考虑、谨慎把握。

(作者为人民日报总编室要闻四版副主编)

传言

说牙膏不安全的传言非常多,既有多家媒体报道,也有无数微博转载。

关于牙膏含"三氯生",有媒体报道,美国食品药品监督管理局与美国环境保护署正在评估三氯生的安全性,于是微博上关于"牙膏中的三氯生可能会致癌"的消息不胫而走。其中,高露洁全效和佳洁士部分牙膏均被指含有三氯生。

关于美白牙膏含致癌物质,广西一家媒体最先报道,中华、高露洁、黑妹、佳洁士、黑人、立白6种品牌美白牙膏掺有漂白物亚硫酸盐及其类似的物质,长期使用有健康隐患。该媒体用碘溶液、稀硫酸和淀粉调制出来的溶液作测试剂,6种牙膏都让测试剂褪色,由此得出上述结论。

关于牙膏管底的颜色条,微博传言,牙膏管底部的红、黑、蓝、绿颜色条分别代表不同的成分,绿色表示纯天然;蓝色表示一部分是天然成分,一部分是药用成分;红色表示一部分是天然成分,一部分是化学成分;黑色则表示全是化学成分。

求证：用事实粉碎谣言
—— 人民日报这样调查真相

美白牙膏含致癌物？
含氟牙膏让牙齿变脆？
牙膏管底色标代表不同成分？

不实传言缠身 牙膏很是受伤

本报记者 李 刚 左 娅 王有佳 季建明
人民日报（2013年07月19日04版）

"美白牙膏中含有可能致癌的亚硫酸盐"、"含氟牙膏挤多了牙齿会变脆"、"牙膏管底色标不同成分不一"……近日，这些与人们生活密切相关的牙膏传言引起不少人关注。这些说法科学吗？一段时间以来，人民日报《求证》栏目记者采访了相关专家、厂商和行业协会。

■ 美白牙膏含亚硫酸盐？

某媒体测试美白牙膏成分的方法不科学；美白牙膏多用摩擦剂进行物理美白

据中国口腔清洁护理用品工业协会调查显示，美白牙膏占牙膏市场份额达三成。有说法认为，美白牙膏掺和大量漂白剂，其含有的亚硫酸盐会危害人体健康，广西一家媒体还曾做实验测试美白牙膏成分，得出结论含有亚硫酸盐。是这样的吗？

按照该媒体用碘溶液、稀硫酸和淀粉做测试剂来测试美白牙膏成分的方法，江南大学化工学院教授曹光群重复了该实验。"仅用牙膏中的主要成分二氧化硅和去离子水体系去做碘—淀粉实验，颜色一样会变浅。"曹光群指出，这种简单的实验方法存在较大的不确定性，因为很多因素和物质都可改变该溶液的颜色，如pH值的改变，以及原料维生素C、部分香精、发泡剂等。对此，北京大学化学与分子工程学院范星河教授也认为，亚硫酸盐能够让实验溶液产生褪色，但溶液褪色并不能反推出实验牙膏中含有亚硫酸盐。

"亚硫酸盐在我国强制性国标GB22115—2008《牙膏用原料规范》的活性成分中明确禁止使用。"曹光群介绍，当下美白牙膏主要通过3种途径洁白牙齿：使用摩擦剂、使用植酸（有机酸，去除牙渍）等、使用过氧化物漂白。但大多数牙膏采用第一种方法，即主要依靠大粒径二氧化硅和普通摩擦剂（小粒径二氧化硅、二水合磷酸氢钙或碳酸钙等）进行物理性机械摩擦美白。少数用化学方法美白的，其主要成分是植酸或过氧化氢等，也是国际上通用的。

记者在市场上调查发现，高露洁、立白等品牌的美白牙膏均标示含有水合硅石、月桂醇硫酸酯钠、珍珠粉、二氧化硅、碳酸钙、过氧化氢等物质，没有看到亚硫酸盐及类似物质。

宝洁口腔护理公关总监郭琬苹向记者表示，佳洁士牙膏中不添加亚硫酸钠。立白集团新闻发言人许晓东回应，立白旗下牙膏产品均是通过深度清洁的物理方法达到美白效果。

那么刷牙后，美白牙膏的残留会不会危害健康？曹光群认为，摩擦剂对人体无害，但刷牙后最好漱干净。至于个别牙膏残留的双氧水，尽管其浓度较低，但仍可能对口腔造成一定刺激，如发酸、怕凉、肿胀等。对此，国家在《牙膏用原料规范》中已作了规范：当牙膏含过氧化氢时，应在牙膏标签上注明。当牙膏中过氧化氢浓度＞3.0%，消费者最好不要长期使用。

记者检索发现，广西媒体报道的由头，是上海某媒体采访上海市口腔病防治院教授陈栋的文章。陈栋接受本报记者采访时表示，他针对的是少数添加漂白成分的美白牙膏，添加成分主要为双氧水和过氧化脲等国家允许添加的过氧化物，不包括其他媒体报道的亚硫酸盐。

■ **含氟牙膏使牙齿变脆？**

不会让牙齿变脆，但3岁内儿童与高氟地区人群不宜使用含氟牙膏

广告里，总能看到人们在牙刷上挤满一长条牙膏。而生活中，关于含氟牙膏挤多了会让牙齿变脆的传闻一直不断。对此，专家怎么看？

曹光群解释说，含氟牙膏能在牙齿表面形成氟化钙的膜，可防治龋齿，减少蛀牙，还能抑制口腔细菌产酸。即使挤含氟牙膏过多，也不会使牙齿变脆，反而口腔局部用氟会帮助钙沉积在牙釉质上，增强牙釉质。

"适量的氟可增强牙齿钙的抗酸性，预防龋齿，但如果氟含量过高，可能形成氟斑牙或导致慢性氟中毒。"中山大学附属口腔医院口腔预防科欧阳勇主任认为，在牙膏上标明氟化钠含量十分必要，消费者应根据自身情况选择含氟或不含氟的产品。

对于传闻中的氟斑牙，曹光群解释，其通常发生在婴幼儿时期。6岁以前的儿童牙齿处于发育关键时期，在此期间，含氟牙膏的使用是儿童每日氟吸收的主要来源，长期使用就会造成氟斑牙。因此，3岁以前的儿童应禁止使用含氟牙膏，4—6岁儿童应在大人指导下慎重使用，7岁以上儿童可以使用，但不得将牙膏吞进腹中。成人通过口腔黏膜吸收牙膏中的氟，摄入量极少。

国家标准《牙膏用原料规范》起草人之一孙东方表示，在氟限量值上，我国标准和国际标准是一致的。国家标准规定，含氟防龋牙膏的可溶氟或游离氟含量及总氟含量都要在0.05%—0.15%之间，儿童含氟防龋牙膏可溶氟或游离氟含量及总氟含量均须在0.05%—0.11%范围之内。

"正确的刷牙一次最好在0.5—1厘米长，挤多会造成浪费。"曹光群强调，选牙膏不一定非要含氟。"中国有部分地区是高氟地区，如辽宁黑山、山西大同等，就不宜使用含氟牙膏。"

牙膏管底色标辨成分?

牙膏管底颜色与成分无关,2014年实施新标准后采用全成分标识

另一则说法也引起消费者的疑虑:牙膏管底部的红、黑、蓝、绿颜色条分别代表不同的成分,绿色表示纯天然;蓝色表示一部分是天然成分,一部分是药用成分;红色表示一部分是天然成分,一部分是化学成分;黑色则表示全是化学成分。由此,有消费者看完管底颜色后,纷纷把家里所谓的"问题牙膏"扔了,有的甚至推断国内大部分牙膏成分都有问题。

对此,中国口腔清洁护理用品工业协会专门作出说明:牙膏管底部颜色条区是机器封口时的定位识别标志,与产品的成分无任何关系。

记者了解到,牙膏包装底部的颜色条又叫电眼定位点,专用于牙膏产品封尾时的定位与识别,常用色条有红、蓝、绿及黑色等。电眼定位功能在印刷软管类包装的时候很常见,并不仅限于牙膏。软管自动填充的时候,封尾机将对其定位感应;充料完成后,软管放在自动封尾机上,机器感应到相关颜色点就自动封住软管,以确保封尾时包装处于正确的位置。因此,牙膏管底的颜色与产品的成分无任何关系。

既然看颜色辨不出成分,我国的牙膏成分标注情况到底如何?据曹光群介绍,我国牙膏原来在国家质量监督检验检疫总局的相关规范中,是和化妆品放在一起的,在2010年100号令中规定,牙膏实施与化妆品相仿的全成分标识。但根据我国口腔护理用品的实际情况,我国又在2012年底出台了国标《口腔清洁护理用品通用标签》,该标准规定了全成分标识及相关问题,该标准将于2014年5月1日正式实施。

(韩晓梅参与采写)

本期栏目统筹:沈小根

求证：用事实粉碎谣言
——人民日报这样调查真相

小由头引出大盘子，一网打尽重复性谣言

沈小根

2013年7月19日，人民日报要闻四版刊发了一篇科普类求证——《不实传言缠身 牙膏很是受伤》，这篇"求证"聚焦的对象不是热门的新闻事件，也不是重大的科普话题，而是生活中一件与大家有密切联系的日用品——牙膏。文章用翔实的采访、严密的证据，回应了近年社会上对牙膏的一系列不实传言。文章发表后，不少读者反映，这篇"求证"，解了他们几年来对于一些牙膏问题的困惑。

■ 以点带面，"小由头"引出"大盘子"

2013年7月，一则"美白牙膏会致癌"的传言引起了《求证》栏目组的注意。牙膏与人们生活密切相关，美白牙膏更是占据牙膏市场的半壁江山，"致癌"也是一个已被泛化的老话题。这条线索听起来很耸动，挖起来应该有"料"，但栏目组更关注的是，为何牙膏的一系列传言能够在社会上长时间内循环重复传播？

细究原因，有这样几点：第一，话题属于生活常识，读者关注、贴近性强；第二，媒体辟谣零零散散，随着网络不定期的循环传播，不实传言的可信度反倒上升。由此，栏目组认为：牙膏虽小，选题不小。应当以点带面、一网打尽这些重复性谣言。

在梳理线索的过程中，栏目组发现，牙膏传言一传再传，辟而不绝。在近五年的时间里，除了最近这则"美白牙膏含亚硫酸盐致癌"外，"含氟牙膏会使牙齿变脆"、"看牙膏管底色标辨成分"、"中国牙膏用工业废料制作"等传言都曾引发社会关注和讨论，但媒体的众说纷纭，反而让读者对传言雾里看花。

重复性谣言如何破除？是不是得紧跟线索，网络传一次，咱们就"辟"一次？我们认为，还是要结合报纸属性，发挥传统媒体优势，让深度报道既有"内涵"，也有"外延"。编辑将近年来关于牙膏的重复性谣言梳理归纳，用"美白牙膏致癌"这条最近的"小由头"，引出近年来牙膏传言的"大盘子"。

■ 一网打尽，有证据才能有底气

一网打尽重复谣言，有证据才能有底气。小小"牙膏"，北京、上海、广州三地编辑记者联动：追根溯源，直接找传言源头核实。记者循着媒体已经刊发的文章，一路找到并采访了媒体传出"美白牙膏含致癌物质"的新闻当事人——上海市口腔病防治院教授。他接受本报记者采访时表示，他针对的是少数添加漂白成分的美白牙膏，添加成分主要为双氧水和过氧化脲等国家允许添加的过氧化物，不包括其他媒体报道的亚硫酸盐。

空口无凭，请专家亲手试验。科普类文章专业性强，采访相关领域的专家必不可少，但现在媒体上"砖家"众多、众说纷纭。栏目组坚持，只要有可能，能做试验就做试验、能去检测就去检测，以科学的态度面对事实，不迷信轻信专家。记者不仅去市场走访，还采访牙膏行业协会和业内人士、医院和化工领域专家，并专门重复此前的媒体"证实"美白牙膏含有亚硫酸盐的试验，指出原有试验方法的纰漏，用证据增强了可信度。

多方信源互证、力争客观权威，是《求证》栏目的一贯要求。这篇"求证"采取多地采访、多方信源、试验取证，用严谨的证据，为一网打尽重复性谣言提供了宝贵经验。

（作者时为人民日报总编室要闻四版编辑，
现为人民日报总编室报网互动组编辑）

传言

有网文称：很多饭店以高汤、浓汤为招牌吸引顾客，比如：大骨玉米汤、大骨海带汤、大骨黄豆汤、野生竹菌汤以及各种海鲜汤等，特点无一不是显示一锅经过长时间熬制的乳白色的浓汤。我们来看这些所谓"高汤"的制作材料以及制作过程：先是烧一大锅的开水，放入骨髓膏融化使水有猪腿骨的味道，加入鸡精、高汤精调味，然后加入一滴香加香，最后加入上面提示的立白熬骨汤料，调水的颜色（使之变乳白，比如做浓汤的话就多放点），前后不用十分钟，一锅闻起来香气四溢、看起来精心熬制的化学高汤做完了。上桌时在盛汤的大沙锅中放入主料然后放在电磁炉加热保温即可。所谓的营养浓汤其实就是化学汤，对人体有害。

网文还认为，正规制作的骨头汤则会有很强的补钙作用。

骨头汤，既不补钙也无害

本报记者　王有佳　贺林平

人民日报（2012年09月14日04版）

近日，有网文称，不少饭店号称的营养丰富的"骨头汤"、"高汤"、"浓汤"并非骨头原汤熬制，而是用清水辅以乳化剂、骨髓膏、一滴香、鸡精、高汤精等配制而成，对人体有害。

骨头汤如何制成？用了哪些调味料或添加剂？会不会危害健康？政府相关部门对添加剂使用的监管如何？骨头汤含哪些营养成分？喝骨头汤补钙效果好吗？针对这些问题，人民日报《求证》栏目记者近日在上海、广东等地进行了调查采访。

■ 疑问一：餐馆骨头汤如何制成？

【调查】主要有三种方式：完全熬制、完全勾兑和半熬制半勾兑

"从骨头汤的加工制作看，主要有三种类型：完全熬制、完全勾兑、半熬制半勾兑。"上海市食品安全委员会办公室副主任顾振华告诉记者。

据介绍，完全勾兑的骨汤使用浓缩骨汤料勾兑。浓缩骨汤料由猪骨汤精、食盐、水、味精、汤调味

求证：用事实粉碎谣言
——人民日报这样调查真相

料、混合调味料、水解植物蛋白、明胶、水解蛋白调味粉等组成。半熬制半勾兑的骨汤常用复合调味料进行调味，骨汤味复合调味料产品名称较多，包括"骨髓膏"、"骨汤膏"等。顾振华表示，上海涉及骨头汤的餐饮企业共有三类：一是火锅店，骨汤作为火锅汤底使用；二是经营面点的小吃店，将骨汤作为面点汤料；三是一些饭店，将骨汤作为一道菜肴经营。用汤料调配骨头汤节省时间、制作简单、成本低廉，因此有些餐馆用完全勾兑方法制作骨头汤。

记者于晚餐时间来到上海市吴中路上的一家"海底捞"火锅店，在厨房看到一台制作汤底的机器。按一定比例将汤底原料和清水倒入机器，按下按钮，汤底就制成了。"海底捞"是否用了骨髓膏等物质？餐厅负责人向记者表示，原料均由位于四川西河的生产基地生产，是用猪骨、鸡骨碾磨制成。随后，记者来到该店对外销售火锅汤底的柜台，在三鲜锅底的配料说明中，看到了浓汤大骨粉、鸡粉调味料等字样，但并未标明具体成分。

在广东，记者调查发现，正规餐饮企业所售骨汤以原汤熬制为主。

在佛山禅城区的"珠江渔邨"厨房，两个厨师拿钢勺伸进几十个白瓷炖盅，捞出骨汤里的油滴和姜片。总厨冯志成说，以他在周边地区和行业了解的情况看，餐饮市场上骨汤问题并不严重。晚6时，记者随机采访了到这里吃饭的客人。一位梁姓老先生用筷子扒拉着面前喝了一半的汤："你看，除了骨头、冬瓜，就是一点干贝、香菇、八爪鱼，汤这么透亮，应该是现煲现炖的。"

"勾兑？你试试看，卖给谁啊？"佛山皇冠假日酒店中餐总厨、佛山饮食商会名厨协会会长庞文燊告诉记者，"广东的粤菜酒楼里，汤基本是现煲现炖的，这是基本行规。"酒店的厨师将切成段的苦瓜套在切好的排骨上，放进陶罐，加冷水，滴一点料酒，放几片姜，随后盖上盖子搁到炉火上。20分钟后，汤烧开了，将火拧小继续煲，"这样能保证原汁原味不流失"。又过了一小时，关火揭开盖子，香味扑鼻而来，汤清澈透亮，只微微泛黄。最后一道工序是调味，"只放一点盐，不放味精"。记者尝了一口，入口很淡，但在嘴里抿了一下，味道鲜甜，咽下去时，又感到了苦瓜的苦味。

记者随后又走访了广州两家中式快餐小店"湘菜木桶饭"和"沙县小吃"。

前者一家位于黄埔大道的店售卖10元一盅的龙骨海带炖汤，后者的康湖大街分店售卖12元一盅的凉瓜排骨炖汤，看起来都汤色清亮，喝到嘴里鲜甜可口，喉咙湿润。

据介绍，勾兑的骨头汤在色泽、香味和口感等方面都与熬制的骨头汤不同：熬制的骨头汤汤色清亮，鲜味内敛；勾兑汤颜色过白或过黄，香味不自然，特别浓烈，喝完喉咙干涩。

■ 疑问二：配制使用的汤料含什么成分？

【调查】使用复合调味料、一滴香、鸡精等，配制1公斤汤成本仅0.5元

用于勾兑的浓缩骨汤料包里含哪些东西？记者在沪上规模最大的干货类商品交易市场之———毛家塘南北货批发市场进行了暗访。

批发市场各个店铺门前堆满了调料和食品原料。走进一家专营骨头汤调料的店铺，一股呛人的肉类气味迎面而来。货架上摆着各式各样的骨汤膏配料，按照口味分成猪骨汤、牛骨汤、鸡汤等。记者表示要买制作骨头汤的调料，店员介绍说，骨髓膏分为两种，一种粉状，一种膏状。粉状的更经济实惠，勾兑需要的量更少；膏状的相对高档，用料多，一般用在瓦罐汤里。小本经营的骨头汤店大多选用粉状骨髓膏。商铺里还有塑料桶装的"骨髓浸膏"，用来炖肉。一些餐饮老板买的是冻肉，用"骨髓浸膏"炖可以去腥味。

店员拿起标价最低的袋装"骨髓汤"调料介绍说，这种每袋400克的骨髓膏售价20元，每公斤汤用量在2—5克，可浓可淡。按照每公斤使用4克汤料计算，400克的汤料可以"调"出100公斤的"浓汤"，每公斤汤的成本只有0.2元。

记者看到这袋汤料正面写有"康达尔一丁"、"餐饮专用配料"、"大骨浓汤复合调味料"等字样，产品介绍中注明：使用少量本品即能将清汤调成肉味

纯正浓郁、口感鲜美、滋味醇厚的炖猪骨浓白老汤。老板表示，这个牌子在淘宝上也卖得很多，售价21元。其配料包括：猪骨提取物、油脂粉末、食用盐、白糖、酵母提取物、食品添加剂（增味剂、抗结剂、甜味剂、酸度调节剂）、复合香辛料、食用香精香料；参考用量为：按最终汤量的0.2%—0.5%使用。

随后老板又推荐了一瓶500克装的"一滴香"，售价60元，包装标明：煮肉或烤肉中加入本品，其香度相当于传统煮肉和烤肉香度的十倍。店员说，一锅汤只要滴上一滴就非常香。

店员还介绍了一袋1000克、售价23元的鸡精，说只要在清水里加了上述三种调料，再放一点骨头装装样子，就是一锅浓香扑鼻的骨头汤了。按照这个"秘方"，勾兑一公斤汤使用的三种调料，算下来成本仅0.5元。

记者买了这三种调料，尝试勾兑了一锅骨头汤。1公斤清水烧开后，将4克骨髓膏粉末放入清水，待粉末溶入清水后，再放入2克鸡精，汤里瞬间泛起白沫，然后迅速消散。打开"一滴香"，其味道类似雪菜，且十分浓烈，凑近闻气味呛鼻。在汤内滴入一滴香，一锅汤便完成了。3分钟后，空气中弥漫开一种类似骨头汤的气味，但和家里熬制骨头汤的香味并不完全一样，不是自然的肉香，类似方便面调料的香气。记者尝了一口汤，味道比较鲜，但与真正骨头汤的味道有较大区别，缺少肉骨的鲜美。

■ **疑问三：配制的骨汤对身体有害吗？**

【**调查**】如按规定使用合法添加剂则无碍健康

"骨汤调料"中包含的乳化剂、骨髓膏、一滴香、鸡精等，是否对人体有害？

顾振华说，乳化剂是我国颁布的23类食品添加剂中的一类，乳化剂中的单双甘油脂肪酸脂、柠檬酸脂肪酸甘油酯等可在食品中按生产需要量使用，餐饮单位也可通过使用含乳化剂的复合调味料将乳化剂带入餐饮（煲汤）食品中。

按照上述规定，合理使用乳化剂不会对人体带来危害。

华南理工大学轻工与食品学院副院长赵谋明教授表示，乳化剂主要用于牛奶、巧克力，增强其稳定性，餐饮行业使用很少。

骨髓膏不属于食品添加剂。顾振华表示，骨髓膏根据成分、加工工艺等，可以算食品，也可以是复合食品调味料。生产骨髓膏的企业必须取得质监部门颁发的生产许可证和QS认证，按照核准标签上的使用范围和用量使用不会对人体健康带来损害。

顾振华介绍说，2011年卫生部在官方网站上公布，"一滴香"系以咸味食品香精作为主要香型物质，再添加其他香辛料生产出的专供餐饮食品的复合调味料，按照《咸味食品香精》标准的要求使用是安全的。

同时，根据《绿色食品 复合调味料》规定，"鸡精"是"以味精、食用盐、鸡肉/鸡骨的粉末或其浓缩抽提物、呈味核苷酸二钠及其他辅料为原料，添加或不添加香辛料和/或食用香料等增香剂经混合、干燥加工而成"。同样，"高汤精"也属于复合调味料范畴。

上海市应用技术学院香料所所长李琼接受记者采访时也表示，"乳化剂"、"骨髓膏"、"一滴香"等在使用时如果遵循国家标准，就是安全的。

赵谋明教授表示，食品添加剂与食品密不可分，不要"谈添加剂色变"。他说，我国有一个合法食品添加剂的目录，其中的种类都经过严格的毒理学评价和检验，在日允许摄入量范围内长期食用都是安全的。

赵谋明说，配制骨头汤使用的几种添加剂，都在国家规定的合法食品添加剂目录内，允许使用。"但不排除一些不法企业为牟利而过量或超范围使用，就有可能带来安全隐患。这就需要加强监管。"

作为餐饮从业人员，庞文燊反对用"猪骨汤精"、"浓汤宝"之类的成品汤，但他强调，只是因为口味，不是因为它不安全。在天河北路的华润万家超市，一对选了几盒浓缩骨汤的年轻夫妇告诉记者："用这个主要是图方便。至于有没有违法添加剂，心里也不太有底，到正规超市、买大品牌，感觉品质应该是有保障的。"

■ 疑问四：骨头汤主要存在哪些问题？

【调查】主要问题是把配制骨头汤说成原汤熬制，夸大宣传误导消费者，而非食品安全问题

近几年，上海食药监局、广东省食药监局都将餐饮服务单位食品添加剂的使用情况列为监管重点，督促餐饮服务单位严格执行食品添加剂的采购查验、记录和索证索票制度，严禁采购和使用无合法生产资质或标签不规范的食品添加剂，落实食品添加剂"五专"（专人采购、专人保管、专人领用、专人登记、专柜保存）管理制度，依法依规使用并建立使用台账。

"但实际操作中也存在缺陷，"顾振华说，"虽然自制火锅底料中加入的食品添加剂需要公示，但如果添加的食品原料中原本就包含的添加剂则不在公示范围，这是公示制度的一个漏洞。"

至于近年来发生的企业使用骨汤添加剂行为，上海市食药监局等部门介入调查后发现，主要问题是把配制骨头汤说成原汤熬制，夸大宣传误导消费者，而非食品安全问题。食药监部门未接到因食用骨头汤而危害健康的病例报告。

2012年以来，广东省食药监局共抽检火锅底料样品105批次，有1批次检出含那可丁、可待因、蒂巴因、吗啡与罂粟碱等成分。2月至8月，全省共检查发现非法添加行为22户次。广东省食药监局负责人表示："餐饮行业非法添加的情况并不普遍，具体到骨头汤就更少了。不过还是提醒消费者，尽可能到正规餐饮店消费，不要去来历不明的小店。"广东省消协相关负责人也告诉记者，有关骨头汤的投诉很少，在他的印象中并没有几宗。

■ 疑问五：骨头汤能补钙吗？

【调查】含钙很低，主要成分为水、脂肪、蛋白质、胆固醇，高血脂人群应少喝

骨头汤的营养价值有多少？

上海市营养学会理事、复旦大学附属中山医院营养科副主任高键告诉记者，骨头汤并不能补钙；奶白色的汤不代表钙含量高。高键说，许多人认为补钙就应该多吃骨头肉、多喝骨头汤，其实这种想法是错误的。骨头汤所含钙质多为不溶性的钙盐，人体吸收差。

研究发现，每百毫升骨头汤中只含2—5毫克钙，还不到普通牛奶钙含量的1/20（每百毫升牛奶约含105毫克钙）。而且不管骨头的用量有多少，炖的时间有多长，都不能明显增加骨头汤的含钙量。如果炖汤时加醋呢？高键表示，加醋理论上可以增加骨头汤里的钙含量，但加多了汤就没法喝了，加少了作用又有限。

"骨头汤的主要成分是水，其他还包括脂肪、蛋白质、胆固醇等。"高键说，奶白色的汤其实代表脂肪含量很高、热量很高。

有专家也向记者表示，喝骨头汤对补钙的作用微乎其微："汤里最多的是脂肪，长期服用容易导致高血脂、高尿酸、肥胖。消瘦虚弱的人喝了促进食欲，增加营养；泌乳的妇女喝了补充能量又促进乳汁分泌；而肥胖人群，尤其是对高血脂、脂肪肝、心脑血管疾病患者来说，多喝有害无益。"

另外，赵谋明强调，骨头汤长期煲煮，的确容易产生较高的嘌呤，对尿酸高的人不利。因此，选择骨头汤进补，要因人而异。

本期栏目统筹：李浩燃
（实习生周茹芸参与采写）

做一个科学的传播者
——关于食品安全话题采访有感

王有佳

传统观念中,精挑细选几根棒骨、精心熬制两三小时,看着家人喝上满满几大碗,家庭主妇们一定会心满意足,认为补进了许多营养……但是,当专家告诉你,商家打着"老火高汤"、"浓汤"的招牌招徕生意,而这些骨头汤纯粹只是满足了味蕾、喝进了大量脂肪时,相信大家一定会大失所望。

没错,采写《求证》栏目——《骨头汤,既不补钙也无害》一稿,既证明网络传闻所称不少饭店用清水辅以乳化剂、骨髓膏、一滴香、鸡精、高汤精等配制而成"营养丰富的骨头汤、高汤、浓汤"对人体有害的说法是错误的,同时也彻底颠覆了"喝骨头汤补钙"这一传统观念。

■ 多方求证,添加剂骨头汤无害健康;专家证实,"骨头汤补钙"是真实的谎言

近年来,食品安全问题日益牵动着消费者的神经,一说到"添加剂"便认为绝对是有问题的。

去年,一些网文称不少饭店号称的营养丰富的"骨头汤"、"高汤"、"浓汤"并非骨头原汤熬制,而是用清水辅以乳化剂、骨髓膏、一滴香、鸡精、高汤精等配制而成,对人体有害。关乎食品安全的话题传播速度极快,消费者在选择时往往又是无从辨别。这一

说法是否准确？餐饮行业的浓汤是否真是勾兑而成？如果是勾兑的，添加剂是否对人体有害？当接到编辑的约稿时，我与报社实习生周茹芸立即到食药监部门、餐饮行业、批发市场及高校等相关部门分头采访，希望能尽快回应这些疑问。

在采访中得知，我国允许添加的食品添加剂有2000多个品种，数量远低于美国批准使用的3400多种。事实上，添加剂与食品是密不可分的。而网文中所指的"乳化剂"、"骨髓膏"、"一滴香"等，如果在使用时严格遵循国家标准，就不会对人体带来危害。换句话说，即使正如网文所言，饭店里所售的"高汤"是用添加剂勾兑的，那么，只要使用量不超标，对消费者就不会有危害。

由此可见，餐饮行业是否用添加剂来勾兑骨头汤的问题在于：没有让消费者充分知情，甚至故意隐瞒勾兑的事实来冒充是老火熬制。但这仅仅只是一个夸大宣传误导消费者问题，而非食品安全问题。

前两年发生的"味千拉面"等企业使用猪骨汤添加剂的行为，在食药监等部门介入调查后发现，其主要问题是涉及误导消费者，而非食品安全危害问题。而且，关于勾兑骨头汤对人体有危害的说法，上海食药监及卫生部门也从未接到过相关病例报告。

在采访多个渠道后，最后得出结论："用添加剂勾兑的骨头汤对人体有害"这一说法完全是不成立的。

而对于骨头汤是否真是"补钙佳品"这个问题，采访的结果着实令我和我的小伙伴都惊呆了：骨头汤里的钙含量不及同量牛奶的1/10。骨头汤里的钙含量不仅不高，其脂肪、胆固醇等含量倒是很高。商家利用消费者崇尚骨头汤补钙的心理，夸大宣传，以达到营销的目的。其实，对于一心冲着补钙而去的消费者，非但没补到钙，反而补了许多不健康成分。

■ 伪装采访，套出行业内潜规则；辨清真伪，传递科学的声音

实习生周茹芸在采访上海最大的干货批发市场时，为了采访到真实情况，她假装成餐馆采购员去询问批发店伙计。一开始，伙计并未起疑，把如何用"骨髓浸膏"、"一滴香"等廉价添加剂制作成"味美鲜香"的"老火浓汤"的"秘诀"一五一十地告诉她，并说这些行业内的潜规则。当小周再问有哪些客户来购买时，

伙计对这个外表文弱的"采购员"起了疑心,随后警觉地告诉店主。店主板着脸让小周赶紧离开,不要再问东问西了。当时,年轻的小周心里还是蛮紧张的。

由于是跑卫生条线,我发现很多似是而非的传闻通过微博、微信快速传播甚至迅速放大,包括一些"陈年往事"。

当然,在这些负面新闻的背后,也有一些别有用心的推手的身影。前不久,当看到某网站对一些鱼肝油产品评测,据称"发现7个品牌的鱼肝油维生素A、维生素D含量与产品标注含量不符,6个品牌的鱼肝油维生素A与维生素D含量的比值均与国家规定的比值不相符"。

当我向生产厂商了解相关情况时,厂方负责人很无奈地告诉我:这是一则2009年的新闻了,不知现在怎么又开始流传开来?至于这则消息的真实性,他肯定地告诉我,产品绝对没有问题,每年都有质监部门来检查。更何况根据有关规定,食品中的维生素A和维生素D标示值允许误差范围为80%—180%,这也意味着产品标注值与实际测试值之间允许存在误差。

网站在公布消息时并未如实把国家规定也告诉消费者,而是选择性地发布了"鱼肝油维生素A、维生素D含量与产品标注含量不符"这个事实。在信息不对称下,消费者肯定会对鱼肝油的质量产生怀疑。

这位负责人还透露,网站在公布消息后与厂家联系,说"希望搞些合作","合作费用20万元"。他说,这种所谓的舆论监督,既误导了消费者,又伤害了企业。在一片质疑声中,企业百口莫辩。此次传言再起,他们也是无心回应了。

前段时间爆发的毒奶粉、地沟油等重大事件,使得公众对食品安全空前敏感。每当听到或看到此类话题,由于缺乏相应的专业知识,大家抱着保险的态度"宁信其有、不信其无",结果造成的后果很被动。

采访专家的过程,对我来说也是上了一堂科普课。此前,"骨头汤补钙"、"柿子与螃蟹不能一起吃"这些说法我也是深信不疑。时间久了,有些专家也熟悉了,他们会认真地说:对这些话题有误解,只能说明我们的科普做得还不够,正面的声音太少了。

(作者时为人民日报上海分社记者)

探究多维真相

贺林平

2011年以来,海底捞、味千拉面等勾兑骨汤事件相继见诸报端。到2012年,传言渐渐扩大化,网上有人说,不仅海底捞、味千拉面,很多餐馆销售的骨汤都是勾兑的;也有人说,用骨髓膏、一滴香等勾兑的骨汤对人体有害。一时引发众多疑虑,群众对"骨汤里的安全"心存隐忧。

《求证》是人民日报品牌栏目,旨在探寻真相,击破谣言,稳定人心;而关系基本民生的食品安全,更是《求证》最想求证的领域,自然也是以求真为天职的记者最感兴趣的话题。接到栏目编辑约稿后,我就马不停蹄忙开了。

泡餐馆。这是编辑交给记者的最主要问题:餐馆里用的骨汤,是不是勾兑的?粤菜视汤为生命,乃"无汤不起镬"。在粤菜发源地佛山,记者走进餐馆,不仅亲自喝汤、跟喝汤的顾客聊;还溜进"厨房重地",看一道汤的加工全过程,跟厨子、老板深谈。用一天时间跑完几家大店,又选了广州几家十几块钱一份汤的小店,最后得出结论,广东餐饮店的汤,绝大多数都是现煲现熬,用老广的话讲:"骨汤精勾兑的汤卖给谁去?"

跑市场。这样就完了吗?可以把结论交给编辑,完成任务了事了?直觉告诉记者,这个结论说服力不够。在过往的生活经验中,市场上的确有制成品的"浓缩骨汤",记者也曾买过、喝过,于是继续跑市场。在几家超市,记者都见到了这种类似的"浓缩骨汤",在货架前蹲了很久,发现购买的人很少,一般是年轻人,从他们口中透出一个信息:正规超市、正规厂家的产品,有相关监管标识,他们并不担心,而且平时喝得也少,只是偶尔一买。这样,一个相对完整的"圆"就在头脑中形成了,圆的大半块是"现熬现煲汤",代表主流;也有一部分是"勾兑汤"。

约专家。到此为止,这个真相仍然只是平面的,好像缺乏立体感。有勾兑汤

求证：用事实粉碎谣言
——人民日报这样调查真相

的存在，就引申出另一个维度的问题：勾兑汤一般是什么成分，有害吗？这个问题只有专家才能解决。多方联络，记者终于找到了食品添加剂方面的权威教授。一个上午面对面的详聊，乳化剂、骨髓膏、一滴香等林林总总的勾兑原料的轮廓一一清晰。谈话中，记者还得到了一些特别值得告诉读者、从而校正很多认识误区的信息：第一，食品添加剂与食品密不可分，不要"谈添加剂色变"。我国合法食品添加剂目录中的种类都经过严格的毒理学评价和检验，在日允许摄入量范围内长期食用都是安全的。第二，喝骨头汤对补钙的作用微乎其微，尤其是对高血脂、脂肪肝、心脑血管疾病患者来说，多喝有害无益。

问部门。合法的添加剂是没问题，但不法企业违规添加非法成分这样的事，近年来我们听到的还少吗？不行，还是要问一问政府部门监管的情况，看看发现了多少非法添加行为。广东省食药监局发来回复：2012年以来，广东省食药监局共抽检火锅底料样品105批次，有1批次检出含那可丁、可待因、蒂巴因、吗啡与罂粟碱等成分。当年2月至8月，全省共检查发现非法添加行为22户次。广东省食药监局负责人表示："餐饮行业非法添加的情况并不普遍，具体到骨头汤就更少了。"

找协会。政府部门会不会袒护企业，不讲真话呢？记者还是不放心，又找了消费者协会。广东省消协相关负责人也告诉记者，有关骨头汤的投诉很少，在他的印象中并没有几宗。有意思的是，相继爆出勾兑骨汤的海底捞、味千拉面等，生意并未受到影响，仍然顾客盈门，生意兴隆。而事实上，合理勾兑添加剂的骨头汤，并不影响人体健康。记者调查的结论，和消费者的现实选择吻合了。

至此，对一个问题的探究，耗费了记者将近一周的时间去调查。最后交上去的内容不再是"盲人摸象"的局部或平面，而是多维的、立体的，它包含很多个小结论。经过编辑辛苦的工作，最后形成的报道立体丰满，传递给读者多个有用信息：

1.广东餐饮店绝大多数骨汤是现熬的。2.就算是勾兑的汤，只要是规范生产的，也基本能保证安全。3.食品添加剂不能和有害添加剂、有毒添加剂画等号，不要"谈添加剂色变"。4.喝骨头汤并不能补钙。

从这个采访中，记者也获益良多：要得到多维真相，必须把各相关方都跑到，不能先入为主，不听一面之词，这也是《求证》栏目的基本要求。

（作者为人民日报广东分社记者）

传言

有网文称：据统计，一般情况下人有90%的时间是在室内度过，所以室内空气质量对人的健康尤为重要！空气净化器属于主动空气净化产品，相对于其他被动空气净化产品具有净化效率高，净化速度快，净化效果全面，而且具有可流动使用的特点，对于改善室内空气质量，空气净化器当属见效最快的产品。空气净化器不仅具有过滤灰尘的作用，更重要的是净化空气中的有毒有害气体，去除PM2.5。有的网文还称，越贵的空气净化器，功能越全面，空气净化效果就越好。

雾霾频发，空气质量引关注

空气净化器，管用吗？

可去除部分悬浮颗粒物和有害气体，对 PM2.5 的净化效果尚不明了

本报记者　杨　柳　杨文明

人民日报（2013 年 03 月 22 日 04 版）

今年以来，雾霾天气频发，越来越多的人开始关注空气质量，空气净化器销售火爆。市场上，各类空气净化器价格差距大，效果也难甄别。空气净化器能有效改善空气质量吗？越贵的净化器净化效果越好吗？人民日报《求证》栏目记者进行了调查采访。

■ 能去除 PM2.5 吗？

【回应】PM2.5 净化效果缺乏标准，部分产品功能被夸大

在位于石家庄市中山路的一家连锁电器卖场，记者遇到几位购买空气净化器的顾客。家住桥西区的李女士说，前一段空气质量差，每天睡醒都胸口疼，后来买了一台空气净化器放在房间里，早上起来后感觉好多了，但能不能去除 PM2.5 自己还不清楚。

在北京工作的谢女士说,天气状况好时净化器的效果不太明显,但天气差时会有非常直观的感觉:"空气中的粉尘少了,呼吸时更清新舒畅。"

但也有消费者表示,用过净化器后没什么改善,起码用鼻子闻起来没什么感觉。还有消费者说点了根香进行测试,3小时后,房间里依然香气缭绕。

"去除PM2.5"是顾客最关心的功能之一。目前销售的空气净化器能去除PM2.5吗?

据北京林业大学环境科学与工程学院伦老师介绍,空气净化器的国家标准是2011年发布的《空气净化器环保认证规则》,该规则对产品的净化性能及除菌性能做了检验要求:"固态污染物、气态污染物和微生物净化效率分别达到大于等于40%、大于等于25%、大于等于50%,才能判定产品具有相关性能。"通过检验的产品允许使用标有"中国环保产品认证"的标识。

但在该规则中,并未规定对PM2.5的净化标准,而且目前空气净化器还缺乏行业标准和专业认证。那么,市面上宣传的"PM2.5净化率达到99%"是否符合实际?伦老师说:"净化器能否去除大部分PM2.5还很难说。过滤PM2.5需要滤膜,滤膜孔径大则无法过滤,孔径太小又容易堵塞,需要频繁更换滤膜。""像空气中飘浮的肉眼可见的颗粒物,空气净化器的净化效果较好。"

中国工程院院士侯立安介绍,目前空气净化器不属于国家强制认证产品,国家尚未出台针对PM2.5净化效果的检验标准,市场上销售的一些产品对PM2.5有一定的净化作用,其去除率是在特定实验条件下得到的实验测试数据,如30立方米环境测试舱运行1小时的测试结果等。

侯立安院士介绍,采用HEPA技术(高效空气过滤技术)的产品,对PM2.5具有较好的去除效果。在实际使用过程中,由于空气净化产品本身的设计、密封性、空气流量等因素,会影响产品的净化效果。

越贵效果越好吗?

【回应】拥有基本功能的净化器就能满足大部分空气净化需求

国家室内车内环境及环保产品质量监督检验中心主任、《空气净化器环保认证规则》起草人之一宋广生说,按照去污功能,目前市场上空气净化器分为物理型、化学型和离子化型。物理型是通过过滤除去悬浮颗粒物;化学型则是利用中和、催化和分解作用除去有害气体;离子化型是采用电量放电、等离子体和紫外线除臭,杀灭细菌。

据记者调查了解,市场上绝大多数空气净化器是复合型的。"其实拥有基本功能的净化器就能够满足大部分空气净化的需求,很多产品价格高主要因为附加功能。"对于这个观点,宋广生解释说,某品牌有一台只具备基本功能的空气净化器,价格在八九百元钱。除了基本功能外,以下几个方面增加了空气净化器的成本:一是具有复合功能,例如杀菌、防霉、防腐、去甲醛的功能;二是智能化,可以根据空气污染程度自动控制开关,有的产品有定时开关功能;三是具有报警功能、显示功能,例如有的空气净化器在过滤材料吸附饱和时会自动报警,有的空气净化器会显示当时室内空气质量状况;四是设计上更美观、精巧,选择了更好的低噪音、无噪音风机,吸附材料更好,等等。另外,价格和空气净化器的出风量、体积、适用面积也有关。

他建议,消费者在选择时应根据自己的需求进行选择。如果不是新房,就没有必要买带去甲醛功能的空气净化器。如果睡觉时害怕噪声,应选择风机好、噪音低的空气净化器。

记者注意到,很多品牌的净化器都在产品说明书上注明了空气净化效果检测单位出具的检测报告或合格证明。对此,中国疾病预防控制中心一位专家说,检测或实验都是有特定条件的,一些空气净化器宣传"去甲醛率达99%"、"去除PM2.5",但未给出实验条件,表述过于简单甚至绝对化,易对消费者造成误导。

【现场调查】

空气净化器销量大增 国外品牌占主要份额

在石家庄市北国电器卖场，空气净化器种类和样式都比较多，品牌有飞利浦、松下和亚都等，每个品牌都将"去除 PM2.5"功能的广告放在了机箱最显眼的位置，一些产品还有除菌、加湿、去甲醛的功能。价格则从几百元到上万元不等。

某品牌的销售人员给记者推荐了一款标价 5900 元的产品，"甲醛下降率是 98.3%，PM2.5 去除率是 99%，可以管四五十平方米"。

另一品牌的销售员说，"去除 PM2.5"是顾客最关心的功能，这类产品的销量与去年同期相比几乎翻番。

记者在北京北三环一个家居市场走访时发现，空气净化器的销售情况比较火爆。在某外资品牌门店，店员熟练地向顾客介绍着各款空气净化器的性能及优势，不到半小时就有 3 拨顾客前来咨询，有顾客当场就订购一套。

除了实体店，空气净化器在网上的销售同样火爆。淘宝网上关于空气净化器的搜索结果已达 2.8 万个，不少商家打出"减少 PM2.5"、"去除甲醛"的口号。从销售情况看，某网店的价格在 100 元左右的小型空气净化器一个月售出 1160 台，价格为 3099 元的某款空气净化器一个月的销量达到 258 台。

记者发现，空气净化器的价位差异非常大，少则百元左右，多则几千甚至上万元。不管是网上还是线下，国外品牌占据了市场主要份额。京东网的数据显示，销量最好的两款产品是某外国品牌中售价千元以内的中低端产品；国美电器网上商城，销量排名第一的是一款近百元的国产净化器，某外国品牌一款价格 3000 多元的产品排名第二。

【链接】

如何选购和使用空气净化器

1. 根据自身需求选购产品。如烟尘污染较重，可选择静电过滤、吸附等除尘效果好的产品；复印店最好选择臭氧祛除效果好的空气净化器。

2. 购买获得国家或国际权威机构认证的产品。经国家权威部门认证或者国际认证的产品，往往具有较好的品牌知名度和美誉度，不仅产品性能和质量有保证，而且在产品售后服务方面也值得信赖。

3. 应考虑净化能力、噪音值、功率、产品的体积和外观等因素，选择与房间面积、格局相匹配的净化产品。

4. 滤芯和过滤材料要经常更换。静电吸附净化器要经常清洗。

5. 空气净化器使用时尽量不要靠墙壁或者家具摆放，一般不要离人体太近。

6. 静电吸附型净化器由于内部带有高压，选购时务必认准合格检验证书；负离子型会产生一定量的臭氧，要注意臭氧浓度，易过敏人群慎重选择；光触媒型使用过程中要避免遮挡光源。

本期栏目统筹：郝迎灿

"菜鸟"记者,去求证吧
——我是怎么采写《空气净化器,管用吗?》一稿的

杨文明

在不到一年的时间内,我先后为《求证》栏目撰写了四篇文章,既有《大学招生不存在性别歧视》这样的应急之作,也有《空气净化器,管用吗?》这样的反复采访修改的稿件,更有因为客观原因未能见报的稿件。作为一名年轻编辑,作为一名新闻行业入门的"菜鸟",参与《求证》栏目写作,成长很快,收获不少!

■ 时间充裕,"菜鸟"有优势

2013年3月22日见报的《空气净化器,管用吗?》一稿,正值当时北京雾霾频发,不少家庭出于健康考虑,准备购置空气净化器,而空气净化器是否可以去除PM2.5也众说纷纭。此时求证,服务性、吸引力显然都恰逢其时。

不得不佩服《求证》栏目的统筹编辑,约稿提纲列得极为详细,既考虑用户商家,也想到了专家。从接到编辑约稿邮件到见报,历时一个多月。据我了解,这在《求证》栏目稿件中很正常。

在报社,既有地方分社记者等各路"诸侯",更有专业部等"重镇",平时不管是地方分社记者还是专业部记者、编辑,手头都会有不少的重点稿、指令稿。对于资深记者来说,想要写"求证",往往没有时间。而作为刚进报社的我,恰好有时间充裕的优势。

不过，劣势也非常明显，采访经历不多、对选题缺少专业储备。怎么办？

■ 动起来，"菜鸟"才能飞起来

接到采访函，记者第一时间就向周围朋友同事打听正在使用空气净化器的用户，之所以从用户开始，主要考虑用户的使用体验很直观，也贴近生活，便于对空气净化器的使用有个初步的了解。服务性，也是现在媒体环境下吸引社会关注的要素。七八个电话打出去，终于找到了三个用户，大家普遍反映还是有些作用的，但同时也提出了新的问题：能有效去除PM2.5、甲醛么？用户也心存疑虑。

再采访商家。谁知第一个采访对象就碰了"钉子"，商家了解记者来意，婉言谢绝采访。记者只能转变策略，喊上女朋友装作新房装修采购。跑了两家大型家装市场、七八家店面，记者对商家宣传策略、市场情况有了基本了解。同时，也从一家代理商处得知，空气净化器网上销售量较大、价格也相对便宜，更重要的是，销量、价格等也更直观透明。记者很快查阅了京东商城等网站，搜集了有关空气净化器大量的第一手数据。

但是，用户靠感觉，商家看利益，到底有没有用，还得问专家。但找专家记者却犯了难。空气净化技术属于较小的技术分支，作为一名文科院校毕业的法学硕士，理工科专家资源实在有限。记者通过个人关系辗转找到北京林业大学伦老师，又通过伦老师帮忙推了四五位专家，最终却只有伦老师、侯立安教授两位专家愿意接受采访。

之所以如此，记者推测，一来是因为不少专家与企业都有合作，二来是因为不少数据来自实验室，商品状况如何专家也不敢断言。专家谨慎倒是谨慎了，但能否提供权威科学的解读？关键还是要和专家交朋友交心。

记者没有简单地发送采访提纲，而是首先就问题和专家进行漫谈。漫谈中，记者对关键性的PM2.5去除率有了了解——实验室环境下去除率可能很高，但是商家宣传肯定有夸大。每次和专家通完电话，记者总是不忘说一句"到时候可能还要麻烦您。"事实也确实如此。反复采访后，记者把专家回复提纲的问题与漫谈中的信息综合，给专家发送过去确认，专家回复"整理很清楚，清新专业！"终于有了较为严谨的专家意见。

稿件见报，记者又专门给专家致电，并将报纸和电子版都发给专家。采访不是一锤子买卖，专家是长期的人脉资源。

其中还有两个不得不说的花絮，伦老师确认稿件后，专门致电记者，希望不要直接出现她的名字，我们尊重了采访对象的请求。《求证》栏目编辑也多次致电记者，核实采访的若干细节，反复沟通、交叉验证。专家之谨慎，《求证》栏目组之认真，可见一斑。

■ 多干点，"菜鸟"熟能生巧

在采访前，编辑就告知记者，会和河北分社记者杨柳的稿件合并。但记者还是按照自己的思路将采访资料整合成了一篇完整的文章。既给自己多一道学习的机会，也省去编辑更多的麻烦，何乐而不为？

虽然最后见报文章和记者文章差异甚大，但两相比较，记者对"求证"稿件的要求有了更深的理解，这也成就了之后《求证》栏目接二连三的约稿。

仔细想想一年的"菜鸟"生涯，我觉得关键还是对待稿件的态度。肯不肯跑到现场，能不能找到采访对象，能不能问出最核心、最敏感的焦点问题，这些都需要认真和锲而不舍的态度。

在"求证"中学习，在学习中求证，"菜鸟"记者，去"求证"吧！

（作者时为人民日报总编室藏文版编辑，
现为人民日报云南分社记者）

传言

2011年9月，某经济类媒体刊发文章《皇明等99%太阳能热水器产品被曝水质不合格》其中采访某专家称，全国而言，99%的太阳能热水器企业的产品在水质方面不合格，包括行业巨头皇明，水里含亚硝酸盐、大肠菌群等，如果用这样的水洗澡，长此以往对身体健康有隐患。

这位专家说，"太阳能热水器水质不合格率99%，因为太阳能热水器产品多是开式的，开式产品的特征决定了水的质量"。"因为总有20%~30%的水是死的，一直在那里，反复蒸煮，就会产生大量的细菌，给身体带来健康隐患"。

"水里含有微量的硝酸盐，当水长时间加热，由于水分不断蒸发，硝酸盐的浓度相对地增加，而且它受热分解变成了亚硝酸盐。如果存放过久或保管不当，细菌大量繁殖，也可把硝酸盐转化为亚硝酸盐。亚硝酸盐在胃液中或与肠道中之细菌作用时，会产生致癌的亚硝酸胺，增加胃癌的危险性。所以不能用太阳能热水器里的水做饭，也不要用来洗碗和洗水果。"

太阳能热水器水质"不安全"吗

本报记者 左 娅 刘成友 朱 虹
人民日报（2011年11月04日04版）

日前，有网文说，我国99%的太阳能热水器水质不合格，水经反复加热后会产生亚硝酸盐等，长期使用对身体健康有隐患甚至会致癌；并提出，国外只用先进的闭式太阳能热水器，而不使用在我国较普遍的开式太阳能热水器即真空管热水器。

这些说法有根据吗？记者采访了有关部门、企业和专家。

■ 疑问：太阳能热水器里的水会致癌吗？

【回应】反复加热会有亚硝酸盐，不宜饮用，但对皮肤无害

据了解，水反复加热会产生亚硝酸盐，如有些锅炉的水等，亚硝酸盐在体内与胃酸作用产生的亚硝胺是一种致癌物。山东省疾控中心副主任周景洋说，自来水经过反复加热，水中的硝酸盐会转化成亚硝酸盐，误食亚硝酸盐0.3—0.5克会中毒，出现呼吸不畅、脸色青紫的症状，严重的甚至会死亡。长期食用亚硝酸盐含量高的食物，在一定条件下可

转化成亚硝胺,可能致癌。太阳能热水器里的水不应饮用,但用于洗浴对皮肤不会有损害,除非热水器中是长期不用的、水质已经变坏的水。

山东力诺瑞特新能源有限公司副总经理李云彬说,太阳能热水器里的水不应饮用或用来做饭,用于洗浴、洗衣、打扫家庭卫生是没有问题的。目前未发现因使用太阳能热水器洗浴有亚硝酸盐致病的状况。

天津大学化工学院、建筑学院教授王一平说,真空管太阳能热水器中的水在反复加热后,会产生亚硝酸盐、大肠菌群,但是不光是太阳能热水器,包括电热水器在内,只要是有水箱的储热式热水器都存在这个问题。电热水器的水与真空管太阳能热水器的加热原理类似,总有一部分水是重复加热的。由于电热水器的容量比较小,水很容易用完,不用的时候可以关闭电源,因此这个问题不是很明显。但太阳能热水器容量一般都在100升以上,一次用不掉的水多,会反复加热。

亚硝酸盐在生活中很常见,比如粮食、蔬菜、肉类都含有一定量的亚硝酸盐,一些加工熏制食品、腌制蔬菜中也有亚硝酸盐。据记者了解,根据《食品安全国家标准食品添加剂使用标准》规定,亚硝酸盐仅允许腌熏肉等制品有微量残留,限量为30毫克/千克,熏制火腿最高残留量也不得超过70毫克/千克。

■ **疑问:我国太阳能热水器水质有标准吗?**

【回应】有推荐性标准,不强制。按现有标准抽查未发现水质不合标

国家标准委相关负责人告诉记者,目前我国已经批准发布了19项太阳能热利用国家标准。其中,《家用太阳热水系统技术条件》规定,家用太阳热水系统提供的热水应无铁锈、异味或其他有碍人体健康的物质;水质检查时要将家用太阳热水系统注满符合卫生标准的水后,在日太阳辐照量≥每平方米17兆焦耳的条件下连续放置两天,然后排出热水,检查热水中有无铁锈、异味或其他有碍人体健康的物质。

国家质检总局相关负责人表示，近两年，国家对家用太阳能热水器进行国家质量监督抽查，产品合格率都在86%以上。2010年，全国质检部门共抽查了江苏、浙江、广东等8个省（市）60家企业生产的60种家用太阳热水系统产品，抽查项目包括水质等10项指标。结果显示，有8种产品不符合相关标准，分别为耐压、热性能、外观、贮热水箱四项指标不合格，并未发现有水质不合标现象。今年，质检总局再次组织抽查了9个省（市）60家企业生产的60种家用太阳热水系统产品，有8种产品质量不符合标准，涉及热性能、外观和贮热水箱，未发现水质不合标。

但记者也发现，目前关于太阳能热利用的国家标准还都是推荐性标准，而并非强制性标准。

王一平认为，我国并无太阳能热水器水质的行业标准，现有标准基本上是制造的标准。

卫生部门一位专家说，他们主要是对饮用水做检测，并不检测洗浴用水。

山东力诺瑞特新能源有限公司检测中心主任马光柏说，没听说太阳能洗浴用水的详细标准。不仅是我国没有，在发达国家也没有。

疑问：国外用不用开式热水器？

【回应】我国开式太阳能热水器有出口到欧美国家

据有关统计，2010年，我国热水器市场总量为465亿，其中太阳能热水器所占比例为200亿、电热水器为125亿、燃气热水器为105亿。

有网文称，开式热水器即真空管热水器比较落后，只在国内使用，国外不使用。

对此，北京、武汉国家太阳能热水器质量监督检验中心的专家表示，我国部分厂家真空管太阳能热水器已获得美国、欧盟、南非、加拿大、澳大利亚等国家和地区的产品认证，出口154个国家和地区，年销售额约2亿美元。

据力诺瑞特公司介绍，公司每年出口开式热水器近7万平方米，闭式太阳能集热器36000平方米，主要出口到欧洲、东南亚、澳洲、美洲等地区。力诺瑞特开式太阳能热水器通过了欧洲权威的Solar Keymark认证，报告中显示，检测产品符合"不对水产生污染"的要求。

王一平表示，真空管太阳能热水器就是将真空玻璃管直接插入水箱中，类似于我们平时烧水用的"热得快"。这种真空管太阳能一般都是开式的，因为如果做成闭式的话成本太高，也没必要。而闭式太阳能热水器一般用的是平板或塑料的集热器，采用工质循环，就是有一部分水只用来加热，不提供给用户使用，这样就避免了反复加热的现象。

李云彬说，开式太阳能热水器经济适用，占据了中国太阳能热水器80%左右的市场。国外的太阳能热水器以承压封闭式系统为主，也有部分开式系统。

太阳能热水器水质稿的后台故事

左 娅

《求证》栏目编辑向我约稿，说网传我国99%的太阳能热水器水质不合格，会产生有致癌隐患的亚硝酸盐，对洗浴等有健康影响。这两年对产品质量的怀疑越来越多，作为跑质检口的记者，我是《求证》的"常客"。但接到这个题目我还是有点震惊。一是关己：很多小区统一安装太阳能热水器多年，若真如此，岂不是很多人都有生命之虞？二是关大局：对健康安全人们都是宁信其有，即使消息不属实，如果不尽快辟谣，将对太阳能热水器产业造成巨大打击，若百姓弃用太阳能，往大了说，对国家能源安全和环境保护都不是好消息。但求证这样的问题，也是我最怕的。太阳能热水器是否含亚硝酸盐，很可能是没有人研究过的领域，短时间很难有切实证据，唯有尽可能多地搜集证据。

■ 事实要多多益善

假如我是读者，看这个题目，最希望的是一眼看到一个确定答案——是，或者不是。但作为记者，既没有长期调研，也无法实验求证，最忌讳的就是急于下结论。因此，我选择将报道的重点放在事实上，尽可能多地提供证据，让读者有更充分的依据进行理性判断。

然而，搜集事实并不容易。对这种事关健康安全的问题，站出来辟谣很可能会被扣上"护犊子"的帽子，知情者往往不愿意说话。向政府部门发采访函也得讲究技巧，最好避免问需要实验或调查研究的问题，毕竟政府部门有自己的工作节奏，不可能总跟着爆料者东一榔头西一棒子。

于是，我先在质检总局官方网站翻查国家质量监督抽查数据。依稀记得质检总局刚公布过热水器产品监督抽查结果，虽然翻查的工作量会大一些，但是快过递采访申请走程序。结果发现，近两年连着发布了两次热水器产品质量国家监督抽查结果，合格率总体不算高，但不合格项目并不涉及水质。

接下来的问题，就是监督抽查到底查没查过水质。对这个问题，我决定两条腿走路：一方面在对质检总局采访申请中提问，是否发现过太阳能热水器水质不合格情况；另一方面查看是否有相关强制性国家标准，有标准才有查的可能。写稿的时候，在质检总局对标准的解释中，我特地补上了自己的调查结果"相关标准并非强制性标准"。

■ 信源要方方面面

当然，光追求多给事实还不够，还要尽可能给出全面事实。我总是相信，刻意扭曲事实的记者很少，多数写出不实报道的记者，都是只挖到了片面事实，犯了盲人摸象的错误。

然而，网上常常是谣言四起，专家偶尔也会"抛砖"，就连政府部门也难免有被蒙蔽的时候，报道全面事实不是容易的事，是《求证》栏目坚持多方求证的做法，给了记者回应热点的底气。

《太阳能热水器水质"不安全"吗？》这篇文章，除我之外还有两名同事一起采访，而且编辑做了科学细致的分工：有的同事负责采访生产企业——给被告说话的机会报道才能平衡；有的同事负责采访疾控中心专家——对人体健康会有哪些影响，疾控中心专家最有研究；而我负责采访质量监管部门——产品质量的普遍性问题，质量监管部门最了解。由于信源涉及方方面面，记者采访时就敢于大胆地把获得的资料全部交给编辑，编辑将几方观点相互印证，情况就了解得更为全面，写出来的文章也更令人信服。

（作者为人民日报经济社会部记者）

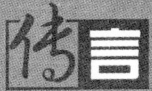

2011年11月,青岛某报发表文章《网民质疑:淡化海水能放心饮用吗?》,其中提到,青岛百发海水淡化有限公司将于当年年底全部建设完毕,预计第二年7月底向市区居民供水,每天供水量10万吨,占市区每天总用水量的1/6。

有市民认为:"淡化的海水不可以直接饮用,现在海水污染很严重,工厂排放的污水全都流入大海,时不时的还会有漏油事件发生。就算海水淡化的设备很先进,也不可能完全去除污染物,长期饮用对人体肯定没有好处。"

此外还有文章称,长期饮用海水淡化水,不仅对人群健康有益的矿物质和营养成分的摄入大大减少,由于体内某种矿物质元素的减少,可使另外的相关元素起替代作用而被消耗,而某些矿物质的不足又会加速一些有毒物质的吸收,从而造成人体的健康危害;另一方面,海水淡化水属于软水,长期饮用对体液矿物质平衡有不利影响,对健康造成危害。

淡化海水可以放心饮用

本报记者 徐丹 宋学春 朱虹 胡洪江

人民日报（2011年12月23日04版）

日前，有媒体报道，山东省青岛市预计明年7月底向市区居民供应淡化海水，每天供水量10万吨，占市区每天总用水量的1/6。该消息引发市民的担忧：淡化海水能放心饮用吗？长期饮用淡化海水是否影响身体健康？海水淡化会提高水价吗？针对质疑，记者进行了调查。

■ 疑问一：淡化海水能否饮用？

【回应】经淡化、调pH值、增加矿物质后可饮用；水质符合国家标准

有网友发帖称，淡化海水的pH值呈弱酸性，长期饮用可能破坏体内的酸碱平衡，同时，淡化海水属于软水，缺乏必要的矿物质和营养成分，长期饮用对人体健康不利。

青岛百发海水淡化有限公司西班牙籍总经理约尔迪（Jordi）向记者介绍了海水淡化工艺过程。青岛海水淡化项目采用双膜法，就是将加压后的海水通过半透膜进行分离，水分可以通过半透膜，而其

他物质不能通过薄膜，从而获得淡水。这种方式生产出的水矿物质含量少、碱度低，不能直接饮用，在进入市政供水管网前还需要进行处理。

据介绍，后续的处理主要包括投加二氧化碳、氢氧化钙和次氯酸钠，可以调节pH值，提高水的硬度，增强水的稳定性和饮用舒适度，同时，对水进行消毒，防止配水管网中微生物污染。

"最终的淡化海水水质完全符合中国《生活饮用水卫生标准》（GB5749—2006）的106项指标要求。"约尔迪表示。

同为沿海缺水城市的天津，亦在利用淡化海水，目前日产能已达22万吨。以国家循环经济第一批试点单位天津北疆发电厂为例，该厂采用热法来淡化海水，凉的海水遇热生成蒸汽，盐分被沉淀下来，海水被蒸馏成淡水。该厂每天向社会供应8000吨淡化水，并入滨海新区汉沽的市政管网供市民饮用。

天津科技大学海洋科学与工程学院副院长唐娜表示，该学院曾专门检测过北疆电厂生产的淡化海水，其pH值接近7，为中性。她介绍说，淡化海水属于软水，矿物质含量少，但是天津的淡化海水进入市政管网都是与自来水掺杂在一起的，不会对身体造成影响。

"淡化海水和自来水两种水混合后，硬度、碱度都会适合饮用。"青岛市供水管理处处长张国辉说。

■ 疑问二：取水地污染影响水质吗？

【回应】海水淡化技术已非常成熟，有害物质可以去除

还有网友质疑，取水源地胶州湾可能存在工业污染，会对淡化海水水质造成影响。对此，约尔迪表示："海水淡化对原海水适应性很强，反渗透系统脱盐率在99.8%，所有有害物质都可以被去除。"

据介绍，青岛百发海水淡化有限公司的控股公司西班牙Abengoa Water自1979年就开始致力于海水淡化，目前在全球有15个大型海水淡化项目。"反

渗透技术在西班牙南部广泛应用,其主要水源地地中海由于自身的封闭性,也存在一定污染,但经过淡化的海水都可保证水质清洁。"约尔迪说。

"从目前技术看,无论哪种海水淡化方式都可以防止污染物进入,水质不会受到影响。"唐娜说。

中国海洋大学教授王海增表示,双膜法反渗透海水淡化技术已经非常成熟。"饮用淡化海水在我们国家是个新鲜事物,但已广泛使用于许多国家。美国、澳大利亚、新加坡等国都在进行海水淡化,中国的海水淡化量占世界的比重很低。"王海增表示,"推广海水淡化关键不在于技术,而在于观念和舆论。"

■ 疑问三:淡化过程会造成二次污染吗?

【回应】海水淡化膜定期维护和更换;实时检测淡化水,确保水质安全

由于海水淡化涉及的技术和环节复杂,有网友担心:在膜淡化脱盐过程中,会因聚合材料合成膜的老化脱落、产生单体进入淡化水中,从而产生有毒物质。

对此,青岛百发海水淡化公司副总经理张晓东表示,该公司海水淡化膜已获得国家卫生监督部门颁发的涉水卫生许可。"我们会时刻对产水水质进行监测,如果出现异常,会及时采取应急措施,保证水质安全。同时,我们对膜有维护和更换计划。"

唐娜介绍说,反渗透膜有一定寿命,一般3到5年,如果不及时更换会导致淡化成本提高,所以海水淡化厂都会及时更换反渗透膜。

张国辉表示,从2006年起,青岛市实施了城市供水水质公报制度。"我们组织每周对市内四区、每月对全市的出厂水和管网水进行抽检,全年对全市的水源水、出厂水和管网水进行一次水质全分析,并将抽检结果通过新闻媒体及政务网站公示。"张国辉介绍说,"针对淡化海水,我们不但进行定期检测,还会实时在线检测,确保水质安全。"

■ **疑问四：海水淡化是否应大力推广？**

【回应】可节约地下水资源，技术上无瓶颈，但生产、使用成本高

青岛市人均占有水资源量295立方米，仅为全国平均水平的12%。"利用外来水源投资大、周期长。利用海水可节约地下水资源，是青岛市解决淡水资源短缺的根本途径。"张国辉说。

据介绍，青岛市早在2006年就通过了《青岛市海水淡化产业发展规划》，近年来，已经建成了一批海水综合利用项目。青岛市发改委节能办主任李振军说："百发海水淡化项目只是青岛综合利用海水、推进海水淡化工程的项目之一。"对于海水淡化会否推高水价的问题，李振军表示，"从目前情况看，青岛市的水价不会因淡化海水而涨价，而且水价调整之前，会召开听证会征求意见。"

在另一个缺水城市天津，供饮用的淡化海水目前免费提供给市政管网。"我们认为，先把淡化海水作为水资源用起来，再考虑下一步的可行性。"北疆发电厂海水淡化办公室主任李虎说。

唐娜教授认为，海水淡化从技术上已无瓶颈，但在水价政策、用水机制和市政管网配套上仍障碍重重。

据了解，海水淡化不易推广的一个重要原因是生产和使用成本较高。天津的淡化海水主要用于工业，中沙公司生产部经理齐东升说："购买淡化海水的价格大约是每吨7块钱，远高于自来水和地下水价。从发展循环经济的角度说，值！但用水成本还是高了点。"同时，对于淡化海水的使用，有专家认为，先工业后民用的步骤或许更好。

求证：用事实粉碎谣言
——人民日报这样调查真相

流言终结者只是普通人

朱 虹

《求证》栏目创立之初，我向一位大学老师约采访时，她兴奋地说，"是像《流言终结者》那样的栏目对吗？"我很有些吃惊，没想到在Discovery探索频道播出的一个美国科普电视节目，竟然有这样的中国市场。可见，世人对真相的渴求。

作家梁文道说过，这是一个缺乏常识的年代。正因为这样，有人会相信不必求医，长茄子绿豆汤可以治好一切病，有人担心牛奶能致癌，有人认为中国人吃掉了全世界的转基因食品……在国内，也有媒体开播了类似流言终结者的栏目，我和我的同事，都希望《求证》栏目能成为其中翘楚。为《求证》写的每一篇稿件都颇费周章，也许正像张小娴说的，有些事，经历时觉得很重很重，经过后，觉得很轻很轻。如今回想起来，倒觉得没什么值得说的了。

接到"长期喝淡化海水会影响健康"的选题，和往常一样，我想到采访企业和专家。天津有北疆发电厂，国家第一批循环经济试点单位，海水淡化技术全国领先。采访企业的邀约非常有技术性，不能让他们以为是去挑毛病，也不能给他们宣传的期望，不然以后的联系会有障碍。北疆发电厂非常偏僻，距离市区几十公里，过去时还迷了路。好不容易到企业，还原生产过程，加上提问，需要整整一天。回来累得筋疲力尽，还要整理出稿件。

由于利益关系，企业的采访内容需要与专家观点互证。甄选专家是完成该栏目采访非常重要的一环。先看看各高校哪些专家在相关领域比较权威，在网络上看他们是否发表过相关观点，除掉为某些生产企业担任顾问的，确定为联系的专家。设计好问题，一般专家会要求先看采访提纲。提纲发给他们以后，心里要对采访的问题有充分的了解，采访时才有对话能力，才能引导他们谈论更深刻的话题。专家我最后选定了天津科技大学海洋研究院的唐娜教授，她不仅研究海水淡化，还做了很多实际的工作。约采访也是讲究的，语气要诚恳，要用最简单的语言表达出采访的意义，还有专家都很忙，如果约定好了时间就千万不能耽搁，最好提前到，适当等一会儿，会拉近两人的距离。不巧的是，约好采访那天，我突然发烧，还是坚持着开了几十公里的车，完成了采访。回来时整理录音，这个环节也很烦琐，采访一小时，整理录音可能要五小时，要反复听，还要整理出文章脉络，文稿发给采访对象，不确定不清楚的地方要及时提出来。关于采访专家，我的经验是，采访一定要把握好节奏，虽然记者带着一脑门子问题，但也绝对不能一股脑抛出来，这样会让采访对象感觉混乱和不耐烦。还有至关重要的一点是，不管多累，当天一定要整理出完整的文章发给采访对象看，这样才能让采访对象觉得记者对采访很重视，才会更认真，更及时地回复。

也许是注意了关系的维护，我采访过的专家，在回复邮件时都会称赞一下我的敬业和专业，都能建立起可靠的关系，以后再采访就容易多了。

接到《求证》栏目的约稿不少，也有事实与想象不同的时候。比如，各高校推出反论文抄袭软件以后，网络上便出现了反反抄袭软件的叫卖声，而经过调查发现，这并非是一款魔高一丈的反侦查软件，只是学生们先用反论文抄袭软件初查一遍（具体内容见2011年4月24日刊登的求证文章《网上"论文反抄袭"检测可信吗》）；还有的时候，采访专家时会出现一边倒或略带偏激的言论，有的专家在谈话时能明显感到对被采访问题并不是很有研究或者只是推测，这时候就需要找更多的专家互证了。

总结为《求证》栏目写稿过程，说不出什么故事，总是琐碎反复，说到底，流言终结者，都是普通人，只是需要一颗虔诚客观的心。

（作者为人民日报天津分社记者）

传言

据媒体报道：2013年4月14日凌晨，微博名为"预报中心"的博主发布了云南地震预报信息。4月17日，大理州洱源县与漾濞县交界发生5.0级的浅源地震。地震发生在大理州北部，与预测地点相隔近两百公里。网络普遍质疑，这次民间预测成功是否说明地震专家水平不如民间。

4月20日，四川芦山发生地震的消息再次将地震预测推向了风口浪尖。有网友表示，专家应提前对地震进行准确预测，提升地震预警机制，不能只在地震发生之后才发出提示。还有人质疑，此次地震，国家地震局为何没有在预测上有所作为？

有关地震逃生方法，有网文提出：躲在"活命三角区"里是最安全的，即室内的人应该躲在大而坚实的物体旁，这样墙体和梁倒下后能与该物体形成一个三角空间，躲在这个空间里的人便可活命。这种说法正确吗？

地震能够准确预测吗?

本报记者 孙立极 刘军国 蒋建科 姜泓冰 史鹏飞 张 文 陈晓星 喻思娈
人民日报（2013年04月26日04版）

四川芦山"4·20"地震发生后，许多网友对于地震能否预测进行了热烈的讨论。地震能够被预测吗？民间预测可靠吗？地震预测与地震预警有何不同？一些异常现象能否被作为判断地震发生的依据？人民日报《求证》栏目记者采访了日本、我国台湾和内地的有关专家。

■ **地震能提前预知吗？**

【回应】日本、中国台湾及内地专家普遍认为地震无法准确预测；民间预测更多还是不准

日本气象厅对本报表示，以现在的科技水平，地震预测尚处于研究阶段，要准确预测非常困难。日本东京大学地震研究所副教授酒井慎一告诉记者，虽然在地震前会有很多前兆，但尚未找到能明确何时、何地发生多大规模的地震预测方法。

"像我们这些地震学者，并非仅仅通过寻找什么地震的前兆来预测地震，而是在从事地震为什么发

生、地震发生需要什么条件、发生后会引发哪些问题等各种研究。"酒井慎一介绍说，地震预测并非全部，而是以减轻地震所造成的损失为目标。

"目前专家普遍认为地震不可预测。"同济大学结构工程与防灾研究所副所长卢文胜教授说，根据板块学说，地震是由于不同地壳板块间应力运动集中，互相碰撞造成破碎的结果。地底碰撞无时不在发生，何时会造成剧烈的大错动形成地震，很难把握。

中国地质科学院地质力学研究所研究员陈群策表示，地震预测的困难主要受技术手段和探测水平局限，测量、监测几乎不可能到达震源深处；而且地震的孕育机制非常复杂，偶发性很强，人类还未能认识它的规律。

台湾气象局地震测报中心主任郭铠纹博士表示，由于地震无法准确预测，房屋的抗震性就比较重要。

对于时有报道的民间预测成功案例，专家也进行了解释。"也许有人要说，某某准确预测了汶川、玉树或者芦山地震，从概率上说这是有可能的。但可以肯定的是，更多还是预报不准。"北京大学地球与空间科学学院老师赵克常说，每天在网络上有成千上万的民间预报信息，只因为基数大总有报对的，然后会大肆宣传，而报错了却没多少人提。

在台湾，根据相关规定，民间人士不可以对外发布预测结果，以免造成民众恐慌。如果发布，首先是警告，警告之后仍然不听，就会开罚，罚款20万至100万元新台币。郭铠纹介绍，民众可以把自己的预测写信给测报中心，地震测报中心每年都会收到大量的预测信，"不过，1999年台湾'9·21'大地震前13个月都非常平静，连小地震都少了，只有平时的70%，那时预测信倒几乎没有。"郭铠纹说。

《中华人民共和国防震减灾法》也规定，国家对地震预报意见实行统一发布制度。除特殊情况外，任何单位和个人不得向社会散布地震预测意见。

■ 地震预警与预测是一回事吗？

【回应】地震预警不是预测，是在地震发生之后发出提示，可减少地震损失

"地震预警就是利用地震波传递速度差，在首先感知到P波传达到的阶段，在导致发生强烈摇晃并带来灾害的S波传达到之前，向大家传递危险到来的信息，这与地震预测不同。"日本气象厅有关工作人员介绍。

据了解，日本的地震预警主要是指紧急地震速报。截至2012年3月，日本主要依靠气象厅的235处地震仪和防灾科学技术研究所设在全国的850处高敏感度地震观测网来发布紧急地震速报。

中国地震局工程力学研究所副所长李山有研究员介绍，目前日本已建设了全国地震预警系统，欧盟和美国、墨西哥等国家和我国台湾地区建设了区域地震预警系统。2011年日本"3·11"特大地震发生后，地震预警系统为公众提供8秒至30秒的避险时间；东北新干线上27列高速运行列车及时停车，避免了列车出轨和重大人员伤亡。

卢文胜教授表示，这次芦山地震，传到成都市需要10多秒，如果能通过网络、电波等渠道作出预警，其他地方就可以采取一些措施。

李山有说，目前，我国福建地区已初步建成由125个台站组成的地震预警示范系统，2012年9月开始试运行；首都圈和兰州地区地震预警示范系统正在实施。

郭铠纹介绍，地震预警对海啸来说作用比较明显，只要有10分钟，伤亡人数便可以减少90%。

■ 把建筑迁出地震带可行吗？

【回应】搬迁只在理论上可行；日本由居民自主决定是否搬迁；台湾地区断层很多，不可能完全避开

有网友提出,为避开地震,应该把人口建筑迁出地震带。对此说法,卢文胜认为只在理论上可行。"以目前的技术力量,对可能产生地震的断裂带很难做出准确判断。所以,每次灾后重建还是以原地复建为主,这是由多种社会原因决定的。"他介绍说,从地震断裂带来看,其长度通常会绵延数百公里,宽度则从几公里到几百公里不等。比如汶川地震的断裂带长达350公里,是这次地震造成巨大损害的重要原因。

谈到地震断层,郭铠纹说,台湾"9·21"大地震就发生在车笼埔断层,断层长100多公里,台中盆地就在这里,住了几百万人。"台湾断层很多,不可能全部避开,不能说可能地震就搬走。"

酒井慎一说,对于已经住在断裂带上的人来说,不能对他们说"请搬家到其他地方",只能请求他们自主决定是否搬迁。即使是对于"3·11"大地震和海啸可能会再度袭来的危险地带实施的集体搬迁,基本上也是由居民自主判断,国家和地方政府补贴搬迁。

■ 可利用异常现象预测地震吗?

【回应】 地震前发生的异常现象很难证明是地震发生的前兆,由此推测可能导致误报

卢文胜介绍说,不少地震发生之前会出现地下水或某些动物的异常表现,但要说有这些征兆就必然会发生地震,目前还没有科学依据。在专业领域,有时会收集这些征兆作为地震会商的参考信息,但不能由此直接判断,必须考察地应力、地下温度传感器、小地震发生频密度等情况。

动物异常是否为地震前兆?郭铠纹认为有一定科学性,因为地震断层要破裂,敏感的动物会有一些感知。"但不见得动物异常就可能要发生地震。"郭铠纹说。

日本气象厅有关工作人员亦表示,关于云和动物的异常与地震的关系尚未找到科学证据,关于井水出现浑浊等现象,如果是深井水可能是深部岩盘发生

变形的表现，可能与地震有关，但日常使用的浅水井尚未发现与地震有关系的科学依据。

酒井慎一告诉记者，地震发生之前的确会有各种各样的现象，但很难证明这些现象能否真正作为地震的前兆。赵克常说，迄今地震学家仍未探索出一种确定性的地震前兆。也就是说，尚未找到任何一种异常现象，可以在所有大地震之前必被无一例外地观测到；并且一旦出现这种异常现象，必无一例外地发生大地震。

■ 震后逃生如何更安全？

【回应】"活命三角区"难确定，关键是平时要做好日常准备

有网帖提出，躲在"活命三角区"里是最安全的，即室内的人应该躲在大而坚实的物体旁，这样墙体和梁倒下后能与该物体形成一个三角空间，躲在这个空间里的人便可活命。

对此，卢文胜认为要具体问题具体分析，"三角区"不是绝对安全的。比如，浴室是有条件形成活命三角区的，但可能有电加热器，有漏电可能；梳妆台的玻璃镜可能会碎裂割伤避难者；厨房通常又有煤气管道，存在泄漏危险。这次芦山地震中受损最严重的主要是山区民房，对这类自建房的抗震标准，目前尚无硬性要求，房屋设计、建设、验收、使用等都不到位，其"活命三角区"更难确定。

对于正确逃生方法，日本气象厅建议：1.作为日常的准备，要固定家具，不要在卧室摆放可能会倒塌的物品。2.平时就应知道地震后避难场所在哪里。3.地震发生时不要慌，特别要保护好头部，远离大型家具，躲到结实的桌子底下。4.要对不具备抗震功能的房子进行加固抗震处理。

本期栏目统筹：吕毅品

求证：用事实粉碎谣言
——人民日报这样调查真相

消除误解，减少伤亡
——《地震能够准确预测吗》一文在日本采访背后

刘军国

位于板块交界地带的日本几乎每天都发生地震，尤其2011年"3·11"大地震之后，地震更是频繁发生。初来日本工作时，夜里常常被不期而至的地震晃醒，以至于有一段时间曾因为过度担心大地震发生而出现轻度失眠症，经过学习防震减灾知识后失眠症渐渐消除，但"地震"一直并未远离我在日本工作和生活的圈子之外。

2013年4月22日收到总编室要闻四版编辑吕毅品关于"地震能否准确预测"的约稿，首先想到曾有一位地震方向的博士对我说过，"目前各国都没有掌握准确预测地震的相关技术"。再加上，在日本工作期间也未曾听到过哪位日本学者可以准确预测地震的消息。然而这仅仅是个人经验，作为人民日报驻日本记者，写好《求证》栏目的约稿必须要请日本最权威的部门和专家作出最专业的答复。

沿着这一思路，我认为，在日本能对"地震能否准确预测"这一问题，给出最权威解答的应该是类似中国国家地震局这样的政府机构和相关大学的研究者。然而，在注重"预约"的日本想在三天时间内完成这两方面的采访实属不易。虽然在日本采访相关政府部门一般不会被拒绝，但因为每个部门仅负责一小块内容，所以很难从政府部门得到宏观的答复。

相信出乎很多人意料的是，作为地震大国的日本并没有"国家地震局"，而仅在气象厅下设置一个负责紧急地震速报等工作的部门。为拿到关于地震预测的权威答复，我电话联系了日本气象厅广报室，对方在了解采访意图和内容之后希望能有一份书面的采访提纲。收到传真过去的采访提纲后，一丝不苟的日本人来电表示已收到提纲并将在约定时间内给予回复。原本一直担心因日本气象厅负责地震的部门的回答过于笼统而无法解国内读者之惑，然而他们的答复却大大超出我的预料：回答非常直接，有说服力。

在日本，如果想采访某位专家，在之前没有任何接触或者中间人介绍的情况下，一般会被婉言拒绝或得不到任何回复。此次东京大学地震研究所副教授酒井慎一在我发去书面采访提纲之后的几个小时，便从学术的角度对我的问题进行了详细解答。此次之所以能够在短时间内顺利采访到酒井教授，得益于记者在2012年9月参加日本外国记者中心组织的关于防震减灾的集体采访活动中曾与酒井教授有过接触。

经过前期采访，地震能否预测这个问题也基本了解清楚。日本气象厅对本报表示，以现在的科技水平，地震预测尚处于研究阶段，要准确预测非常困难。酒井慎一告诉记者，虽然在地震前会有很多前兆，但尚未找到能明确何时、何地发生多大规模的地震预测方法。

至此，求证出"地震无法准确预测"，打消了一些民众的疑虑，是否就此结束了呢？没有，我还有一个目的，非常希望通过此次报道切实提高大家的防灾意识，增加科学防灾知识，将地震所造成的伤亡降低到最小程度。因此，我又针对这部分内容进行了采访。

结合此次采访经验和日本的相关做法，目前人类对地震虽然无法准确预测，但却可以通过采取一些方法减轻地震及其次生灾害所带来的损失。以日本为例，地震可谓"家常便饭"，但地震造成的死亡人数却很少，这除了房屋抗震性能较好之外，还有很多"软件"需要我们去学习。在日本，地震逃生知识是每个学生都须要掌握的必备技能，为此学校在日常教育中要反复进行相关演习；每位新搬来的居民都被详细告知当地的避难场所，经常被用来作为避难场所的中小学，每个教室是哪些家庭的避难场所都被标示得清清楚楚；每个家庭都为每位成员储备着一整套防灾用品和可以支撑几天的防灾食物；每年9月1日防灾日前后，全国各地都要举行各种防灾演习……这些经验，说来简单，但值得我们思考和学习。

（作者为人民日报日本分社记者）

传言

传言一：

清华大学某教授研究发现，中国的社会保险缴费在181个国家中排名第一，约为"金砖四国"其他三国平均水平的2倍，是北欧五国的3倍，是G7国家的2.8倍，是东亚邻国和邻近地区（中国香港和中国台湾）的4.6倍。

传言二：

纵观人的整个生命周期，养老金预期所得不如存银行获得复利划算。

养老保险缴得越多就越亏，缴够最低数额即可。

养老保险缴得越久越亏。45岁时才交养老保险、连续缴满15年的做法最划算。

传言三：

不管社会养老的愿望多么美好，社会养老模式的破产似乎是注定的。欧洲是这样，美国是这样，中国会例外吗？

随着退休制度的改革（延迟退休），若干年后，就会出现一个奇观，年轻人无法就业，每天逛公园，老年人没法退休，每天上班。

我国社保缴费率并非全球最高

实际缴费率比名义缴费率低

人民日报（2012年09月11日04版）

编者的话：近来，社会上对我国社会保险制度存在一些争论。如何评价一国的社会保险制度？参加社会养老保险划不划算、有无必要？世界各国对退休年龄是如何规定的？社会养老保险制度会不会崩盘？如何在借鉴发达国家经验的基础上优化我国的养老保险制度？《求证》栏目今天起推出系列报道，关注社保与养老保险。

日前，网上有传言称"中国社保缴费全球最高"。人民日报《求证》栏目记者就此约请驻外记者调查部分国家社保支出与国民享受社保待遇情况，并采访了有关专家。

■ 疑问一：中国社保缴费过高吗？

【调查】社保名义缴费率在173个国家或地区中位列13，有降低的空间

针对传言，记者采访了传言当事人、清华大学教授白重恩。他告诉记者："网上传的'中国社保缴

费全球最高'不是我的原话,有些意思也有曲解。"白重恩说,根据有关研究统计,中国五项社会保险法定缴费率之和相当于工资水平的40%,这一比例超过了大多数国家。

对此传言,中国人民大学教授、中国社会保障研究中心主任郑功成告诉记者:"一些地区、许多单位并非按参保者的实际收入而是以其基本工资或底薪作为缴费基数,也就是说实际缴费率较名义缴费率要低得多。"

中央财经大学教授褚福灵告诉记者,社保缴费率是指雇员和雇主缴纳各项社会保险总额占个人工资的比例。根据国际劳工组织对148个国家的统计,以养老保险为例,我国雇主缴费率为20%,有20个国家的雇主缴费率大于等于20%;我国个人缴费率是8%,有38个国家的个人缴费率大于等于8%。因此,即使从名义缴费率来说,我国养老保险缴费率也并

国家	缴费/税率(%) 雇员	雇主	合计	内容
法国	9.9	32.68	42.58	含养老金(最低养老金750欧元)、医疗保险、失业救助金等
德国	20.43	20.85	41.28	含养老、医疗、失业、工伤、护理等;其中看病住院基本不花钱,护理保险很发达
意大利	9.19	31.78	40.97	含社会养老金、退休金、失业补助金、医疗保险、残疾人员生活补贴等
波兰	22.71	17.38	40.09	社保最低标准基本全覆盖,农民有单独社保,退休后领最低养老金;妇女生育孩子可享一次性补贴
中国	11	29	40	含医疗、养老、失业、工伤和生育保险;养老保险覆盖人群已超过7亿人
比利时	13.07	24.8	37.87	全民参保,社保含医疗、残疾赔偿、失业金、退休金、家庭津贴、工伤保险等
西班牙	6.25	31.08	37.33	实行免费医疗,用药需支付一定费用;社保含养老金、失业金等
印度	13.75	22.36	36.11	含退休金和公费医疗等;养老金制度只覆盖10%劳动者
俄罗斯	0	30.2	30.2	含养老金、医疗保险、救济金等,军人、多子女家庭可享补助
巴西	8	21	29	含养老金、伤亡事故的家属抚恤金、生育补贴、失业保障金、住房公积金等;实行公费医疗
瑞典	7	20.92	27.92	含医疗、养老、失业等保险;所有社保都对瑞典公民全民覆盖
日本	13.12	13.77	26.89	养老金、医疗保险、护理保险覆盖全部国民
美国	7.65	9.7	17.35	有养老保险,无全民医保;生育、住房保障与强制性医疗保险主要针对65岁以上的老年人和严重伤残人士
韩国	7.79	8.74	16.53	含养老金、全民健康保险、失业保险、婴幼儿抚育金等,各地福利支出不统一
加拿大	6.73	7.44	14.17	实行公费医疗;公民有养老金等社会保险
墨西哥	2	8.6	10.6	社保覆盖约60%人口;医保全民免费,"一人参保,全家享受"
泰国	5	5.2	10.2	在养老方面,60岁以上老人按不同年龄领取不等的养老金;80岁以上每月1000泰铢(约人民币200元),有医疗、生育、工伤保险,无住房福利
印度尼西亚	2	7.24	9.24	目前医疗保障覆盖约60%人群;养老方面,9500万雇佣劳动力中,只有13%有养老保险
澳大利亚	0	9	9	对医疗、工伤、生育、住房、失业、残疾等均有保障性制度安排;医保全民覆盖
南非	1	1	2	无全面社会保险制度,有为低收入者提供的社会救助;基础医疗免费;为穷人提供廉价住房或住房补贴

不是最高的,处于中等偏上的区间。

本报记者同时查阅了世界银行、OECD(经合组织)有关资料以及国际劳工组织发布的《世界社会保障报告(2010—2011)》发现,中国社保缴费率不是最高,但的确处于较高的水平。记者还查阅美国社保局发布的最新研究报告发现,在173个国家或地区中,罗马尼亚、斯洛伐克、哥伦比亚、捷克、匈牙利、法国、奥地利、荷兰、德国、意大利、波兰、乌克兰等12个国家的社保名义缴费率高于中国。

"我国社保名义缴费率具有调低的空间。通过统一规范缴费基数、提升社保统筹层次、合理化解历史负担(如国有资产弥补)等,名义缴费率可以降低6到10个百分点。"郑功成指出。

■ 疑问二:社保缴费率越低越好吗?

【调查】缴费率关系到保障水平,过高过低都不合理

社保缴费率是否越低越好呢?

"社会保险制度建立在劳资分责、政府担保的基础之上,一定的缴费决定着一定的保障水平,过高过低都不合理。费率过低不足以解除参保人的后顾之忧,而费率过高又会直接加重用人单位与参保人的负担并损害代际公平。例如,从各国实践来看,多数国家的养老保险替代率(指退休后养老金占退休前个人工资收入的比例)为40%左右,缴费率以20%左右为宜。"郑功成表示。

"如今,过度的福利和慷慨的保障已使欧洲福利国家不堪重负。以希腊为例,其社会养老保险的替代率畸高,仅次于以石油立国的沙特和2008年底濒于破产的冰岛。这种制度设计超出了希腊经济发展可以承受的能力,成为国家主权债务危机的一个重要诱因。"中国社科院教授郑秉文告诉记者。

本报驻外记者调查发现,一些国家的高福利,往往建立在较高税收或高缴费率的基础上。例如,意大利养老金的替代率为70%,其缴费率也高达32.7%。

而在有的国家,由于缴费率过低,民众无法得到应有的保障,如在南非,养老保险缴费率较低,养老金替代率仅13.1%,很多人退休后难以得到足够的养老金。

专家们表示,所有的社会保障制度都应该和经济发展水平相适应并能够实现可持续发展。"因此,各国政府都应当理性地考量负担均衡、待遇公平与可持续发展。中国宜奉行保基本的建制目标并将缴费率维持在一个合理区间。"郑功成说。

■ 疑问三:如何看待我国社保水平?

【调查】已建成世界上覆盖人口最多的社会保障网络;但仍需提高保障水平,缩小群体之间的差距

8月2日发布的审计公告显示,2005年以来,我国出台了20多项社会保障政策规定。9月10日,人力资源和社会保障部表示,我国基本养老保险制度覆盖人群已超过7亿人,70%以上的目标人口拥有基本养老保险。

对于中国的社保水平,郑功成评价说,近几年是我国社保水平提升最多、惠及民生最广的时期,这不仅体现在最低生活保障、医疗保障、养老保险等基本保障制度已覆盖全国城乡,而且各项保障待遇的标准也大幅度提高。然而,我国社保水平在总体上仍然偏低,社保全口径支出不足GDP的10%,财政性社保支出占国家财政支出的比重亦不到15%;同时,城乡保障水平差距过大,企业退休人员养老金低于机关事业单位退休金。这些现象决定了我国还需要进一步提高社保水平,优化保障结构,缩小群体之间的差距,使之从形式普惠走向实质公平。

褚福灵表示,中国人口众多,又是发展中国家,无论从社保覆盖面还是保障水平看,所取得的成绩都是世界罕见的。但与发达国家相比,我们的社保制度还比较粗放。我国2011年实施的《社会保险法》才90多条,而德国的《社

会法法典》像字典一样厚,美国的社会保障法达 1400 多页。

针对社保中的养老制度,郑秉文指出,有几个衡量指标来评价制度的好坏。第一,充足性。养老金要能够保障人们过上体面的退休生活。第二,可持续性。如果超过了国家的财政承受能力,引发债务危机,就不是好制度。第三,便携性。不应阻碍劳动力自由流动。第四,透明性。例如发布养老保险年度报告等。第五,可负担性。缴费率要让参保人可承受。综合来看,中国养老制度的保障水平还有提升空间,同时应增强便携性与透明性等。

(综合本报驻外记者吴成良、裴广江、张杰、史克栋、廖政军、丁大伟、吴志华、李增伟、管克江、李志伟、莽九晨、李学江、邹志鹏、刘军国、刘仲华、孙广勇、刘慧、韩超、谢亚宏,本报记者罗彦、李浩燃、唐露薇、白天亮报道)

求证：用事实粉碎谣言
——人民日报这样调查真相

国家补贴 企业让利 政府担保 互助共济

参加养老社保其实很划算

人民日报（2012年09月12日04版）

不同养老方式投资收益比较

比较项目	投入总额（占月收入28%）	59岁时每月工资（元）	60岁时每月养老金（元）	退休后21年（81岁）总收益（元）及收益率（%）
甲 社会养老保险 （缴费30年、月收入4672元）	1561483	20192	9268	2951918；189%
乙 银行储蓄养老 （储蓄30年、月收入4672元）	1561483	20192	9268	1914154；123% 只够领取13年1个月
丙 社会养老保险 （缴费15年、月收入4672元）	892577	20192	4864	1507925；169%
丁 社会养老保险 （缴费30年、月收入1869元）	624593	8077	5514	1932228；309%

参数设置：
甲：设定一个今年30岁的北京年轻人甲，从2012年起按照4672元的缴费基准（北京市2011年职工月平均工资）每月缴纳月收入的28%（个人按8%、企业按20%比例缴费）加入社会养老保险。设甲年平均工资增长率为5%（北京近10年年均工资增长率约为12%），银行利率按年定期利率3%，退休后养老金设定为每两年上调10%（近年年均增幅10%）。设甲30年后退休（60岁），计算其养老金投入总额与总收益情况。图表设置预期寿命值81岁为当前北京预期平均寿命。
乙：储蓄方式养老。按照甲缴费总额放入银行计算其投入总额；退休后每月从银行支取和甲同样的养老金数额，计算总收益及能够领取的最高年限。
丙：缴费15年模式。从45岁（2027年）开始缴纳社会养老保险费至60岁退休。其他参数同甲。
丁：低缴费模式。缴费金额为月收入1869元（北京去年最低缴费基数），其他参数同甲，计算其缴费30年后投资收益情况。

测算：南开大学 朱铭来 制图：张芳曼

日前，有网友表示，社会养老保险缴费不如存银行获得复利划算，并且缴得越多越不划算。还有网友提出，国家规定社会养老保险最低缴费年限为15年，那么如果从45岁开始缴费，缴费15年到退休时领取养老金最划算。事实是否如此？人民日报《求证》栏目记者采访有关专家，并请他们算了一笔账，看看如何养老更划算。

■ 疑问一：不如银行存款划算？

【回应】社会养老保险是一种制度保障；储蓄只能责任自担，风险较大

我国养老保险的雇主缴费率通常为20%，假设雇主把这20%全部以工资名义发放给雇员，加上个人缴费的8%，该雇员将同样一笔钱每月存入银行，能够获得比参加社会基本养老保险更好的养老保障吗？

南开大学经济学院教授朱铭来为我们算了一笔账（详见图表，下同）。该模拟计算表明，储蓄养老的收益率（乙）小于社会养老保险（甲、丙、丁），且只够领取一定的年限。

中国人民大学教授郑功成指出，社会养老保险是老有所养的根本性制度保障。通过雇主分担责任、政府担保、全体参保人互助共济，可以消除劳动者因退出劳动岗位或长寿带来的不确定的收入风险与养老风险。而储蓄是完全市场化的个体行为，因固定利率而必须由自己承担长期的贬值风险，不可能提供稳定的养老安全预期。

中央财经大学教授褚福灵也认为，互助共济带来了养老保障的可持续性，"互助共济是大家的力量，众人拾柴火焰高，这是养老保险优于储蓄的地方"。

"其实，用人单位20%的缴费并不能等同于个人应得工资，它需要依法强制才能实现。"郑功成表示。

■ 疑问二：可用商业保险替代吗？

【回应】社保具有普惠性，破产风险低，且发放金额随物价上涨而提高；商业保险适合高收入者，且须承担金额贬值风险

有人认为政府主导的社会养老保险不如市场主导的商业保险，褚福灵对此

表示，虽然商业保险缴费与享受的待遇完全对等，但通常只有较高收入者才有能力购买。而社会养老保险具有普惠性，低收入者也能按照最低缴费基数（一般为当地平均工资的60%）缴费，而高收入者最多只能缴纳当地平均工资的300%，这体现了养老保险的福利性，同时兼顾了公平与效率。

数据显示，我国财政对社会养老保险的补贴在不断提高。以城镇基本养老保险为例，1998年到2011年中央财政与地方财政的补贴从24亿元逐年增加至2272亿元，14年共补贴12526亿元。

朱铭来告诉记者，从提供保障的主体来看，国家的信用水平比保险公司更高，破产风险更低。同时，根据我国《社会保险法》规定："国家建立基本养老金正常调整机制。根据职工平均工资增长、物价上涨情况，适时提高基本养老保险待遇水平。"养老金水平会随着物价水平提升而水涨船高，近年来国家已连续8年提高养老金，年均涨幅约10%。

"商业保险是一种良好的风险管理机制，但投保人需要支付高昂保费，还须个人承担保险金额贬值的风险，只适合高收入者并起锦上添花的作用。在我国，首先必须健全作为'地基'的社会养老保险制度，其次，发展商业保险补充前者的不足。两者可以共同发展并都有广阔的发展前景。"郑功成表示。

■ 疑问三：缴费15年最划算？

【回应】缴费年限和养老金待遇是正相关关系

有网友认为45岁时交养老保险最划算，既达到了15年的最低缴费年限，又可以按最新一年的社会平均工资标准领取养老金。事实是否如此？

郑功成指出，缴费年限越长，缴费越多，养老金待遇就越高，这是社会养老保险制度的一般法则。按照现行制度，我国的社会养老金待遇包括基础养老金与个人账户养老金两个部分，参保人在缴满15年后每多缴一年，计发基础养老金待遇时也会相应提高1个百分点；而个人缴费全部计入其个人账户，谁的个人账户储存额多，按月领取的养老金待遇就高，即使储存额发完了，只要参保人还健在，国家也保证继续按该标准发放到其死亡时止。

褚福灵表示，缴费15年并不是最划算的。缴费年限决定了退休后第一个月并作为今后调整基数的初始养老金水平。按照规定，随着工资水平、物价水平的上涨，养老金会根据初始养老金进行调整，初始养老金越高，调整得就越高。

本次模拟计算结果亦表明，缴费30年的甲比缴费15年的丙，获得的养老金更多。而且，无论从退休后每月领取的养老金数额，还是整体的收益付出比来看，都是缴费时间越长越划算。

■ 疑问四：缴费越少越划算？

【回应】 在缴费区间，多缴多得，但高缴费者回报率低于低缴费者，体现了社保向低收入者倾斜

社会养老保险缴费是不是越少越划算？在模拟计算中，参保人丁按今年北京市养老保险的缴费下限1869元缴费。经过计算，丁在退休时拿到的养老金远低于甲领取的养老金。但另一方面，计算亦显示，丁的收益率大于甲。

对于这个结果，褚福灵解释说："社保有个特点—— 在多缴多得的基础上，低缴费的回报率要高于高缴费的，这体现了社保制度向低收入者倾斜的法则，体现了养老保险一定的福利性和再分配功能。"

郑功成告诉记者，尽管缴费多寡与养老金待遇高低存在着正相关关系，但社会养老保险是基于社会公平的制度安排，不是劳动者在岗时薪酬水平的简单延续，通常要采取抑高扶低的政策取向。也就是说，劳动者在岗时的工资差距可能在10倍以上，而缴费工资却被控制在5倍以内，社会养老保险制度体现了缩小老年人收入差距的公平性。

据记者采访了解，不少国家的社会养老制度均体现了"劫富济贫"的原则。

例如，在澳大利亚，80%左右的退休人群可部分或全额领取政府发放的养老金，其余20％的人或因未申请，或因资产、收入等超出标准不能领取养老金。也就是说，高收入者享受到的政策福利要少于低收入者。

"社会保险制度是基于群体公共利益并以解除所有人的养老、医疗、工伤、失业等后顾之忧为目标的制度安排。因此，除了算个人的收益账，更应当算算个人在养老、医疗、工伤、失业等后顾之忧得到解除的安心账、长远账，还要算算公益账、互助账。"郑功成指出。

（本报记者　唐露薇　曲哲涵　罗　彦　李浩燃　本报驻澳大利亚记者　韩　超）

延迟退休 多数国家采用渐进式

人民日报（2012年09月13日04版）

近来，有关延迟退休年龄的话题引发公众持续关注。如何看待延迟退休？国外对退休年龄有何制度安排？人民日报《求证》栏目记者调查了部分国家的相关规定与做法。

■ 疑问一：多数国家什么年龄退休？

【调查】发达国家男性退休年龄多为65岁左右，女性60—65岁；发展中国家男性多为60岁左右，女性55—60岁；50岁退休为全世界最早

据本报驻外记者对19国的调查，多数国家近年来提高了法定退休年龄，或者计划提高退休年龄。例如，美国将领取全额养老金的退休年龄从65岁提高到67岁。韩国领取养老金的年龄2013年由60岁调整为61岁，2033年将提高至65岁。加拿大政府于数月前出台办法，将领取养老金年龄从65岁提高到67岁。

记者同时发现，发展中国家女性退休年龄一般在55—60岁，如巴西、俄罗斯、泰国、印尼等。发达国家，特别是欧洲福利国家女性退休年龄基本在60—65岁，部分推迟到67岁，但对体力劳动者有特殊安排。例如，瑞典规定法定退休年龄为65岁，体力劳动者可申请61岁退休。

"在过去十几年里，提高退休年龄在各国已成为社保改革进程中一个最普遍的改革手段。据不完全统计，在经合组织的34个成员国中，至今没有提高

求证：用事实粉碎谣言
——人民日报这样调查真相

部分国家社会养老保险制度对比

国家	法定缴费年限	法定退休年龄 男	法定退休年龄 女	人均预期寿命 男	人均预期寿命 女	弹性退休及领取养老金情况
西班牙	最低15年，未来将延至25年	67	67	78.8	84.8	允许提前退休，拿部分退休金；鼓励延迟退休。如只缴费15年，只能领50%退休金。实际退休年龄约63岁
美国	约为10年	65—67	65—67	76.2	81.3	允许弹性退休。最早可领取养老金的年龄是62岁，但只能领取一定比例
加拿大	10年	65—67	65—67	78.9	83.5	允许弹性退休，可提前或延后，每早一个月养老金少领0.5%，每迟一个月多领0.5%
澳大利亚	无具体要求	65	63	80.0	84.4	可提前退休，但只有到法定退休年龄才可领取养老金
比利时	15年	65	64	77.2	82.8	允许弹性退休，不同职业退休年龄不同。提前领取养老金将减少，实际平均59.2岁领取
波兰	25年	65（2020年延至67）	60（2040年延至67）	72.2	80.6	不允许提前退休。因病无法工作可领失业救济金，但数额低于养老金
德国	连续5年以上，在职即缴纳	65（2020年延至67）	65（2020年延至67）	78.2	83	允许弹性退休。最低60岁起领取，提前领取养老金将减少
墨西哥	1250周（约24年）	65	65	74.8	79.6	满60岁允许提前退休，且缴费满24年可领全额
瑞典	全额领取，需满30年	65	65	79.7	83.7	允许弹性退休。最早可61岁退休，可领取的基础养老金不到原工资的55%。实际平均约65岁领取
日本	25年	65	65	80.1	87.2	不实行弹性退休，绝大部分企业实施固定年龄退休制度。其中，82.2%的企业实行60岁退休，14%的企业实行65岁以上退休
意大利	男42年、女41年	65（2018年延至66）	60（2018年延至66）	79.2	84.6	年龄加工龄满96年可领取。可提前退休，但拿不到全额养老金
法国	41.5年	62	62	78.5	84.9	允许弹性退休。未达规定年限，按比例领取养老金。67岁可全额领取。警察等特殊职业57岁退休
巴西	男35年、女30年	60	55	70.7	77.4	不实行弹性退休。提前退休或缴费不到法定年限，按相应系数减少养老金
俄罗斯	5年	60	55	63.3	75.0	高危行业职工等特殊人群可提前退休。工龄低于30年，基本养老金减3%；超过30年，每超一年增6%
韩国	10年	60	60	76.6	83.2	不实行弹性退休。各公司自行制定退休年龄，约55—58岁。领取养老金年龄为60岁，2033年将提高至65岁
中国	累计满15年	60	50	72.4	77.4	不实行弹性退休。领取养老金须缴费满15年且达退休年龄
印度	10年	60	60	63.7	66.9	缴满15年最早可50岁领取，但距法定退休年龄每早一年养老金递减3%
印度尼西亚	5年	55	55	70.2	74.3	可提前退休。不满五年可在退休前领取累计缴金，缴多少领多少

注：韩国退休年龄60岁为国家指导意见
数据来源：综合本报驻外记者调查、美国社保局研究报告及《世界社会保障报告（2010—2011）》
制图：张芳曼

退休年龄的国家只有芬兰、冰岛、墨西哥、荷兰、西班牙、英国。而这6国的退休年龄在半个世纪之前就已经保持在65岁或67岁。"中国社科院教授郑秉文指出。

"新中国成立初期，我国人均预期寿命40岁，1981年达到67.8岁，目前男女平均为74.83岁。可以说，延长退休年龄是随着人口预期寿命延长的一个必然趋势，也是社会养老保险制度的内在逻辑要求。"中央财经大学教授褚福灵表示，根据国际劳工组织对160多个国家的统计，我国女职工50岁退休，是全世界最早的国家之一（如科威特男女均50岁退休）。

中国人民大学教授郑功成认为，目前，我国已出现人均预期寿命增长、受教育年限延长和人口老龄化及少子高龄化现象，劳动力供求状况也在发生变化，在这种背景下，问题的焦点或许不是要不要延迟，而是以什么方式延迟、从什么时候开始延迟。

郑功成同时表示，有人认为延迟退休年龄是因养老基金出现巨大缺口而急需弥补，事实并非如此。一方面，我国的养老保险基金并不存在缺口；另一方面，养老保险基金的收支状况并不必然构成延迟退休年龄的理由。例如，德国是第一个建立社会养老保险制度并采取现收现付财务模式的国家，其养老账户资金始终充足，但从2012年1月1日开始延迟退休年龄，到2029年将由现行的65岁逐步延长到67岁，"这是以人均预期寿命延长与人口结构变化作为调整依据，是维护代际公平的需要"。

■ **疑问二：延迟退休会一步到位吗？**

【调查】大多采取渐进方式，每年延长几个月

记者采访时了解到，一些群众不赞成延迟退休。"我们这样的下岗工人，没有单位就没有了生活来源，出去打工很多单位都不要岁数大的，还得自己交保险，撑到退休，确实很苦。"53岁的王素媛曾是辽宁省本溪市重型机械厂工

人，谈起退休前的下岗生活，她跟记者抱怨道。很多面临退休者也表示，如果马上从60岁延迟到65岁退休，很难接受。

对此，褚福灵表示，大家对延迟退休年龄有误解。"延迟退休年龄不是瞬时举措，而是历史的、渐进的过程，即用几十年时间把男女退休年龄提高到一个适中的水平。例如，用50年时间提高5岁，大概10年提高一岁，一年也就提高一两个月。"

据调查，国外多数国家采取渐进方式提高退休年龄。例如，波兰今年6月推出了改革法案，将女性60岁退休和男性65岁退休改为一律67岁退休。改革实行递进式，即每年延长3个月，男性在2020年全部实现67岁退休，女性到2040年全部实现67岁退休。意大利对男65岁、女60岁的退休年龄采取逐年延长，到2018年实现男女均66岁退休。

北京大学人口所教授穆光宗表示，延迟退休是人口形势、人口规律早就决定了的。但考虑到高龄劳动者的生产力和创新力毕竟有限，延迟退休要慎重，要有边界意识——不可能无限延长，要有弹性，给潜在退休者选择的权利等。

■ 疑问三：退休年龄如何改革？

【调查】多国推行弹性退休制，但规定了最早领取养老金年龄或最低缴费年限；我国存在大量非正常退休现象，首先需规范退休年龄

驻外记者调查发现，一方面许多国家通过制度设计鼓励公民延迟退休；另一方面，也在一定条件下允许提前退休，即实行弹性退休制。实行弹性退休的国家均规定了最早领取养老金年龄或最低缴费年限。例如德国法定领取养老金年龄为65岁，最早可60岁领取，但养老金将减少；美国法定领取养老金年龄为65.8岁，最早可62岁领取，提前领取者养老金按比例递减；瑞典法定退休年龄为65岁，最早可61岁退休，但替代率从80%降为55%。加拿大提前退休者，养老金每月减少0.5%，如果提前5年退休，养老金将减少30%。

"我国也可以推行弹性退休制，但需对现行的养老保险制度进行改进，引入国外全额、差额、超额养老金制度。达不到法定退休年龄的只能得到差额养老金，超过退休年龄退休者可领取超额养老金。"褚福灵说。

郑秉文则表示，中国未来可实行弹性退休制，但目前不应实施。"目前我国实行男性60岁、女性50岁（女干部55岁）退休的政策，与国外相比，退休年龄明显偏低。与此同时，每年中国的非正常退休（包括提前退休和其他原因退休）所占比例仍高达10%—20%。"

据《中国养老金发展报告2011》统计，中国非正常退休人数，2006年为63万人，占当年退休人数的22.3%，2007年74万，2008年85万，2009年86万，2010年67万。

"因此，目前首先应规范退休年龄。第二步是逐渐提高法定退休年龄，女性的退休年龄逐步向男性靠拢。第三步，在条件成熟时，推行弹性的、阶梯式的退休。在现阶段，弹性退休、阶梯式退休可能会造成社会不公平，舆论会认为这是公务员为自己寻租。"郑秉文强调。

中国社科院社会政策研究中心秘书长唐钧建议，可以试行弹性退休制，但对公务员与事业单位人员不允许延迟退休。"如果公务员或事业单位允许延迟退休，会造成政府冗员，也对事业单位年轻人成长不利。"

"实际上，我国现行退休年龄也是有弹性的，如特殊工种可以提前5年办理正常退休手续等。"郑功成指出，退休年龄可以在基准之上有弹性，但弹性退休不能解释为任意退休，即劳动者想什么时候退休就什么时候退休。因为任何公共政策必须有基准，这是确保社会公正的根本。

（本报记者 李浩燃 罗彦 何勇 本报驻外记者 吴成良 裴广江 张杰 史克栋 廖政军 丁大伟 吴志华 李增伟 管克江 李志伟 莽九晨 李学江 邹志鹏 刘军国 刘仲华 孙广勇 刘慧 韩超 谢亚宏）

优化养老社保，我们还能做更多

人民日报（2012年09月17日04版）

人民日报《求证》栏目近日推出社保和养老保险系列调查《我国社保缴费率并非全球最高》、《参加养老社保其实很划算》、《延迟退休 多数国家采用渐进式》，引起读者热议。对于养老保险，一些网友提出了担心和疑问，例如，中国的养老保险制度会不会破产？也有网友提出了一些建议。

针对这些疑问和建议，《求证》栏目记者采访了有关专家。

■ 网友疑问：养老保险会不会破产？

【专家解答】社会养老保险通过责任分担、政府财政兜底，破产可能性很小

有网友质疑："不管社会养老的愿望多么美好，社会养老模式的破产似乎是注定的。欧洲是这样，美国是这样，中国会例外吗？"

对此，中国人民大学教授郑功成表示："从世界范围看，迄今为止只有破产的商业保险公司，无破产的社会养老保险制度。德国建立社会养老保险制度120多年，一直都在良性运行；日本自1990年以来经济几乎未增长，但也未见其社会养老保险制度崩溃，反而是多家大保险公司的破产葬送了日本商业保险业的神话；希腊债务危机引起世界关注，同样未见其社会养老保险制度破产。"

在分析社会养老保险制度不会破产的原因时，郑功成告诉记者："社会养老保险制度就是用来消除人们不确定的养老风险的，其可靠性在于这一制度建立在用人单位或雇主、个人与政府等多方分担责任和世代自然传承的基础之上，

并由政府充当担保人,承担兜底责任,从而可以同时避免市场失灵与政府失灵。"

"就我国来看,今年社会保障资金审计报告表明,18项社会保障资金仍有3万亿结余,目前能够完全保证社会保障待遇的支付。"中央财经大学教授褚福灵表示,从未来发展看,公众也不用担心领不到养老金。首先,社会保障制度是以国家信用担保的;其次,正在建立的养老保险个人账户基金和全国社会保障理事会的储备基金等,都是应对人口老龄化挑战的措施;第三,按照社会保险法规定,养老金一旦出现缺口,可以通过财政预算进行弥补。

记者调查发现,许多国家对社会养老保险制度实行财政兜底。例如,2011年,巴西社保基金缺口400亿雷亚尔,赤字部分由政府财政来平衡;2012年,俄罗斯退休金缺口达到1.75万亿卢布,国家财政进行补助;2012年,法国养老保险缺口52亿欧元,政府对社保赤字进行财政补贴;墨西哥规定,对符合条件的职工,在个人账户积累资金不足以达到国家确定的社会最低养老金300美元时,由国家财政补足。

■ 网友疑问:哪种养老保险模式更好?

【专家解答】 现存两种模式各有利弊,多数国家实行现收现付制,但需根据情况调整完善

有网友质疑:"当前我国实行现收现付的养老保险制度,用年轻一代去养活老一代是不合理的,欧美国家的前车之鉴可得出此模式难以为继。"

目前世界上的社会养老模式大致分为两种:现收现付制与基金积累制,简单来说,前者是在职的人养退休的人,后者是自己养自己。郑功成介绍说,现收现付制是以劳动者在职期间的缴费加上同期用人单位或雇主缴费和政府补贴组成的养老保险基金来支付退休者养老金,实行年度收支平衡预算;基金积累制是劳动者在职期间通过自己和雇主的缴费建立并逐年积累个人养老账户基

金,退休后再以积累的养老基金和投资收益来给付自己的养老金,实行基金储备制。前者具有互助共济、无保值增值压力等特点;后者管理复杂、有保值增值压力,但可减轻政府负担。

"现收现付制下的个人养老风险由政府与社会承担,个人无论寿命多长,都不用担心养老金不够;基金积累制下的养老风险主要由个人承担。"郑功成告诉记者,包括美国在内的绝大多数国家选择现收现付制,只有智利、新加坡等少数国家选择了基金积累制。"现收现付制体现的是社会养老保险制度的本质,我国选择统账结合模式,则是想通过个人账户的设置来调解代际负担的公平性,这是一种新鲜的尝试。"

中国社科院教授、世界社保研究中心主任郑秉文认为,不能简单地说基金积累制与现收现付制哪种更好。现收现付制的缺点是抵御社会老龄化的能力较差,积累制的缺点是没有再分配因素,抗通胀性能很差。在积累制下,退休决策甚至已变成个人决策。

郑秉文介绍,中国为了将社会互济与自我保障两方面的优势结合起来,采取了以现收现付为主兼具基金积累制的统账结合模式。工资的8%放到个人账户上,企业缴纳的20%用来现收现付,即用来统一支付给退休一代养老。但在实际操作中,因制度转型等原因,个人账户是空账,这部分钱用来支付给退休的一代了,因此,目前的养老制度实际上是现收现付制的,不是严格的"部分积累制"。

有网友担心,社会养老保险是不是庞氏骗局,会不会不可持续?褚福灵表示,这种说法是杞人忧天。"建立社保制度是国家的基本职能。目前大多数国家采取社保制度,由国家、企业、个人共担风险、共享福利,这样的养老保障才是可持续的。"

郑功成说,社会养老保险制度不仅传承了下一代人为上一代人纵向养老的自然法则,而且通过横向责任分担与政府担保等方式,使家庭养老转变成更为可靠的社会养老。目前全球约200个国家、地区建立了社会养老保险制度并实现持续发展。

郑秉文认为,表面上看,现收现付制养老保险是"拆"工作一代人的"墙","补"退休一代人的"墙",但人类社会是延续的,人类再生产的成本中就隐含着赡养老一代的费用,现收现付社保制度不是"庞氏骗局",目前它仍是绝大部分国家实施养老保险的基本制度。问题在于随着人的寿命延长,代际赡养成本加重,需要调整参数。

■ 网友疑问:退休制度如何改革?

【专家解答】建立激励机制,缩小不同群体间的养老金待遇差距

有网友质疑:"随着退休制度的改革,若干年后,就会出现一个奇观,年轻人无法就业,每天逛公园,老年人没法退休,每天上班。"

北京大学人口所教授穆光宗告诉记者:"前段时间社会上有关延迟退休的争论,说明国家利益和个人利益差距大,政府要弥合社会选择和个体选择的矛盾,尊重个体成全总体,所以软性、弹性退休制度较好。"

据了解,为探索退休制度改革,上海自2010年10月出台试行意见,提出柔性延迟领取养老金(男性一般不超过65周岁,女性一般不超过60周岁)至今,参与人数仅数千人,相较于上海现有的300多万退休职工,比例很低。事实上,目前上海最低工资1400多元,城镇职工平均养老金2000多元,对低收入者来说,养老金和工资差距不大,所以多不愿延迟退休。对高收入的管理层和技术人员而言,按时退休并领取养老金之后,往往会被企业返聘,叠加之下可获得双份收入,更为合算。同时,企业返聘已退休人员,不必支付其养老保险,雇佣成本更低。由此导致企业和劳动者均无延迟退休的积极性。

"如果延迟退休了,但还按照原来的工资替代率来领取养老金,劳动者不合算,对延迟退休就没有积极性。"复旦大学社会发展与公共政策学院教授任远说,在美国,职工延迟到70岁退休,可以比65岁退休多拿40%的退休金,而低于法定年龄退休者,每提早退休一年,其养老金要被扣除6.2%。

郑功成指出，改革退休制度需妥善解决好相关问题：一是应当尽快缓解乃至消除不同养老制度下过大的养老金待遇差距。二是劳动者特别是一线劳动者报酬偏低的状况亟待扭转。目前一些劳动者的劳动报酬甚至还不如退休后的养老金，这必然助长一部分人对早退休的期待和对延迟退休的反对。三是对退休人员再就业进行必要且合理的规范。

■ **网友疑问：养老社保制度如何优化？**

【专家解答】构建多层次养老保险体系；实现养老保险全国统筹

有网友建议："社会养老保险是基本养老，保障高一点的单位可买企业年金（机关、事业单位可买职业年金），个人或有些企业还可买商业养老保险。这就全面啦。"

郑功成指出，我国社会养老保险框架已成但还存在缺陷，需要进行科学的顶层设计来优化：一方面，应当不断缩小公职人员、企业职工、农民三大群体的社会养老保险制度差距；另一方面，加快构建多层次的养老保险体系，在尽快健全基本养老保险制度的条件下，让职业年金与企业年金以及商业寿险等得到健康发展。

据本报驻外记者调查发现，加拿大、美国、德国等许多国家都建立了多支柱的养老保险体系。以美国为例，美国的退休保障体制主要包括三大体系：一是联邦政府主导下的社会安全金体系，旨在使每一名工作的人在退休后能有最基本的生活保障；二是雇主发起设立的私人养老金计划，也就是企业年金，一般由雇主和员工共同出资购买；三是个人自愿购买商业保险、个人储蓄和进行资产投资。

中国社科院社会政策研究中心秘书长唐钧认为，可以借鉴国外多支柱的养老金制度，对当前的社会养老保险制度进行改进，把企业年金制度建立起来。此外，尽快统一全国各地的社保政策，实现养老金跨区域投保和领取。

"一个好的养老制度,应该让人们预期到制度的稳定性。"郑秉文表示,从国内现状看,首先需加强制度顶层设计,改变碎片化的养老制度;同时,扩大制度覆盖面,例如,可以给农民群体记账等,实现全民统一参保、全民一个制度、全民一个利率,解决制度公平性、统筹层次低等问题。

(本报记者 罗 彦 李浩燃 王有佳 唐露薇 本报驻外记者 吴成良 丁大伟 吴志华 管克江 李志伟 李学江 邹志鹏 谢亚宏)

求证：用事实粉碎谣言
—— 人民日报这样调查真相

在全球视野中探寻真相

李浩燃

2012年9月11日—17日，《求证》栏目连续刊发社保和养老保险系列调查《我国社保缴费率并非全球最高》、《参加养老社保其实很划算》、《延迟退休多数国家采用渐进式》、《优化养老社保，我们还能做更多》四篇稿件。

这组调查由26位国内外记者共同采写，紧扣社会主要质疑，数据翔实、材料充分、逻辑严整、视野宽广，解析了社会热点话题，理性客观地引导舆论，取得了较好的传播效果。

■ 直面敏感问题，权威调查解析

早在2012年6月，有关我国社会保险制度的一些争论就引起了《求证》栏目组的关注。清华大学某教授所谓"中国社保缴费全球最高"的言论，经网络媒体放大，引发网民热议。加之有关"退休年龄将延迟"的传言，一些网友情绪激动，认为专家所言符合切身感受，中国社保缴费多、福利少，有被剥夺感。网络舆论一边倒地质疑我国社保制度，同时充斥对高缴费、低保障现状不满的宣泄，甚至有声音称"缴养老保险不如存银行吃利息划算"。

值得注意的是，众声喧哗中，却没有一家媒体对养老保险等社保制度的核心问题进行阐释：如何评价一国的社会保险制度？参加社会养老保险划不划算？延迟退休有无必要？社会养老保险制度会不会崩盘？

知易行难，在实际运作过程中，选题的成稿难度比预想大得多。由于话题敏感，相关政府部门不愿意回应；所涉问题专业性又较强，对编辑记者的知识储备与采访能力均提出了高要求。一些专家在看到采访提纲时明确表示，"这些问题足够谈上一天了"。一些驻外记者也反馈，该国养老保险制度非常复杂，很难简单说清楚。经过栏目组的不懈沟通、努力，稿件陆续采回，但文字量非常大，20多篇稿件总容量有近10万字。由于涉及与政府部门沟通、对多位专家进行专访、与19国驻外记者联络、梳理多国多项数据等，战线长、采访对象多、内容庞杂，栏目组不断打磨内容，核实细节，前后历时3个月才得以完成。

报道刊出后反响强烈，报道原文被不同网站累计转载数百次。全国人大常委会委员、中国人民大学教授郑功成专门发来邮件："我仔细阅读了这一组稿件，很好。这是一组有分量的报道。"这组调查也引起了政府主管部门的关注。人社部9月21日回应解释我国养老保险费率为何偏高，并称"社保费率不宜简单对比，国家采取多项措施降低费率"。

■ 打通两个大局，形成报道合力

统筹好国内国际两个大局，是办报高出一筹的题中应有之义。对《求证》栏目而言，将中国问题放在寰球坐标系中进行观察与评价，能够更加准确、客观，增强报道的广度、深度与可信度。凭借人民日报拥有的独特采编优势——国内外采访资源丰富、采编平台统一、高效的特点，早在2012年3月，《求证》栏目就进行了一次大范围约请国际部同事参与求证的尝试，推出《哪些国家提供免费医疗》，获得了良好社会效果。

在总结经验的基础上，栏目组在选题策划之初就力求统筹本报国内、国际两种资源，采取驻外记者横向调查与国内社保领域权威专家深入解读的方式，力争推出高出一筹的独家报道。一方面，栏目组密切联系专业部门跑口记者及国内分社记者，编辑也一同上阵，多方采访政府部门、专家学者、普通居民，摸清国内情况；另一方面，又向本报驻国外19个分社的记者约稿，并随时处理返稿及提出补充问题，与每位驻外记者往返邮件沟通平均4次以上。经过多次沟通，国内外有关社保、养老保险的第一手素材不断反馈回来，稿件容量、信息量得以提升，调查的核心关切逐一得到解答。

在进行比较研究时，《求证》栏目组发现，一些市场化媒体在进行国内外对比报道时，数据来源复杂、模糊，对比缺乏统一的标准，在科学性与可信度方面存在不足，容易误导受众。

经此一役，有一种感受非常强烈：在统筹国内国外进行报道的过程中，媒体要深入研究、全面分析，不能人云亦云。在这个意义上，如何进一步形成跨部门合作的有效机制，值得探索。

■ **核实关键细节，反复推敲论证**

"真实准确，客观公正"，是《求证》栏目的生命线。拿这组稿件来说，社保与养老保险关涉个体切身利益，牵涉面广、诉求复杂、专业性强，把核心问题理清楚、说透彻并非易事。要想讲清道理，就要先摆出事实。为此，栏目反复核实关键数据、讨论参数设计，力求文章经得起检验。

例如，一国社会保险雇员与雇主各自的缴费率，常出现驻外记者采访得来的数据、国际组织统计的数据、研究机构的数据"相互打架"的情况。怎么办？具体数值如何采信？向国内相关部门了解情况，未得到回应；尝试让专家提供数据或把关，国内权威专家也找不齐数据，不能对准确性打包票。栏目组并不气馁，经过广泛搜寻资料，了解到美国社保局新近发布过含173个国家社保情况的研究报告，能够覆盖调查所选取的20个国家，并且数据的统计比较科学，值得借鉴。历经周折，栏目组最终获取到研究报告全文。

又如，为创新调查形式、贴近居民生活实际、提高文章可读性，对于"养老保险划不划算"的问题，栏目组考虑用算一笔账的方式解析、呈现。算账的形式很新颖，但变量复杂，操作难度大、细节问题多，实施起来殊为不易。请人社部帮忙计算，遭婉拒；通过国内分社记者联系地方人社厅，几经沟通，也无功而返；研究养老保险的一些专家学者也不愿自行假定条件计算，认为风险太大。最后，编辑通过记者联系到南开大学保险领域的教授帮助算账，但专家只对精算负责，具体参数设置要由编辑自行敲定。参数如何才能定得更科学合理？仅以未来30年工资平均增长率一项为例，栏目组就多次开会讨论，不断调整。编辑找来北京市历年社会平均工资数据，分别计算出近10年、近5年的平均工资增长率，同时查阅近年全球工资增长率，综合考虑影响养老保险收益的因素，谨慎确定数值，以增强预测科学性。

■ 正视两难困境，培育公共理性

"两个舆论场"的概念早已为公众所知：一个是党报、国家电视台、国家通讯社等"主流媒体舆论场"，一个是依托于口口相传特别是互联网的"民间舆论场"。《求证》栏目的独特之处，也正在于融通两个舆论场——主流媒体俯下姿态，以民间舆论场传播的信息为核心选题，快速回应网民热议的焦点问题，不失语、不乱语，澄清事实、还原真相。

因此，《求证》栏目文章每每刊登后，都会引发舆论的强烈关注。这种关注度一方面与选题的热度有关，另一方面映照出其对舆论的有效介入与引导。

与此同时，对弱者权益进行维护或者与公共安全有关的求证稿件往往获得网络舆论的普遍认同，而对公权力进行形象维护与辟谣的调查求证，虽然秉持客观中立的立场进行调查，不管结论如何，由于党报身份的特殊性，还是会被部分网民先入为主地扣上"官官相护"的帽子。有网友甚至说："只要是人民日报说的，我都不信。"

具体到这组稿件，"中国社保缴费率并非全球最高"是客观事实，社保缴费率处于较高水平也是真实现状；文章理性分析社保缴费有降低空间，社会保障水平还需要进一步提高，但部分网民在讨论时选择性忽略专家提出的合理化建议，一味攻击社保制度的不公平。类似的"借题发挥"屡见不鲜。

民间舆论对主流媒体舆论引导的不信任，无疑增加了"求证"的难度。在这样的背景下，主流媒体做调查性报道如何突破受众的固有印象及偏见？如何避免陷入类似的"塔西佗陷阱"？人民日报特殊的媒体属性，警示《求证》栏目每一位编辑，在操作任何一个"求证"选题时都须如履薄冰，力求精益求精，铭记"真实是新闻的生命"，思考、思考再思考，核实、核实再核实，追问、追问再追问。唯有切实做到事实精准、逻辑严密、思维理性、意见权威，方能真正发挥探寻真相、引导舆论的作用。

（作者时为人民日报总编室要闻四版编辑，
现为人民日报评论部编辑）

求证：用事实粉碎谣言
——人民日报这样调查真相

一次新闻报道"证"的探索

唐露薇

当南开大学的社保专家朱铭来教授在电话里跟我感叹："你们这哪是做新闻，简直是在做论文啊！"我才意识到原来采访已经扎得很深了。在操作《求证》栏目社保系列的三个月里，跟朱老师通了不下十次电话，往来邮件更是不计其数，他的耐心和配合，对触碰复杂选题的记者，是一种莫大的幸运。

2012年9月12日，《参加养老社保其实很划算》在酝酿了近半年、操作了三个月之后终于见报了。这篇报道与其他三篇报道一起，组成了《求证》栏目的关注社保和养老保险系列。

虽然整个系列我都有参与，但对这篇报道却投入更多，原因是它的操作手法具有难得一遇的特殊性：它不是完全以客观事实为主体，而是以模拟计算作为主要论证过程。

论证，或许是《求证》区别于一般报道的特殊之处。《求证》在选题操作过程中不仅要"求"——通过采访以呈现大量新闻事实，更要"证"——通过报道得出是真是假的结论，并力图在行文中展现论证过程的科学性。

尤其在面对重大选题时，团队希望不仅给出非是即非、非黑即白的结论——这已经很难做到了——还要尽力做透这个选题：既深入，又全面，既回应已经存在的传言，又让选题下可能产生的其他传言无处藏身、再难兴风作浪。这样的雄心使得每一篇《求证》都像一个课题一样复杂和庞大，采访获得的几万字素材最终整理成一篇或是几篇两三千字的报道，繁重的地头和案头工作，都是其他报道无法与之相比的。

■ 一个永远处在风口浪尖的选题

社保是一个常见的题，关于它的传言始终没有停息，且其中的任何一条在任何时候都能够成为舆论中心、新闻焦点。这样一个传言多、关注广、影响深的选题，对《求证》栏目来说，最适合不过。

社保又是一个难碰的题，宏观、庞大，传言源头多样而复杂，不仅有不知名网友，还有知名媒体，更有著名专家。这个难啃的骨头，在求证选题会上一次又一次被提起，越来越深入的讨论令畏难情绪一点点消除，从真正开始操作到见报，"求证"团队花了近3个月时间，收集了大量资料，派出了国内外几十名记者，采访了十余位专家，终将其啃下。

操作社保选题，除了横向比较世界各国社保政策，纵向梳理中国社保发展进程外，对未来社保走势的分析和判断，也是绕不开的一环。当前公众对社保的传言主要就集中在政策延续性方面，很多人质疑：现在社保政策惠民，现在社保基金有结余，现在参保划算，未来呢？

谈未来，只能预测，所凭的依据就是现行情况，一场依托现有数据计算未来数字的数学运算在所难免。

■ 一番复杂的数学运算

在新闻报道中体现"证"的逻辑，这并不常见。如何"证"，"求证"也一直在探索，通常方法是摆事实。而这一篇，却采用了模拟计算。我们要算出现在缴养老保险，未来到底是挣了还是亏了。

是挣是亏，跟谁比？银行。于是一系列以假设为前提的计算展开了。从题目的设计到变量的确定，几乎都是由编辑做主，只有具体演算请了专家来操作。

仅确定变量，团队就讨论了数次，力争做到科学合理。比如，未来的工资增长速度是多少？要参考以往的工资增长情况，是近5年还是近10年还是近20年？又如，银行存储利率定为多少？3还是5？养老金上调幅度设为多少？同时，还要考虑银行的复利滚动，考虑到退休后领取养老金的本金变更等……

吃透专家长达几页的演算也是一个痛苦的过程。当看到密密麻麻的数学公式和推导过程时，我惊呆了，看不懂！可是，不能看不懂！只有我懂了，才能将枯燥的数字化成通俗的陈述以让读者明晰。

或者，直接将专家的计算结果放进报道中？照搬专家的话做出解读？不行！这不是我们想要的，我们不仅仅想向读者提供结果，我们还想通过向读者展示演算过程，证明结论的权威性。这其实不同于一般的数据分析报道，因为几乎没有什么数据报道，是要展示演算过程的科学性的。

于是那不下十通的电话起了作用，一点点看，一点点问，沉睡已久的理科思维被点燃了，小菜鸟凭着认真钻研居然还挑出了演算过程中的几处失误。

■ 一篇论文式的新闻写作

诚如朱教授所言，由于使用了数学模型、模拟运算和数据分析，报道从论证过程和分析方式上来看更像是一篇学术论文。

这可以算是一次新的尝试，因为论文式的新闻报道相较记叙式的新闻报道逻辑性明显增强，数学方法和模拟运算的引入都增加了报道的科学性，最终靠定量的数据对比，而不是定性的分析得出结论，让读者更为信服。这种与众不同的创新型新闻写作方式，对"求证"类的选题来说，或许值得深入探索。

当然，团队也深知，论文式的新闻写作因为走得太深，势必会牺牲时效，这用来操作那些时效性较弱的选题比较恰当，对时效性较强的选题不大适合。

还有一点也很值得回忆和珍藏：《参加养老社保其实很划算》9月12日见报，9月13日凌晨我诞下了女儿，两个作品的连续问世，让深爱新闻工作者和母亲这两个身份的我倍感欣慰。

（作者为人民日报总编室要闻四版编辑）

定焦·受挫·凝练

——谈谈《社保与养老保险调查》的编辑思路

罗 彦

《求证》栏目做了不少大型调查,其中社保与养老保险调查、PX项目调查、转基因食品调查、免费医疗制度调查系列都凝聚了栏目组编辑们无数心血。这些报道一方面顶着舆论压力,一方面专业性极强,从什么角度去求证,从哪些方面组织素材,做什么不做什么,着实费了不少脑筋。作为业务研讨,现以"社保与养老保险"策划提纲为例,简略谈谈编辑做"求证"选题与策划时的一些思路。

■ 舆论高压下如何拎出一条线

此选题在2013年6月份已进入《求证》栏目视野,当时讨论社保收不抵支的声音刚落、反对延迟退休的声浪又起;之后取消养老多轨制的呼声高涨,中国社保缴费全球最高的说法重出江湖……舆论中充斥了对国家社保制度的不信任与抵制情绪。但在当时,包括《求证》栏目编辑在内的很多人其实并不了解中国的养老保险制度。

一系列问题摆在眼前:很多人希望的"不延迟退休"甚至"早退休"想法能不能行得通?国家养老制度可持续吗?几十年后,我们能拿到养老金吗?能拿到多少养老金?中国的社保制度是不是那么糟糕?在全球的坐标轴上处于何种位置?

《求证》栏目的一个重要任务就是解疑释惑,还原真相。但对于编辑们来说,苦恼在于如何甄别这些是是非非的传言,并纳入一个逻辑严密环环相扣的论证框架,以及如何保证稿件全面客观,经得起各种考验。在做了一个多月的案头资料收集与研究工作后，经与栏目组各位编辑同事反复商讨，2012年7月13日，我与同事唐露薇、李浩燃向栏目组提交了"社保·养老金"策划提纲，决定先围绕三个传言做三篇稿，一篇聚焦社保缴费情况，一篇聚焦参加养老保险是否划算，一篇从国际视野观察中国养老制度，其中包括延迟退休的各国实践。

提纲出来后，就是编辑与跑口记者、地方分社记者、国际部驻外记者的沟通。但随着沟通的深入与记者的反馈发现，各国记者采回的数据是不一致的，我国社保主管部门是不愿回应的，地方社保主管部门是保持沉默的，专家们是忙忙碌碌的。

怎么办？

■ 采访受挫后如何再攻坚

采访受挫是《求证》栏目常常遇到的情况，社保这组选题因为题材敏感碰壁更多。尽管如此，不轻言放弃的栏目作风敦促每个编辑继续寻找办法，在调整采访提纲与策划思路过程中攻坚克难——多方核对数据、取舍素材、优化结构；另一方面主动出击，直接采访专家、撰写稿件。

例如，第一篇求证中，获取各国社保缴费率的数据很关键。但在与记者沟通中发现，各国对缴费率的认定不一样，记者介绍数据的来源不一样，有的国家缴费率刚刚有过调整，有的则是两年前的数据；对各国社保享受的福利待遇情况，记者回稿也详略不一，有的过于简单……除了再次与20多位记者反复沟通核实、提补充要求外，我们要求编辑再研读有关国际报告，核对数据，确保科学性。之后又拿这些数据请国内研究社保的权威专家如郑秉文与郑功成等进行多方核实把关。第三篇文章"中外养老保险制度对比"的数据更为复杂。国际组织数据太旧，记者提供数据时间不统一，国内专家们也没有最全最新的数据。为此，编辑李浩燃煞费苦心，最终通过各种途径获得文章需要的数据。

在各级主管部门不回应的情况下，编辑们除了继续与各路记者沟通，另一方面则调整思路，有的舍弃，有的细化。比如第二篇算账部分，曾经设想的四个图表，有的过于复杂，无法用图表呈现，舍弃！有些对比参数的设计（如商业保险）在征求专家意见后发现缺乏可比性，舍弃！最终，四个图表调整为一个图表，将不同"缴费"方式以及获得的收益放在一张表格中进行比较，让大家易于看清楚如何养老更划算。为了这张图，编辑唐露薇从7月一直做到9月——反复考虑各种设计参数的合理性，反复核对每一遍计算的准确性……在这一过程中，她还发现了社保专家在计算过程中的错误。

■ 去繁就简中如何减下去

在原来的策划提纲中，原本第三篇试图进行"中外养老制度对比"——除了文字内容外，图表中列出20个国家、8项制度内容进行对比。第二遍提纲又补充了几项内容，对比项目达到10多项。但在记者们回稿后发现，编辑过于"贪心"，要了解的内容太多了！仅仅有关延迟退休部分的图表内容："法定退休年龄"、"实际退休年龄"、"实际领取养老金年龄"、"人均预期寿命"等，列出来已经是满满几页纸内容；之前强调的养老制度重要参数"平均替代率"、"缴费率（个人与雇主）"以及第二遍约稿补充的"养老保险覆盖人群比例"、"政府养老投入占GDP比重"等参考数据，因版面空间有限，已难以呈现。几经考虑，编辑组认为，虽然对专业人士来说这些数据很重要，虽然在前期沟通中，编辑曾经为"平均替代率"一项内容与记者们反复沟通，但为了最终的版面，决定舍弃这些"重要数据"、"重要努力"，集中做好退休年龄调查。

见报图表的最后一列也有调整。"弹性退休及领取养老金情况"，是根据记者介绍的国外弹性退休政策最新情况以及之前策划时设计的"实际退休年龄"、"实际领取养老金年龄"综合而来。这部分数据，国际研究报告中没有，国内媒体也未涉及，可谓编辑思路的重要体现——不仅仅介绍国外延迟退休情况，也告诉大家，很多国家可以提前退休，但有最低年龄或最低缴费年限限制，且领取养老金是有折损的。

事实上，图表的修改过程比文字还要艰难。去留什么、哪些合并、如何精炼，大家一遍又一遍讨论。成型后还要一遍遍核实、校对，防止差错。

而随着选题采编互动的深入推进，该组稿件的整体结构也有所调整。例如，原来策划三篇，最后变为四篇。有关养老保险制度"崩盘传言"的分析及对我国养老保险制度的客观评价，以第四篇"求证·后续"《优化养老社保，我们还能做更多》的形式呈现,在解疑释惑的同时对中国社保制度提出合理化建议,以促进国内制度不断优化。

反反复复沟通解释、反反复复制作图表、反反复复核实数据、反反复复精练文字……编辑策划的过程,是几个月琐琐碎碎的磨合——编辑与选题的磨合、编辑与记者的磨合,编辑对内容文字的不断挑错、精练与再压缩。如此求来的真相,我们才感觉踏实、问心无愧。

(作者为人民日报总编室要闻四版副主编)

传言

2012年12月，社科院《中国养老金发展报告2012》发布。该报告称，在32个统筹单位中（31个省加上新疆兵团），如果剔除财政补贴，2010年有17个收不抵支，缺口达679亿元；2011年收不抵支的省份虽然减少到14个，但收支缺口却高于2010年，达到767亿元。

报告显示，2011年记账额达到24859亿，空账额达22156亿。个人账户空账额继2007年突破万亿大关后，再次突破2万亿。

该报告发布后，很多媒体以《养老金亏空767亿》为题进行了报道，在社会上引发养老金亏空担忧。

求证：用事实粉碎谣言
——人民日报这样调查真相

我国养老金收支总体盈余

主要压力是如何保值增值

本报记者 罗 彦 白天亮 王云娜 吕毅品 李浩燃

人民日报（2013年01月23日04版）

中国社科院日前发布报告称："2011年我国13个省份和新疆生产建设兵团养老金收不抵支；个人账户空账突破2万亿元。而2012年的审计署审计结果表明，2011年全国基本养老保险基金累计结余2万亿。"我国养老金到底是盈余还是亏空？怎样看待个人账户空账问题？未来领取养老金有保障吗？人民日报《求证》栏目记者近日采访了相关专家。

■ 我国养老金有缺口吗？

【回应】18个省有节余；14个省（地区）收支不平衡，但有财政补贴补足

《中国养老金发展报告2012》（以下简称报告）提出，2011年全国14个地区养老金亏空700多亿元。这一说法再次引发人们的担忧。

部分地区养老金存在缺口，是否意味着我国养老金收支不平衡？中国人民大学教授郑功成对此指出，养老金是否有缺口，关键要看制度是全国性的

还是地区性的，我国的养老保险制度是《社会保险法》明确的全国性制度安排，从全国的收支状况来看，每年都在增加积累，目前全国结余额已超过2万亿元，因此，即使再多地区存在收支缺口，也不能否认全国层面结余的客观事实。

记者发现，报告中说14个地区养老金亏空是指"剔除财政补贴"。该报告主编、中国社科院教授郑秉文解释将财政补贴剔除在外的原因时说："全世界比较规范的社会保障制度中，融资的资金来源主要是雇员和雇主，即社保制度应能够自我平衡，追求本身财务的可持续性。"

对此观点，郑功成表示不赞同。他认为："政府对养老金适度补贴，不仅是国际惯例，更是老年人参与国家发展成果分享的体现，是正常现象。"也就是说，在评价养老金是否亏空时，应该计入财政补贴部分。

中国社科院社会政策研究中心秘书长唐钧表示，所谓社会保险，就是由用人单位、劳动者和政府三方筹资，所以政府的财政补贴是合理的。不计算政府财政补贴来谈缺口或亏空是不对的，只会造成公众的恐慌。

郑秉文也表示："部分省份当期收支有缺口，但是养老金发放绝对是有保障的，因为中央和地方政府的转移支付将填补养老金的缺口。"

人力资源和社会保障部副部长胡晓义在去年年初接受记者采访时表示，社会保险和商业保险最大的不同在于，商业保险往往通过精确的计算和运作"以收定支"，出现"收不抵支"就很难运行下去。社会保险也要避免出现巨大赤字，但保障功能是第一位的。对于社会保险制度来说，不仅看自身收支，还与一个国家的经济发展、财政状况、国有资产等紧密相联。

记者还注意到，一些媒体仅引用报告中部分省份亏空的观点，没有提到报告的另一项内容——18个省份养老金有盈余。据报告统计，剔除财政补贴，2011年18个省份盈余1957.07亿元。也就是说，即使不含财政补贴，从全国范围来看，养老金仍有结余。

■ 个人账户空账影响养老金发放吗？

【回应】空账不是养老金亏空，不影响养老金发放；只要社会稳定、经济发展，中国能养活自己的老年人

有关养老金亏空的另一说法是，我国社会养老保险个人账户空账达2.2万亿元。空账等于养老金亏空吗？

对此，郑秉文说："个人账户空账与养老金亏空不是一回事。空账并不影响当前养老金的发放，它潜在影响的是未来，即未来老龄化带来的制度支付能力和下一代人的缴费压力。"

唐钧说，我国实行社会统筹加个人账户的养老保险制度，因为历史原因，多数个人账户只是一个名义账户，但是等到人们退休时，政府都要按照社会统筹加个人账户的计算公式来发放退休金。因为我们建立的是国家、企业、个人三方共同负担的养老保险制度。

那么，随着老龄化的到来，政府的养老保险支付能力会不会降低？唐钧认为："现在总是讲几个人养几个人，这其实是局限在'保险'的框框中算计收多少钱、发多少钱。如果从社会分配的高度去看社会养老保险，除了单位缴费和个人缴费，还有很多筹资手段，如财政补贴、国有资产补充等。"

胡晓义也表示，面对人口老龄化，一是不怕，坚信只要保持社会稳定、经济发展，中国任何时候都能养活自己的老年人，而且会让他们生活得越来越好；二是认真对待，必须立足于国情不断探索，抓紧进行制度、政策、资金安排的准备。

虽然空账问题不必担心，但专家们同时也指出制度存在的问题。郑功成强调："目前有一个大家忽视的问题是，本来应当现收现付的社会统筹基金在一些地区出现大量结余，这是制度结构的异化，它已经严重地影响到了权益公平、费率公平与可持续发展。如果只注意到一些地区个人账户空账而不将实现全国统筹作为治本之计，任何改进办法都必定是顾此失彼。"

■ 如何解决收支不均与空账忧虑？

【回应】加快全国统筹，缓解部分省份的保值增值压力，解决部分省份的支付压力

"既然国家财政有能力解决个人账户空账问题，为何不把空账做实呢？"面对记者的提问，专家们提出不同的看法。

"做实个人账户在当前的社会经济背景下，并不是一个明智的选择。"唐钧说，"因为做实只是第一步，最重要的是这些钱必须用于投资以保值增值，但这一点做起来很困难。"

"目前我国养老保险制度面临的压力主要是保值增值压力而非支付压力。在基金贬值的情形下，与其做实让其贬值，不如不做实，让资金更好地发挥即期效益。"郑功成表示。

郑秉文指出："如果做实个人账户，把真金白银放在个人账户里又跑不赢通胀率，贬值就会产生。因此，改革养老保险基金投资体制，提高收益率，是做实个人账户的一个前提。"

针对各省养老金收支不均衡的问题，很多专家呼吁由中央进行全国统筹，建立统一、公平的养老制度。

"必须加快全国统筹的步伐，否则，这种全国总量结余、地区丰歉失调的不良格局还会进一步恶化。据我们测算，只要将基本养老保险制度上升到全国统筹，养老保险全面覆盖，至少在未来30年左右都不会出现收不抵支。"郑功成指出。

唐钧透露，在现有框架下实施全国统筹，不是一般的难。"因为各个省份各有各的利益，钱多的地方未必愿意把钱用来支援钱少的地方。"

记者在采访中也发现了全国统筹的艰难。就养老金收支情况，记者希望采访养老金收支不平衡的辽宁、上海以及养老金盈余的北京、广东人社部门，均被以各种方式拒绝。

传言

2012年1月，东方卫视《东方直播室》节目中，作为医方嘉宾的一位院士表示："看病就得付钱，在我们这里好像天经地义。但是你们知道不知道：全世界有两百多个国家，看病要付钱只有二十几个国家，其他的国家看病就是不要钱。"

也有网文称："发达欧洲国家如英国，瑞典、瑞士、丹麦，都是全民免费医疗，一切费用国家全包。美国、日本等国实行医疗保险制度，但是对于退休老人、穷人，则是免费医疗。俄罗斯只要是在俄国土地上的人，无论本国人外国人，一概免费医疗。再看看第三世界穷国家，印度人口大国，竟然也施行全民免费医疗制度，古巴、巴西和智利实行全民免费医疗保健制度，全民普及基本卫生服务，人均期望寿命、婴儿死亡率、孕产妇死亡率等国民健康指标都位居世界前列。连朝鲜都是免费医疗。"

哪些国家提供免费医疗

人民日报（2012年03月26日04版）

最近，有专家称"全世界只有20多个国家没有实行免费医疗"，引起社会关注。真实情况是否如此？《求证》栏目约请人民日报驻外记者进行调查了解，并采访了世界银行和国内的有关专家。

■ 疑问一：多少国家实行完全免费医疗？

【调查】70多个被调查国家，只有极少数国家全民免费医疗

本报驻外记者对全球70多个国家的医疗制度进行调查发现，只有古巴实行真正意义上的全民免费医疗，即患者看病无需花任何费用。通常人们提到的免费医疗国家，如加拿大、英国、西班牙、俄罗斯、南非等国，全体国民确实无需缴纳医疗保险费就可获得基本免费治疗，但实际上看病时仍需支付一定的费用，如药费、挂号费等。

根据《2010中国卫生统计年鉴》的数据，在全世界193个国家的卫生费用支出中，个人卫生支出为零的国家一个也没有，也就是说，没有一个国家个人看病是不花钱的。人们平日认为免费医疗的国

家，如英国、日本、美国、印度等，2007年个人卫生支出占卫生总费用比例分别为18.3%、18.7%、54.5%、73.8%。中国的个人占比在2001年时为60%，到2011年下降到35.5%。

北京大学光华管理学院教授、卫生政策与管理研究中心副主任刘国恩说，极少有提供完全免费、无边界无上限医疗服务的国家。在英国和加拿大，保险目录外的医疗服务同样要自己掏钱。这些国家的免费医疗是指基本的医疗服务，政府掏了大头，每个参保的人以税收形式也掏了一部分钱。

世界银行从事公共卫生研究的专家张硕表示，根据世行对世界经济合作组织成员国和东亚国家的统计，看病仍是要花钱的。在经合组织成员国，个人卫生支出约占卫生总费用的20%—30%，主要用于购买高端的医疗服务。

■ 疑问二：大多数国家怎样看病？

【调查】大多实行医疗保险制度，以不同方式缴纳医保费用，并承担部分看病费用

很多国家实行医疗保险制度，或者医保制度与免费医疗相结合。具体到不同的国家，个人购买（加入）医疗保险的费用高低不一，看病过程中的花费，如挂号费、检查费、药费、住院费等的免费比例也存在较大差异。国务院医改办公室有关负责人近日表示，从世界范围看，目前有130多个国家通过建立医保制度解决居民看病就医问题，大多数发达国家建立了覆盖全民的医保体系；我国已初步实现全民基本医保，"十二五"时期转向提升医保的服务质量。

据华中科技大学同济医学院教授姚岚介绍，目前，发达国家的医疗保障制度有四种类型。第一种：国家（政府）医保模式，如英国、加拿大、澳大利亚、北欧国家等。医保作为社会福利向全民提供，通过高税收方式等资。个人看病不全免费，但免费程度比较高。第二种：社会保险模式，如德国、日本等。由雇主和雇员双方缴费，政府适当补贴，全社会共同分担风险，相对比较灵活。

第三种:私人医疗保险模式,也称为商业保险模式,私人保险占了60%。以美国为代表,主体是纯商业保险模式,看病费用高,但是老年人、退伍军人等拥有国家特殊保障政策。第四种:混合型。

本报驻外记者的调查显示,一些发展中国家,如波兰、拉脱维亚、立陶宛、爱沙尼亚等国,实行强制医疗保险或者复合型医疗保险,医疗保险费由单位替员工缴纳,个人不需缴保费,在公立医院看病时基本医疗免费,特殊病种的手术费、医药费需个人承担。中国、阿根廷、印度尼西亚

部分国家医疗状况概览

国家	个人医保费用支出	个人看病费用支出	政府卫生支出占政府总支出的百分比	私人卫生支出占卫生总费用的百分比
加拿大	无	持医疗卡到医院看病,门诊、检查、住院全部免费。门诊开药需自费购买	18.1	30.0
美国	企业健康保险个人支付20%—50%;商业保险自行投保;公共医疗体系针对老人或残障人,不需自付保费	上企业和商业保险的,医疗费支出按所上保险的种类各有不同。参加公共医疗体系的,可部分免除住院费、诊疗费和化验费	19.5	54.5
日本	保险费占个人月平均工资的3%—9.5%	个人承担部分医疗费,6岁以下儿童为20%,6岁至70岁为30%,70岁至74岁为20%,75岁之后为10%	17.9	18.7
比利时	强制医疗保险覆盖所有人,当地居民一年交15—25欧元。补充医疗保险保费自付,一年90—300欧元	强制医保规定的24种医疗服务,个人需承担医疗费25%以上,不包括住院费用。住院由补充医疗保险支付部分或全部费用	14.4	25.9
德国	政府保险每月保费为月收入的15.5%,个人和公司各负担一半	个人支付挂号费,其他费用如治疗费、住院费和医药费均免费	18.2	23.1
西班牙	无	公共医疗服务全免费,只需支付极少的药费	15.6	28.2
瑞典	个人所得税占个人月收入30%—50%,其中很大比例用于医疗保障	化验和检查等免费,挂号费、药费由个人承担部分。住院每天交80克朗	14.1	18.3
英国	无	公立医院预约和治疗免费,85%的处方药免费。老人、儿童、低收入者全部免费	15.6	18.3
阿根廷	政府免费的医疗服务针对困难人群;社会医疗保险由员工交3%工资税支付	公立医疗服务体系覆盖65%的人口,到公立医院就诊、检查、化验、住院免费,门诊费自理	13.9	49.2
波兰	单位缴纳最低工资的6%转入国家健康基金,个人不缴保费	在公立医院的基本医疗免费;特殊病种的很多治疗费和医药费需个人承担	10.8	29.1
注:捷克、斯洛伐克、匈牙利、罗马尼亚、保加利亚等国,医疗保险制度与波兰的复合型医疗保险体系基本相同				
白俄罗斯	无	医疗、药品基本免费	9.9	25.1
哈萨克斯坦	无	在规定的项目和范围内免费。超出部分自付	11.2	33.9
俄罗斯	无	医院免费看病,患者自费购药;住院期间所有费用都免	10.2	35.8
乌克兰			9.2	42.4
拉脱维亚	由工作单位为员工缴纳医保费用,个人不缴保费	公立诊所医院免费就医,药费和手术费由个人承担一部分	10.0	42.1
立陶宛			12.9	27.0
爱沙尼亚			4.0	23.5
格鲁吉亚	只有25%公民有医保	部分穷人实行免费医保	4.2	81.6
中国	95%的人参加了城镇职工医保、城镇居民医保、新农合。个人支付部分国保费用	门诊、住院、药品费用按比例报销,具体额度及比例各地不完全相同	9.9	55.3
南非	免费医疗与医保两种方式。医保需自付保费	公立医院看病只交挂号费。到私立医院看病需上医疗保险	10.8	58.6
墨西哥	私企雇员上社会医保,用工薪税支付部分保费。穷人纳入大众医保,年缴65—1000美元保费	加入大众医疗保险,全家看病不再缴纳任何费用,包括住院期间的伙食费、救护车费	15.5	54.6
印度	无	公立医院可免挂号费、检查费和极少数基本药品的费用,其他药品需个人购买	3.7	73.8
印度尼西亚	公务员、警察和军人医保由个人缴纳工资的2%;穷人可申请免费医保	很多药物依赖进口,看病价格较贵	6.2	45.5
古巴	无	医院各种检查和化验,以及住院时的治疗、手术、药品、饮食均免费	14.5	4.5
撒哈拉以南40多个非洲国家(不包括南非)	不少非洲国家医疗卫生水平极低,医疗设备和药品主要靠国际捐赠。该地区医疗卫生50%由私营部门提供。其免费医疗,包括针对妇女等严重流行性疾病的免费医疗救助(贝宁、塞拉利昂等国)。科特迪瓦等一些国家显提出免费医疗计划,却未真正实现。曾经全民免费医疗的马达加斯加与古巴的公立医院负责全民免费医疗,但面临困境,药品、医疗器械奇缺。加蓬2007年开始有步骤地实行全民医疗救助			

注:表格资料由人民日报驻国外记者提供,最后两项"政府卫生支出占政府总支出的百分比"和"私人卫生支出占卫生总费用的百分比"数据来自世卫组织2010年发布的2007年各国卫生支出情况。中国2011年私人卫生支出占卫生总费用的比例下降为35.5%。

制表:蔡华伟

等国实行医疗保险制度，个人支付部分保费，看病时自付部分费用。南非采取免费医疗和医保相结合的方式，低收入者可免费在公立医院就医，如到医疗条件好的私立医院看病则需自己购买医疗保险。

而在撒哈拉以南的很多非洲国家，医疗卫生水平很低。一些提出全民免费医疗的国家，或因医药工业基础薄弱、药品奇缺无法真正实现免费，或者只是针对疟疾等严重流行性疾病实行免费医疗救助等。

（本报记者李红梅、蒋安全、施晓慧、李文云、张杰、管克江、丁小希、李学江、刘仲华、姜波、裴广江、苑基荣、李中海、张建波、谢亚宏、谭武军、丁大伟、刘慧、李增伟、王磊、刘军国、陈晓航报道）

免费医疗可以实现吗

- 看病用药必然产生费用,这笔费用不是个人承担,就是财政埋单
- 即使是财政埋单的免费医疗,财政的钱也是来自针对国民的税收
- 探讨医疗模式的核心不在于是否免费,而是如何兼顾公平和效率

本报记者　李红梅　李文云　裴广江　丁大伟　王　磊
人民日报（2012年03月27日04版）

本报《求证》栏目3月26日刊登文章《哪些国家提供免费医疗》,本报驻外记者对70多个国家医疗体系和医疗保险制度进行调查发现:只有极少数国家完全免费医疗,通常人们提到的免费医疗国家在看病时仍需支付一定的费用如药费等。

文章引起热议。中国医保体系建设在短时间内取得了巨大成就,但是,看病难、看病贵仍是需要迫切解决的问题,对免费医疗模式的关心,凸显了公众对看病贵的焦虑。那么,免费医疗可行吗?中国如何破解看病贵?

■ 疑问一:医保制度怎样更合理?

【回应】与经济社会发展相适应,兼顾公平、效率与可持续性

世界银行政策研究报告指出,低收入国家饱受疾病困扰,更需要强有力的公共政策来优先配置有限的医疗卫生资源;而富裕国家也不可能为医疗卫生部门提供无限制的公共预算。无论在发达国家还是发展中国家,当务之急都是进行成本控制以及更有效地利用资金。

"公平和效率是社会保障制度的根本性问题。基本医疗保障制度强调政府

的供给责任，坚持公平、普遍、公益、与社会经济发展相适应的原则，但同时强调组织和个人的责任。"华中科技大学同济医学院教授姚岚说，为了提高医疗卫生机构的效率和避免过度使用医疗卫生服务，很多国家的医疗保障制度都注意政府主导与市场机制的结合。

今年两会时，有代表委员认为，我国国情决定了医改不可能靠政府全包，国家、地方、单位、个人乃至全社会应共同发力，攻克难题。医疗卫生服务单靠市场机制调节无法保证医疗服务的公平性，全靠政府调控也不能满足百姓的多样化需求，因此必须引入市场机制并坚持政府的主导作用，实现双方的效益最大化；同时，应区分基本与非基本需求，基本医疗卫生的保障责任应由政府承担，非基本医疗则主要交给社会去办，适应患者多层次的医疗需求。

世界银行从事公共卫生研究的专家张硕认为，看一个国家医疗服务保障水平是否与国力相适应，应该看人均卫生保健支出与该国人均GDP的水平。中国人均GDP已达到中等收入国家水平，人均卫生保健支出基本上与其他中等收入国家平均水平一致。张硕建议，中国医疗服务保障应该制定政策保障那些最贫困的弱势群体，通过二次补偿等方式，给他们提供基本的医疗卫生公共产品。

南非的医疗体系由两部分组成，即免费医疗和医保。到公立医院看病基本免费，但排队时间长、医疗环境较差，因此不少中等以上收入者会自己上医疗保险，到私立医院看病。据统计，南非只使用公费医疗的人占68%；16%的人只使用医疗保险到私立医院看病；另有16%的人既到私立医院看病，也到公立医院看病。

■ 疑问二：免费医疗可行吗？

【回应】"完全免费医疗"只能是一种理想状态

张硕说，不存在完全不花钱的免费医疗，讨论免费医疗服务时应对其免费的范围、内涵、空间作出一些界定。目前实行全民基本免费医疗的国家分为两类：一类是花钱少但能享受到非常低端的医疗服务，如非洲一些国家以及老挝、柬埔寨、印度等发展中国家。这些国家建立了公共诊所，提供一些基本免费的医疗服务，但是保障水平很低，经常缺医少药，是用于该国贫困人口的最低层次的保障，远远满足不了一般居民的需求；另一类为发达国家，一般都发展了医疗保险，看病花费相对较少，但为了享受保险，居民的税负很高。

专家认为，实行全民完全免费医疗，只能是一种理想状态。医疗服务如果完全免费，人们付出的边际成本几乎为零，医疗需求将大量释放，势必造成资源浪费、医疗费用高速增长，造成巨大财政压力。

中山大学社会保障研究中心主任申曙光教授说，在体制上可以考虑免费医疗，但是完全免费可能导致效率低下，医疗服务质量难以改善。

姚岚介绍，医疗卫生属于"市场失灵"领域，"如果是免费供给医疗服务，参保人不用自付一定比例，或是比例过低，都可能产生过度使用医疗服务的行为。这种过度使用，对医疗资源也是一种巨大的浪费"。

本报驻外记者的调查也印证了专家的说法。

在英国，病人到公立医院看病转诊、预约等待时间太长，有的手术可能要等几个月、一年甚至更长时间。记者曾因为牙龈发炎去诊所看病，在预约处一问，已经约到两个星期以后。很多病人为了及时治疗只得选择高价私立医院，造成个人医疗开支增加。

在西班牙，截至2009年底，医疗赤字高达630亿欧元，并且还在继续增长。为了削减赤字，一些地方政府削减了在公共医疗系统的财政支出，此举遭到了部分公民和医疗机构的反对。由于西班牙的公共医疗系统主要依靠政府税收进行支撑，在经济不景气的情况下，医疗系统的可持续性正在遭受挑战。

■ 疑问三：如何破解看病贵？

【回应】提升保障标准，扩大受惠人群；加快公立医院改革，实行医药分开

2010年，我国卫生总费用占GDP百分比为5.15%，医疗机构诊疗人次达到58.2亿，比2005年增加17.2亿，增加了42%。2011年，政策范围内报销比例提高到70%左右，基本药物价格平均下降30%左右。可以说，随着医疗保障体系的不断完善，基本医疗这一公共产品已开始为全民所享。但是，由于人口众多、经济发展水平不高等原因，医疗保障水平还较低，在不同地区、不同人群和城乡之间，医保报销政策不太一样，人们享受到的基本医疗服务也不一样。

看病时，过度用药、药价虚高也导致了医疗费用的上涨。而在英国、印度等国，"医药分家"体系下，医生只负责诊断、开处方，病人可以拿着处方到任何药店去买药，医生不存在为吃回扣而乱开药的情况。

"医保体系讲究三维的效果，即覆盖面、报销水平、服务的覆盖。我国的体系目前实现了全民基本覆盖，但报销比例不高，医疗机构、医疗卫生服务也没有达到全覆盖。"姚岚说。

中国人民大学中国社会保障研究中心主任郑功成说："当前医保实际报销水平仍然偏低，保障范围也还有扩张空间，加之医疗过程中的重复检验、大处方等现象的存在，不少人依然感到医疗负担沉重。"

因此，要解决"看病贵"，一方面需要提升保障标准，扩大受惠人群；另一方面要加快公立医院改革，实行医药分开。

实际上，我国也正在朝这些方向努力。今年的《政府工作报告》提出，加快健全全民医保体系，推进公立医院改革，破除以药补医机制。卫生部部长陈竺也表示，新版基本药物目录有望覆盖医疗机构包括一些大型医院的必需用药，300个县级医院和17个国家联系的公立医院改革试点城市也将试水医药分离；到2015年，个人支付比例要低于30%。

医疗保障被认为是世界性难题，考验着政府的经济承受能力、制度创新能力。希望随着公立医院改革、基本药物制度和大病救助体系的完善，老百姓的看病负担能进一步减轻。

生活知识 手记

免费医疗那些事

罗彦 徐丹

《哪些国家提供免费医疗》、《免费医疗可以实现吗》系列报道是《求证》栏目创立以来首次组织的跨部门大型调查。

20多位驻外记者参与,调查采访70多个国家,总编室、国际部、经社部三个部门通力合作,一个多月稿件打磨……最终呈现的,是高度浓缩后的4000字新闻稿,且分两篇刊出。与其他媒体动辄一篇上万的深度报道相比,分量显得过轻了。然则,每一句话的背后,其实隐含了许多的采写故事。在文章刊登一年半以后的今天,重新整理出来,与大家分享。

■ 专家观点,都是对的吗?

该组报道源自2012年1月东方卫视《东方直播室》节目中,作为医方嘉宾的一位院士在谈到国家制度时表示:"看病就得付钱。在我们这里好像天经地义。但是你们知道不知道:全世界有两百多个国家。看病要付钱只有二十几个国家。其他的国家看病就是不要钱。"

专家观点是对的吗?

事实上,专家通常只有在其研究领域才能称为专家。这位院士是医学专家,具体来说是骨科专家,却不是医疗体制改革方面的专家。一国的医疗制度涉及经济、政治、社会等多方面,是个复杂的问题,医学专家不一定完全了解。而《求证》栏目在约记者采访医保或医疗制度方面的专家时发现,他们往往具有经济学或公共管理学的学科背景。

我们所处的社会,是专业分工日益细化,信息又无限传播的时代。众说纷纭中,专家们的观点为非专业人士提供了有益的建议;但与此同时,不排除一些所谓专家成为了某些利益集团的代言人,无法做到独立客观;一些专家为了提升知名度,经常语出惊人,说一些超出本专业领域的话,缺乏科学严谨性;还有的专家观点被媒体断章取义,结果背离真相。

《求证》栏目的编辑记者,时常要面对专家言论。既要不盲从,又要保证专家观点的准确客观,要做的,除了时常保持一种谨慎态度,还需要对"专家观点"进行批判性接受,尤其是对于一些超出常识范围的观点,更需要核实、印证。

拿这组报道来说,我们一方面对原专家观点持怀疑态度,另一方面要求记者求证时采访的专家是研究医疗制度的专家,这些专家分布在不同地域、不同学科背景、甚至来自国际机构等中立组织,以求观点多样与平衡。为此,我们采访了武汉的医学院专家,采访了北京大学光华管理学院的专家,还采访到世界银行研究各国医疗制度的专家。在数据分析方面,选用了世界银行政策研究报告、中国卫生统计年鉴数据,使信息来源丰富多元、客观可信。为此,我们让跑口记者多次补充采访,反复调整、修改、完善。

■ 中外对比,比什么?

"免费医疗"报道的最大特点在于人民日报驻外记者的一手调查数据。而对全球主要国家的医疗保险制度做一个深入的求证,无疑是一个非常宏大的选题。如何在有限的版面空间中传递出准确、全面的信息,如何让专业问题变得通俗易懂,提纲与侧重点的把握十分关键,否则,容易陷入资料庞杂、读者无趣的境地,成稿也会费力不讨好。

"让每个记者回一句话,提供一两个数字,说明看病要不要花钱就行了。"策划之初,有人提议。这种简单化的对比容易操作,但我们自己会信服吗,国内读者会信服吗?

即使宏观选题，也要有细节，有故事，有"人证物证"。

为此，编辑组没有急着约稿，而是先做资料研究，从中区分出不同的医疗制度，再根据不同类型的医疗制度，向驻外记者发出不同的采访提纲。

这种采访要求，最后体现在文章中或许仅浓缩为一句话，但其实背后有一连串数据与现实案例来支撑。例如在介绍南非医疗制度时，除图表内容外，文章仅一句话——"南非采取免费医疗和医保相结合的方式，低收入者可免费在公立医院就医，如到医疗条件好的私立医院看病则需自己购买医疗保险"。记者为了这个结论，采访多位不同身份的当地人，让我们确信，记者们的调查是严谨的、客观的。当然，这一句话，其实也略去了记者们的艰难采访，有时会让编辑组对记者的辛苦付出充满歉意。

从《求证》栏目的实践来看，"中外对比"类新闻做出来会很直观，但不应停留于单纯的数据比较，而应该深入研究，全面分析。这组报道力求态度客观，第一篇"摆事实"，第二篇"讲道理"，在证明世界上几乎没有免费医疗国家的同时，也提出：看病用药必然产生费用，这笔费用不是个人承担，就是财政埋单，而财政的钱也是来自针对国民的税收；同时，稿件对免费医疗的话题进一步延伸，针对我国看病难、看病贵现象，认为探讨医疗模式的核心其实不在于是否免费，更重要的是如何兼顾公平和效率。

在做这组稿件的同时，我们注意到，一些媒体在进行中外对比报道时过于简单化、概念化——仅仅是个别旅居国外的华人的感受，或者仅借用国内学者的部分报告数据。而一些网友更倾向于把发展中国家的问题与发达国家对比，把"中国特色"的问题与"普世价值"问题对比。但事实上，如果我们不带偏见地分析，往往会发现，问题的复杂程度远远不是简单对比所能概括的。

问题的关键在于，一些人、一些媒体只会算小账，忘了、也不愿算大账；一些人喜欢人云亦云，忘了、也不愿理性思考。我们所做的，只是给大家提供一个更公允的平台，站在这上面，才能更好地观察、了解发展着的中国。

■ 专业报道，如何更可信可读？

医疗制度改革是一个复杂问题，想在新闻报道中说清楚并不容易，需要做深入的研究。《求证》栏目成立以来，经常面对此类复杂的问题，需要编辑深入研究，迅速成为该问题的"半个专家"，然后进行宏观统筹，约请跑口记者、驻地记者、驻外记者进行采访。因此《求证》栏目需要编辑具有深入研究问题的综合能力——搜集查阅资料、文献的能力，整理逻辑关系、把握问题本质的分析能力，综合统筹的驾驭能力，等等。

为了让读者看得清楚、明白，编辑组在对驻外记者发回来的材料进行精编的同时，决定以图表为核心，展示部分国家的医疗概况，并请医疗卫生方面的跑口记者李红梅根据驻外记者采访回来的相关资料补充采访世界卫生组织和世界银行两个权威中立的国际组织以及国内相关专家，力图使文章观点鲜明、阅读舒适。

为制作好图表，栏目组多次讨论，对大量信息、材料精心取舍，从4页纸的内容最终压缩为1页纸70余行的高度。从众多数据与事实中选择了"个人医保费用支出"、"个人看病费用支出"、"政府卫生支出占政府总支出的百分比"、"私人卫生支出占卫生总费用的百分比"等四方面内容。其中，仅后两项数据应当选择哪个机构发布的数据，应当选择"政府卫生支出占GDP的比重"，还是其他数据等，栏目组都展开过讨论。最终，在综合衡量了各种数据与数据版本后，我们用了世界卫生组织发布的数据，力求整个图表清晰、简洁、客观，有说服力。

如果说这组报道还有一些别样的体会的话，那就是，做新闻报道，媒体不应回避热点问题，不能认为会伤害普通人的良好愿望，就放弃媒体的责任，放弃告知大家真相的机会。在采访过程中，有些主管部门选择了失语，有些专家选择了沉默。

但为了真相，我们义无反顾。

（作者罗彦为人民日报总编室要闻四版副主编，作者徐丹时为总编室要闻四版编辑、现为人民日报微博运营室编辑）

沉甸甸的事实

裴广江

2012年3月26日，综合了20多位驻外记者采访成果的《哪些国家提供免费医疗》见报，这是我与《求证》栏目的第一次合作。2012年9月11日，《我国社保缴费率并非全球最高》刊发，《求证》栏目再次与驻外记者牵手。回想为《求证》栏目准备稿件的日子，那些采访中的小故事至今仍清晰难忘。

我驻外期间在南非第一大城市约翰内斯堡工作，要负责非洲撒哈拉沙漠以南几十个国家的报道工作。一年当中，出差是家常便饭，大型国际会议、地区政治和经济发展、饥荒、冲突、中国与非洲合作等，是我工作日程上的重点。至于一个国家的医疗和社会保障制度等，这是极少涉及的。《求证》栏目的这些题目，为我开辟了新的报道领域。

詹森是约翰内斯堡一家个体电脑维修公司的老板，是个大块头、络腮胡，快人快语。我接到采访南非医疗制度的任务后，他正好上门为我维修电脑，被我"逮个正着"。他说，自己投了私人医疗保险，每月支付2000兰特（当时1美元约合7.6兰特）的保险费，看所有大病就有了保证，但小病仍需个人支付费用。他还指着自己的脖子说，两年前他在家门口遭歹徒枪击受重伤，保险公司派直升机将他送到医院，医疗费用高达150万兰特，但他个人只支付了8万兰特，其他全部由保险公司支付。"没有医疗保险我就完了！"

问到公立医院，詹森就显得不那么激动了。"那里没去过，听说要排队，医疗条件也不好。"他说，不过有一天晚上，他母亲因手腕受伤不得已去了一次公立医院，的确不要钱。"你也要上医保吗？"热情的詹森问我，说下次可以把他的医保单拿过来给我参考。

58岁的伊丽莎白来自南非自由州省农村，在记者所住小区内从事家政工作，月收入2500兰特。她说，在公立诊所和医院看病不要钱，但需先到附近诊所看病，如果诊所无法医治，医生开具证明可转到大的公立医院看病，这些医院都是免费的。"你可以跟我一起到我的家乡去看看。"她热情地建议。

为了解公务人员的医疗制度，加油站附近腰里别着手枪的警察也成了我的采访对象。在南非，不少人看到警察躲都来不及，像我这样找上门的确实不多见，也就难怪警察有些不自在了，没聊多久，那名警察就推托有事走开了。成稿的那个晚上，因为担心采访不足影响真实性，我在晚上9点多步行走出家门，到小区物业那里，与黑人保安乔纳斯又聊了半个多小时。

经过广泛采访调查，我得知南非的医疗体系大致由两部分组成，即政府提供的免费医疗和私人医疗保险。政府办有公立诊所和医院，到诊所看病不用交任何钱，到公立医院看病只需交挂号费。但公立医院排队等候时间长、医疗环境较差，医护人员缺乏且专业水平不过硬，甚至缺少必备药物。办医疗保险要交不菲的费用，仅挂号费一般都要300兰特左右，但私立医院医护水平高、环境好，排队等候时间较短，一般可以提前预约。这些直接导致南非医疗服务分为两个等级，占总人口68%的中低收入者只使用免费医疗，占总人口约16%的富人只去私立医院看病。结束种族隔离制度近二十年之后，南非的医疗制度仍穷富分明，这也是该国贫富差距在医疗领域的反映。虽然政府每年在医疗上的财政预算超过1000亿兰特，但真正建立起全民免费医疗还有很多工作要做。免费医疗，其实并不像听上去那么完美，这也许是南非政府决定下大力气建立全国统一的医疗保险制度的原因吧。

在为《我国社保缴费率并非全球最高》一文准备材料时，正好一位华人朋友满60岁，想领取政府提供给低收入者的养老金，我因此有机会体验了一回如何办理社会保险。约翰内斯堡社保局位于老城区，这里至今仍犯罪率较高，因此中国人一般很少去。为办理养老金，我们一大早到了社保局二楼，大厅内早已排满了人。在黑皮肤和白皮肤组成的队伍中突然来了两个黄皮肤，我们自然引起了所有人的注意。这也让我心里不停地打鼓：审核人员会不会对黄皮肤格外严呢？

根据南非政府规定，领取政府养老金有资产和收入门槛：单身者资产不能超过79.2万兰特，年收入不得超过4.74万。已婚且爱人健在者资产和年收入标准翻倍。只要是在南非居住的本国公民，都可以凭居住证明、身份证明到社保局办理。

我们排了近两个小时的队,内心忐忑地来到柜台前,一位年轻的黑人女士接待了我们。简单地查验了证件,她问华人朋友:你做什么工作?收入多少?华人朋友如实说是自由职业者。又问住在哪里,有无房产?当听说朋友借住在他人家中时,她表示十分不解,又觉得有些好奇,但始终面带微笑。然后就是签字,盖章,发社保卡,告诉朋友每月如何领取1200兰特的养老金,前后不过几分钟时间。

"可以了吗?"我怀疑地问。她笑着说:"没问题了,下个月就可以开始领钱,第一个月会把这个月的部分补上。""这么简单?"我又问。她说:"当然,我们会再审核的,如果所提供材料与事实不符,会追回所有已发的养老金。"

由于失业率长期居高不下,5000多万南非人中只有500多万纳税人。但截至2012年4月底,领取政府养老金、孩子抚养费等社保保险的人口高达1570万人,全国近40%的家庭主要靠政府提供的各类社会保险生活。2011至2012年财政年度,南非财政预算中社会保障资金一共拨款1469亿兰特,在政府财政支出中仅次于教育。

在南非工作近4年,我一直尝试透过反差明显的富人区与贫民窟等,查看南非社会发展现状的根源,寻找历史给这个国家造成的伤痕,以增加对这个非洲经济最发达国家认识的厚度,这也是我走进白人村镇、到祖鲁人村驻点采访的原因。《求证》栏目的题目给了我这样的机会,让我接触到了更加真实的南非。至今,我仍会用这两次采访调查得到的故事和数据,向别人介绍南非。这些沉甸甸的事实,是我驻外期间的重要收获之一。

(作者时为人民日报非洲分社记者,
现为人民日报国际部编辑)

后记

探索以证据为核心的调查性报道

《求证》栏目自2011年1月27日在人民日报要闻四版开栏以来，已走过3年，刊登了200多期报道，也有幸荣获第二十三届中国新闻奖一等奖（名专栏奖）。从开栏时立足"阻击社会谣传、还原事实真相"，到倡导"传递理性声音、弥合社会裂痕"的新闻理念，《求证》栏目不回避敏感事件，不轻信一家之言，务必多信源采访，务必拿一手证据。这种以证据为核心的报道模式，树立了鲜明的栏目特色，也取得了较好的社会效果。

在众多关注下，出版社邀请《求证》栏目结集出版，与读者们分享文章及背后的采编故事。接到邀请后，我们从2011年1月到2013年8月刊登的求证稿件中精选部分报道进行了分类整理。"手记"部分，由于有的报道已事隔一两年，只能请参与编辑、采访与写作的同事们根据记忆撰写。虽然一些细节已难复原，但读者也能够从中体味到《求证》的操作思路与栏目风格。

那么,《求证》究竟是如何诞生的呢？与一般新闻调查性报道有何不一样？请允许我们再简单介绍一下。

为何求证——
众声喧哗中正本清源去伪存真

《求证》的问世，与当前复杂的舆论生态有关。自媒体时代，人人可以发声，一些不负责任的网民为了吸引眼球，故意歪曲事实，散布谣言；还有一些人利用社会转型期的群体焦虑，刻意放大社会矛盾，制造政府与民众的对立情绪，引发不满或认知混乱。而网络受众广、范围大的特点，容易导致非理性情绪迅速蔓延。与此同时，部分传统媒体在市场竞争压力下腰杆发软，在网络媒体裹挟下方向迷失，为了赢得眼球提高市场占有率、增加赢利，一味求新、求奇、求快、求独家，对一些网络传言或社会上的信息，不加鉴别和调查就盲目刊发或评论，扩大了谣言的危害。

利益多元、观点多元、传播媒介多元的舆论环境，迫切需要主流媒体在众声喧哗中发出真实、准确、客观、权威的声音，击破谣言，引导舆论。基于这样的认识，人民日报社编委会决定创办《求证》专栏，并由报社副总编辑谢国明同志直接指导该栏目的组织报道工作。总编室要闻四版组成《求证》专栏工作团队，具体负责《求证》栏目的运作。

"求真务实是党报的品格。帮助公众辨真伪、明是非，是媒体的职责。我们今起开设'求证'栏目,对各类争议新闻、疑点事件进行探寻,力求通过严谨核实与深入调查,澄清事实,还原真相,回应关切,阻击谣传,促进和谐,提升公信力。"《求证》栏目开栏的这段话,点出了栏目的定位——对重大热点问题和事件的正本清源、去伪存真,同时也隐含了栏目定位的三个层次:

一、选题定位。《求证》是对各类谣传、不实信息进行阻击与驳斥的专栏,这是选题策划的立足点。

二、报道定位。要求编辑记者带着放大镜寻找证据,深入调查,严谨核实。

三、功能定位。要求透过现象看问题,传递理性声音,提升公信力,力争做"社会舆论的稳定器"。

概括起来,《求证》的选题标准就是"疑点信息""割裂社会""制造恐慌"。选题类型主要有以下4种:

1. 对刻意撕裂社会、激化矛盾的传言和虚假报道进行证伪、还原。

比如:2014年4月2日,广东茂名市民上街游行反对PX项目事件发生后,香港东方日报等刊发"锁城遏示威 茂名15死300伤"的报道。"15死300伤""坦克车进城"等传言在网络上散播,激化社会矛盾。栏目约请记者深入采访当事各方,当日推出《茂名"15死300伤"系谣言》的求证报道。

再如:2011年甬温线动车事故发生后,"甬温线动车事故29人失踪"名单在网上被大量转发。事实到底是怎样的?记者和编辑按照网传名单中所附的失踪人员亲友电话,迅速多次核实29人的确切去向及是否平安,按照失踪人员姓名、联系方式、记者核实情况制作表格,逐一公布这些人的信息,《"甬温线动车事故29人失踪"说法不准确》以确凿事实迅速平息了网上谣传。

2.对突发事件导致的群体恐慌,及时解疑释惑,化解不安定因素。

比如:2013年4月雅安地震发生后,网上出现一些复杂舆情,其中既有道听途说的传闻,也有流于表象的臆断,更有故意抹黑的谣言。《求证》栏目与人民日报抗震救灾前方报道组通力合作,科学分工,完成了《重建房遇震开裂怎么看》《地震能够准确预测吗》《阻击谣言 速度加快》《晒晒谣言的真面目》等求证稿件,较好地消除了群众的不安定情绪。

再如:2012年10月,网传"苏州牛肉感染炭疽杆菌不能吃",引起人们恐慌。栏目组经过调查证明是谣言,及时刊发辟谣稿件,当地媒体也进行转载,在回应社会关切的同时稳定了群众情绪,防止了以讹传讹。

3.及时回击境外对我谣言,维护国家利益与形象。

2012年11月,中日关系因钓鱼岛事件处于敏感期,日本媒体说中国公务员考试海监船员岗位无人报名,原因是中国人怕危险,都不敢报名,中国人的爱国只是表现在口头上。文章在网上迅速传播,形成不利于我国的舆论。栏目第一时间约记者采访国家海洋局、中国海监总队、国家公务员局、交通部,但没有一个部门愿意出面回应。夜班时,栏目紧急采访考试咨询专家、日本分社记者、航运中心负责人、高校学子等,获得了确切数字和多角度阐释，赶写出稿件，并用图表展示相关证据，《海监五职位"零合格"缘于门槛高》以数据和事实及时有力驳斥了日媒的谎言。见报当天，海监部门对日方不实报道做了回应。

再如：2013年1月，英国《卫报》称，非洲疟疾无法根除源于中国的抗疟疾假药。一时国内外舆论哗然，对中国企业信誉和国家形象造成很大冲击。《求证》栏目及时联系报社驻南非记者赶赴报道所提及的国家，通过实地采访和扎实调查，采写刊登了《中国输非洲抗疟药不是假药》《中国抗疟药在非洲被仿冒》，有力揭穿了外媒的谣言，维护了国家形象。

类似选题还有很多，比如"加拿大华裔开宝马领救济"是2014年元旦后网上的热门视频，网友纷纷指责中国人素质低下。栏目组在加拿大当地网络论坛发现疑点，有人指出，领取的不是救济卡而是补偿给受冻雨灾害民众的礼品卡。而且，当地媒体在报道中也完全没有提到当事人是华人。在约请人民日报驻加拿大记者调查后，《求证》栏目于1月8日率先推出《"加拿大华裔开好车领救济"调查》，此后央视等媒体跟进此事，将更详细的真相揭露出来。

4. 提倡科学态度，纠正常识错误。

有些传言不仅造成人们的常识错误，还可能影响产业发展。《求证》栏目对一些传播时间长、范围广的错误说法，以科学的态度，用事实予以纠正。这类选题包括《不实传言缠身 牙膏很是受伤》《微波炉加热食品会致癌吗》《西瓜"打针增甜"是谣言》《淡化海水可以放心饮用》《安检仪辐射可忽略》《催熟的水果没问题》等。

调查风格——
追求现场、证据、原创，务必多信源互证，力求准确全面客观严谨

不懈追求现场、证据、原创，调查中秉持均衡、公正、客观的立场，以事实和数据说话，是《求证》栏目一贯坚守的原则。与此同时，《求证》也逐渐形成了自己的特色：准确、全面、严谨。

（一）准确，以事实说话，以数据说话，多个信息源相互印证。

1. 深入现场，获取核心证据。

求证大多是辟谣的，这就特别要求稿件经得起反证、不留疑点，要有核心确凿证据和严密逻辑，事实绝对准确。为做到这一点，栏目要求记者必须到新闻现场调查，掌握第一手证据和信息，不照抄材料，不听信一家之言。

2012年12月，有微博说青海玉树政府通过烧帐篷逼群众搬迁，编辑约记者采访，记者分别给玉树主管部门、当地记者、周边群众等多个方面打电话，了解到了详细情况，但《求证》栏目组仍不放心，请记者务必到玉树现场调查。记者不顾风大雪紧和高原反应，在玉树进行了实地调查采访，拿到了一手证据。

2. 证据链完整，在证"伪"、证"无"时尤其重要。很多时候，证明"有"比较简单，而要证明"无"就不太容易。在证"无"的过程中，必须有强大的证据链支撑，哪怕某一个小的环节有疏漏，存在一个反例，整个结论就会不成立。为此，栏目在策划和编写提纲时，会提出几十个甚至上百个大大小小的疑问，请记者调查取证。

以2011年《求证》栏目开篇之作《郑东新区是不是"空城"》为例。针对美国媒体有关"郑州郑东新区是鬼城空城"的说法，《求证》栏目约请驻河南分社记者，从郑东新区的企业入驻情况和居民入住情况两方面着手调查：居民入住方面，了解与居民生活关系紧密的一些数据，如郑东新区民用水、电、气的用量变化情况，宽带、有线电视的安装数量，超市、健身俱乐部会员卡的数量变化等；企业方面，了解入驻企业数量和纳税额等反映经济活跃程度的关键数据等。同时，记者在工作日和周末分别观察当地街道的人流量、车流量、饭店就餐情况、多个小区晚上房屋亮灯情况，稿件既有大量翔实数据，又有记者观察和居民感受，充分证明"鬼城"之说并不属实。

在做节能灯汞蒸气能否伤人的求证时，记者采取了科学实验的方法，委托两家独立专业机构，进行现场实验，记者全程参与实验并录像，最后得出了令人信服的结论。

3.多个信源互证，确保事实准确无误。

采访要持中立、客观态度，不预设结论，不迷信权威，要接触当事各方，让不同立场的核心当事人都表达意见，通过多个信息源的相互印证，最大限度接近真相。统计表明，《求证》栏目80%以上的稿件有4个以上不同方面的被采访对象。

如 2012 年刊登的《小龙虾被妖魔化了》一文。在对小龙虾相关传言的调查求证中，记者兵分两路，深入小龙虾养殖大省江苏、湖北，暗访养殖现场、餐厅后厨、水产市场等，力求做到事实准确，证据链完整。

（二）全面。发挥综合性大报优势，组织跨地域、跨行业和部门的采访，通过类比或对比方式延伸阅读，力求更加全面地反映事实。

以 2012 年刊登的《哪些国家提供免费医疗》为例。当时，一位专家在某电视节目声称："世界上只有中国等 20 多个国家未实行免费医疗制度。"这个说法在网上引起人们对我国医保制度的强烈不满。事实到底是怎样的？《求证》栏目约请记者不仅采访国内情况，还采访中立国际机构——世界卫生组织和世界银行的专家；同时，由人民日报社 20 多位驻外记者调查了解 70 多个国家的医疗制度和医疗保险情况，证明这位专家说法没有根据。

（三）严谨。栏目力求证据真实无误，报道不留瑕疵，不符合标准的稿件坚决不用。对于未能获得第一手材料、没有拿到核心证据或证据不全的报道，就算在前期策划和采写中已经耗费了编辑和记者大量精力，栏目也会忍痛割爱。

比如：2011 年 12 月，网曝江西假种子导致农民颗粒无收，栏目请记者调查，基本可以确定减产是由于极端天气和农民对种子保存不当而造成。但由于农民和种子销售站都没有留存原来的种子样本，无法完全确定种子来源并进行比对，证据链存在瑕疵，栏目最终放弃了这个选题。

困境与探索——

增强多媒体互动融合，积极解读社会情绪，更好倡导理性社会

很多时候，《求证》栏目不仅在与谣言作斗争，更是与谣言背后的情绪作斗争。

网络谣言的产生和传播往往具有非理性、情绪化的特点。社会转型期，一些人内心存在不安全感和焦虑感，与网络谣言交织在一起，呈现复杂的状态。即使真相被揭示出来，很多人依然选择不接受或不相信。美国学者卡斯·R·桑斯坦在《谣言》一书中说："那些已经接受了虚假谣言的人不会轻易放弃相信谣言，特别是当人们对这种信仰有着强烈的情感依赖时，谣言就更加不容易被放弃。在这种情况下，要驱逐人们头脑中的固有想法，简直困难至极。即便把事实真相呈现在人们面前，他们也很难相信。"

辟谣其实是在改变人们的立场，故而异常艰难。因此，辟谣的报道也就不能单向度、平面化，而应全方位、立体化。

为了提升报道的说服力、公信力、引导力，《求证》栏目在报道之外，还大量使用图表等元素，以简洁直观的方式呈现事实和数据，增强传播效果。同时，注重报道之外的解读工作，采取配发评论的方式，分析谣言背后的情绪，做好解释、疏导，力图不仅求证传言的真伪，还要揭示谣言传播背后的深层次原因；不仅点出问题，还要探讨解决问题的路径和方法。

求证：用事实粉碎谣言
—— 人民日报这样调查真相

  为进一步拓展传播渠道，在利用新媒体方面，《求证》栏目也进行了多方位尝试。比如，通过人民网、人民日报法人微博转发报道；建立《求证》栏目微信公众号，及时推送理性声音，扩大报道的覆盖群体；对一些科普类求证开展试验与实地检测，并进行视频拍摄，以二维码的形式实现多媒体互动。

  我们欣喜地看到，近一两年来，越来越多的媒体加入调查求证的队伍，比如中央人民广播电台的《央广求证》、中央电视台的《真相调查》、新华社的《网文求证》等。这说明，在"阻击谣传、还原真相"的道路上，《求证》并不孤独；我们也有理由期待，"传递理性声音、弥合社会裂痕"的新闻理念，将越来越成为媒体共识。

  最后，感谢长期关注、支持栏目的热心读者，《求证》栏目正在试水新媒体，期待我们在微信、APP等更多的媒介上相会……

2014 年 7 月

人民日报《求证》栏目组